Verhandlungen

des

Siebenzehnten deutschen Juristentages.

Herausgegeben

von

dem Schriftführer-Amt der ständigen Deputation.

Zweiter Band.

Berlin 1885.

Commissions-Verlag von J. Guttentag.

(D. Collin.)

Inhaltsverzeichniß.

Stenographische Berichte.

I.

Verzeichniß der Mitglieder

der

ständigen Deputation.

1884/85.

Nr.	Name.	Stand.	Wohnort.
1	Anschütz	Justizrath	Leipzig.
2	Bardeleben	Landgerichtspräsident	Berlin.
3	Becker	Landgerichtspräsident	Oldenburg i. Großh.
4	Dr. Brunner	Professor	Berlin.
5	Consbruch	Oberlandesgerichtspräsident, Geh. Oberjustizrath	Cassel.
6	Dr. Drechsler	Reichsger.-Senatspräsident	Leipzig.
7	Dr. Enneccerus	Professor	Marburg.
8	Dr. Jaques	Hof- und Gerichtsadvokat	Wien.
9	Kleiner	Landgerichtspräsident	Schweinfurt.
10	v. Köstlin	Oberstaatsanwalt	Stuttgart.
11	Dr. Kühne	Oberlandesgerichtspräsident	Celle.
12	Makower	Justizrath	Berlin. **(Schatzmeister.)**
13	Dr. Mörschell	Advokat	Würzburg.
14	Petersen	Reichsgerichtsrath	Leipzig.
15	Dr. v. Schwarze	Wirkl. Geh. Rath, Generalstaatsanwalt a. D.	Dresden.
16	Stenglein	Reichsanwalt	Leipzig.
17	v. Stößer	Oberlandesger.-Senatspräsid.	Karlsruhe.
18	Thomsen	Oberlandesgerichtsrath	Stettin.
19	v. Wilmowski	Geh. Justizrath	Berlin. **(Schriftführer.)**

Dr. Gneist, Professor und Oberverwaltungsgerichtsrath, Berlin, **Vorsitzender.**

II.

Statut
des
deutschen Juristentages.

§. 1.

Der Zweck des deutschen Juristentages ist: eine Vereinigung für den lebendigen Meinungsaustausch und den persönlichen Verkehr unter den deutschen Juristen zu bilden; auf den Gebieten des Privatrechts, des Prozesses und des Strafrechts den Forderungen nach einheitlicher Entwickelung immer größere Anerkennung zu verschaffen, die Hindernisse, welche dieser Entwickelung entgegenstehen, zu bezeichnen und sich über Vorschläge zu verständigen, welche geeignet sind, die Rechtseinheit zu fördern.

§. 2.

Der deutsche Juristentag tritt in der Regel alljährlich zusammen; doch ist die ständige Deputation ermächtigt, aus Gründen der Zweckmäßigkeit ausnahmsweise die Wiedereinberufung des Juristentages erst in dem auf dessen letzten Zusammentritt folgenden zweiten Kalenderjahre vorzunehmen.

§. 3.

Zur Mitgliedschaft berechtigt sind die deutschen Richter, Staatsanwälte, Advocaten und Notare, die Aspiranten des Richteramts, der Anwaltschaft und des Notariats, sowie Jeder, der nach seinen Landesgesetzen zum Richteramte, zur Anwaltschaft oder zur Ausübung des Notariats für befähigt erkannt ist, ferner die Lehrer an den deutschen Hochschulen, die Mitglieder der gelehrten Akademieen, die Doctoren der Rechte und die rechtsgelehrten Mitglieder der Verwaltungsbehörden.

§. 4.

Die Mitgliedschaft beginnt mit dem Empfange der Mitgliedskarte. Sie berechtigt zur Theilnahme an den Verhandlungen und an der Abstimmung.

§. 5.

Der Beitrag der Gesellschaftsmitglieder beträgt Sechs Mark jährlich und ist innerhalb vier Wochen nach Beginn des neuen Jahres zu entrichten, widrigenfalls derselbe durch Postvorschuß eingezogen wird. Nimmt ein Mitglied den mit Postvorschuß beschwerten Brief nicht an, so wird dies einer ausdrücklichen Austrittserklärung gleich erachtet. — Für die am Orte des Juristentages selbst zu lösende Anmeldungskarte sind Drei Mark zu entrichten.

§. 6.

Den Plenarverhandlungen des deutschen Juristentages gehen der Regel nach Abtheilungsberathungen voraus. Zu diesem Zwecke werden durch freiwillige Einzeichnungen der Mitglieder folgende vier Abtheilungen gebildet:

1) Abtheilung für Privatrecht, insbesondere Obligationen- und Pfandrecht, juristisches Studium und praktische Ausbildung.
2) Abtheilung für Handels-, Wechsel-, See- und internationales Recht.
3) Abtheilung für Strafrecht, Strafprozeß und Gefängnißwesen.
4) Abtheilung für Gerichtsverfassung und Civilprozeß.

Die Abtheilungen wählen ihre Vorsitzenden, Schriftführer, Berichterstatter und benachrichtigen den Vorsitzenden der Plenarversammlung (§. 7), sobald ihre Berathungen über einzelne Gegenstände geschlossen sind; ihre Anträge sind schriftlich zu fassen. In jeder Abtheilung stimmen nur Diejenigen mit, welche sich in die betreffende Abtheilung bereits eingezeichnet haben.

Sämmtliche Beschlüsse der Abtheilungen werden in der Plenarversammlung mitgetheilt. Es findet jedoch eine Erörterung und Entscheidung im Plenum nur dann statt, wenn dieselbe von der betreffenden Abtheilung vorgeschlagen, oder wenn sie von mindestens zehn Mitgliedern beantragt und von der Plenarversammlung beschlossen wird. Ueber die Vorfrage, ob dem von mindestens zehn Mitgliedern gestellten Antrage auf Plenarentscheidung stattzugeben, wird nur einem der Antragsteller und dem Berichterstatter das Wort ertheilt.

§. 7.

Die Verhandlungen der Plenarversammlung leitet ein Vorsitzender, welcher für die Dauer eines jeden Juristentages in der ersten Plenarversammlung durch Stimmzettel oder Acclamation gewählt wird. Derselbe benennt zwei bis vier Stellvertreter und vier Schriftführer. Er bestimmt die Tagesordnung und kann einzelne Gegenstände, ohne Vorberathung in den Abtheilungen (§. 6), unmittelbar zur Plenarberathung stellen. Auch ist er befugt, Nichtmitglieder als Zuhörer zuzulassen.

§. 8.

Bei allen Beschlüssen der Plenarversammlung und der Abtheilungen entscheidet einfache Majorität der anwesenden Mitglieder, bei allen Wahlen relative Majorität und im Falle der Stimmengleichheit das Loos.

§. 9.

Wird Schluß der Debatte beantragt, so wird über diesen Antrag sofort abgestimmt. In der Plenarversammlung sind alle Anträge mit Ausnahme des Antrages auf Schluß der Debatte schriftlich zu stellen.

§. 10.

Vor dem Schlusse eines jeden Juristentages wird von der Plenarversammlung durch Acclamation oder in einem einzigen Scrutinium durch Stimmzettel eine aus neunzehn Mitgliedern und dem Präsidenten des letzten Juristentages als Ehrenpräsidenten bestehende ständige Deputation gewählt. Die Liste der zur Acclamation vorzuschlagenden Personen wird durch den Präsidenten der Plenarversammlung, seine Stellvertreter und je zehn von jeder Abtheilung gewählte Vertrauensmänner gemeinschaftlich festgestellt.

Die ständige Deputation hat folgende Befugnisse und Obliegenheiten:

1) sie sorgt für die Ausführung der von dem Juristentage gefaßten Beschlüsse, veranlaßt nach eignem Ermessen den Druck der Protokolle und Vorlagen, bewirkt die Vertheilung der Drucksachen an die Mitglieder und verwahrt alle Akten und Schriftstücke des Juristentages;
2) sie bestimmt Zeit und Ort des nächsten Juristentages, trifft die für denselben nöthigen Vorbereitungen, erläßt die Einladungen, stellt die vorläufige Tagesordnung auf, wobei sie in der Regel nur die bis zum 31. Mai des laufenden Jahres eingegangenen Vorlagen zu berücksichtigen hat, und bereitet Abänderungsvorschläge in Betreff der Geschäftsordnung für die Plenarversammlung vor;
3) sie nimmt die Beitrittserklärungen neuer Mitglieder entgegen, fertigt die Mitgliedskarten aus, empfängt die Beiträge, bestreitet die Ausgaben und legt der folgenden Deputation Rechnung;
4) sie ergänzt sich selbst, falls eins oder mehrere Mitglieder während des Geschäftsjahres ausscheiden.

Die Deputation wählt aus ihrer Mitte einen Vorsitzenden, einen Schriftführer, welcher ein von der Deputation festzusetzendes Pauschquantum für baare Auslagen erhält, und einen Kassirer. Der letztere ist verpflichtet, der ständigen Deputation bei ihrem jedesmaligen Zusammentritt einen Kassenabschluß vorzulegen. Die Deputation läßt durch eines oder mehrere ihrer Mitglieder die Rechnung prüfen und die Kasse revidiren.

Die Deputation bestimmt Ort und Zeit ihrer Zusammenkunft. Zur Gültigkeit ihrer Beschlüsse ist die Einladung sämmtlicher Mitglieder, sowie die Mitwirkung von wenigstens fünf Mitgliedern erforderlich.

§. 11.

Abänderungen dieses Statuts können zwar von der Plenarversammlung durch einfache Stimmenmehrheit, jedoch nur auf schriftlichen Antrag, der vier Wochen vor dem Zusammentritt des Juristentages der ständigen Deputation (§. 10) überreicht worden, beschlossen werden.

III.

Alphabetisches Verzeichniß

derjenigen

Mitglieder des deutschen Juristentages

welche

dem Verein im Jahre 1884 angehören.

Name.	Stand.	Wohnort.
Abel	Justizrath	Hannover.
Abesser	Amtsgerichtsrath	Kamburg a. d. Saale.
Ackermann, Max	Rechtsanwalt und Notar	Berlin.
Ackermann, Fr.	Landgerichtsdirektor	Dessau.
Ackermann	Geh. Hofrath	Dresden.
Adams	Justizrath	Koblenz.
Abe	Rechtsanwalt	Schw. Hall.
Adickes	Amtsrichter	Soltau (Hannover).
Adler	Rechtsanwalt	Stuttgart.
Dr. Aegidi	Professor, Geh. Legationsrath z. D.	Berlin.
Mosig v. Aehrenfeld	Rechtsanwalt	Löbau (Sachsen).
Dr. Albrecht	Oberlandesgerichtspräsident	Frankfurt a. M.
Dr. Albrecht	Landgerichtspräsident	Hamburg.
Aldinger	Rechtsanwalt	Fürth (Bayern).
Alexander, Hermann	Rechtsconcipient	Bamberg.
Alexander, Mor.	Landrichter	Braunsberg (Ostpreußen).
Alfken	Oberlandesgerichtsrath	Oldenburg (Großherzogthum).
Alster, G.	Rechtsanwalt	Kassel.
Dr. Althoff, Friedr.	Geh. Regierungsrath, Professor	Berlin.
Amann	Landgerichtspräsident	Mosbach (Baden).
Dr. André	Oberbürgermeister	Chemnitz (Sachsen).
Angelbeck	Obergerichtsanwalt	Lüneburg.
Anschütz	Justizrath	Leipzig.
Anton	Geheimer Justizrath	Dresden.

A

Name.	Stand.	Wohnort.
Anz	Justizrath	Essen a. d. Ruhr.
Dr. Apelt	Regierungsassessor	Chemnitz (Sachsen).
Dr. Arndt, C.	Oberlandesgerichtsrath	Hamburg.
Arndts	Justizrath	Berlin.
Arndts	Justizrath	Leipzig.
Dr. Aronheim	Rechtsanwalt	Braunschweig.
Dr. Aschrott	Gerichtsassessor	Berlin.
Asemißen	Rechtsanwalt	Detmold.
v. Auer	Advokat	München.
Bachelin	Landgerichtspräsident	Offenburg (Baden).
Bacher	Rechtsanwalt	Stuttgart.
Bachmann	Kreisrichter	Bielefeld.
Bader, Rich.	Rechtsanwalt	Leipzig.
Baist	Amtsgerichtsrath	Rinteln.
Balz	Rechtsanwalt	Worms.
Bandmann, C. E.	Dr. jur.	Hamburg.
Dr. von Bar	Geh. Justizrath, Professor	Göttingen.
Dr. Baer, M.	Rechtsanwalt	Frankfurt a. Main.
Bardeleben	Landgerichtspräsident	Berlin.
Dr. Bartels	Notar	Hamburg.
Bartels	Oberstaatsanwalt	Kassel.
Barthelme	Oberamtsrichter a. D.	Würzburg.
Bartolomaeus	Landgerichtsdirektor	Breslau.
Bärwinkel	Justizrath	Arnstadt.
Bärwinkel, Emil	Justizrath	Leipzig.
Dr. de Bary, F.	Rechtsanwalt	Frankfurt a. Main.
v. Basedow	Rechtsanwalt	Dessau.
v. Basse	Justizrath	Dortmund.
Bauch	Amtsrichter	Leutenberg.
Bauer	Landgerichtsrath	Berlin.
Bauer	Rechtsanwalt	Höchst a. M.
Bauer	Landgerichtsrath	Konstanz.
Baunacke, Rob.	Rechtsanwalt	Pegau (Sachsen).
Baustaedt	Konsistorialrath	Kassel.
Freiherr v. Beaulieu-Marconnay	Oberlandesgerichtspräsident	Oldenburg (Großherzogthum).
Bechtold, Wilhelm	Notar	Alzey.
Beck, Kurt	Rechtsanwalt	Leipzig.
Beck, Hugo	Referendar	Leipzig.
Beck	Landgerichtsrath	Stuttgart.
Becker	Landgerichtspräsident	Oldenburg (Großherzogthum).
Dr. Beckh, Herm.	Rechtsanwalt	Nürnberg

Name.	Stand.	Wohnort.
Dr. Behagel	Professor, Hofrath	Freiburg (Baden).
Behr, Otto	Oberlandesgerichtsrath	Augsburg.
Dr. Behrend	Professor	Breslau.
Behrnauer	Landgerichtsdirektor	Zwickau (Sachsen).
Beiersdorf	Rechtsanwalt	Lauban.
Beisert	Kreisgerichtsdirektor a. D.	Berlin.
Beleites, Alb.	Oberlandesgerichtsrath	Celle.
Dr. Belmonte	Advokat	Hamburg.
Belser	Oberamtsrichter	Leonberg (Württemberg).
Dr. Benedix	Staatsanwalt	Essen a. d. Ruhr.
Bensey	Obergerichtsanwalt	Hannover.
Berckenkamp	Amtsgerichtsrath	Mülheim a. d. Ruhr.
Dr. Berend	Rechtsanwalt	Hannover.
Berentzen	Justizrath	Osnabrück.
Berger, Jul.	Rechtsanwalt	Leipzig.
Berghofer	Advokat	München.
Bergold	Landgerichtsrath	Würzburg.
Bering, Rud.	Regierungsrath	Hannover.
Berlein	Rechtsanwalt	Rotenburg a. d. Fulda.
Dr. Berlin, H.	Amtsrichter	Nürnberg.
Dr. Berlin, Max	Landgerichtsrath	Nürnberg.
Dr. Bernhöft	Professor	Rostock (Mecklenburg).
Bernstein, C.	Dr. jur.	Berlin.
v. Bernuth	Staatsminister a. D.	Berlin.
Dr. Berolzheimer	Rechtsanwalt	Nürnberg.
Bersch, Alexander	Geheimer Regierungsrath	Wiesbaden.
Bertram	Erster Staatsanwalt	Marburg (Hessen).
Beschorner	Hofrath	Dresden.
Dr. Beschütz	Sekretair des Oberlandesgerichts	Hamburg.
Dr. Beseler	Geh. Justizrath, Professor	Berlin.
Dr. Beseler	Landgerichtsdirektor	Saarbrücken.
Bettingen	Landgerichtsrath	Trier.
Dr. Bielenberg	Advokat	Hamburg.
Dr. Bierling	Professor	Greifswald.
Bierwirth	Landgerichtsrath	Verden (Hannover).
Billerbeck	Justizrath	Anklam.
Dr. v. Binder	Staatsrath	Stuttgart.
Dr. v. Bingner	Senatspräsident des Reichsgerichts	Leipzig.
Dr. Birkmeyer	Professor	Rostock (Mecklenburg).
Dr. Blum, Hans	Rechtsanwalt	Leipzig.

Name.	Stand.	Wohnort.
Blume	Staatsanwalt	Hildesheim (Hannover).
Blumenbach	Landgerichtsrath	Osnabrück.
Dr. Bockenheimer	Landgerichtsrath	Mainz.
Böbcher	Oberbürgermeister	Halberstadt.
v. Bodecker, A.	Landgerichtsrath	Oldenburg (Großherzogthum).
Dr. Bohlmann, Otto	Justizrath	Leipzig.
Böhmer	Rechtsanwalt	Verden (Hannover).
Bohnstädt	Regierungsrath	Kassel.
Böhr, Rich.	Amtsgerichtsrath	Erfurt.
Dr. Boisselier, Th.	Reichsgerichtsrath	Leipzig.
Bojunge	Rechtsanwalt	Hannover.
Bölte	Rechtsanwalt	Grevesmühlen (Mecklenburg).
Bolza	Notar	Landau (Pfalz).
Bong-Schmidt	Geheimer Justizrath	Flensburg.
Bonhard	Landgerichtsrath	Darmstadt.
Bönner	Rechtsanwalt	Attendorn.
Dr. v. Bönninghausen	Advokat	Hamburg.
Dr. Borchardt, Oscar	Assessor	Berlin.
Borchers	Rechtsanwalt	Celle.
Bösche	Advokat	Leer (Hannover).
Dr. de Boselli	Amtsgerichtsrath	Frankfurt a. Main.
Bossert	Erster Staatsanwalt	Kaiserslautern.
Bothführ, H. J.	Bürgermeister.	Riga (Rußland).
Dr. Böttcher	Rechtsanwalt	Weimar.
Boyens	Rechtsanwalt	Stettin.
Boysen	Landgerichtsdirektor	Verden (Hannover).
Dr. Brackenhöft	Rechtsanwalt	Hamburg.
Braikmann	Obergerichtsanwalt, Syndikus	Stade.
Bramigk	Justizrath	Köthen.
Bramm	Bürgermeister	Gießen.
Brandis	Amtsrichter	Schöppenstedt.
Brauer	Justizrath	Berlin.
v. Braun	Landgerichtsdirektor	Augsburg.
Braun	Advokat	Augsburg.
Braun	Oberkonsistorialrath	Berlin.
v. Braun	Oberamtsrichter	Karlsruhe (Baden).
Dr. Braun, Carl	Justizrath	Leipzig.
Braun	Oberlandesgerichtsrath, erster Staatsanwalt	Würzburg.
Braunbehrens	Oberlandesgerichtsrath	Celle.
Breede	Rechtsanwalt	Wandsbeck.
Bregenzer	Landrichter	Schw. Hall.

Name.	Stand.	Wohnort.
Breithaupt	Rechtsanwalt	Göttingen.
Breittung	Rechtsanwalt	Schweinfurt.
Breyer	Oberamtsrichter	Eltmann.
Broda, Gust.	Rechtsanwalt	Leipzig.
Brown	Landgerichtsrath	Berlin.
Dr. Bruch, Ludw.	Rechtsanwalt	Mainz.
Dr. Brück	Rechtsanwalt	Wiesbaden.
Dr. Brüger, Carl	Oberlandesgerichtspräsident	Jena.
Brümmer	Senator	Rostock (Mecklenburg).
Dr. Brunner, H.	Professor	Berlin.
Brunner	Rechtsanwalt	Gudensberg.
Brüstle	Rechtsanwalt	Ludwigsburg.
Buch	Rechnungsrath	Karlsruhe (Baden).
Dr. Buchheister	Richter	Hamburg.
Buchholtz	Landgerichtsdirektor	Kassel.
Buff	Reichsgerichtsrath	Leipzig.
Bülau, Ernst	Rechtsanwalt	Zwickau (Sachsen).
Bunsen, Fr.	Amtsrichter	Rostock (Mecklenburg).
Burchardi	Amtsgerichtsrath	Glückstadt.
von Buri	Reichsgerichtsrath	Leipzig.
Dr. Burkas II.	Rechtsanwalt	Leipzig.
Burkhard, Wilhelm	Regierungsrath, Fiskal	Würzburg.
Dr. Burmeister	Rechtsanwalt und Notar	Ahrensböck (Holstein).
Busch, Ed.	Rechtsanwalt	M. Gladbach.
Büsch	Rechtsanwalt	Hannover.
Busch	Landgerichtsrath	Rostock (Mecklenburg).
Bussenius	Justizrath	Leipzig.
Büstorff	Oberlandesgerichtsrath	Kassel.
Buttel	Bürgermeister, Rath	Neustrelitz.
Buttmann	Landgerichtsdirektor	Berlin.
Büttner, Curt	Assessor	Leipzig.
Dr. Cadenbach	Oberlandesgerichtsrath	Karlsruhe (Baden).
Callomon, Hugo	Rechtsanwalt	Breslau.
Canzler	Justizrath	Dippoldiswalde (Sachsen).
Capell	Landgerichtsdirektor	Paderborn.
Carben, Wilhelm	Landgerichtsrath	Würzburg.
Cäsar	Justizrath	Frankfurt a. Main.
Dr. Caspari, F.	Rechtsanwalt	Frankfurt a. Main.
Caspari, A.	Rechtsanwalt	Kassel.
Castagne, W.	Justizrath	Kiel.
Cerutti, H.	Rechtsanwalt	Leipzig.
Dr. von Chelius	Landgerichtsrath	Karlsruhe (Baden).

Name.	Stand.	Wohnort.
Christensen	Amtsgerichtsrath	Flensburg.
Clauß	Rechtsanwalt	Straßburg i. Elsaß.
Clauß	Rechtsanwalt	Zwickau (Sachsen).
Clemens	Oberamtsrichter	Ludwigsburg.
Clüsener	Rechtsanwalt	Detmold.
Dr. Cnyrim	Rechtsanwalt	Frankfurt a. Main.
Dr. Cohen, J.	Oberlandesgerichtsanwalt	Hamburg.
Dr. Cohen, M.	Advokat	Hamburg.
Dr. Cohn, Ludwig	Rechtsanwalt	Breslau.
Dr. Cohn	Professor	Heidelberg.
Cohn	Rechtsanwalt	Neustrelitz.
v. Cöllen	Advokat	Cöln a. Rhein.
Consbruch	Geh. Oberjustizrath, Oberlandesgerichtspräsident	Kassel.
Consbruch	Gerichtsassessor	Kassel.
Courtin	Landgerichtsrath	Freiburg (Baden).
Coester, Carl	Amtsrichter	Brilon.
Dr. Cropp	Senator	Hamburg.
Crüll	Advokat	Schwerin (Mecklenburg).
Crusen	Amtsgerichtsrath	Hannover.
Cunow	Rechtsanwalt	Potsdam.
Dalcke	Oberstaatsanwalt	Marienwerder (Westpreußen).
Dann, Rud.	Notar	Stuttgart.
Dr. Darmstädter	Rechtsanwalt	Mannheim.
Dr. Daude	Staatsanwalt	Berlin.
Daudistel	Rechtsanwalt	Mainz.
Dauenhauer	Oberamtsrichter	Kaiserslautern.
Daumer	Amtsrichter	Ellwangen.
David, Cornelius	Rechtsanwalt	Frankenthal (Bayern).
Davidsohn, C.	Rechtsanwalt	Offenbach a. M.
v. d. Decken	Landgerichtspräsident	Verden (Hannover).
Deecke	Amtsrichter	Stadtoldendorf.
Deegen	Kammergerichtsrath	Berlin.
Dr. v. Degenkolb	Professor	Tübingen.
Degner, Alfr.	Senatspräsident am Oberlandesgericht	Dresden.
Denso	Landrichter	Berlin.
Dr. Dernburg	Geh. Justizrath, Professor	Berlin.
Detmold	Landrichter	Göttingen.
Dettmar, H.	Justizrath	Hildesheim (Hannover).
Deumling	Amtsrichter	Paderborn.
Dr. Dickel	Assessor	Berlin.

Name.	Stand.	Wohnort.
Dr. Diehl, Th.	Rechtsanwalt und Notar	Frankfurt a. Main.
Dierry	Rechtsanwalt	Gießen.
Dițe	Justizrath	Münster (Westfalen).
Ditterich	Rechtsconcipient	München.
Dr. Dittmar	Rechtsanwalt	Gießen.
Dr. Dittmar	Justizrath	Meiningen.
Döffinger	Landrichter	Altenburg (Sachs.-Altenburg).
Dohrn, Eugen	Rechtsanwalt	Itzehoe.
Dölitzsch, Arthur	Rechtsanwalt	Altenburg (Sachs.-Altenburg).
Dorn	Geh. Justizrath	Leipzig.
Dorn, Rich.	Referendar	Naumburg a. d. Saale.
Dorner, Christ.	Rechtsanwalt	Mosbach (Baden).
Dornseiff	Rechtsanwalt	Gießen.
Dose, Wolf	Rechtsanwalt	Neustadt (Holstein).
Dove, Heinr.	Landrichter	Frankfurt a. Main.
Dr. Drechsler	Senatspräsident des Reichsgerichts	Leipzig.
Dr. Dreyer	Reichsgerichtsrath	Leipzig.
Dr. Drucker, M.	Rechtsanwalt	Leipzig.
Düesberg	Justizrath	Bochum.
Dürbiz, Alfred	Rechtspraktikant	Schweinfurt.
Dürr	Advokat	München.
Dürrschmidt, Heinr.	Reichsgerichtsrath	Leipzig.
Dursy	Ministerialrath	Straßburg (Elsaß).
Duysing	Landgerichtsrath	Kassel.
Ebel, Ludw.	Amtsrichter	Alsfeld.
Eberhard	Justizrath	Hanau.
Eberlein	Amtsrichter	Berneck (Bayern).
Dr. Eberstein	Sekretair der Bürgerschaft	Hamburg.
Dr. Ebner	Rechtsanwalt	Frankfurt a. Main.
Ebner	Rechtsanwalt	Ulm.
Dr. Eck	Professor	Berlin.
v. Eck	Justizrath	Wiesbaden.
Dr. Eckels	Rechtsanwalt, Stadtsyndikus	Einbeck.
Eckhard	Direktor der Rheinischen Creditbank	Mannheim.
Dr. Eckhardt	Oberlandesgerichtsrath	Frankfurt a. Main.
Dr. Eckstein	Rechtsanwalt	Leipzig.
Ehlers, Ulrich	Rechtsanwalt	Rostock (Mecklenburg).
Ehrenfried	Amtsrichter	Dettelbach.
Eichenmüller, H.	Oberamtsrichter	Schweinfurt.
Eißner	Rechtsanwalt	Pulsnitz (Sachsen).

Name.	Stand.	Wohnort.
Ekert	Geheimrath, Direktor des Landesgefängnisses	Freiburg (Baden).
Dr. Elder	Oberamtsrichter	Lübeck.
Eller	Gerichtsassessor	Mühlhausen (Thüringen).
Ellsberger	Oberlandesgerichtsrath	Nürnberg.
Freiherr v. Elmendorff	Geheimer Justizrath	Naumburg a. d. Saale.
Elven	Justizrath	Köln a. Rhein.
Dr. Elster	Professor	Königsberg (Preußen).
Elze	Rechtsanwalt	Halle a. d. Saale.
Dr. Emden, Ed.	Rechtsanwalt	Frankfurt a. Main.
Emmerling	Amtsrichter	Kissingen.
Emmert, Friedr.	Bezirksamtsassessor a. D.	Würzburg.
Enderlein	Rechtsanwalt	Ansbach.
Endres	Rechtsanwalt	Schweinfurt.
Dr. Engel, Max	Assessor	Bockenheim.
Dr. Engel, E. A.	Amtsrichter	Burgstädt.
Engel, J.	Landrichter	Hamburg.
Engels	Justizrath	Potsdam.
Englert, Adam	Landgerichtsrath	Würzburg.
Dr. Enneccerus	Professor	Marburg (Hessen).
Dr. Enzmann	Rechtsanwalt	Chemnitz (Sachsen).
Erler	Rechtsanwalt	Leipzig.
Erythropel	Rechtsanwalt	Leipzig.
v. Eschstruth	Amtsrichter	Frankfurt a. Main.
v. Eschwege	Landgerichtsrath	Braunschweig.
Eßl	Obersthofmarschallstabskassir.	München.
Euler	Justizrath	Düsseldorf.
Dr. Euler	Justizrath	Frankfurt a. Main.
Evers	Justizrath	Celle.
Eysoldt	Rechtsanwalt	Dresden.
Faas	Rechtsanwalt	Mannheim
Dr. v. Faber	Wirkl. Geheimrath, Staatsminister	Stuttgart.
Dr. Fabricius	Landgerichtsrath	Frankfurt a. Main.
Dr. Falker	Rechtsanwalt	Mainz.
Faul	Rechtsanwalt	Ellwangen.
Dr. von Faeustle	Staatsminister der Justiz	München.
Fechner	Landgerichtsrath	Frankfurt a. Main.
Fechner	Justizrath	Hamm (Westfalen).
Feder	Anwalt	Mannheim.
Dr. Antoine-Feill	Rechtsanwalt	Hamburg.
Dr. Fels, Gustav	Justizrath	Leipzig.

Name.	Stand.	Wohnort.
Fenner	Justizrath	Leipzig.
Dr. Fentz, Ad.	Rechtsanwalt	Hamburg.
Dr. Fester, Adolf	Rechtsanwalt	Frankfurt a. Main.
Fetköter	Landgerichtsrath	Bielefeld.
Fetzer II.	Landrichter	Heilbronn.
Feuerbach	Rechtsanwalt	Stuttgart.
Fey, Karl	Notar	Dettelbach.
Ficker	Rechtsanwalt	Leisnig.
Dr. Fiebiger	Rechtsanwalt	Leipzig.
Dr. Finger	Geheimer Staatsrath	Darmstadt.
Fischer	Bürgermeister	Augsburg.
Dr. Fischer	Professor	Greifswald.
Fischer, J. J.	Rechtsanwalt	Cöln a. Rhein.
Fischer, Eduard	Rechtsanwalt	Leipzig.
Flechsig	Advokat	Zwickau (Sachsen).
Dr. Fleischauer	Reichsgerichtsrath	Leipzig.
Fleischmann	Rechtsanwalt	Würzburg.
v. Flembach	Oberappellationsgerichtsrath	München.
Forkel, Fr.	Geheimer Justizrath	Koburg.
Förster	Amtsrichter	Johannisburg (Ostpreußen).
Dr. Fösser	Rechtsanwalt	Frankfurt a. Main.
Francke	Amtsgerichtsrath	Alfeld (Hannover).
Dr. Francke	Appellationsgerichtspräsident a. D.	Celle.
Frank	Kreisgerichtsrath	Frankfurt a. O.
Frank	Amtsgerichtsrath	Langfuhr b. Danzig.
Frankenburger	Rechtsanwalt	Nürnberg.
Frauenholz	Notar	Rothenburg a. d. Tauber.
Frauenknecht	Rechtsanwalt	Erlangen.
Freege	Staatsanwalt	Potsdam.
Freisleben	Rechtsconsulent	Heidenheim (Württemberg).
Frenckel	Advokatanwalt	Kaiserslautern.
Frenkel	Justizrath	Leipzig.
Dr. Fretter, Ludw.	Rechtsanwalt	Heidelberg.
Dr. Freudenthal	Rechtsanwalt	Würzburg.
Freund	Justizrath	Breslau.
Freytag, Bernh.	Rechtsanwalt	Leipzig.
Freytag, Otto Emil	Rechtsanwalt	Leipzig.
Dr. Friedberg	Justizminister	Berlin.
Dr. Friedberg	Geh. Hofrath, Professor	Leipzig.
Dr. Friedenthal	Staatsminister	Berlin.
Friedländer, Emil	Justizrath	Bielefeld.

Name.	Stand.	Wohnort.
Friedländer	Amtsrichter	Wongrowitz.
Dr. Friedleben, Fritz	Rechtsanwalt	Frankfurt a. Main.
Dr. Friedleben, Jul.	Justizrath	Frankfurt a. Main.
Dr. Friedmann, F.	Rechtsanwalt	Berlin.
Friedmann, Isidor	Rechtsanwalt	Glogau.
Frieß	Rechtsanwalt	Kassel.
Fritsch	Landgerichtsrath	Görlitz.
Fritsch	Amtsrichter	Nürnberg.
Fritz	Notar	Baden-Baden.
Fromherz	Anwalt	Freiburg (Baden).
Dr. Fuchs	Professor, Oberlandesgerichtsrath	Jena.
Freiherr v. Fuchs, Otto	Landgerichtsrath	Würzburg.
Dr. Fuld, L.	Justizrath	Frankfurt a. Main.
Dr. Full, Gottlieb	Hofrath, Advokat	Würzburg.
Funke	Richter	Bremerhaven.
Fürst, Alex	Anwalt	Heidelberg.
Gabler	Justizrath	Altenburg (Sachs.-Altenburg).
Dr. Gaedertz	Erster Oberbeamter des Stadt- und Landamts	Lübeck.
Dr. Gareis	Gr. Kanzler, Professor	Gießen.
v. Gärttner	Geheimrath	Stuttgart.
Gättens	Amtsrichter	Hagenow (Mecklenburg).
Gebhard, Aug.	Landgerichtsrath	Bamberg.
Dr. Gebhard	Ministerialrath	Berlin.
Gebhard	Amtsrichter	Gießen.
Gebhard	Erster Staatsanwalt	Straubing.
Dr. Geiger, B.	Rechtsanwalt	Frankfurt a. Main.
Geißmar, Joseph	Rechtsanwalt	Mannheim.
Dr. Gentzsch	Rechtsanwalt	Leipzig.
Genzmer, A.	Justizrath	Halberstadt.
Dr. Georgii	Oberamtsrichter	Mergentheim.
Gerhard, Otto	Rechtsanwalt	Braunschweig.
Gerth-Noritzsch	Rechtsanwalt	Dresden.
Gervinus	Rechtsanwalt	Kassel.
Gesenius	Direktor des Pfandbriefamtes	Berlin.
Dr. von Geßler	Staatsminister	Stuttgart.
Dr. Getz	Justizrath	Frankfurt a. Main.
Geyer, Otto	Landrichter	Schw. Hall.
Dr. Geyer, J. B.	Rechtsanwalt	Hamburg.
Dr. Geyer	Professor	München.
Geyler, Ernst	Oberamtsrichter	Reichenbach (Voigtlande).

Name.	Stand.	Wohnort.
Dr. Gierke	Professor	Breslau.
Dr. Gieschen, Heinr.	Rechtsanwalt	Hamburg.
Dr. Giese, Th.	Amtsrichter	Leisnig.
Dr. Giese	Bürgermeister	Rostock (Mecklenburg).
Giller	Justizrath	Nikolai.
Dr. Gilmer	Landrichter	Gießen.
Dr. Gitzler	Professor	Breslau.
Glasewald	Amtsgerichtsrath	Naumburg a. d. Saale.
Dr. Glöckner	Rechtsanwalt	Frankfurt a. Main.
Gmelin, W.	Oberamtsrichter	Neckarsulm.
Dr. Gneist	Professor, Oberverwaltungsgerichtsrath	Berlin.
Dr. v. Gohren	Rechtsanwalt	Schandau.
Dr. Goldschmidt	Geh. Justizrath, Professor	Berlin.
Dr. Goldschmidt	Rechtsanwalt	Berlin.
Dr. Golther	Rechtsanwalt	Ravensburg.
Dr. Gordan, F.	Staatsanwalt	Frankfurt a. Main.
Goering	Rechtsanwalt	Jena.
Goering	Rechtsanwalt	Stolp (Pommern).
Görlitz	Obergerichtsanwalt	Birkenfeld (Rhein-Oldenburg).
Görz	Oberlandesgerichtspräsident	Darmstadt.
Gotthard	Justizrath	Braunschweig.
Gotthelf	Advokat	München.
Götting, Karl	Justizrath	Hildesheim (Hannover).
Gottschalk	Kammergerichtsrath	Berlin.
Gottschalk, F. W. F.	Rechtsanwalt	Dresden.
Götz, Heinr.	Rechtsanwalt	Leipzig.
Graf, Ed.	Notar	München.
Gräfe	Senatspräsident am Oberlandesgericht	Naumburg a. d. Saale.
Gräff	Rechtsanwalt	Koblenz.
Gralow, Ferd.	Amtsrichter	Polzin.
Gräper	Obergerichtsrath	Varel (Oldenburg).
Graßhoff	Landgerichtsrath	Göttingen.
Gräßner	Rechtsanwalt	Magdeburg.
Gravenhorst	Rechtsanwalt	Lüneburg.
Dr. von Grävenitz	Reichsgerichtsrath a. D.	Leipzig.
Greiml, Ludw.	Dritter Staatsanwalt	Würzburg.
Greiner, Friedr.	Landgerichtsdirektor	Ansbach.
Dr. Grimm	Präsident des Ministeriums des Großh. Hauses und der Justiz	Karlsruhe (Baden).

Name.	Stand.	Wohnort.
Grimm	Rechtsanwalt	Glauchau.
Dr. Grimm	Justizrath	Marburg (Hessen).
Grimm, Franz	Notar	München.
Grimm, Karl	Notar	Würzburg.
Grimm, Philipp	Rechtspraktikant	Würzburg.
v. Grodded	Justizrath	Marienwerder (Westpreußen).
v. Grolmann	Amtsrichter	Waldmichelbach.
Gropp	Geh. Justizrath	Hannover.
Groß	Rechtsanwalt	Mergentheim.
Freiherr Dr. v. Groß	Geheimer Staatsrath	Weimar.
v. Groß, Karl	Landgerichtsrath	Würzburg.
Große	Rechtsanwalt	Hohenstein-Ernstthal.
Dr. Großmann	Justizrath	Wiesbaden.
Groth	Rechtsanwalt	Schwerin (Mecklenburg).
Gruner	Justizrath	Weimar.
Gubitz	Notar	Berlin.
Gülde	Rechtsanwalt	Rochlitz.
Dr. Gundermann	Rechtsanwalt	München.
Gunzenhäuser	Advokat	Fürth (Bayern).
Dr. Güterbock	Professor	Königsberg (Preußen).
Dr. Gutfleisch	Rechtsanwalt	Gießen.
Guth	Advokat	Hof (Bayern).
Gutsche	Amtsgerichtsrath	Magdeburg.
Haarmann	Justizrath	Celle.
Haarmann	Justizrath	Goslar.
Haas	Amtsrichter	Frankfurt a. Main.
Haberland	Landgerichtsrath	Holzminden.
Dr. Haeberlin	Rechtsanwalt	Frankfurt a. Main.
Hagedorn	Referendar	Kassel.
Hagemann	Landgerichtsdirektor	Lüneburg.
v. Hallberger	Obertribunalsrath	Stuttgart.
Hallwachs, L.	Geheimrath	Darmstadt.
Dr. Hambrook	Reichsgerichtsrath	Leipzig.
Dr. Hamburger	Justizrath	Frankfurt a. Main.
Hamburger, Jul.	Rechtsanwalt	Hanau.
Hammacher	Dr. jur.	Berlin.
Hammer	Rechtsanwalt	Chemnitz (Sachsen).
Hänel, Arth.	Rechtsanwalt	Dresden.
Hänle	Rechtsanwalt	Ansbach.
Hanssen	Regierungsrath	Altona.
Dr. Harburger	Amtsrichter, Privatdozent	München.
Dr. Harden	Landgerichtssekretair	Freiburg (Baden).

Name.	Stand.	Wohnort.
Dr. Harnier	Landeskreditkassendirektor	Kassel.
v. Harlessem	Justizrath	Hannover.
Dr. Harmening	Rechtsanwalt	Jena.
Harseim	Geheimer Kriegsrath	Berlin.
Harth, Leopold	Gerichtsvollzieher	Würzburg.
Hartmann, Bernh.	Rechtsanwalt	Nürnberg.
Dr. Hartmann, K. A.	Erster Staatsanwalt	Plauen (Voigtlande).
Dr. Hartmann, C. Otto	Rechtsanwalt	Würzburg.
Hartung	Senator	Waren (Mecklenburg).
Hase, Otto	Rechtsanwalt, Justizrath	Altenburg (Sachs.-Altbg.).
Dr. Hase	Geheimer Justizrath	Weimar.
Hattenbach	Oberlandesgerichtsrath	Oldenburg (Großherzogthum).
Hauck	Rechtsanwalt	Frankfurt a. Main.
Hauschild	Amtsgerichtsrath, Justizrath	Ronneburg.
Häusler	Justizrath	Braunschweig.
Haußmann	Erster Staatsanwalt	Heilbronn.
Hebel, Wilhelm	Bezirksamtmann	Scheinfeld.
Hebting	Ministerialrath	Freiburg (Baden).
Hecht	Assessor	Breslau.
Hecht, Max	Rechtsanwalt	Frankenthal (Bayern).
Dr. Hecht	Bankdirektor	Mannheim.
Hecke	Justizrath	Breslau.
Hecker, Georg	Rechtsanwalt	Dresden.
Hecker	Oberstaatsanwalt	Naumburg a. d. Saale.
Dr. Heilbluth	Advokat	Hamburg.
Heilborn	Justizrath	Berlin.
Heilpern, S.	Rechtsanwalt	Leipzig.
Heim, Michael	Rechtsanwalt	Würzburg.
Dr. Heimsöth	Geh. Oberjustizrath, Präsident	Köln a. Rhein.
Dr. Heink, P. Fr.	Advokat	Zürich (Schweiz).
Dr. Heinsen	Rechtsanwalt	Hamburg.
Heinsheimer	Oberlandesgerichtsrath	Karlsruhe (Baden).
Heintzmann	Landgerichtsrath	Dortmund.
Heinzemann	Erster Staatsanwalt	Limburg a. d. Lahn.
Heinzerling	Landgerichtsrath	Darmstadt.
Heller, Michael	Notar	Kissingen.
Hellmann	Landrichter	Essen a. d. Ruhr.
Dr. Hellmann, Friedr.	Rechtsanwalt	München.
Dr. Hempel, C.	Rechtsanwalt	Zwickau (Sachsen).
Hemptenmacher	Rechtsanwalt	Wanzleben.
Hendrichs	Rechtsanwalt	Köln a. Rhein.

Name.	Stand.	Wohnort.
Dr. Ritter v. Henle, Sigm.	Hofrath	München.
Dr. Henning	Rechtsanwalt	Greiz.
Hentschel, Oskar	Amtsgerichtsassessor	Leipzig.
Hentschel, Mor.	Rechtsanwalt	Leipzig.
Hermes	Bürgermeister und Advokat	Röbel (Mecklbg.-Schwerin).
Herr	Rechtsanwalt	Köslin.
Hertz	Geh. Oberjustizrath	Berlin.
Dr. Hertz, Eduard	Rechtsanwalt	Hamburg.
Dr. Hertz, G.	Oberlandesgerichtsrath	Hamburg.
Dr. Herz	Rechtsanwalt	Mannheim.
Dr. Herz	Justizrath	Wiesbaden.
Herzfeld	Justizrath	Halle a. d. Saale.
Herzfeld	Rechtsanwalt	Halle a. d. Saale.
Herzog	Oberstaatsanwalt	Braunschweig.
Dr. Hesdörffer	Rechtsanwalt	Frankfurt a. Main.
Dr. Hesekiel	Amtsgerichtsrath	Berlin.
Heß, Jakob	Rechtsanwalt	Ulm a. Donau.
Heßler, Albert	Hofrath, Universitätsrichter	Leipzig.
Hetzer	Landgerichtsdirektor	Stettin.
Heubner	Stadtrath, Rechtsanwalt a. D.	Zwickau (Sachsen).
Heuser	Rechtsanwalt	Bückeburg.
Dr. Heyden, W.	Rechtsanwalt	Hamburg.
Heydweiller	Kreisgerichtsrath a. D.	Karlsruhe (Baden).
Heymann	Rechtsanwalt	Altona.
Dr. Heymann, S.	Rechtsanwalt	Hamburg.
Dr. Hick	Amtsrichter	Bocksberg (Baden).
Dr. Hirl	Bezirksgerichtsrath a. D.	München.
Hilf	Justizrath	Limburg a. d. Lahn.
Hilpert	Rechtsanwalt	Nürnberg.
Dr. Hilse, Benno	Kreisgerichtsrath a. D. Syndikus der Berlin-Kölnischen Feuer-Versicherungs-Gesellschaft	Berlin.
Dr. Hilse, Carl	Syndikus der Großen Berliner Pferdeeisenbahn Aktien-Gesellschaft und Lehrer für Rechts- und Staatswissenschaft an der Königlichen Technischen Hochschule zu Berlin	Berlin.
Dr. Hinschius	Geh. Justizrath, Professor	Berlin.

Name.	Stand.	Wohnort.
Kiefer	Oberamtsrichter	Engen (Baden).
Dr. Kierulff	Rechtsanwalt	Hamburg.
Dr. Kierulff	Oberappellationsgerichtspräsident a. D	Lübeck.
Dr. Kiesselbach	Oberlandesgerichtsrath	Hamburg.
Kilian, H. E.	Amtsrichter	Falkenstein (Sachsen).
Dr. Kilzer, W.	Rechtsanwalt	Frankfurt a. Main.
Kindler	Rechtsanwalt	Schönberg (Mecklenburg).
Kirch, Eugen	Rechtsanwalt	M. Gladbach.
Dr. v. Kirchbach, W.	Amtsrichter	Berlin.
Dr. v. Kirchenheim	Dozent der Rechte	Heidelberg.
Kirchgeßner, Gottfried	Landgerichtsrath	Würzburg.
Dr. Kirchner	Appellationsgerichtsrath a. D.	Frankfurt a. Main.
Dr. Kistemaker	Rechtsanwalt und Notar	Osnabrück.
Klein, Max	Amtsrichter	Nürnberg.
Kleiner, Otto	Landgerichtspräsident	Schweinfurt.
Kleinschmidt	Hofrath	Tangerhütte.
Klemm	Senatspräsident	Dresden.
Dr. Klemm	Advokat	Leipzig.
Dr. Kleucker	Amtsrichter	Sensburg.
Kliem, Theodor	Landgerichtsrath	Würzburg.
Klingel, C.	Rechtsanwalt	Heidelberg.
Klinger	Rechtsanwalt	Burgstädt.
Klöppel	Rechtsanwalt	Jena.
Klotz	Landgerichtsrath	Berlin.
Klotz, Joseph	Rechtsanwalt	Nürnberg.
Klotz, Ernst	Referendar	Schneeberg (Sachsen).
Klüpfel	Finanzassessor a. D	Essen a. d. Ruhr.
Dr. Kniep	Professor	Jena.
Knoch	Amtsgerichtsrath	Felsberg (Reg.-Bez. Kassel).
Koch	Justizrath	Buchholz (Sachsen).
Dr. Koch	Rechtsanwalt	Chemnitz (Sachsen).
Koch	Rechtsanwalt	Glatz.
Kochann	Amtsgerichtsrath	Berlin.
Köchling	Rechtsanwalt	Bochum.
Köhler	Rechtsanwalt	Darmstadt.
Dr. Köhne, Paul	Referendar	Berlin.
Reichsfreiherr Kolbe v. Schreeb	Regierungsrath a D.	Jena.
Kölbel	Universitätsrath	Würzburg.
Koob, Andr.	Rechtsanwalt	Würzburg.
Körner	Rechtsanwalt	Zwickau (Sachsen).

Name.	Stand.	Wohnort.
Korpulus	Rechtsanwalt und Notar	Breslau.
Kortum, H.	Justizrath	Halberstadt.
Kortum, Carl	Justizrath	Naumburg a. d. Saale.
Köster	Landgerichtsrath	Hagen (Westfalen).
v. Köstlin	Oberstaatsanwalt	Stuttgart.
Köth, Josef	Rechtsanwalt	Würzburg.
Krah	Amtsgerichtsrath	Diez.
Krah, C.	Rechtsanwalt	Segeberg.
Krämer, Franz	Landgerichtsrath	Würzburg.
Krampf, Josef	Rechtsanwalt	Würzburg.
Kraner, G.	Referendar	Freiberg (Sachsen).
Krauß	Landgerichtsrath	Ravensburg.
v. Krauß	Senats-Präsident	Stuttgart.
Kraußold	Advokat	München.
Dr. v. Kräwell	Oberlandesgerichtsrath, Geh. Justizrath	Naumburg a. d. Saale.
Kremer, L.	Landgerichtsrath	München.
Kremnitz	Justizrath	Berlin.
Kreppel, Fr. Ludw.	Notar	Bamberg.
Dr. Freiherr v. Kreß	Rechtsanwalt und Advokat	Nürnberg.
Kretschmann	Justizrath	Magdeburg.
Dr. Kretschmar	Professor	Gießen.
Kretschmar II	Rechtsanwalt	Großenhain.
Kretzschmar	Advokat und Stadtrath	Dresden.
Krieg, Emil	Rechtsanwalt	Leipzig.
Krobitsch	Staatsanwalt	Hannover.
Kröger	Rechtsanwalt	Elmshorn.
Dr. Kronecker	Amtsrichter	Berlin.
Krüger	Rechtsanwalt	Halberstadt.
Küchendahl	Justizrath	Stettin.
Kugler	Advokat	Freiberg (Sachsen).
Kühn	Rechtsanwalt	Trachenberg (Schlesien).
Dr. Kühne	Oberlandesgerichtspräsident	Celle.
v. Kunowski	Oberlandesgerichtspräsident	Posen.
v. Kunowski	Landgerichtspräsident	Bielefeld.
Dr. Kuntze	Professor	Leipzig.
Kurlbaum, C. II.	Geh. Ober-Justiz- und vortragender Rath im Justizministerium	Berlin.
Kusel	Rechtsanwalt	Karlsruhe (Baden).
Laage	Kreisgerichtsrath a. D.	Eisleben.
Labroisse, L.	Rechtsanwalt	Gießen.

Name.	Stand.	Wohnort.
Dr. Ladenburg	Rechtsanwalt	Mannheim.
Lägeler	Oberamtsrichter	Neuenburg (Württemberg).
Lahode, Max	Referendar	Bautzen (Sachsen).
Dr. Lahr	Staatsanwalt	Gießen.
Lambrecht	Amtsgerichtsrath a. D.	Naumburg a. d. Saale.
Dr. Lamey	Staatsrath und Ministerial-Präsident a. D.	Mannheim.
Lamm	Oberlandesgerichtsrath	Dresden.
Lammfromm	Oberjustizprokurator	Tübingen.
Dr. Lamprecht	Erster Beamter der Landherrenschaft Bergedorf	Hamburg.
Dr. Lang	Rechtsanwalt	Frankfurt a. Main.
Dr. Lang, H.	Landgerichtsdirektor	Rottweil.
Lang	Landgerichtsrath	Straßburg (Elsaß).
Dr. Langbein, Oscar	Rechtsanwalt	Leipzig.
Langenbach	Rechtsanwalt	Darmstadt.
Langermann	Oberamtsrichter	Lich.
Langrock	Landgerichtspräsident	Memel.
Laporte	Rechtsanwalt	Linden bei Hannover.
Dr. Lappenberg	Landgerichtsdirektor	Hamburg.
Lasker	Rechtsanwalt	Sonnenburg (R. B. Frankfurt a. d. Oder).
Laudenheimer	Rechtsanwalt	Darmstadt.
Laué	Geh. Justizrath	Berlin.
Laué, Walther	Referendar	Berlin.
Lauff	Justizrath	Köln a. Rhein.
Lauhn	Rechtsanwalt	Leipzig.
Laux	Landgerichtsrath	Ravensburg.
Dr. Lebin	Rechtsanwalt	Berlin.
Lebrecht	Rechtsanwalt	Stuttgart.
Lehmann, Emil	Rechtsanwalt	Dresden.
Dr. Lehmann, Gust.	Advokat	Dresden.
Dr. Lehmann, Eugen	Senator	Hamburg.
Leipheimer	Rechtsanwalt	Stuttgart.
Dr. Leisler jun.	Rechtsanwalt	Wiesbaden.
Dr. Lenel	Professor	Kiel.
v. Lengrießer, J. N.	Landgerichtsrath	Aschaffenburg.
Dr. Leo	Rechtsanwalt	Magdeburg.
Leonhard	Justizrath	Berlin.
Dr. Leonhard	Professor	Göttingen.
Leonhardi	Geheimer Regierungsrath	Zwickau (Sachsen).
Leske, O. Fr.	Kammergerichtsrath	Breslau.

Name.	Stand.	Wohnort.
Lesse	Justizrath	Berlin.
Lesser	Reichsgerichtsrath	Leipzig.
Lettgau	Landgerichtsdirektor	Meiningen.
Dr. Leuthold	Bergamtsdirektor	Freiberg (Sachsen).
Leuthold	Rechtsanwalt	Schöneck (Sachsen).
Graf v. Leutrum	Geheimer Staatsrath	Stuttgart.
Levi	Rechtsanwalt	Stuttgart.
Dr. Levy	Advokat	Amsterdam (Holland).
Levy, M.	Rechtsanwalt	Berlin.
Dr. Levy	Advokat	Hamburg.
Lewald	Rechtsanwalt	Breslau.
Lewald	Rechtsanwalt	Leipzig.
Lezius	Justizrath	Köthen.
Libawsky	Rechtsanwalt	Kreuzburg (Oberschlesien)
Licht, Ad.	Justizrath	Potsdam
Lichtschlag	Rechtsanwalt	Düsseldorf.
Liebster, Arno	Rechtsanwalt	Leipzig.
Ließer	Landgerichtsrath	Würzburg.
Dr. v. Lilienthal	Professor	Zürich (Schweiz).
Linckelmann	Justizrath	Hannover.
Graf v. Linden	Hofmarschall	Stuttgart.
Lindner	Justizrath	Danzig.
Dr. v. Lingen	Rechtsanwalt	Bremen.
Graf zur Lippe	Staatsminister a. D.	Berlin.
Lippold	Rechtsanwalt	Altenburg (Sachs.-Altbg.)
Dr. v. Liszt	Professor	Marburg (Hessen).
Litthauer	Rechtsanwalt	Posen.
Löbell	Oberlandesgerichtsrath	Königsberg (Preußen).
Dr. Lochte	Justizrath	Magdeburg.
Löhmann	Landgerichtsdirektor	Hamburg.
Löhr	Bürgermeister	Bautzen.
Dr. Lohse, G.	Hofrath	Leipzig.
Lorenz	Amtsrichter	Würzburg.
Dr. Lorey	Rechtsanwalt	Frankfurt a. M.
Löschbrand	Justiz- und Verwaltungs-Beamter a. D.	Wernigerode.
Dr. Löwenfeld, H.	Gerichtsassessor a. D.	Berlin
Löwenstein I	Rechtsanwalt	Stuttgart.
Löwenstein	Amtsrichter	Weinsberg.
Löwenthal, F.	Rechtsanwalt	Schwerin (Mecklenburg).
Lubowsky	Justizrath	Breslau.
Dr Luden	Rechtsanwalt	Leipzig.

Name.	Stand.	Wohnort.
Dr. Ludolph, E.	Amtsrichter	Salzuflen.
Dr. Ludwig	Rechtsanwalt	Lüchow.
Ludwig, Königl. Hoheit	Prinz von Bayern	München.
Dr. Lüntzel, Alfr.	Justizrath	Leipzig.
Dr. Lürmann	Senator	Bremen.
Dr. Magnus	Rechtsanwalt	Braunschweig.
Mahlstedt	Landgerichtsrath	Flensburg.
Makower	Justizrath	Berlin.
Malblanc	Erster Staatsanwalt	Tübingen.
Mallebrein	Oberamtsrichter	Baden-Baden.
Mandel	Kaiserlicher Kreisdirektor	Erstein (Elsaß).
Dr. v. Mandry	Professor	Tübingen.
Mangold	Justizrath	Celle.
Dr. Mann	Rechtsanwalt	Stettin.
Mannsfeld	Oberamtsrichter	Leipzig.
Mansfeld	Landgerichtspräsident	Braunschweig.
Dr. Marck	Stadtrath	Breslau.
Dr. Marquardsen	Professor	Erlangen.
Marquier	Rechtsanwalt	Konstanz.
v. Martens	Oberamtsrichter	Geislingen (Württemberg).
Martin, Georg	Amtsrichter	Füßen.
Dr. Martin, R.	Oberlandesgerichtsrath	Hamburg.
Martin	Rechtsanwalt	Kassel.
Martini, Hugo	Rechtsanwalt	Leipzig.
Martini, Oskar	Rechtsanwalt	Meerane (Sachsen).
Martins	Landgerichtsdirektor	Aachen.
Martins	Erster Staatsanwalt	Danzig.
Martins	Oberbürgermeister	Glogau.
Martiny	Rechtsanwalt	Danzig.
Marx, Sigism.	Referendar a. D.	Würzburg.
Dr. Matsen	Advokat und Bibliothekar der Commerz-Bibliothek	Hamburg.
Maul, Rud.	Rechtsanwalt	Weida.
Maurer	Rechtsanwalt	Herbstein (Oberhessen).
Maurer	Landgerichtsrath	Mannheim.
Dr. May	Rechtsanwalt	Frankfurt a. Main.
Dr. May, Hermann	Rechtsanwalt	Hamburg.
Mayer, F.	Erster Staatsanwalt	Eichstädt.
Dr. Mayer, F. P.	Rechtsanwalt	Mainz.
Mayer, Ph.	Landgerichtspräsident	Neuburg a. d. Donau.
Dr Mayer, Otto	Professor	Straßburg (Elsaß).
Dr. Mayer, C.	Amtsanwalt	Stuttgart.

Name.	Stand.	Wohnort.
Dr. Mayersohn	Hofrath	Aschaffenburg.
Mecke	Justizrath	Leipzig.
Medicus	Rechtsanwalt	Würzburg.
Dr. Mehnert, P.	Rechtsanwalt	Dresden.
Meibauer	Rechtsanwalt	Konitz (Westpreußen).
Dr. v. Meibom	Professor, Reichsgerichtsrath	Leipzig.
Meier, Henry	Rechtsanwalt	Kiel.
Meischner	Rechtsanwalt und Notar	Penig.
Meisner	Rechtsanwalt	Bamberg.
Dr. Meisner	Oberlandesgerichtsrath	Posen.
Meister	Amtshauptmann	Nienburg a. d. Weser.
Melchers	Landgerichtsrath	Erfurt.
Melchior	Justizrath	Dortmund.
Dr. Melly, H.	Rechtsanwalt	Leipzig.
Dr. Meltzer, M.	Rechtsanwalt	Leipzig.
Merckle	Rechtsanwalt	Frankenthal (Pfalz).
Merkel	Landgerichtsdirektor	Schweinfurt.
Dr. Merkel	Professor	Straßburg (Elsaß).
Messerschmidt	Landgerichtsrath	Bromberg.
Metz	Rechtsanwalt	Gießen.
v. Metzsch, Hugo	Rechtsanwalt	Leipzig.
Meurer	Rechtsanwalt	Köln a. Rhein.
Meyen	Justizrath	Berlin.
Dr. Meyer	Geheimer Oberregierungsrath	Berlin.
Meyer, Al.	Dr. jur.	Berlin.
Meyer, Sigmund	Justizrath	Berlin.
Dr. Meyer, Fritz	Rechtsanwalt	Frankfurt a. Main.
Dr. Meyer, Aug.	Rentier	Hamburg.
Dr. Meyer	Professor	Jena.
Dr. Meyer	Regierungsrath	Kassel.
Meyer, Georg	Reichsgerichtsrath	Leipzig.
Meyer	Oberlandesgerichtsrath	Marienwerder (Westpraußen.)
Meyer, H.	Rechtsanwalt und Notar	Rabingen bei Melle.
Dr. Meyer, Jul.	Rechtsanwalt	Wolkenstein.
Meyersburg	Justizrath	Celle.
Mezger	Oberamtsrichter	Blaubeuren.
Michaelis	Landgerichtsrath	Frankfurt a. d. Oder.
Dr. Michaelis	Justizrath	Hildburghausen.
Miesbach	Amtsrichter	Amberg.
Milch	Rechtsanwalt	Breslau.
Minsberg	Justizrath	Bunzlau (Schlesien).
Mirus	Präsident a. D.	Jena.

Name.	Stand.	Wohnort.
Dr. Mirus	Rechtsanwalt	Leisnig.
v. Mittelstädt	Amtsgerichsrath	Halle a. d. Saale.
v. Mittelstädt	Justizrath	Neuwied.
Dr. Mittelstraß, A.	Rechtsanwalt	Hamburg.
Dr. Mittenzwey	Staatsanwalt	Weimar.
Mittermaier, Franz	Dr. jur.	Heidelberg.
Mögerle	Justizreferendar	Schw. Hall.
Mohr	Rechtspraktikant	Fürth.
Mohr, O.	Rechtsanwalt	Rudolstadt.
Dr. Mohrmann	Rechtsanwalt	Hamburg.
Dr. Mohrmann	Reichsgerichtrath	Leipzig.
Moll,	Amtsrichter	Charlottenburg.
Möller, G.	Obergerichtsrath a. D.	Hannover.
Möller	Oberlandesgerichtsrath	Marienwerder (Westpreußen).
Dr. Momberger	Kreisassessor a. D.	Darmstadt.
Montigny	Amtsrichter	Rheydt (R.-Bez. Düsseldorf).
Mörschel, Karl	Rechtsanwalt	Würzburg.
Moser, Em. Jos.	Regiments-Auditeur	Würzburg.
Moßdorf, Henri	Rechtsanwalt	Erfurt.
Mosse	Amtsrichter	Berlin.
Müermann	Landgerichtsrath	Bielefeld.
v. Müldner	Justizrath	Kassel.
Müller	Justizrath	Berlin.
Müller, Ottomar	Rechtsanwalt	Frankenthal.
Müller	Oberlandesgerichtsrath	Hamm (Westfalen).
Müller	Rechtsanwalt	Hofgeismar.
Dr. Müller	Justizrath	Kassel.
Müller, Alb.	Rechtsanwalt	Köln a. Rhein.
Müller, Heinrich	Rechtsanwalt	Leipzig-Lindenau.
Müller	Landgerichtsdirektor	Mannheim.
Müller, C. H.	Rechtsanwalt	Rostock (Mecklenburg).
Müller, Hermann	Rechtsanwalt	Schweinfurt.
Müller, L.	Rechtsanwalt	Verden (Hannover).
Müller, Josef	Landgerichtsdirektor	Würzburg.
Müller, H. E.	Rechtsanwalt und Notar	Zwickau (Sachsen).
Münch	Amtsrichter	Gera (Reuß j. L.).
Munckel	Rechtsanwalt	Berlin.
Graf zu Münster, Otto, Georg	Kreishauptmann	Leipzig.
Dr. Naumann	Justizrath	Celle.
Naumann	Rechtsanwalt	Lüneburg.
Neidhard	Oberlandesgerichtsrath	Dresden.

Name.	Stand.	Wohnort.
Reppenbacher	Amtsrichter	Würzburg.
Reubauer	Oberlandesgerichtsrath	Berlin.
Reubig, Wilh.	Landgerichtspräsident	Würzburg.
Dr. Reukirch	Rechtsanwalt	Frankfurt a. Main.
Reuland, Friedr.	Landgerichtsrath	Würzburg.
Reumann, Adolf	Rechtsanwalt	Sorau (Nieder-Lausitz).
Reumayer	Rechtsanwalt	Kaiserslautern.
Reundörfer	Amtsrichter	Wöllstein (Großh. Hessen).
Rick	Kanzleirath	Ravensburg.
Niemand	Landpfennigmeister	Heide (Holstein).
Dr. Nißen	Professor	Bonn.
Nock	Ministerialpräsident	Karlsruhe (Baden).
Nock, Rud.	Oberlandesgerichtsrath	Karlsruhe (Baden).
Nöldeke	Oberappellationsgerichtsrath	Celle.
Obenaus, B.	Landgerichtsrath	Leipzig.
Dr. Obermeyer	Rechtsanwalt	Nürnberg.
Dr. Obrock	Rechtsanwalt	Hannover.
Oehme, O. F.	Justizrath	Leipzig.
Dr. Oldenburg, Heinr.	Bürgermeister	Hamburg.
Oelschläger	Generalauditeur	Berlin.
Dr. Olshausen	Landrichter	Berlin.
Omeis	Notar	Nürnberg.
Dr. Oppe	Rechtsanwalt	Chemnitz (Sachsen).
Oppenheim	Obertribunalsrath a. D.	Berlin.
Dr. Oppenheim, Ludw.	Rechtsanwalt	Mainz.
Dr. Oppenheimer, E.	Rechtsanwalt	Hamburg.
Oppert	Landgerichtsrath	Berlin.
Oppmann	Hofrath	Würzburg.
Orb	Rechtsanwalt	Königstein (Sachsen).
Ordolff, W.	Domänenkanzleidirektor	Kastell (Bayern).
Oßwald	Oberbürgermeister und Polizeidirektor	Altenburg (Sachs.-Altbg.)
Dr. Osterloh	Geh. Hofrath, Professor	Leipzig.
Dr. Oswalt	Rechtsanwalt	Frankfurt a. Main.
Dr. Oetker	Justizrath	Kassel.
Ott, Julius	Notar	Karlsruhe (Baden).
Dr. Otto	Rechtsanwalt	Heilbronn.
Dr. v. Oven	Senator	Frankfurt a. Main.
Patzki, Fr.	Justizrath	Leipzig.
Dr. Pechwell, Alfr.	Divisions-Auditeur	Leipzig.
Peltasohn, Leop.	Rechtsanwalt	Liegnitz.

Name.	Stand.	Wohnort.
Dr. Pernice	Professor	Berlin.
Dr. Peters	Justizrath	Braunschweig.
Dr. Peters, W.	Amtsrichter	Schwedt a. d. Oder
Petersen, L.	Rechtsanwalt	Dresden.
Petersen	Reichsgerichtsrath	Leipzig.
Petersen	Rath am obersten Landesgericht	München.
Petri, Rich.	Erster Staatsanwalt	Bautzen.
Petri	Rechtsanwalt	Mainz.
Petrich	Amtsrichter	Genthin.
Pfaff	Erster Staatsanwalt	Ulm.
Pfaffenzeller	Notar	Dachau (Bayern).
Pfannenstiel	Rechtsanwalt	Kolmar (Elsaß).
Pfister	Landgerichtsrath	Hechingen.
Pfizer	Landgerichtsrath	Ulm.
Pflesser	Amtsgerichtsrath	Görlitz.
Philipp	Justizrath	Altona.
Philler	Landgerichtsdirektor	Elbing.
Dr. Pilling	Rechtsanwalt	Dresden.
Pinckert	Justizrath	Erfurt.
Pinder	Regierungsrath	Kassel.
Dr. Planck	Geheimer Justizrath	Berlin.
Dr. v. Planck	Geheimrath, Professor	München.
Plathner	Reichsgerichtsrath a. D.	Berlin.
Dr. Pleißner	Rechtsanwalt	Dresden.
Plitt	Rechtsanwalt	Borken (Rgb.-Bez. Kassel).
Pohl	Rechtsanwalt	Frohburg (Sachsen).
Prechtl	Advokat	Weiden (Bayern).
Dr. Preußer	Oberappellationsgerichtspräsident a. D.	Kiel.
Preußer	Landgerichtsrath	Neuwied.
Priber	Rechtsanwalt	Frankenberg (Sachsen).
Probst	Oberlandesgerichtsrath	Stuttgart.
Probst	Rechtskonsulent	Stuttgart.
Protzen	Amtsgerichtsrath	Muskau.
Dr. Puchelt	Reichsgerichtsrath	Leipzig.
Pürkhauer, Carl	Notar	Ansbach.
v. Puttkamer	Appellationsgerichtsrath a. D.	Deutsch-Carstenitz bei Hebronn-Damnitz.
Rabe	Erster Staatsanwalt	Aachen.
Rabert	Amtsgerichtsrath	Beeskow.
v. Radecke	Justizrath	Halle a. d. Saale.

Name.	Stand.	Wohnort.
Raht	Justizrath	Weilburg.
Rampf, Georg	Regierungs-Assessor	Augsburg.
Dr. Rapantz	Landrichter	Hamburg.
Rau	Rechtsanwalt	Hof (Bayern).
Dr. Rau	Rechtsanwalt	München.
Dr. Reatz	Rechtsanwalt	Gießen.
v. Reden	Landgerichtsrath	Lüneburg.
Dr. Regelsberger	Professor	Breslau.
Dr. Regensburger	Rechtsanwalt	Karlsruhe (Baden).
Rehm	Landgerichtsrath	Bayreuth.
Reich	Landgerichtsdirektor	Magdeburg.
Reichardt	Kreisgerichtsrath	Ulm.
Reiche-Eisenstuck	Oberstaatsanwalt	Dresden.
Reimkasten	Rechtsanwalt	Schwerin (Mecklenburg).
Dr. Reinach	Rechtsanwalt	Mainz.
Reincke	Landgerichtsdirektor	Berlin.
Reinhard	Notar	Gemünden.
Reinhard	Landgerichtsdirektor	Offenburg (Baden).
Reinholdt	Rechtsanwalt	Frankenberg (Sachsen).
Reinicke	Regierungsrath	Hannover.
Reinking	Amtsgerichtsrath a. D.	Celle.
Reiß, Paul	Rechtsanwalt	Frankfurt a. Main.
Renz, Adolf	Landgerichtsrath	Schw. Hall.
Dr. Reuling	Rechtsanwalt	Leipzig.
Rhamm	Amtsrichter	Wolfenbüttel.
Rheinwald	Amtsgerichtsrath	Stuttgart.
Richter	Justizrath	Leipzig.
Richter	Domsyndikus, Justizrath	Naumburg a. d. Saale.
Dr. Rieke, Gust.	Landrichter	Hamburg.
Rieß I.	Justizrath	Berlin.
Rieß	Justizrath	Kassel.
Dr. Rießer, J.	Rechtsanwalt	Frankfurt a. Main.
Rieth	Rechtsanwalt	Köln a. Rhein.
Riffart, J.	Rechtsanwalt	Köln a. Rhein.
Rinecker	Oberlandesgerichtsrath	Bamberg.
Ritter	Divisionsauditeur	Hannover.
Ritter, Eugen	Notar	Stuttgart.
Rittler	Justizrath	Torgau.
Rizi	Amtsrichter	Kehl (Baden).
Robert	Justizrath	Berlin.
Dr. Rockinger, Ludw.	Geh. Staatsarchivar, Professor	München.
Röder	Rechtsanwalt	Halberstadt.

Name.	Stand.	Wohnort.
Dr. Rödler	Landgerichtsdirektor	Metz.
Romberg	Justizrath	Leipzig.
Romberg	Rechtsanwalt	Meiningen.
Dr. Römer	Amtsgerichtsrath	Frankfurt a. Main.
Roos, Karl	Oberlandesgerichtsrath	Karlsruhe (Baden).
Roscher	Landgerichtspräsident	Göttingen.
Dr. Roscher, Th.	Rechtsanwalt	Hannover.
Dr. Rosenberg II.	Rechtsanwalt	Gießen.
Dr. Rosenthal, Eduard	Professor	Jena.
Dr. Rosenthal, F.	Rechtsanwalt	München.
Rösler	Amtsrichter	Bad Oeynhausen.
Roßbach	Rechtsanwalt	Leipzig.
Dr. Roßhirt	Oberhofgerichtskanzler a. D.	Heidelberg.
Roßtäuscher	Oberstaatsanwalt	Dresden.
Dr. v. Roth, P.	Professor, Oberbibliothekar	München.
Rothe, Carl	Regierungsrath	Weimar.
Rottmann	Oberamtsrichter	Gerolzhofen.
Dr. Rubo	Professor, Amtsgerichtsrath	Berlin.
Dr. v. Ruediger	Amtsrichter	Groß-Bodungen.
Rühl	Notar	Nürnberg.
Dr. Ruhwandl, M. J.	Rechtsanwalt a. D.	München.
Dr. Rump, Eduard	Gerichtsassessor a. D.	Würzburg.
Dr. Rumpf	Landgerichtsrath	Frankfurt a. Main.
Saaßen, J. H.	Notar	Wittlich.
Sachs	Stadtschultheiß	Krailsheim.
Sachs, Emil	Rechtsanwalt	Leipzig.
Dr. Samter	Rechtsanwalt	Berlin.
Sander	Rechtsanwalt	Guben.
Sänger	Rechtsanwalt	Ulm.
Sattler, Wilhelm	Rechtsanwalt	Schweinfurt.
Schäfer	Amtsrichter	Darmstadt.
Schäffer, Wilhelm	Staatsanwalt	Mülhausen (Elsaß).
Schall I.	Rechtsanwalt	Stuttgart.
Schall	Rechtsanwalt	Ulm.
v. Schamberger	Direktor	München.
Schanz, Rich.	Rechtsanwalt	Dresden.
Schaper	Reichsgerichtsrath	Leipzig.
Dr. Scharlach	Rechtsanwalt	Hamburg.
Scharmann	Justizrath	Darmstadt.
Schäzler	Notar	Scheinfeld.
Scheffer	Rechtsanwalt	Kassel.
Dr. Schenck	Regierungsrath	Altenburg (Sachs.-Altenburg).

Name.	Stand.	Wohnort.
Schenk	Anwalt	Berlin.
Schenk, Friedr.		Erfurt.
Scherer	Rechtsanwalt	Aschaffenburg.
Dr. Scherlensky	Rechtsanwalt	Frankfurt a. Main.
Scheuffler, Lebrecht	Rechtsanwalt	Leipzig.
Scheuffler	Rechtsanwalt	Meißen.
Scheurich	Rechtsanwalt	Krossen a. d. Oder.
Schiele	Staatsanwalt	Bernburg.
Schindling	Rechtsanwalt	Limburg a. d. Lahn.
Schlegel I. Frz. Arthur	Rechtsanwalt	Dresden.
Dr. Schlesinger	Reichsgerichtsrath	Leipzig.
Schlick, Georg	Rechtsanwalt	Schleiz.
Schlieckmann, Alb.	Justizrath	Halle a. d. Saale.
Schlomka, Th.	Reichsgerichtsrath	Leipzig.
Schloß	Rechtsanwalt	Heilbronn.
Schlotter	Obergerichtsadvokat	Schleiz.
Schlüter	Oberlandesgerichtsrath	Celle.
Schmedes	Oberlandesgerichtsrath	Naumburg a. d. Saale.
Dr. Schmid	Oberlandesgerichtspräsident	Braunschweig.
Schmid, Max	Regierungsassessor	Würzburg.
Schmidt, Ad.	Justizrath	Altona.
Schmidt	Geheimer Oberjustizrath	Celle.
Schmidt, Fr. Chr.	Rechtsanwalt	Dresden.
Dr. Schmidt	Rechtsanwalt	Fürth (Bayern).
Dr. Schmidt, Carl	Oberlandesgerichtsrath	Kolmar (Elsaß).
Schmidt, C. Th.	Landgerichtsdirektor	Leipzig.
Schmidt, Paul	Appellationsgerichtsrath	Leipzig.
Schmidt	Ministerialrath	Schwerin.
Schmidtmüller, F.	Rechtsanwalt	Kolmar (Elsaß).
Schmitt, Alexander	Landgerichtsdirektor	Berlin.
Schmitt, Martin	Oberlandesgerichtsrath a. D.	Würzburg.
Schmitz, C.	Notar	Straßburg (Elsaß).
Schmorl, Alfr.	Rechtsanwalt	Leipzig.
Dr. Schnapper	Rechtsanwalt	Frankfurt a. Main.
Dr. Schneider	Rath am obersten Landesgericht	München.
Dr. Schnell	Rechtsanwalt	Zittau (Sachsen).
Dr. Scholz	Landrichter	Hannover.
Schomann	Oberlandesgerichtsrath	Oldenburg (Großherzogthum).
Schondorff	Rechtsanwalt, Senator	Röbel (Mecklenburg).
Schorcht	Rechtsanwalt	Hameln.
Schott	Rechtsanwalt	Ulm.

Name.	Stand.	Wohnort.
Schrader, A.	Landgerichtsrath	Göttingen.
Schramm, G.	Referendar	Dresden.
Schraub	Landrichter	Altona.
Schraut, J.	Bezirksamtsassessor	Würzburg.
Dr. Schreber	Landgerichtsdirektor	Chemnitz (Sachsen).
Dr. Schreiner	Rechtsanwalt	Köln a. Rhein.
Schrey	Rechtsanwalt	Leipzig.
Schröder	Justizrath	Altona.
Schröder	Justizrath	Eisleben.
Schröder, W.	Oberlandesgerichtsrath	Stettin.
Dr. Schröder	Professor	Straßburg (Elsaß).
Schropp	Intendantur-Rath	Würzburg.
Schubarth	Rechtsanwalt	Markneukirchen.
Schuberth	Erster Staatsanwalt	Regensburg.
Schuler	Rath am obersten Landesgericht	München.
Schultheiß, Josef	Amtsrichter	Gemünden.
Dr. Schultz	Rechtsanwalt	Hagen (Westfalen).
Schultz	Justizrath	Magdeburg.
Schultze, Gust.	Rechtsanwalt	Hirschberg.
Dr. Schulz, H.	Landgerichtsanwalt, Notar	Frankfurt a. Main.
Dr. Schulz	Bibliothekar, Professor	Leipzig.
Schulz	Landgerichtspräsident	Osnabrück.
Schum, Eduard	Oberamtsrichter	Würzburg.
Schumann, Heinr.	Rechtsanwalt	Mosbach (Baden).
Schuster	Landrichter	Ulm.
Schwartz	Amtsrichter	Langenburg (Württemberg)
Schwarz	Rechtsanwalt	Schw. Hall.
Schwarz	Reichsgerichtsrath	Leipzig.
Schwarz	Rechtsanwalt	Straubing.
Schwarz, Adolf	Rechtspraktikant	Würzburg.
Dr. v. Schwarze	Generalstaatsanwalt	Dresden.
Dr. v. Schwarze, Joh.	Amtsrichter	Dresden.
Schwarzmann	Präsident des Verwaltungsgerichtshofes	Karlsruhe (Baden).
Schwauß	Polizeidirektor	Dresden.
Schwing	Amtsrichter	Franzburg.
Sebin	Landgerichtsrath	Schweinfurt.
Freiherr v. Seckendorff	Wirkl. Geheimrath, Oberreichsanwalt	Leipzig
Dr. v. Seeger	Professor	Tübingen.
Seeger	Oberamtsrichter	Urach (Württemberg).

Name.	Stand.	Wohnort.
Dr. Seelemann	Rechtsanwalt	Hamburg.
Dr. Seelig, L.	Rechtsanwalt	Leipzig.
Sehlmacher	Justizrath	Stettin.
Dr. Seibert	Hofgerichtsadvokat	Darmstadt.
Seibert	Amtsrichter	Darmstadt.
Seidler	Amtsgerichtsrath	Kottbus.
Seiferling, Georg	Oberlandesgerichtsrath	Augsburg.
Dr. Seitz, Karl, Joseph	Landgerichtsrath	Schweinfurt.
Selb, G.	Anwalt	Mannheim.
Seligmann	Justizrath	Koblenz.
Dr. Seuffert, H.	Professor	Breslau.
Seume	Advokat	Zwickau (Sachsen).
Sevin	Rechtsanwalt	Karlsruhe (Baden).
v. Seydewitz	Landgerichtspräsident	Greifswald.
Dr. v. Sicherer	Professor	München.
Dr. Siebert	Rechtsanwalt	Frankfurt a. Main.
Siebert	Oberamtsrichter	Höchst (Odenwald).
Siebert	Rechtsanwalt	Wiesbaden.
Siegel	Rechtsanwalt	München.
Sieger	Rechtsanwalt	Köln a. Rhein.
Siegfried, Herm.	Oberlandesgerichtsrath	Köln a. Rhein.
Sieveking	Rechtsanwalt	Altona.
Dr. Silberschlag	Oberlandesgerichtsrath	Naumburg a. d. Saale.
Dr. Simon	Amtsrichter	Hannover.
Dr. Simonis	Bürgermeister	Rostock (Mecklenburg).
Dr. Simson	Präsident des Reichsgerichts	Leipzig.
Sinz	Amtsgerichtsrath	Siegen.
Sommer	Justizrath	Grottkau (R.=B. Oppeln).
Sonnenkalb	Finanzminister, Geheimrath	Altenburg (Sachs.=Altenburg).
Spangenberg	Reichsanwalt	Hannover.
Speth	Landgerichtsrath	Würzburg.
Spohr	Justizrath	Kassel.
Staehler	Rechtsanwalt	Weilburg.
Stangl, Franz	Amtsgerichtssecretair	Arnstein.
Stapff	Rechtsanwalt	Weimar.
Stebel	Rechtsanwalt	Freiburg (Baden).
Stechow	Kammergerichtsreferendar	Berlin.
v. Stefenelli	Regierungsdirektor	Würzburg.
Stegemann	Justizrath	Leipzig.
Dr. Steidle, Georg	Hofrath, Bürgermeister	Würzburg.
Steinbach	Justizrath	Magdeburg.
Steinberger	Rechtsanwalt	Gießen.

Name.	Stand.	Wohnort.
Steinhard	Amtsrichter	Eisfeld.
Steinhausen	Kammergerichtsrath	Berlin.
Stellmacher, Ad.	Oberstaatsanwalt	Celle.
Freiherr v. Stengel	Professor	Breslau.
Stenglein	Reichsanwalt	Leipzig.
Dr. Stern, Otto	Rechtsanwalt	Würzburg.
Stettin	Rechtsanwalt	Köslin.
Stichling	Landgerichtsrath	Weimar.
Dr. Stickel, Oscar	Divisionsauditeur, Justizrath	Kassel.
Stimmel	Finanzprokurator	Plauen (Sachsen).
Stinner	Justizrath	Hochheim bei Erfurt.
v. Stockhausen	Landgerichtsdirektor	Hannover.
Stoltz	Landrichter	Hannover.
Stöpel	Justizrath	Potsdam.
Storr	Landgerichtsrath	Stuttgart.
v. Stößer	Landgerichtspräsident	Konstanz.
Strauß, C.	Rechtsanwalt	Heilbronn.
Strecker	Rechtsanwalt	Offenbach a. Main.
Strempel	Oberlandesgerichtsrath	Rostock (Mecklenburg).
Strödel	Justizrath	Dresden.
Struckmann	Oberlandesgerichtsrath	Berlin.
Dr. Struckmann, J.	Geh. Ober-Justizrath und Landgerichtspräsident	Hildesheim (Hannover).
Strupp	Rechtsanwalt	Meiningen.
Stüler, Ludw.	Amtsgerichtsrath	Heiligenstadt (R.-B. Erfurt).
Stumpf	Obersteuerrath	Stuttgart.
Stumpff	Oberlandesgerichtsrath	Frankfurt a. Main.
Süpfle	Oberamtsrichter	Heidelberg.
Süpfle	Rechtsanwalt	Karlsruhe (Baden).
Sutro	Rechtsanwalt	Bochum.
Sydow	Geheimer Postrath	Berlin.
Tafel, Herm.	Rechtsanwalt	Stuttgart.
Tamms	Justizrath	Stralsund.
Dr. Täschner, Ad.	Rechtsanwalt	Leipzig.
Teichen	Syndikus, Senator a. D.	Berlin.
Dr. Teichmann	Professor	Basel (Schweiz).
Dr. Teuscher	Rechtsanwalt und Notar	Sommerfeld.
Thalmann	Rechtsanwalt	Frankenthal (Bayern).
Then, Adam	Landgerichtsrath	Bamberg.
Theremin	Landgerichtsrath	Schweidnitz.
Thewalt	Amtsgerichtsrath	Königstein (Reg.-Bez. Wiesbaden).

Name.	Stand.	Wohnort.
Thewalt, Carl	Reichsgerichtsrath	Leipzig.
Thiemer sen.	Rechtsanwalt	Zittau (Sachsen).
Dr. Thöl	Landrichter	Stade.
Thomsen	Amtsgerichtsrath	Emden.
Dr. Thomsen	Rechtsanwalt	Leipzig.
Thomsen	Oberlandesgerichtsrath	Stettin.
Dr. Thon	Professor	Jena.
Thönneßen	Notar	Randerath (Reg.=Bez. Aachen).
Thurm	Rechtsanwalt	Ronneburg (Sachs.=Altenbg.).
Tiemann	Bürgermeister	Bielefeld.
Dr. Tiktin, G.	Rechtsanwalt	Berlin.
Dr. Timm	I. Beamter des Erbschaftsamts	Hamburg.
Tornau	Rechtsanwalt	Bitterfeld.
Traub, Berth.	Landgerichtsrath	Mannheim.
Treplin	Staatsanwalt	Leipzig.
Triebsees	Advokat	Rostock (Mecklenburg).
Trimborn,	Justizrath	Köln a. Rhein.
Trinks	Regierungsrath	Meiningen.
Troitzsch, Emil	Rechtsanwalt	Leipzig.
Dr. Tröndlin	Bürgermeister, Justizrath	Leipzig.
Dr. Türck	Amtsrichter	Orb.
Turban	Staatsminister und Minister=Präsident	Karlsruhe (Baden).
Ukert	Senatspräsident	Leipzig.
Dr. Ullrich	Oberlandesgerichtsrath	Hamburg.
Dr. Ulrichs	Rechtsanwalt	Bremen.
v. Ungern=Sternberg	Geheimer Legationsrath	Karlsruhe (Baden).
Unsleber, Gottfr.	Rechtsanwalt	Würzburg.
Urban	Rechtsanwalt	Zwickau (Sachsen).
Dr. v. Uttenhofen	Geheimer Staatsrath	Meiningen.
v. Vahl	Justizrath	Greifswald.
Velde	Justizrath	Diez a. d. Lahn.
Dr. Versmann	Senator	Hamburg.
Vette	Justizrath	Wittenberg (R.=B. Merseburg)
Viëtor	Landrichter	Hildesheim (Hannover).
Dr. Voigt	Reichsgerichtsrath a. D.	Hamburg
Volland	Kreisgerichtsrath a. D.	Suhl.
Dr. Vollert	Geheimer Staatsrath	Gera (Reuß j. L.)
Vollert	Landgerichtsdirektor	Würzburg.
Dr. Voß, B. L.	Landgerichtsrath	Leipzig.
Waaser	Rechtsanwalt	Schw. Hall.

Name.	Stand.	Wohnort.
Dr. Wach	Professor	Leipzig.
Dr. Wachtel	Rechtsanwalt	Leipzig.
Wächter	Amtsrichter	Elze (Hannover).
Wagner, Aug.	Anwalt	Heidelberg.
Wagner	Referendar	Kassel.
Walcher	Rechtsanwalt	Stuttgart.
Walter	Justizrath	Beuthen (Oberschlesien).
Warburg	Justizrath	Altona.
Warmuth	Landgerichtsrath	Augsburg.
Warnkönig	Hofrath	Donaueschingen.
v. Wasmer, Caspar	Amtsrichter	Kiel.
Wassermeyer	Justizrath	Bonn.
Weber	Amtsgerichtsassessor	Kahla.
Weber	Amtsgerichtsrath	Lauban.
Dr. Weber	Kaiserlicher Friedensrichter	Kolmar (Elsaß).
Dr. Weber	Rechtsanwalt	Offenbach a. Main.
Weber	Amtsgerichtsrath	Schmölln.
Dr. Weber	Notar	Würzburg.
Wedekind	Rechtsanwalt	Altona.
Wedekind	Landgerichtsrath	Danzig.
Wegelin	Oberamtsrichter	Vilbel (Oberhessen).
Wegner	Rechtsanwalt	Berlin.
Wegner	Landgerichtsrath	Stolp (Pommern).
Weichsel	Oberlandesgerichtsrath	Naumburg a. d. Saale.
Weidig	Amtsanwalt	Darmstadt.
Dr. Weigel	Justizrath	Kassel.
Dr. v. Weinrich	Rechtsanwalt	Straßburg (Elsaß).
Weismann	Rechtsanwalt	Koburg.
Weiß	Rechtsanwalt	Breslau.
Weiß	Amtsgerichtsrath	Fulda.
Weißleder	Amtsrichter	Posen.
Weizsacker	Landgerichtsrath	Oehringen (Württemberg).
Dr. Wendler sen., Emil	Rechtsanwalt, Dompropst	Leipzig.
Dr. Wendler, Eug.	Rechtsanwalt	Leipzig.
Wenning	Rechtsanwalt	Kassel.
Werner	Justizrath	Naumburg a. d. Saale.
Werner	Rechtsanwalt	Stettin.
Dr. Westerkamp	Professor	Marburg (Hessen).
Wettke	Landgerichtspräsident	Meseritz.
Wetzlich	Amtsrichter	Bautzen.
v. Widenmann	Generalauditeur	Stuttgart.
Dr. Wieding	Professor	Kiel.

Name.	Stand.	Wohnort.
Wielandt, Fr.	Ministerialrath	Karlsruhe (Baden).
Wielandt, K.	Reichsgerichtsrath	Leipzig.
Dr. Wiener	Reichsgerichtsrath	Leipzig.
Dr. Wiesand	Oberlandesgerichtsrath	Dresden.
Wiester	Justizrath	Hirschberg (Schlesien).
Wieter, Hans	Rechtsanwalt	Neustadt a. d. Aisch.
Wiethaus	Landrichter	Hagen (Westfalen).
Wiggers	Justizrath	Rendsburg.
Dr. Wilckens, Joh.	Rechtsanwalt	Bremen.
Wilhelmi, W.	Erster Staatsanwalt	Kassel.
Wilke	Justizrath	Berlin.
v. Wilmowski	Geheimer Justizrath	Berlin.
Windscheid	Steuerrath, Hypothekenbewahrer	Köln a. Rhein.
Dr. v. Windscheid	Geheimrath, Professor	Leipzig.
Windthorst	Amtsgerichtsrath	Bielefeld.
Wintterlin	Direktor	Stuttgart.
Wirschinger	Oberrechnungsrath	München.
Dr. Wirsing	Professor	Würzburg.
Wissel, Johann	Landgerichtsrath	Würzburg.
Witte, E.	Landgerichtsdirektor	Breslau.
Wittenbecher	Landgerichtsrath	Zwickau (Sachsen).
Wittgenstein, Jos.	Advokat	Perl a. d. Mosel.
Wittmer	Rechtsanwalt	Mosbach (Baden)
Dr. Wolf I.	Rechtsanwalt	Dresden.
Wolf	Amtsrichter	Mergentheim.
Wölfel	Rechtsanwalt	Merseburg.
Wolfenstätter	Staatsanwalt	Bamberg.
Wolff	Justizrath	Frankfurt a. d. Oder.
Wolff	Landgerichtspräsident	Holzminden.
Wolff, Hugo	Rechtsanwalt	Karlsruhe (Baden).
Dr. Wolffson, J.	Rechtsanwalt	Hamburg.
Dr. Wolfskehl	Rechtsanwalt	Mainz.
Wollaib	Landgerichtsdirektor	Ulm.
Woerrlein	Notar	Oettingen (Bayern).
Wörsch	Notar	Wöllstein (Rheinhessen).
Wulfert	Reichsgerichtsrath	Leipzig.
Wulff	Amtsgerichtsrath	Segeberg.
Wündisch	Rechtsanwalt	Zabern (Elsaß).
Wundt	Landgerichtsdirektor	Mosbach (Baden).
Wüstenfeld	Oberlandesgerichtsrath	Karlsruhe (Baden).
Zacke	Amtsgerichtsrath	Halle a. d. Saale.

Name.	Stand.	Wohnort.
Graf von Zech	Landgerichtsdirektor	Straubing.
Zegelin	Bürgermeister, Rechtsanwalt	Wittenburg (Mecklenburg).
Dr. Zehme, F.	Rechtsanwalt	Leipzig.
Dr. Zeiß	Rechtsanwalt	Jena.
Dr. Zeller	Kreisassessor	Offenbach a. Main.
Zenker	Justizrath	Breslau.
Dr. Zenker, Oskar	Rechtsanwalt	Leipzig.
Dr. v. Zerbst	Geheimer Justizrath	Greifswald.
Dr. Zerbst	Justizrath	Jena.
Zickermann	Rechtsanwalt	Schwerin (Mecklenburg).
Dr. Ziegler, A. Gottfr.	Privatier	Würzburg.
Ziehm, H.	Rechtsanwalt	Friedland (Mecklenburg).
Zinkeisen, Alex.	Rechtsanwalt	Leipzig.
Zirkler	Oberjustizrath	Tübingen.
Zschucke, Th.	Bürgermeister	Markneukirchen.
Zückler	Rechtsanwalt	Glauchau.
Zutt, Philipp	Rechtsanwalt	Mosbach (Baden).
Zutt, Otto	Rechtsanwalt	Mosbach (Baden).

Name.	Stand.	Wohnort.

Kaiserreich Oesterreich.

Dr. Adam	Advokat	Wien.
Dr. Adensamer	Advokat	Wien.
Dr. Angerer	Advokat	Wien.
Dr. Anthofer	Oberlandesgerichtsrath	Wien.
Dr. Atlaß	Advokat	Czernowitz.
Dr. Ritter v. Kremer-Auenrode	Professor	Prag.
Ritter v. Aull	Staatsanwalt	Jicin.
Bareuther	Doctor der Rechte	Wien.
Dr. Edler v. Barth	Advokat	Wien.
Dr. v. Benak	Advokat	Linz.
Dr. Berthold	Advokat	Wien.
Dr. Biach	Advokat	Wien.
Dr. v. Bozoki	Professor	Großwardein.
Dr. Breinreich	Notar	St. Pölten.
Dr. Brezina	Advokat	Wien.
Dr. Brezina	Notar	Wien.
Dr. Brichta	Advokat	Wien.
Dr. Bruck	Notar	Wien.
Dr. Burian	Advokat	Wien.
Dr. Crobath	Advokat	Wien.
von Csemeghi, Carl Excellenz	Wirkl. Geh. Rath, Senats-Präsident am Obersten Gerichtshofe	Budapest.
Czuka, Eduard	Advokat	S. a. Ujhely Com. Zemplin.
Dr. Ritter v. Demel	Notar	Teschen.
Freiherr v. D'Elvert	Landesgerichtspräsident	Brünn.
Dr. Exner	Professor	Wien.
Dr. Fayer	Advokat und Privatdocent	Pest.
Dr. Ritter von Feistmantel, Carl	Advokat	Wien.
Feld	Advokat	Darda.
Dr. Ritter v. Mündel-Feldberg	Advokat	Wien.
Dr. Ritter v. Floch	Finanzrath und Advokat	Pest.
Dr. Fochtmann	Notar	Buchau.
Dr. Foltanek	Notar	Wien.
Forstner	Bezirksrichter	Mahrenberg.
Dr. Frank	Advokat	Prag.
Dr. Frantz	Advokat	Wien.

Name.	Stand.	Wohnort.
Dr. Fried	Advokat	Wien.
Landgraf zu Fürstenberg, Excellenz	Wirkl. Geh. Rath, Senats-Präsident am Obersten Gerichtshofe	Wien.
Fürth	Notar	Steyr.
Dr. Ritter v. Glanz	Advokat	Linz.
Dr. Glaser, Excellenz	Wirkl. Geh. Rath, General-Prokurator am Obersten Gerichtshofe	Wien.
Dr. Freiherr von Hye-Glunek, Excellenz	Wirkl. Geh. Rath	Wien.
Dr. Freiherr von Hye-Glunek	Landesgerichtsrath	Wien.
Dr. Götz	Advokat	Nikolsburg.
Dr. Goldschmid	Advokat	Prag.
Dr. Graf	Advokat	Eger.
Dr. Groß	Advokat	Wien.
Dr. Edl. v. Gschmeidler	Advokat	Ober-Hollabrunn.
Dr. Guln	Advokat	Szabadka.
Dr. v. Györy	Advokat	Budapest.
Dr. Haas	Rechtsconsulent	Wien.
Dr. Ritter v. Haberler	Advokat	Wien.
Dr. Freiherr v. Haerdtl	Advokat	Wien.
Dr. Haele	Advokat	Ried.
Dr. Hanisch	Advokat	Wien.
Hanisch	Bezirksrichter	Grein.
Dr. Ritter von Harrasowsky	Ministerialrath	Wien.
Heinrich	Landesgerichtsrath	Prag.
Dr. Heller	Professor	Wien.
Dr. Herbst, Excellenz	Wirkl. Geh. Rath	Wien.
Dr. Ritter v. Hermann	Advokat	Wien.
Dr. Hiller	Professor	Czernowitz.
Dr. Hirsch	Advokat	Olmütz.
Dr. Hönig, Franz	Advokat	Wien.
Dr. Hoffmann, Herm.	Advokat	Salzburg.
Dr. Hoke	Advokat	Linz.
Dr. Horn, Ferdinand	emeritirter Advokat	Wien.
Dr. Horowitz, Leo	Advokat	Krakau.
Dr. Huber, Ludw. Josef	Advokat	Wien.
Dr. Hugelmann	Vice-Secretär der statistischen Central-Commission	Wien.

Name.	Stand.	Wohnort.
Dr. Jäger	Advokat	Salzburg.
Dr. Jaques	Advokat	Wien.
Dr. Johanny	Advokat	Wien.
Dr. Kaiser	Advokat	Ungarisch-Hradisch.
Dr. Ritter von Kaltenegger	Hofrath und Finanz-Procurator	Wien.
Dr. Kaufmann	Advokat	Znaim.
Dr. Ritter v. Keller	Vice-Präsident des Oberlandesgerichtes	Wien.
Dr. Kern, Theodor	Advokat	Budapest.
Dr. Kerpal	Advokat	Wien.
Dr. Ritter v. Kindinger	Hofrath und Landesgerichts-Präsident	Trient.
Dr. Kirchler	Advokat	Schwanenstadt.
Dr. Ritter v. Kißling	Notar	Linz.
Dr. Klob	Advokat	Brünn.
Koch	Staatsanwalt	Ried.
Konrad	Notar	Petschau.
Dr. Környei	Advokat	Budapest.
Dr. Kokoschinegg	Advokat	Graz.
Dr. Kolbe, Dominik	Advokat	Wien.
Dr. Ritter v. Kopp	Advokat	Wien.
Dr. Kosjeck	Advokat	Graz.
Dr. Kratky	Advokat und Vorstand des Wiener Zweig-Büreaus des Deutschen Juristentages	Wien.
Dr. Krausenek	Advokat	Triest.
Ritter v. Krumhaar	Ministerialrath	Wien.
Dr. Kunwald	Advokat	Wien.
Dr. Lasch	Advokat	Prag.
Dr. Leidesdorf	Notar	Wien.
Dr. Libitzky	Advokat	Wien.
Dr. Lichtenstern	Advokat	Wien.
Dr. Links	Advokat	Wien.
Dr. Löwy, M.	Advokat	Wien.
Dr. Ludwig	Advokat	Retz.
Dr. Machek	Advokat	Chrudim.
Dr. Markbreiter	Advokat	Wien.
Dr. Mauthner	Advokat	Wien.
Dr. Mayer	Professor	Wien.
Dr. v. Menger, Max	Advokat	Wien.
Dr. Millanich	Advokat	Wien.

Name.	Stand.	Wohnort.
Dr. Mitlacher	Advokat	Wien.
Dr. Ritter v. Mitscha	Regierungsrath und Bankvereinsdirektor	Wien.
Dr. Moosmann	Advokat	Ravelsbach.
Müller	Notar	Niemes.
Dr. v. Nagel	Advokat	Mattighofen.
Dr. Neumann, Herm.	Advokat	Budapest.
Dr. Neußer	Advokat	Troppau.
Dr. Nicoladoni	Advokat	Urfahr-Linz
Dr. Oberhuber	Advokat	Ried.
Dr. Pann, Arnold	Regierungsrath und Advokat	Wien.
Paravicini	Notar	Hainburg.
Dr. Pernitza	Advokat	Brünn.
Dr. Peter	Advokat	Falkenau.
Dr. Pfaff	Professor	Wien.
Dr. Pfob	Advokat	Wien.
Dr. Pisko	Advokat	Wien.
Dr. Plattner	Advokat	Steyr.
Dr. Pohl	Advokat	Eger.
Dr. Pokorny, Eduard	Advokat	Wien.
Prusik, Eduard	Stadtrath	Iglau.
Dr. Ptaczek	Advokat und Notar	Boskowitz.
Dr. Purtscher	Advokat	Ried.
Dr. Ritter v. Raimann	Landesgerichtsrath	Wien.
Ratoliska	Bezirksrichter	Prägarten.
Dr. Rechbauer, Exc.	Wirkl. Geh. Rath	Graz.
Dr. von Schrutka-Rechtenstamm	Professor	Czernowitz.
Dr. Reif	Advokat	Wien.
Reindl	Notar	Urfahr-Linz
Dr. Reiser	Advokat	Wien.
Dr. Reiser	Notar	Marburg.
Dr. Reißig	Advokat	Brünn.
Dr. Riehl	Advokat	Wiener-Neustadt.
Dr. Rosenbacher, Arn.	Advokat	Prag.
Dr. Rosian	Advokat	Salzburg.
Dr. Rossy	Advokat	Troppau.
Dr. Salomon	Advokat	Wien.
Dr. Schik	Notar	Wien.
Ritter v. Schinnern	Notar	Windischgarsten
Dr. Ritter v. Schmerling, Excellenz	Wirkl. Geh. Rath, Erster Präsident d. Obersten Gerichtshofes	Wien.

Vorwort.

Für die Verspätung des Druckes und für die Redaktion der stenographischen Berichte des Juristentages von 1884 müssen wir um Entschuldigung nachsuchen. Die Berichte wurden seitens der Stenographen von Würzburg ungeachtet wiederholter dringender Aufforderungen erst nach Verlauf von 4 bis $4^1/_2$ Monaten abgegeben. Sie ergaben leider auch dann noch so vielfache Lücken und offenbare Unrichtigkeiten, daß beträchtliche Korrekturen und Ergänzungen seitens der einzelnen Redner nöthig wurden, welchen ohnehin die Ergänzung und Berichtigung durch den geraumen Zeitverlauf erheblich erschwert worden war. Es wird gebeten, diese bedauerlichen ausnahmsweisen Umstände bei der Beurtheilung der Berichte berücksichtigen zu wollen.

Berlin, im Mai 1885.

Das Schriftführeramt.

Stenographische Berichte.

Erste Plenarsitzung

des

Siebenzehnten deutschen Juristentages

im

Saale der „Schrannenhalle" zu Würzburg

am 11. September 1884.

(Beginn: Vormittags 9 Uhr.)

Reichsgerichts-Senatspräsident Dr. **Drechsler**: Meine Herren! Im Auftrage der ständigen Deputation des deutschen Juristentages eröffne ich hiermit die Verhandlungen desselben, der heute zum 17. Male zusammentritt.

Nach § 7 unserer Statuten haben wir zunächst einen Vorsitzenden zu wählen, das kann durch Akklamation oder Stimmzettel geschehen. Nach der feststehenden Usance des Juristentages ist diese Wahl immer durch Akklamation beschlossen worden und erlaube ich mir den Vorschlag, auch heute so zu verfahren.

Ich möchte Ihnen weiter vorschlagen, den Mann zum Vorsitzenden zu wählen, der schon so oft mit der größten Hingebung sich diesem Amte unterzogen hat, ich meine Herrn Professor Staatsrath Dr. Gneist (Bravo). Wenn kein Widerspruch erfolgt, ersuche ich Herrn Professor Gneist das Amt des Vorsitzenden an diesem Juristentage zu übernehmen.

Professor Dr. **Gneist** (Berlin). Meine Herren: Sie haben mir wiederholt die hohe Ehre erwiesen, mich beim Juristentage mit der Leitung der Geschäfte zu betrauen, obwohl mein Verdienst ernstem Zweifel unterliegt. Allein ich muß anderseits mich bescheiden, daß Sie weder die Geduld noch die Zeit haben würden, alle die Gründe anzuhören, die dagegen sprechen und die ich an einem anderen Orte schon erörtert habe. So bleibt mir

Nr. 3: Soll in das deutsche bürgerliche Gesetzbuch die Entschädigungspflicht für Wildschaden aufgenommen werden?

Nr. 4: Wieweit hat der Arbeitgeber für das Verschulden seiner Arbeiter zu haften?

Daß diese 3 Themata in die civilrechtliche Abtheilung gehören, ist wohl nicht zweifelhaft.

Der II. Abtheilung sollen zunächst überwiesen werden:

Nr. 2: Empfiehlt sich eine gesetzgeberische Regelung des Checkverkehrs?

Nr. 5: Empfiehlt es sich, für die Haftung der Verfrachter zur See absolute Vorschriften nach Analogie der für das Eisenbahn-Frachtgeschäft bestehenden Gesetzesvorschriften aufzustellen?

Nr. 6: Ist es im Wege der Gesetzgebung ausführbar, den schreiendsten Mißbräuchen des Spekulationsverkehrs in Zeitkäufen durch Aufrichtung einer Börsenordnung entgegen zu wirken, welche die Handhabung einer strafferen Disciplinargewalt von Seiten der Börse und ihrer Organe sichert? und in welcher Weise?

Nr. 7: Sind im deutschen bürgerlichen Gesetzbuche Grundsätze über den Konto-Kurrent-Verkehr aufzustellen?

Für die III. und IV. Abtheilung, die wir in den letzten Jahren kombiniren mußten und auch diesmal wieder kombiniren werden, bleiben sonach die Themata:

Nr. 8: Soll die Berufung gegen Urtheile der Strafkammern wieder eingeführt werden?

Nr. 9: Ist die Bestimmung des § 153 des StrGB. dahin abzuändern, daß die Strafandrohung sich auf alle von einer zuständigen Behörde erhobenen Eide erstreckt?

Nr. 10: Erscheint eine Abänderung des § 65 der StrPrO. dahin, daß die Beeidigung in der Regel bei der ersten Vernehmung erfolgen soll, nach den bisherigen Erfahrungen wünschenswerth?

Da kein Widerspruch erhoben wird, darf ich annehmen, daß die Vertheilung in dieser Weise erfolgen soll.

Nunmehr liegt der Plenarversammlung ob, den Vortrag über den Gang der Gesetzgebung in den letzten 2 Jahren, erstattet vom Herrn Geheimen Justizrath von Wilmowski aus Berlin zu hören, wobei ich bemerke, daß wir uns auf eine auszugsweise Mittheilung beschränken werden; der ausführliche Bericht wird nach dem Schlusse der Plenarsitzung in einer größeren Anzahl von Exemplaren vertheilt werden; überdies erscheint derselbe später in den gedruckten Mittheilungen.

Doch bevor wir hiezu übergehen, ertheile ich das Wort Sr. Excellenz dem Herrn Staatsminister Dr. von Fäustle.

Sr. Excellenz Staatsminister der Justiz Dr. **von Fäustle** (München): Hochverehrte Herren! Seine Majestät der König von Bayern, mein allergnädigster Herr, hat mir den ehrenvollen Auftrag ertheilt, die 17. Versammlung des deutschen Juristentages in Würzburg willkommen zu heißen und Sie der Theilnahme Sr. Majestät an Ihren Bestrebungen und Arbeiten zu versichern.

Seine Majestät der König wünschen, daß Ihnen der Aufenthalt in Bayern, besonders in dem schönen rebenumgürteten Würzburg, dem alten Musensitze einer berühmten Hochschule, welche vor Kurzem in das vierte Jahrhundert ihrer ruhm- und segensreichen Wirksamkeit eingetreten ist, einen freudigen Eindruck machen, eine angenehme Erinnerung zurücklassen möge!

Mir persönlich, meine geehrten Herren! gereicht es zur besonderen Genugthuung, diesen Auftrag erfüllen und zum zweitenmale während meiner amtlichen Wirksamkeit den deutschen Juristentag in Bayern begrüßen zu dürfen. Sie haben sich die verdienstvolle Aufgabe gesetzt, die Entwickelung des vaterländischen Rechtes zu fördern, und in der That, Sie können — ohne erheblichen Widerspruch besorgen zu müssen — behaupten, daß in den letzten 20 Jahren keine größere gesetzgeberische Aufgabe auf dem Gebiete des bürgerlichen Rechtes, des Strafrechtes und des gerichtlichen Verfahrens in deutschen Landen gelöst worden ist, bezüglich deren nicht der Juristentag alle entscheidenden und wichtigeren Fragen erörtert und wesentlich dazu beigetragen hat, der Gesetzgebung die Pfade zu ebnen.

Seit ich im Jahre 1875 zu Nürnberg die Ehre hatte, zur Versammlung des deutschen Juristentages zu sprechen, hat die deutsche Rechtseinigung insofern einen wesentlichen Schritt vorwärts gemacht, als das ganze gerichtliche Verfahren einschließlich der nöthigen Attribute reichsgesetzlich geregelt ist, so daß wenigstens auf diesem Gebiete die Rechtseinheit gewonnen ist. Allein das größte aller Werke, die Schöpfung eines einheitlichen bürgerlichen Gesetzbuches, wie sehr es auch gefördert wird, harrt noch der Vollendung. Vermögen Sie, verehrte Herren, in dieser letzten Richtung noch in den verschiedensten Beziehungen anregend und bahnbrechend zu wirken, so bietet sich auch auf denjenigen Gebieten, welche die Reichsgesetzgebung bereits ergriffen und geregelt hat, für ein edles Streben und Suchen nach Wahrheit noch genug der stehenden Ernte dar. Wer wird von einer abgeschlossenen Gesetzgebung sprechen wollen in unserer bewegten Zeit, die stets neue Rechtsbedürfnisse hervorruft und stets neue Rechtsgebilde erzeugt, deren Stellung im Rechte vermittelt werden soll?

Es ist ein erhebendes Gefühl, eine Schaar von Berufsgenossen, unbeirrt durch das Parteigezänke des Tages, einem großen gemeinsamen idealen Ziele zustreben zu sehen! Die Versammlung des deutschen Juristentages bietet dem deutschen Geiste ohne Rücksicht auf die politische Staatsangehörigkeit die Möglichkeit, sich an dem Wettstreite der Meinungen zu betheiligen. Welch' großen Gewinn zieht ferner die Sache durch den persönlichen Meinungsaustausch! Dadurch, daß die Träger der verschiedenen Meinungen einander menschlich näher gerückt sind, daß sie einander gegenüberstehen und sich von Person zu Person bekämpfen, dadurch werden manche Gegensätze ausgeglichen, viele gemildert und die Erkenntniß des Wahren sicher nur gefördert werden. Und so wünsche ich denn, meine verehrten Herren! daß das, was Sie als communis opinio bezeichnen, auch fernerhin der Ausdruck einer gesunden, dem wahren praktischen Bedürfnisse der Nation entsprechenden Rechtsüberzeugung sein und bleiben möge!

Mit diesem angelegentlichen Wunsche auf dem Herzen wiederhole ich den huldreichen Willkomm meines allergnädigsten Herrn, danke ich Ihnen für die wohlwollende Berücksichtigung meiner Person bei Uebertragung des Amtes eines Ehrenpräsidenten und rufe ich Ihnen ein freudiges „Glück auf" zu ihren Arbeiten zu (Lebhaftes Bravo.)

Vorsitzender: Ich erlaube mir Sr. Excellenz dem Herrn Staatsminister Dr. von Fäustle für das hohe Interesse, welches Seine Majestät und die kgl. bayerische Regierung den Verhandlungen unseres Vereines widmet, den aufrichtigsten Dank auszusprechen. Ich glaube in unser Aller Namen sagen zu können: wie in München so in Würzburg fühlen wir uns auf sicherem Boden in diesem schönen bayerischen Lande; denn wir wissen, daß hier nicht blos Wissenschaft und Kunst, sondern auch die Pflege des Rechtes seit langer Zeit eine sichere Stätte gefunden haben.

Nun M. H.! folgt der Jahresbericht erstattet vom Geheimen Justizrath Herrn von Wilmowski aus Berlin.

Geh. Justizrath **v. Wilmowski** (Berlin): Die Jahresberichte des deutschen Juristentags über die neueste Gesetzgebung in Deutschland umfassen ihrer Natur nach im Verhältnisse zur gesammten geschichtlichen Entwickelung unserer Rechtsbildung einen zu kurzen Zeitraum innerhalb des Flusses der Ereignisse, als daß sie viel mehr bieten könnten, wie eine kurze chronikartige Darstellung legislatorischer Thatsachen einer beschränkten Periode. Sie können daher nur als Stimmungsbilder die Bestrebungen der jüngsten Vergangenheit wiederspiegeln, und auch hierfür verbietet sich durch das knappe Maaß, welches der Juristentag bei der Fülle des Gesammtgebiets seiner Thätigkeit dieser Skizze widmen kann, eine breite Darlegung der jeweiligen Gesetzgebung. Ohnehin entziehen sich ihr eine große Reihe von Bestrebungen, welche für die geschichtliche Bewegung von hohem charakteristischen Interesse sind, so lange, bis sie durch Gesetzgebungsakte in größerem oder geringerem Umfange fertige Thatsachen für unser Recht geworden sind und sie können bis dahin wenigstens nur kurz im Rahmen des Ganzen angedeutet werden. Wenn die Jahresberichte ungeachtet dieser natürlichen Unvollkommenheiten eine stehende Rubrik für den deutschen Juristentag geworden sind, so möge zur Rechtfertigung hierfür das Interesse dienen, sich in einer kurzen Uebersicht der Resultate der jüngsten Zeit zu erinnern. Die Nothwendigkeit, an die frühere Vergangenheit anzuknüpfen und andrerseits die naturgemäße Bedeutung, durch vorausgeworfene Schatten die Erwartungen der Zukunft ahnen zu lassen, befähigt die Skizze wenigstens, der Aufmerksamkeit für eine kurze Ruhepause der Rückerinnerung werth zu bleiben. Kann sie selbst auch nicht ein Ganzes sein, so schließt sie sich in der Verbindung mit den Jahresberichten der vorangegangenen Juristentage immerhin als dienendes Glied einer beachtungswerthen Kette an das Ganze an.

Als wichtiges Produkt der legislatorischen Thätigkeit für das Deutsche Reich aus den letzten zwei Jahren muß zunächst das Gesetz vom 18. Juli 1884 zur Reform der Aktiengesetzgebung bezeichnet werden. Der Zweck dieses Berichts gestattet freilich nur eine kurze Hervorhebung des Wesentlichsten der Neuerungen. Nachdem die, der Aktien-Novelle vom 11. Juli 1870 folgende Periode massenhafter Gründungen von Aktien-Gesellschaften in den folgenden Jahre zu vielfachen Bildungen geführt hatte, welche sich nicht als dauernd existenzfähig erwiesen, wurden die Mißerfolge vielfach der Gesetzgebung Schuld gegeben, welche die Bekanntschaft des Publikums mit den Grundlagen und Vorgängen der Gründung und die Solidität derselben nicht genügend sichere und der Majorität der Aktionäre, sowohl der wirklichen, als auch selbst einer künstlichen, zu viel Rechte gegenüber der Minorität einräume. Nachdem die Leidenschaftlichkeit der ersten Jahre nach den Mißerfahrungen mit der Zeit einer größeren Ruhe Raum gegeben hat, ist die jetzige Zeit erst als geeignet gefunden, um legislatorisch einzugreifen. Das Gesetz betrifft die Aktiengesellschaften und die Kommanditgesellschaften auf Aktien. Zur Vermeidung unheilvoller, massenhafter Aktienbetheiligung der weniger Begüterten ist der Mindestbetrag der Aktien auf 1000 Mark festgesetzt; ausnahmsweise können Aktien, welche auf Namen lauten und nur mit Genehmigung der Gesellschaft übertragen werden können, niedriger, jedoch nicht unter 200 Mark ausgestellt werden; und für Aktien behufs gemeinnütziger Unternehmen sind dem Bundesrathe besondere Befugnisse vorbehalten. Unter Unterscheidung der Fälle der s. g. simultanen Gründung, bei welcher die Gründer schon alle Aktien übernommen haben, und der successiven, bei welchen die Aktien nach und nach erst den Zeichnern angeboten werden sollen, sind eingehende Vorschriften gegeben, daß und in welchem Umfange die Grundlagen der Gründung bekannt zu geben, ein prüfender Bericht des Vorstandes und des Aufsichtsraths über den Hergang der Gründung dem Handelsrichter einzureichen, bei successiven Gründungen zuvor durch Generalversammlungen unter Vorsitz des Handelsgerichts die Wahl von Vorstand und Aufsichtsrath und die Konstituirung der Gesellschaft erfolgen sollen; ferner darüber, daß die Genehmigung der Generalversammlung für Verträge nöthig ist, durch welche in den ersten zwei Jahren Anlagen oder Gegenstände für mehr als den zehnten Theil des Grundkapitals erworben werden sollen, daß die Gründer, die Mitglieder des ursprünglichen Vorstandes und Aufsichtsraths und ihre Stellvertreter in bestimmt normirtem Umfange für Schaden regreßpflichtig bleiben, daß Minderheiten der Aktionäre, welche einen gewissen Prozentsatz des Aktienkapitals besitzen, Rechte darauf zustehen, die Bestellung gerichtlicher Revisoren für einzelne Ansätze bezw. eine gerichtliche Untersuchung durch Revisoren zu verlangen oder Anklagen wegen nachlässiger Geschäfts-Führung oder Aufsicht zu erheben; daß die persönlich haftenden Gesellschafter einer Kommanditgesellschaft auf Aktien sich bei Errichtung der Gesellschaft mit Einlage von mindestens dem zehnten Theil des Kapitals der Kommanditisten bezw. wenn dies 3 Millionen Mark übersteigt von $1/50$ des übersteigenden Betrages betheiligen und längere Zeit betheiligt bleiben müssen. Die Richtungen, in welchen die Bestimmungen eine Reform erstreben, sind deutlich erkennbar. Die Kenntniß der Aktionäre von der Sachlage soll befördert werden; die Verantwortung der Gründer, Vorstände und Aufsichtsräthe soll verschärft und wirksamer gemacht werden und der Majorisirung der Aktionäre sind durch die Einräumung bestimmter Rechte für die Minderheit Grenzen gesetzt.

Es mag nicht unerwähnt bleiben, daß dem Handelsstande größtentheils das Gesetz als auf zu großem Mißtrauen beruhend und die Vertragsfreiheit ungebührlich einschränkend nicht sympathisch ist. Die Folgen des Gesetzes gehören der Zukunft an. Bei vielen Bestimmungen wird, wie bei den meisten Gesetzen, die Anwendung und die Persönlichkeit derjenigen, von welchen und für welche sie angewendet werden, mehr entscheidend sein, als der Buchstabe der Vorschriften.

Wenn das Aktiengesetz in der Reichsgesetzgebung der letzten zwei Jahre das wichtigste für den Juristen als solchen ist, so wird jedoch die Signatur der legislatorischen Thätigkeit des Reiches vorwiegend durch die socialistische Richtung auf das Wohl der arbeitenden Klasse gekennzeichnet. Das Gesetz vom 15. Juni 1883 betreffend die Krankenversicherung der Arbeiter bestimmt den Zwang zur Versicherung gegen Krankheit für solche Arbeiter, welche gegen Gehalt oder Lohn beschäftigt werden in Bergwerken, Salinen, Brüchen, Gruben, in Fabriken, Hüttenwerken, beim Eisenbahn- und Binnen-Dampfschifffahrtsbetriebe, auf Werften, bei Bauten, im Handwerk oder stehenden Gewerbebetriebe, in Betrieben, in welchen Dampfkessel oder durch elementare Kraft bewegte Triebwerke zur Verwendung kommen, sofern die Beschäftigung nicht ihrer Natur nach eine bloß vorübergehende oder vertragsmäßig auf weniger als eine Woche beschränkt ist. Durch statutarische Bezirksbestimmung kann die Verpflichtung auch ausgedehnt werden auf nur vorübergehend beschäftigte Arbeiter, auf Handlungs- und Apotheker-Gehülfen und Lehrlinge, Arbeiter in anderen Transportgewerben, auf Gewerbetreibende der Hausindustrie und die außerhalb der Betriebsstätten von Gewerbetreibenden Beschäftigten, und auf die in der Land- und Forstwirthschaft beschäftigten Arbeiter. Zur Versicherung kann die Gemeinde Ortskrankenkassen für regelmäßig mindestens 100 zu Versichernde errichten, in der Regel nur für die in einem Gewerbszweige oder in einer Betriebsart Beschäftigten, jedoch auch unter Gestattung gemeinsamer Kosten für mehrere Gewerbszweige oder Betriebsarten. Die Gemeinden können durch Anordnung der höheren Verwaltungsbehörden unter Umständen verpflichtet werden, solche Orts-Krankenkassen zu errichten. Das Minimum der Unterstützung an Kranke für 13 Wochen nach Beginn der Krankheit, an Wöchnerinnen für 3 Wochen und bez. an Sterbegeld im Todesfalle, sowie die zu leistenden Beiträge sind geregelt; desgleichen der Inhalt des obligatorischen, von der höhern Verwaltungsbehörde zu genehmigenden Kassenstatuts, der Vorstand, die Generalversammlung und deren Befugnisse zur Rechnungsabnahme, zur Statutenänderung und zur Verfolgung von Ansprüchen gegen Vorstandsmitglieder, die staatliche Aufsicht und die Schließung der Kassen. Für alle Versicherungspflichtigen, welche nicht einer solchen Ortskrankenkasse und auch nicht einer unter besonderen Vorschriften statthaften, unter Umständen obligatorischen, Fabrik- bezw. Betriebs-Krankenkasse, oder einer Baukrankenkasse für Arbeiter bei Eisenbahnbauten oder vorübergehenden Baubetrieben, einer Innungs- oder Knappschaftskasse oder einer eingeschriebenen bezw. landesrechtlichen Hülfskasse angehören, tritt die allgemeine Gemeinde-Krankenversicherung ein. Zufolge derselben sind gegen Versicherungsbeiträge, welche die Gemeinde in Höhe von $1^1/_2$ bis 2 Prozent des ortsüblichen Tagelohns erheben kann, Kranken-Unterstützungen bis nach Ablauf von 13 Wochen nach Beginn der Krankheit zu gewähren. Zu gemeinsamer Versicherung können sich mehrere Gemeinden vereinigen; eine solche Vereinigung kann auch auf Antrag einer Gemeinde durch die höhere Verwaltungsbehörde angeordnet werden. Für die Orts-Krankenkassen, wie für die Gemeinde-Krankenversicherung sind die Verpflichtungen der Arbeitgeber zur Anmeldung der Arbeiter, zur Zahlung der von denselben zu gebenden Beiträge unter Vorbehalt der Abrechnung vom Lohne und zur Leistung von einem Drittel der Beiträge aus den Mitteln der Arbeitsgeber bestimmt und geregelt. Vertragsmäßige Beschränkungen der Vorschriften sind den Arbeitgebern untersagt und wirkungslos. Die Befolgung der Vorschriften ist gegen die Arbeitgeber auch durch Strafbestimmungen gesichert. Streitigkeiten, welche zwischen den Kassen bezw. Gemeinden einerseits und den Versicherten oder ihren Arbeitgebern andererseits stattfinden, werden von der Aufsichtsbehörde entschieden, unter Zulassung des Rechtsweges gegen deren Entscheidung binnen zwei Wochen nach der Zustellung.

An dies Gesetz über die Krankenversicherung schließt sich das Unfallversicherungsgesetz vom 6. Juli 1884. Die Unfall-Versicherung soll für Arbeiter im Wesentlichen derselben vom Krankenversicherungsgesetze betroffenen Kategorieen erfolgen, indeß mit mehrfachen Beschränkungen dieser Kategorieen, namentlich unter Ausschluß von land- und forstwirthschaftlichen Arbeitern und ferner für Handwerker nur in sehr beschränktem Umfange. Neben den Arbeitern sind Betriebsbeamte, deren Jahreslohn 2000 Mark nicht übersteigt, zu versichern. Die Versicherung erfolgt gegen Unfälle, welche Körperverletzungen oder Tödtung zur Folge haben; bei Verletzungen für die Zeit vom Ablauf der 13. Woche ab, während die Fürsorge für die frühere Zeit der Krankenversicherung bezw. den Betriebsunternehmern obliegen soll. Die Versicherung erfolgt auf Gegenseitigkeit durch die Unternehmer der betheiligten Betriebe, welche hierzu in Berufsgenossenschaften für bestimmte Bezirke vereinigt werden. Sie haben die nöthigen Deckungsmittel durch Beiträge der Mitglieder aufzubringen, unter welchen sie jährlich nach Maaßgabe der Jahresverdienste der Arbeiter und der nach Gefahrenklassen der Betriebe bestimmten Tarifbeiträge umgelegt werden. Die Bildung der Genossenschaften, der obligatorische Inhalt ihres vom Reichsversicherungsamte zu genehmigenden Statuts, die Sammlung eines Reservefonds, Wahl und Funktionen des Genossenschaftsvorstandes, Rechnungslegung und Genossenschaftsversammlungen sind eingehend geregelt. Berufsgenossenschaften, welche leistungsunfähig werden, können vom Bundesrath aufgelöst werden und gehen dann ihre Verpflichtungen nebst ihren Rechtsansprüchen auf das Reich über, während die Industriezweige, welche sie gebildet haben, anderen Berufsgenossenschaften zuzutheilen sind. Die Entschädigung, deren Grundsätze das Gesetz normirt, wird vom Vorstande festgestellt. Gegen die Feststellung findet die Berufung anf die Entscheidung durch ein Schiedsgericht statt, welches aus einem öffentlichen Beamten als ständigen Vorsitzenden und vier Beisitzern besteht, von denen zwei von der betheiligten Genossenschaft und zwei von den Arbeitern des Betriebes gewählt werden. Gegen die Entscheidung des Schiedsgerichts ist in den Regelfällen noch ein Rekurs an das Reichsversicherungsamt zulässig. Das Reichsversicherungsamt, welches überhaupt die Aufsicht über die Genossenschaften ausübt, besteht aus dem

Vorsitzenden ferner mindestens noch zwei anderen ständigen Beisitzern, welche nebst dem Vorsitzenden vom Kaiser auf Lebenszeit ernannt werden, und aus acht nicht ständigen Beisitzern, von welchen vier vom Bundesrathe und je zwei von den Genossenschaftsvorständen und von den Arbeitern gewählt werden. Es kann nicht die Aufgabe dieses Berichtes sein, kritische Stellung zu den vielumstrittenen Fragen zu nehmen, ob und wie weit die im Unfallversicherungsgesetze entschiedenen Lösungen den gesteckten großen Zielen zuführen und zweckmäßig sind, ob namentlich noch andere Kategorieen von Arbeitern gleichen Bestimmungen zu unterwerfen, und ob die Ausschließung der Privatversicherung, das Umlageverfahren und die Konstruktion der Berufsgenossenschaften sachgemäß sind. Das Gesetz weist nach seiner Natur und der ihm gewordenen Begründung auf eine fernere Ergänzung in der Zukunft hin.

Soll einerseits durch diese Gesetze positive Fürsorge für die arbeitende Klasse getroffen werden, so wenden sich andrerseits mehrere Gesetze gegen Ueberschreitungen und Gefährdungen der öffentlichen Sicherheit durch dieselbe. Durch das Gesetz vom 28. Mai 1884 ist die Gültigkeit des Gesetzes vom 21. Oktober 1878 gegen gemeingefährliche Bestrebungen der Socialdemokratie bis zum 30. September 1886 verlängert. Das Gesetz vom 9. Juni 1884 gegen den verbrecherischen und gemeingefährlichen Gebrauch von Sprengstoffen stellt die Zulässigkeit der Herstellung, des Vertriebes, der Einführung und des Besitzes von Sprengstoffen unter die polizeiliche Genehmigung und bedroht die gefährdende Verwendung von Sprengstoffen, sowie die Herstellung, Bestellung und den Besitz in der Absicht der Gefährdung bezw. ohne nachweisbaren erlaubten Zweck, die Umgehung der nöthigen polizeilichen Genehmigung, sowie die Aufforderung zu gefährdender Anwendung und deren Anpreisung in verschiedenen entsprechenden Abstufungen mit Strafen.

Diesem Zweige der Gesetzgebung schließt sich zunächst die fernere Entwickelung der Gewerbegesetzgebung an. Das Gesetz vom 1. Juli 1883 hat die Gewerbeordnung in mehrfachen Beziehungen abgeändert. Für die öffentliche Veranstaltung von Singspielen, Gesangs- und deklamatorischen Vorträgen, Schaustellungen von Personen oder theatralischen Vorstellungen ohne höhere Interessen der Kunst oder Wissenschaft, ist selbständige Erlaubniß nöthig, welche nur aus bestimmten Gründen (Gesetz- oder Sittenwidrigkeit, ungenügendes Lokal, schon ertheilte Erlaubniß für eine entsprechende Zahl von Personen) versagt werden kann. Auch das Darbieten von musikalischen, theatralischen Vorstellungen oder Lustbarkeiten von Haus zu Haus oder öffentlich ohne höhere Interessen der Kunst oder Wissenschaft bedarf polizeilicher Erlaubniß. Für mehrere Gewerbebetriebe ist die Untersagung statthaft erklärt, wenn Thatsachen vorliegen, welche die Unzuverlässigkeit des Gewerbetreibenden darthun. — Für das Anbieten von Waaren oder gewerblichen Leistungen ohne vorgängige Bestellung, für das Aufsuchen von Waarenbestellungen und von Waaren zum Wiederverkauf (Handelsreisende) sind beschränkende Vorschriften erlassen, und eine Reihe von Waaren sind vom Feilbieten im Umherziehen ausgeschlossen, darunter namentlich Druckschriften, Schriften und Bildwerke, sofern sie in sittlicher oder religiöser Beziehung Aergerniß zu geben geeignet sind oder welche mittelst Zusicherung von Prämien betrieben werden. Weitere Vorschriften betreffen die Ausschließung vom Eintritte in eine Innung, die Arbeitsbücher, die Beschäftigung von Kindern in Fabriken und mehrfache Aenderungen und Zusätze hinsichtlich der Strafbestimmungen. — Von dem Reichstage ist ferner ein Gesetzvorschlag angenommen, wonach die zur Beförderung der Wirksamkeit von Gewerbe-Innungen erlassene Gewerbe-Novelle vom 18. Juli 1881 durch die Zulassung eines neuen Privilegium für die Innungen erweitert werden soll. Ob der Vorschlag als Gesetz sanktionirt wird, steht noch dahin. Er will den höheren Verwaltungsbehörden gestatten, für den Bezirk einer Innung, deren Thätigkeit auf dem Gebiete des Lehrlingswesens sich bewährt hat, zu bestimmen, daß Gewerbetreibenden, welche nicht Innungsmeister sind, das Halten von Lehrlingen untersagt wird. Die Freunde dieser Anordnung wollen dieselbe als Antrieb benutzen, um den Beitritt zur Innung zu befördern, und betrachten theilweise die Bestimmung als Vorstufe zu der von ihnen gewünschten Einführung des Zwanges zum Eintritt in die Innung. Sie erhoffen davon eine Förderung des Handwerksbetriebes. Indeß ist die Besorgniß nicht zu unterdrücken, daß sowohl die absolute als auch die vom Ermessen der Behörden abhängige fakultative Wiederbelebung eines seit geraumer Zeit als schädlich beseitigten Innungszwangs Wirkungen herbeiführt, welche nicht nur für die Ausgeschlossenen, sondern durch die Beschränkung wohlthätiger Konkurrenz für den gesammten Handwerksbetrieb und das Publikum nachtheilig sind. Sie würde ohnehin nur den kleinern Handwerker ausschließen, nicht aber den in ausgebreiteter Industrie arbeitenden Fabrikanten, welcher jugendliche Arbeiter für seinen Industriebetrieb beschäftigt.

Das Gesetz vom 1. Juni 1884 bestimmt mehrfache Abänderungen des Gesetzes vom 7. April 1876 über eingeschriebene Hülfskassen.

Das Gesetz vom 13. Mai 1884 bestimmt über die Anlage zur Anfertigung von Zündhölzern unter Verwendung von weißem Phosphor, über das Verbot des Aufenthalts von Kindern bezw. jugendlichen Arbeitern in bestimmten Räumen der Zündhölzerfabriken, über Strafbestimmungen gegen desfalsige Kontraventionen und über die Verzollung von Zündhölzern. —

Durch Gesetz vom 11. Juli 1884 erfolgten Abänderungen der Maaß- und Gewichtsordnung vom 17. August 1868. Das Gesetz vom 16. Juli 1884 beläßt die Anfertigung von Gold- und Silberwaaren zu jedem Feingehalte frei, normirt aber obligatorisch, wie eine Angabe des Feingehalts auf goldenen und silbernen Geräthen nur erfolgen darf. Eine Ergänzung des Gesetzes über die Presse enthält das Gesetz vom 12. März 1884, nach welchem die Stimmzettel für öffentliche Wahlen nicht als Druckschriften zu behandeln sind.

Aus dem Gebiete der Prozeß- und Gerichtskosten-Gesetzgebung ist nur die Kaiserliche Verordnung vom 24. Dezember 1883 zu erwähnen, welche auf Grund des § 98 des Gerichtskostengesetzes für verschiedene öffentliche Anstalten, Armen-, Kranken-, Arbeits- und Besserungsanstalten, Waisenhäuser und milde Stiftungen, öffentliche Volksschulen und falls die Einnahmen nicht die etatsmäßige Ausgabe übersteigen, auch für öffentliche gelehrte Anstalten und Schulen, Kirchen, Pfarreien, Küstereien 2c. die Gebührenfreiheit im Verfahren vor dem Reichsgerichte festsetzt. — Erwähnt mag noch werden, daß ein Gesetzentwurf betreffend die Fürsorge für die Wittwen und Waisen von Angehörigen des Reichsheeres und der Kaiserlichen Marine in der letzten Reichstagssitzung berathen ist, indeß eine Einigung des Reichstages mit der Reichsregierung nicht hat hergestellt werden können, weil der Reichstag die im Entwurfe abweichend von dem Civilbeamten-Relikten-Gesetze vorgeschlagene Befreiung einzelner Kategorieen von Offizieren von den Beiträgen nicht genehmigen wollte.

Erheblich sind dann noch einige Gesetze von internationaler Bedeutung.

Durch die Uebereinkunft vom 19. April 1883 ist zwischen dem Deutschen Reich und Frankreich an Stelle der früher von einzelnen deutschen Staaten mit Frankreich geschlossenen Konventionen für den Schutz der Werke der Litteratur und Kunst die Gegenseitigkeit stipulirt. Der früher beobachtete Grundsatz, den Schutz eines Werkes im anderen Lande durch eine daselbst zu veranlassende Eintragung herbeizuführen, ist verlassen. Die Urheber der Werke, mögen dieselben veröffentlicht sein oder nicht, sollen in jedem der beiden Länder gegenseitig die Vortheile genießen, welche zum Schutze solcher Werke eingeräumt sind oder werden. Dies gilt von allen Druckwerken, dramatischen und musikalischen Werken, Werken der Malerei, Zeichnung, Bildhauerei, Stechkunst, Lithographie, plastischen und anderen Plänen und Skizzen; ebenso auch für die gesetzlichen Vertreter und Rechtsnachfolger der Urheber, Verleger, Uebersetzer und Bildner solcher Werke. Zum Unterrichtsgebrauch und zu wissenschaftlichen Zwecken können jedoch Auszüge aus anderen Werken und Chrestomathien (aber ohne Ausdehnung auf musikalische

Kompositionen) unter Angabe des Namens des Autors oder der Quelle veröffentlicht werden. Desgleichen können Artikel aus Zeitungen oder Zeitschriften nachgedruckt werden, mit Ausnahme von Feuilleton-Romanen und Artikeln über Wissenschaft und Kunst und von Artikeln, deren Nachdruck Urheber oder Herausgeber untersagt haben. Den Originalwerken sind die Uebersetzungen in Betreff des Schutzes gleichgestellt. Dem Urheber in jedem Lande steht während zehn Jahren das ausschließliche Uebersetzungsrecht für eine, in einem der beiden Länder binnen drei Jahren nach der Veröffentlichung des Originals erschienene Uebersetzung zu. Die Zuwiderhandlungen haben Beschlagnahme, Strafen und Schadensansprüche zur Folge, wie wenn sie ein inländisches Werk beträfen. Die Autoren anonymer oder pseudonymer Werke und deren Rechtsnachfolger, deren Schutz nach der deutschen Reichsgesetzgebung auf 30 Jahre beschränkt ist, wenn sie nicht inzwischen unter dem wahren Namen des Urhebers eingetragen sind, können sich den normalen Schutz in dem anderen Lande dadurch sichern, daß sie während der 30jährigen Frist ihre Werke unter ihrem wahren Namen im Ursprungslande eintragen lassen. Hinsichtlich der schon früher vorhandenen Werke und der Fortdauer bezw. Ausdehnung des in früheren Litterar-Konventionen zugesicherten Schutzes sind transitorische Bestimmungen getroffen. Der gesammte Vertrag bleibt sechs Jahre lang in Geltung und ist später mit einjähriger Frist kündbar.

Auf gleichen Grundlagen sind fast überall wörtlich gleichlautende Konventionen vom 12. Dezember 1883 mit Belgien und vom 20. Juni 1884 mit Italien geschlossen. Mit Belgien ist auch eine Uebereinkunft vom 12. Dezember 1883 über den Schutz der gewerblichen Muster und Modelle auf Grund des gleichen Schutzes für die beiderseitigen Staatsangehörigen abgeschlossen.

Von allgemeiner Bedeutung ist ferner der am 15. März 1884 ratifizirte, zwischen dem deutschen Reiche, Frankreich, England, Belgien, den Niederlanden und Dänemark abgeschlossene internationale Vertrag vom 6. Mai 1882 betreffend die polizeiliche Regelung der Fischerei in der Nordsee außerhalb der Küstengewässer. Der Vertrag stellt fest, daß die Fischer jeder Nation das ausschließliche Recht zum Fischereibetriebe im Gebiete bis zu drei Seemeilen Entfernung von der Küste ihres Landes haben. Er giebt Vorschriften über obligatorische Erkennbarkeitszeichen der Fischerei-Fahrzeuge, über die Art des Fischereibetriebes, über Vermeidung von Kollisionen der Fischer und ihrer Geräthe, über die Ueberwachung der Vorschriften durch staatliche Fischerei-Kreuzer, die Bestrafung von Kontraventionen und die Zuständigkeit dafür. — Dem gleichen Gebiete gehört das Gesetz vom 3. Mai 1884 über die Prisengerichtsbarkeit an, welches die Bestimmungen über das Verfahren vor Prisengerichten, die Sitze und Zusammensetzung der Prisengerichte der Kaiserlichen Verordnung überträgt. Die entsprechende Kaiserliche Verordnung ist bis jetzt noch nicht erlassen. — Als internationale Bestimmungen sind endlich noch die Handels- und Schifffahrtsverträge vom 5. Dezember 1882 mit Mexiko, vom 4. Mai 1883 mit Italien, vom 12. Juli 1883 mit Spanien und der Handelsvertrag vom 6. Januar 1883 mit Serbien zu erwähnen; ferner, daß nach dem Gesetze vom 27. Juli 1883 und der Kaiserlichen Verordnung vom 21. Januar 1884 die deutsche Konsulargerichtsbarkeit in Tunis aufgehoben ist, so daß die Deutschen daselbst vom 1. Februar 1884 ab der Gerichtsbarkeit der, von Frankreich in der Regentschaft Tunis eingesetzten Gerichte unterworfen sind.

Für **Preußen** ist zunächst die Neubelebung des Staatsraths als begutachtenden Instituts für Gesetzgebungsprinzipien zu erwähnen. Sie ist bis jetzt nur noch theoretisch durch die Ernennung von Mitgliedern in Aussicht gestellt. Umfang und Art der ihm zugedachten Funktionen sind noch von der Zukunft zu erwarten.

Das wichtigste, eigentlich juristische Produkt der Gesetzgebung in Preußen aus den letzten zwei Jahren ist das Gesetz vom 13. Juli 1883 betreffend die Zwangsvollstreckung in das unbewegliche Vermögen, welche von der Reichscivilprozeßordnung bekanntlich der Landesgesetzgebung überlassen ist. Es erstreckt sich auf das Geltungsgebiet der Grundbuchordnung vom 5. Mai 1872, also auf das gesammte Staatsgebiet mit Ausnahme des Bezirks des Oberlandesgerichts Köln, der vormals zu Nassau, zum Großherzogthum Hessen und zu Frankfurt am Main gehörigen Landestheile und des Herzogthums Lauenburg. Das Gesetz normirt, im Anschlusse an die Formen der Civilprozeßordnung kodifizirend und theilweise wesentlich reformirend, die als zulässig anerkannten drei Arten der Zwangsvollstreckung: die Zwangseintragung vollstreckbarer Forderungen im Grundbuche, die Zwangsversteigerung und die Zwangsverwaltung. Hinsichtlich der Zwangsversteigerung beruht das Verfahren in formeller Beziehung ebenso wie das frühere preußische Subhastationsverfahren auf dem Grundsatze, daß die Entscheidung über streitige Fragen des materiellen Rechts soviel als möglich aus dem Verfahren ausgeschieden und zum gewöhnlichen Prozeßverfahren überwiesen werden. In Betreff der Zustellungen sind einige Erleichterungen eingeführt. Hinsichtlich der materiellrechtlichen Bedingungen und Folgen der Zwangsversteigerung hat dagegen das Gesetz die Grundsätze des bisherigen preußischen Subhastationsverfahrens verlassen. Das Verfahren sowohl der preuß. Allgem. Gerichtsordnung von 1793, als auch der Gesetze vom 4. März 1834 und 15. März 1869 hatte die Zwangsversteigerung als einen Spezialkonkurs über das Grundstück behandelt, alle Forderungen der in Betreff des Grundstücks betheiligten Gläubiger durch die Subhastation fällig werden lassen, und den Ersteher zur Baarzahlung des gesammten Kaufpreises, sowie die Hypothekengläubiger zur Annahme ihrer Forderungen verpflichtet, sofern nicht eine freiwillige Einigung derselben mit dem Ersteher über eine fernere Stundung erfolgte; und ferner den, dem betreibenden Gläubiger vorangehenden Hypothekengläubigern gegenüber das Meistgebot auch dann für wirksam erklärt, wenn es die Forderung des vorangehenden Gläubigers nicht deckte, so daß überhaupt der Kaufpreis lediglich durch das Meistgebot ohne Rücksicht auf die Höhe und Rechte der Hypotheken bestimmt wurde. Im Gegensatze hierzu hatte bereits der elfte deutsche Juristentag sich dafür erklärt, daß es nicht angemessen sei, daß durch den Verkauf eines Grundstücks im Subhastationsverfahren auch die Hypotheken erlöschen, und als solche in Wegfall kommen, welche aus dem Kaufpreise völlig gedeckt werden; und der zwölfte deutsche Juristentag sprach sich demnächst ergänzend dahin aus: Bei Zwangsversteigerungen von Grundstücken ist der Zuschlag nur dann zu ertheilen, wenn das Gebot den Betrag der dem betreibenden Gläubiger vorhergehenden Hypotheken übersteigt. Uebereinstimmend mit diesen Prinzipien geht auch das Gesetz vom 13. Juli 1883 von dem Grundsatze aus, daß der Verkauf nur unter Wahrung der besseren Rechte aller dem betreibenden Gläubiger vorhergehenden Gläubiger erfolgen darf, daß diese vorhergehenden Gläubiger durch die Zwangsversteigerung im Wesentlichen unberührt bleiben und daß also der Verkauf überhaupt nicht erfolgt, wenn nicht ein nach diesen Grundsätzen zu bemessendes Mindestgebot erfolgt. Hierdurch wird dem Rechte des betreibenden Gläubigers entsprochen, daß er durch den Verkauf des Grundstücks Befriedigung suchen darf, dazu jedoch das Grundstück nur in derjenigen Rechtslage verkaufen lassen darf, in welcher es seinem Rechte unterworfen ist. Zu dem Zwecke, die Erzielung eines ausreichenden Gebots herbeiführen zu können, wenn der Gläubiger einer vorhergehenden auf mehreren Grundstücken eingetragenen Korrealhypothek nicht in eine Theilung seiner Forderung unter die verschiedenen Grundstücke einwilligen will, hat das Gesetz eine Modifikation jenes Grundsatzes zugelassen, und den betreibenden Gläubiger unter Umständen für berechtigt erklärt, die Abtretung der Korrealhypothek gegen vollständige Berichtigung derselben zu fordern.

Für das Rechts-Gebiet des Hypothekenrechts ist auch die Regelung der Haftung der Versicherungsgelder für Privilegien und Hypotheken im Bezirke des ehemaligen Appellationsgerichts zu Köln durch Gesetz vom 17. Mai 1884 zu erwähnen.

Die Tendenz, den bäuerlichen Grundbesitz in der Hand eines Besitzers zu erhalten und dessen Theilung unter mehreren Erben zu vermeiden, hatte bereits die in den früheren Berichten erwähnten Gesetze vom 2. Juni 1874 und 24. Februar 1880 betreffend das Höferecht in Hannover, vom 21. Februar 1881 über das Höferecht im Herzogthum Lauenburg und die Landgüterordnung vom 30. April 1882 für die Provinz Westphalen veranlaßt. Im Anschlusse an diese Gesetze sind die Landgüterordnungen vom 10. Juli 1883 für die Provinz Brandenburg und vom 24. April 1884 für Schlesien erlassen. Diese Gesetze beruhen ebenfalls darauf, daß auf Antrag eines Eigenthümers, welcher letztwillig über sein Landgut verfügen kann, dasselbe in die Landgüterrolle eingetragen (indeß auch wieder gelöscht) werden kann und daß nach dem Tode eines eingetragenen Besitzers ein Anerbe den Alleinbesitz unter Abfindung der Uebrigen nach mäßiger Taxe verlangen kann; vorbehaltlich bestehender Rechte des überlebenden Ehegatten. Nach der Landgüterordnung für Brandenburg gilt dies Anerbenrecht nur für Nachkommen des Erblassers, nach der schlesischen außerdem auch für Geschwister des Erblassers und deren Nachkommen. Unter den Kindern gilt das Vorrecht des älteren Sohnes und in Ermangelung von Söhnen der älteren Tochter. Durch letztwillige Verfügung kann der Besitzer diese Bestimmungen ausschließen oder eine andere Person unter mehreren Erben zur Uebernahme des Gutes bestimmen, auch der Mutter des Anerben bis zu dessen Großjährigkeit Nutzung und Verwaltung unter der Verpflichtung zur Erziehung und Unterhaltung des Anerben bezw. der Miterben überlassen und die Fälligkeit der Erbtheile der Miterben bis zu ihrer Großjährigkeit unter gleicher Verpflichtung aufschieben.

Hinsichtlich der Regelung der Rechtsverhältnisse des Staates zur römischen Kirche hat die preußische Gesetzgebung die in den Gesetzen vom 14. Juli 1880 und 31. Mai 1882 angebahnte Richtung versöhnender Modifizirung der Gesetzgebung der ersten Hälfte des vorigen Jahrzehnts fortgesetzt. Das Gesetz vom 11. Juli 1883 hat die Verpflichtung der geistlichen Obern zur Benennung für ein geistliches Amt sowie das Einspruchsrecht des Staates für die Uebertragung von Seelsorgeämtern, deren Inhaber unbedingt abberufen werden können und für die Anordnung einer Hülfsleistung oder einer Stellvertretung in einem geistlichen Amte, sofern letztere nicht die Bestellung des Verwesers eines Pfarramts ist, aufgehoben. Ebenso ist die Zuständigkeit des kirchlichen Gerichtshofes bei Uebertragung eines geistlichen Amts, bei Anstellung als Lehrer oder zur Wahrnehmung der Disziplin bei kirchlichen Anstalten, welche der Vorbildung der Geistlichen dienen und bei Ausübung von bischöflichen Rechten oder Verrichtungen in erledigten katholischen Bisthümern aufgehoben; desgleichen einige andere Bestimmungen der Gesetze vom 11. Mai 1873 und 20. Mai 1874. In Gemäßheit dieses Gesetzes ist bereits in einer beträchtlichen Zahl von Fällen die Uebertragung von Seelsorge-Aemtern und die Anordnung von Hülfeleistung bezw. Stellvertretung in geistlichen Aemtern unbeanstandet nachgegeben, sowie auch in Folge des Gesetzes vom 31. Mai 1882 die Widereinsetzung bezw. Neuernennung der Bischöfe von Münster, Paderborn und Fulda erfolgt ist, so daß die preußischen Bisthümer mit alleiniger Ausnahme der Diözesen Köln und Posen thatsächlich wieder besetzt sind. Weitergehende Modifikationen der früheren Gesetzgebung sind von der Staatsregierung zur Zeit abgelehnt.

Im Anschlusse an diese kirchliche Gesetzgebung sind das Gesetz vom 6. August 1883, betreffend die Kirchenverfassung der evangelisch-reformirten Kirche der Provinz Hannover und die Verordnung vom 25. Juli 1884 über die Rechte des Staates gegenüber dieser Kirche, sowie die Verordnung vom 23. Juli 1884 betreffend die außerordentliche Synode des Konsistorialbezirks Cassel zu erwähnen.

Durch Gesetz vom 20. August 1883 (modifizirt durch Gesetz vom 31. Mai 1884) sind die Befugnisse der staatlichen Strombauverwaltung gegenüber den Uferbesitzern an öffentlichen Flüssen, soweit deren Schiffbarkeit reicht, geregelt; insbesondere die Feststellung der Pläne zur Regulirung der Flüsse, die Verpflichtungen der Uferbesitzer, gegen Entschädigung Terrain zur Regulirung im öffentlichen Interesse einzuräumen, die Benutzung bezw. Beseitigung von Anlandungen, Inseln bezw. vortretenden Uferstrecken zu gestatten, die Bepflanzung oder anderweitige Befestigung zu bewirken bezw. die Betretung zu gestatten. Die Zuständigkeit der Behörden der Strombauverwaltung und das Verfahren über die Bestimmung der einzuräumenden Rechte und der zu gewährenden Entschädigungen ist normirt. Zugleich ist durch Gesetz vom 20. August 1883 die Ufer-, Ward- und Hegungsordnung vom 12. September 1763 für das Herzogthum Schlesien und die Herrschaft Glatz aufgehoben.

Dem Strafprozesse gehört das Gesetz vom 23. April 1883 betreffend den Erlaß polizeilicher Strafverfügungen wegen Uebertretungen an. Auf Grund der §§ 453 bis 458 der Reichs-Strafprozeßordnung, welche die Landesgesetzgebung unter Aufstellung einzelner obligatorischer Normen hierzu ermächtigen, bestimmt das Gesetz die Zuständigkeit der Polizeibehörden zum Erlasse polizeilicher Strafverfügungen gegen Uebertretungen, die Fälle der Zulässigkeit, die Formen der Verfügung, die Frist zum Antrage auf gerichtliche Entscheidung, und die Kosten des Verfahrens.

Die Gesetzgebung über die Verwaltung hat zu einem neuen, umfassend organisatorischen Gesetze vom 30. Juli 1883 über die allgemeine Landesverwaltung unter entsprechender Aufhebung der früheren Gesetze, namentlich des Gesetzes vom 26. Juli 1880 geführt. Es enthält die Organisation der Central-, Provinzial-, Bezirks- und Kreisbehörden, normirt die Stellung der Behörden, das Verfahren, insbesondere auch das Verwaltungsstreitverfahren und das Beschlußverfahren, die Rechtsmittel gegen polizeiliche Verfügungen, die Zwangsbefugnisse und das Polizeiverordnungsrecht der Behörden. Im Anschlusse daran hat das sog. Zuständigkeitsgesetz vom 1. August 1883 die Zuständigkeit der Verwaltungsbehörden und der Verwaltungsgerichtsbehörden zur Beschließung und Entscheidung in den einzelnen Angelegenheiten je nach dem Verwaltungszweige, welchen sie als Armen-, Schul-, Wegepolizei-, Wasserpolizei-, Gewerbepolizei-Angelegenheit oder sonst angehören, einerseits und nach der Natur und dem Inhalte der Entscheidungen andererseits detaillirt bestimmt. Ergänzt wird dies Gesetz ferner durch die Verordnung vom 31. December 1883, welche zur Ausführung des oben erwähnten Reichsgesetzes vom 1. Juli 1883 betreffend Abänderungen der Gewerbe-Ordnung die Zuständigkeit der Behörden für die Entscheidungen festsetzt, welche durch dies Reichsgesetz veranlaßt werden. Zur ferneren Entwickelung der Verwaltung gehören auch die Kreisordnung für die Provinz Hannover vom 6. Mai 1884 und das Gesetz vom 7. Mai 1884 betreffend die Einführung und Modifikation der Provinzialordnung in der Provinz Hannover; ferner das Gesetz vom 23. Mai 1883 zur Modifikation des Gesetzes vom 11. März 1879 über die Befähigung für den höheren Verwaltungsdienst. — Alle Staatsbeamte endlich betrifft das Gesetz vom 30. April 1884, welches einzelne Bestimmungen des Pensionsgesetzes vom 27. März 1872 abändert.

Zur Sicherung und Vereinfachung der Vermögensverwaltung, insbesondere zum Schutze gegen den Verlust von Staatsanleiheschuldscheinen bezw. gegen unbefugte Dispositionen Dritter darüber dient das Gesetz vom 20. Juli 1883 betreffend das Staatsschuldbuch, welches gemäß der Königl. Verordnung vom 25. April 1884 mit dem 1. Oktober 1884 in Kraft tritt. Darnach können Schuldverschreibungen der vierprozentigen konsolidirten Anleihe durch Eintragung in das bei der Staatsschuldenverwaltung geführte Staatsschuldbuch in Buchschulden des Staates für einen bestimmten Gläubiger, nämlich für einzelne physische oder juristische Personen, Handelsfirmen, Genossenschaften und Vermögensmassen, deren Verwaltung im Deutschen Reiche von einer öffentlichen Behörde oder unter deren Aufsicht geführt wird, umgewandelt werden. Die Erhöhung, die Löschung gegen Rückgewähr entsprechender Staatsschuldverschreibungen, die Uebertragung und sonstige Veränderungen der eingetragenen Forderungen, sowie die Zinsenzahlung sind durch das Gesetz geregelt.

Den die innere Politik der letzten Jahre charakterisirenden Richtungen derselben einerseits auf die Fürsorge für die unteren Klassen, andererseits auf Vermehrung der Steuer-Einnahmen für die dadurch wachsenden Ausgaben und Ausfälle entsprechen in der ersteren Beziehung das Gesetz vom

26. März 1883 betreffend die Aufhebung der beiden untersten Stufen der Klassensteuer, und hinsichtlich der Steuergesetzgebung neben manchen, nicht zur Gesetzeskraft gelangten Steuer-Projekten das Gesetz vom 6. Juni 1884, welches für die Stempelsteuer für Kauf- und Lieferungsverträge im kaufmännischen Verkehr die erleichternden Bestimmungen der Kabinetsordre vom 30. April 1847 und der entsprechenden Tarife vom 19. Juli und 7. August 1867 aufhebt und die Versteuerung von Werkverdingungsverträgen anderweit regelt.

Eine andere schon in dem Jahresberichte des letzten deutschen Juristentages hervorgehobene Richtung, das Bestreben der Verstaatlichung der Eisenbahnen wird weiter durch die Gesetze vom 24. Januar und 17. Mai 1884 verfolgt, durch welche die Oberschlesische, die Breslau-Schweidnitz-Freiburger, die Rechte-Oder-Ufer, die Posen-Creuzburger und Altona-Kieler Eisenbahn, sowie die Berlin-Hamburger, die Hamburg-Bergedorfer, die Bremische, die Tilsit-Insterburger und die Oels-Gnesener Eisenbahn, auf den Staat übergegangen sind.

Zu erwähnen sind schließlich noch die Gesetze vom 18. Juni 1884 betreffend den Hufbeschlagbetrieb, welcher für die Regel von einer Prüfung abhängig gemacht ist und vom 28. Juni 1884 betreffend die Unterbringung verwahrloster Kinder zur Ergänzung des Gesetzes vom 13. März 1878.

Die Gesetzgebung in Bayern hat sich auch in den letzten zwei Jahren der äußersten Zurückhaltung befleißigt. Zur Ausführung von Reichsgesetzen dienen das Gesetz vom 23. Januar 1884 die Unterdrückung der Reblauskrankheit betreffend, über den Ersatz des Werthes der vernichteten und des Minderwerths der durch die Untersuchung beschädigten Reben aus der Staatskasse, und das Gesetz vom 28. Februar 1884 zur Ausführung des Krankenversicherungsgesetzes, nach welchem die bisher landesgesetzlich bestehende Krankenversicherung unter Modifikation einzelner Bestimmungen derselben als Gemeinde-Krankenversicherung im Sinne des Reichsgesetzes gilt. Eine Königliche Verordnung vom 4. August 1883, die Feier der Sonn- und Festtage betreffend beschränkt namentlich den Hausirhandel an solchen Tagen. Einige andere Gesetze haben nur temporäre bezw. lokale Bedeutung, so das Gesetz vom 30. April 1883 über die Leistung von Staatshülfe bei dem damals durch Ueberschwemmungen herbeigeführten Nothstande, das Gesetz vom 13. Februar 1884, welches die Hagelversicherungsanstalt als öffentliche, auf Gegenseitigkeit gegründete mit dem Rechte der milden Stiftungen ausstattet, und das Gesetz vom 21. April 1884, welches die Errichtung einer Landeskultur-Rentenanstalt als Staatsanstalt anordnet, um die Gewährung von Kapitalien zur Ausführung von Cultur-Unternehmungen zu erleichtern.

Reichhaltig ist dagegen die Gesetzgebung des Königreichs Sachsen. Eine Verordnung vom 1. September 1882 ordnet die Punkte, welche die Verordnung des Bundesrathes vom 16. Juni 1882 die Einrichtung von Strafregistern und die wechselseitige Mittheilung der Strafurtheile betreffend der Regelung Seitens der Landesregierungen überläßt.

Zur Vereinfachung der Bestimmungen über die Ergreifung von Maßregeln gegen Münzfälschungen ist nach einer Verordnung vom 4. Juni 1884 von jeder wegen Fälschung oder Nachahmung von Metallgeld erfolgten Einleitung eines Untersuchungs- oder Ermittelungsverfahrens dem Münzamte, bei Fälschung oder Nachahmung von Papiergeld dem Ministerium des Innern Mittheilung zu machen.

Ein Gesetz vom 1. August 1882 läßt vorläufige Grundbuchseinträge bei Grundstückszusammenlegungen zu, und eine Verordnung vom 2. dess. Monats regelt die Ausführung des Gesetzes.

Ein Gesetz vom 14. Januar 1884 und die Verordnung vom 15. Januar 1884 hierzu treffen Bestimmungen über einzelne Geschäfte der nichtstreitigen Gerichtsbarkeit.

Eine Verordnung vom 25. August 1882 regelt die Zuständigkeit für die Hinterlegung von baarem Gelde oder Werthpapieren behufs einer Sicherheitsleistung in streitigen Rechtssachen. In der Regel soll sie bei den Depositenkassen der Amtsgerichte erfolgen. Die Rückgabe erfolgt im Falle des § 488 der Strafprozeßordnung auf Anordnung der Strafvollstreckungsbehörde, sonst nur auf Grund gerichtlicher Anordnung.

Durch Verordnungen vom 2. März 1882 und 12. Februar 1883 ist dem Direktor der Irrenklinik an der Universität Leipzig und den Landbau-Inspektoren und Oberförstern die Befugniß zur Aufnahme von Protokollen mit öffentlichem Glauben gegeben.

Das Gesetz vom 1. Mai 1884 betrifft die Bekanntmachung von Gesetzen und Verordnungen. Die Verkündigung erfolgt durch das Gesetz- und Verordnungsblatt für das Königreich Sachsen. Die verbindliche Kraft der verkündigten gesetzlichen und sonstigen Anordnungen beginnt mit dem 14. Tage nach Ablauf des Tages, an welchem das betr. Stück des Blattes in Dresden ausgegeben worden ist, sofern nicht im einzelnen Falle ein anderer Zeitpunkt bestimmt ist.

Dringliche, sowie nur vorübergehend wirkende Verordnungen der Verwaltungsbehörden können nach dem Gesetze vom 15. April 1884 durch ein vom Gesammtministerium zu bezeichnendes Blatt veröffentlicht werden.

Durch das Gesetz vom 2. April 1884 werden einige Bestimmungen des allgemeinen Berggesetzes vom 16. Juni 1878, namentlich insoweit dieselben sich auf die Kranken- und Pensionskassen beziehen, ergänzt bezw.

abgeändert. Als Regel gilt: alle Bergarbeiter sind gegen Krankheit zu versichern und zu diesem Zwecke, soweit dies nicht schon geschehen, Krankenkassen zu errichten. Die Ausnahmen, die Errichtung der Kassen, die Unterstützungen und deren Voraussetzungen, die Beiträge, die Verwaltung der Kasse und die Aufsicht sind eingehend geregelt.

Ein Gesetz vom 22. Februar 1884 regelt die in Folge der Schutzimpfung gegen Lungenseuche zu gewährenden Entschädigungen, ein Gesetz vom 16. April 1884 trifft (gemäß Art. 3 des Reichsgesetzes vom 1. Juli 1883) Bestimmung über die gewerbsmäßige Ausübung des Hufbeschlages. Ein Gesetz vom 21. April 1884 bestimmt über das zulässige Verbot des Besuchs von Gastwirthschaften, Schank- und Tanzstätten für säumige Steuer- und Abgaben-Zahler. Ein Gesetz vom 12. Mai 1884 und zwei Verordnungen vom 14. und 20. Mai 1884 betreffen die Ausführung des Reichsgesetzes über die Reblauskrankheit vom 3 Juli 1883

Das Gesetz vom 25. April 1884 schafft ein Staatsschuldbuch, in welches die Staatsschuldverschreibungen über 3prozentige jährliche Renten als Buchschulden des Staats auf den Namen eines bestimmten Gläubigers eingetragen werden können.

Das Gesetz vom 15. Februar 1884 bringt veränderte Bestimmungen über die Realschulen I. und II. Ordnung. Die dazu gehörige Verordnung wandelt erstere in Realgymnasien beziehentlich Realschulen um und setzt Lehr- und Prüfungsordnung fest.

Verordnungen vom 4. November 1882 sowie vom 15. Februar, 8. und 13. Dezember 1883 treffen Bestimmungen über das zweckmäßige Verkaufen und Feilhalten von Petroleum, über die Ausübung der Fischerei in fließenden Gewässern, über die Ausführung der Gewerbeordnung für das Deutsche Reich und über die Wandergewerbescheine insbesondere.

In **Württemberg** lag für legislative Arbeiten im Bereich der Justizgesetzgebung und Verwaltung im engeren Sinn kein Anlaß vor. — Zu erwähnen ist das am 22 Juni 1883 erlassene Gesetz über die Notariatssporteln; es stellt die Ansetzung der Sporteln der vom Staat angestellten Notare unter die Aufsicht der Amtsgerichte; und bestimmt, daß das Recht zur Nachforderung zurückgebliebener und zur Zurückforderung zu viel bezahlter Sporteln innerhalb 3 Jahren verjährt. — Sodann ist eine Bekanntmachung des K. Justizministeriums vom 6. Februar 1884 anzuführen. Sie betrifft die mit den Nachbarstaaten Bayern, Baden und Hessen getroffene Vereinbarung dahin, daß in den von Amtswegen zu verfolgenden Strafsachen einschließlich der Forst- und Feldrügesachen auf die Ablieferung der beibringlichen und nach § 165 Abs. 3 des Gerichtsverfassungsgesetzes von Zahlungspflichtigen zu erhebenden Beträge solcher Kosten, welche im

Rechtshulfeverkehr zwischen den beiderseitigen Gerichten den ersuchten Behörden erwachsen sind, abgesehen von Ablieferungs- und Strafvollstreckungskosten, welchselseitig verzichtet wird. Die Einziehung der Kosten von den Zahlungspflichtigen selbst wird hierdurch nicht berührt und es hat deshalb die ersuchte Behörde in jedem Fall den Betrag sämmtlicher nach § 165 Abs. 3 von dem Zahlungspflichtigen einzuziehenden Kosten entsprechend ausgeschieden der ersuchenden Behörde anzugeben.

Im Großherzogthum **Baden** sind für den allgemeinen Justizdienst durch Verordnungen vom 4. Juli und 11. August 1883 der Eintritt und bezw. die Beschäftigung von Rechtspraktikanten anderweit geregelt. Durch Verordnungen vom 20 Oktober 1882, 16. Januar, 8. Februar und 21. Mai 1884 sind die Dienstverhältnisse des Gerichtsschreiber-Personals ergänzend bezw. abändernd bestimmt; durch Verordnung vom 20. Oktober 1882 ist die Vertretung des Amtsanwalts geordnet, und eine umfassende Dienstweisung für Gerichtsärzte ist am 4. Januar 1883 nebst Nachtrag vom 14. April 1883 erlassen. — Im bürgerlichen Rechte regelt das Gesetz vom 12. Mai 1882 die Bildung und Thätigkeit von Genossenschaften zu gemeinschaftlichen Anlagen behufs der Benutzung und Instandhaltung der Gewässer. Das Gesetz vom 16. August 1882 trifft neue Bestimmungen über die Fristen für Gewährleistungsansprüche bei einigen Arten von Hausthieren. Die Verordnung vom 21. März 1883 bestimmt die regelmäßige Revision der Handelsregister behufs ihrer Vereinigung und Ergänzung durch die Amtsgerichte unter Zuziehung von Beisitzern. Die Verordnung vom 11. September 1883 trifft ausführliche Bestimmungen über die Vermessung der Liegenschaften und die Aufstellung und Führung der Lagerbücher für dieselben. Das Gesetz vom 27. Januar 1884 führt für die Faustpfandverträge der größeren Stadtgemeinden eine einfachere Beurkundung durch Gemeindebeamte ein. Das Gesetz vom 17 April 1884 gestattet eine zeitweise Einführung gemeinschaftlicher Schafweiden auf geeigneten Liegenschaften durch Mehrheitsbeschluß (3/4) der Grundeigenthümer. Für das Hinterlegungswesen ist durch Verordnung vom 23. December 1882 die frühere vom 8. Dezember 1879 ergänzt bezw. abgeändert und durch das Gesetz vom 7 Juni 1884 die öffentliche Hinterlegung von Geld- und Werthpapieren in bürgerlichen und Strafsachen im wesentlichen nach dem Vorbilde der preußischen Hinterlegungsordnung, indeß unter Aufnahme mehrfacher Erleichterungen neu geordnet.

Das Verfahren bei Zwangsvollstreckungen in Liegenschaften ist durch Verordnung vom 29. März 1883 mehrfach abgeändert, insbesondere durch Vorschriften über Leistung entsprechender Vorschüsse, was bereits die Abnahme desfallsiger Anträge zur Folge gehabt hat. Ein im Landtage gestellter Antrag auf Annahme des Prinzips des preußischen Subhastationsgesetzes vom 13. Juli 1883, daß der Verkauf nur unter Deckung der dem betreibenden Gläubiger vorgehenden Hypotheken erfolgen dürfe, wurde wegen der nöthigen eingreifenden Aenderungen des Landrechts nicht angenommen. — Im Gebiete des Strafrechts und des Strafverfahrens sind das Gesetz vom 17. April 1884 betreffend eine Ergänzung des Polizeistrafgesetzbuchs, und einige Verordnungen über Führung von Strafregistern und Mittheilung von Strafurtheilen zu erwähnen; ferner die Verordnungen vom 22. September 1883 über das Verfahren bei Vermögensbeschlagnahmen, vom 30. November 1883 über Vermögensbeschlagnahme und Geldstrafen gegen Deserteure, vom 28. Dezember 1882 über Prüfung und Anstellung für den Gefängnißaufsichtsdienst, vom 24. Februar 1883 betreffs der Befugnisse zur Stundung erkannter Geldstrafen und vom 26. November 1883 über den Vollzug der Freiheitsstrafen. Die bereits bei Württemberg erwähnte Vereinbarung zwischen Bayern, Württemberg, Baden und Hessen betreffs der gegenseitigen Nichtablieferung der nach § 165 Abs. 3 des Ger.-Verf.-Ges. eingezogenen Kosten ist auch zwischen Baden und dem Reichslande Elsaß-Lothringen getroffen. Schließlich ist zu erwähnen, daß durch Verordnung vom 4. April 1883 die Erhebung und Verrechnung der Kosten in gerichtlichen Angelegenheiten wesentlich geändert und vereinfacht ist.

Die Gesetzgebung im Großherzogthum **Hessen-Darmstadt** hat sich wesentlich auf die Ergänzung und entsprechende Ausdehnung der Reichsgesetzgebung beschränkt. — Das Gesetz vom 30. Januar 1883 erklärt zur Beseitigung von Ungleichheiten den Art. 311 HGB. auf die Faustpfandverträge der als Genossenschaften eingetragenen Vorschuß- und Kredit-Vereine, sowie der Renten- und Lebensversicherungsanstalt zu Darmstadt auch dann anwendbar, wenn der Pfandbesteller kein Kaufmann ist, oder die Schuld nicht aus einem beiderseitigen Handelsgeschäfte herrührt. — Das Gesetz vom 20. Januar 1883 erklärt die Bestimmungen des Reichsgesetzes vom 29. Juni 1881 betreffend die Abänderungen der früheren Reichsgesetze über Gerichtskosten und Gebühren der Gerichtsvollzieher, sowie etwaige künftige reichsgesetzliche Aenderungen dieser Materien für maßgebend in Angelegenheiten, welche vor besondere Gerichte gehören oder durch die deutschen Prozeßordnungen nicht betroffen werden. Die Verordnung vom 27. August 1883 betreffend die Gebühren der Rechtsanwälte erklärt für diese Gebühren in den Sachen besonderer Gerichte, in Forst- und Feldrügesachen, in Disziplinarsachen und in Verwaltungs- und verwaltungsgerichtlichen Angelegenheiten die Reichsgebührenordnung für entsprechend anwendbar, und regelt die Gebühren in der Zwangsvollstreckung, in unbewegliches Vermögen und für Sachen der nicht streitigen Gerichtsbarkeit. — Zur Ausführung des Reichsgesetzes über die Abwehr von Viehseuchen ist ein Gesetz vom 12. Juli 1883 erlassen. Es statuirt Entschädigung aus Staatsmitteln, gestattet den Rechtsweg nur gegen die Versagung des Anspruchs auf Entschädigung, nicht gegen die Schätzung, für welche Bestimmungen über die Bildung der Schätzungskommission und die grundlegenden Werthe getroffen sind. Fernere Gesetze vom 1. und 17. Nov. 1883 enthalten Zuständigkeitsbestimmungen zur Ausführung der Reichsgesetze vom 15. Juni und 1. Juli 1883 über Krankenversicherung und über die Abänderung der Gewerbeordnung.

Für **Oldenburg** ist außer einem Gesetze vom 15. August 1882 betreffend den Forstdiebstahl und die Forst- und Feldpolizei kein den Juristen interessirendes Gesetz erlassen, da der nur alle drei Jahre zusammentretende Landtag seit dem letzten Juristentage nicht versammelt war.

Die Gesetzgebung der **Thüringer** — zu dem gemeinsamen Oberlandesgericht Jena vereinigten — Staaten beschäftigte sich in dem Zeitraum vom Juli 1882 bis dahin 1884 zunächst mit dem Erlaß von Verordnungen, welche bestimmt sind, die Ausführung der Reichsgesetze und Beschlüsse des Bundesrathes nach den Verhältnissen des Landes zu ermöglichen. Es gehören dahin die Abänderung der Reichsgewerbeordnung und des Reichsstempelgesetzes, die Einrichtung der Strafregister und die Mittheilung der ergangenen Strafurtheile, das Submissionsverfahren bei Uebertretungen des Reichsgesetzes über die Waarenstatistik; die Verwendung von Militäranwärtern in den verschiedenen Stellungen des öffentlichen Dienstes. Daneben sind es die innere Verwaltung und das Finanzwesen, welche die Gesetzgebung beschäftigten; in Ansehung der Justiz sind nur zu erwähnen die Vorschriften über Vorbereitung zum höheren Justizdienst und die Prüfungen der die juristische Laufbahn betretenden Aspiranten des Staatsdienstes, sowie der Gerichtsschreiber und Gerichtsschreibergehülfen, die Vorschrift, daß in den bürgerlichen Rechtssachen ergehenden Urtheilen die Parteivertreter zu benennen sind, die Verträge mit dem Königreiche Sachsen wegen jugendlicher Personen in Zwangs-Erziehungs- und Besserungs-Anstalten. Endlich mag nicht unerwähnt bleiben, daß durch einen Nachtrag zu dem Gesetze über die Rechtsverhältnisse der Studirenden vom 20. Mai 1879, die Karzerstrafe wieder eingeführt und dem Senate der Universität Jena eine beschränkte Disziplinargewalt wieder eingeräumt worden ist.

Auf dem Gebiete der Finanzverwaltung ist im Großherzogthum **Sachsen-Weimar** unter dem 10. September 1883 ein neues Gesetz über die allgemeine Einkommensteuer erlassen worden, welches unter Befreiung gewisser niederer Steuerklassen eine progressive Einkommensteuer einführt.

Am reichhaltigsten ist die Gesetzgebung der Jahre 1882 und 1883 im Fürstenthume **Reuß ält. Linie**. Das Institut der Gendarmerie wird im Jahre 1882 durch eine eingehende Dienstinstruktion mit genau geregelten Befugnissen organisirt; über die Einrichtung der Schulhäuser ergeht eine spezialisirte Consistorialverordnung und über die Bestrafung des eigenmächtigen Einschreitens der Eltern und Pfleger von Schulkindern gegen Disziplinarmaßregeln der Lehrer und die Ordnung der Schule sieht man sich veranlaßt, eine landesherrliche Verordnung zu erlassen, ebenso über Regelung verschiedener bei Beerdigungen auf den Gottesäckern in Betracht kommende Verhältnisse vom Standpunkte stark ausgeprägter Orthodoxie. Im Jahre 1883 werden gesetzlich geordnet das Verfahren in nicht streitigen Rechtssachen, sowie vor besetzter Gerichtsbank und vor einem einzelnen Richter; endlich das Disziplinarverfahren gegen Lehrer an öffentlichen Lehranstalten, sowie die Pensionirung der Geistlichen, Lehrer, Kirchendiener. Von der Gesetzgebung des Jahres 1884 mag des Gesetzes gedacht werden, welches die Errichtung einer Behörde für die in erster Instanz auszuübende staatliche Beaufsichtigung der städtischen Gemeindebehörden verfügt. Hinsichtlich der über kirchliche Trauungen und kirchliches Aufgebot ergangenen Verordnung erheben sich mehrfach Bedenken, ob sie überall mit den reichsgesetzlichen Bestimmungen über Beurkundung des Personenstandes an die Eheschließung im Einklange sich befindet.

Aus den Hansestädten ist neben Gesetzen zur Ausführung oder Ergänzung von Reichsgesetzen hervorzuheben:

In **Hamburg** ist unterm 29. Dezember 1882 eine Leihhaus-Ordnung erlassen, unter dem 29. Juni 1883 eine revidirte Notariatsordnung, nach welcher jeder neu zugelassene Notar die Befähigung zum Richteramte besitzen muß und neben dem Notariatsgeschäfte keinerlei andere Berufsthätigkeit (namentlich nicht die Rechtsanwaltschaft) ausüben darf. Durch Gesetz vom 14. Dezember 1883 ist die Vormundschaftsordnung von 1879 in verschiedenen Punkten abgeändert.

Aus **Lübeck** sind zu erwähnen eine neue Hafen- und Revier-Ordnung vom 29. September 1883 und ein unterm 12. November 1883 erlassener 2. Nachtrag zu der Hypothekenordnung vom 5. Mai 1880.

In **Bremen** ist das Firmensteuer-Gesetz vom 24. Mai 1884 zu erwähnen, nach welchem jede im Handelsregister eingetragene Firma je nach der Größe ihres Geschäftsbetriebes in 5 verschiedene Klassen eingeschätzt wird, und jährlich die für jede dieser Klassen festgesetzte von 20 Mark bis 3000 Mark abgestufte Steuer bezahlen muß.

Die Gesetzgebung **Oesterreich**'s hat in den letzten zwei Jahren eine Reihe wichtiger Gesetze geschaffen. Der chronologischen Ordnung nach ist zuerst das Gesetz vom 21. April 1882 betreffend die Exekution auf die Bezüge der im öffentlichen Dienste stehenden Personen und ihrer Hinterbliebenen zu nennen, auf das bereits im letzten Berichte hingewiesen wurde. Dieses Gesetz setzt ein von der Exekution unbedingt freies Existenzminimum fest und läßt die Exekution nur auf ein Drittel des übrigen Gehaltes oder Ruhegenusses zu. Es bezieht sich außer auf die im öffentlichen Dienste — des Hofes, Staates, eines Landes, Bezirkes, einer Gemeinde, eines öffentlichen Standes Stehenden auch auf die Seelsorger der gesetzlich anerkannten Kirchen- und Religionsgesellschaften und auf Professoren, Lehrer, das lehramtliche Hilfspersonale und die Diener der Lehranstalten, die beim Staate, einem Lande, einer Gemeinde oder bei den konfessionellen Schulen angestellt sind.

Auch das im letzten Berichte erwähnte Gesetz über die Erleichterungen bei der Legalisirung von Tabularurkunden ist seither verlautbart worden. Es ist vom 4. Juni 1882 datirt und restringirt die gerichtliche oder notarielle Beglaubigung auf die Unterschrift desjenigen, dessen Recht beschränkt, belastet, aufgehoben oder übertragen werden soll, verfügt ferner, daß die Unterfertigung der Zeugen entfallen kann, wenn die Unterschrift des Ausstellers einer Privat-Urkunde beglaubigt ist, und daß die Beglaubigung entfallen kann, wenn die Urkunde mit der genehmigenden Erklärung einer zur Wahrung der Interessen des Unterfertigers berufenen Behörde versehen ist Dieses Gesetz läßt also das Wesen des Legalisirungszwanges unberührt und ist gegenüber dem, was die ausgedehnte Agitation gegen dieses Rechts-Institut anstrebte, eine Abfertigung. In Verbindung mit diesem Gesetze sind zu nennen die zwei mehr volkswirtschaftlichen Gesetze: betreffend die Zusammenlegung landwirtschaftlicher Grundstücke vom 7. Juni 1883, die Bereinigung des Waldlandes von fremden Enklaven und die Theilung gemeinschaftlicher Grundstücke vom selbem Tage, endlich das Gesetz vom 23. Mai 1883 betreffend die Aenderung der §§ 74 und 76 des Grundbuchsgesetzes. Letzteres behandelt die Voraussetzungen der Theilung von Katastral-Parzellen und trifft überdies eine einschneidende materiell rechtliche Bestimmung, indem es den Kreis der von Amtswegen vorzunehmenden Eintragungen erweitert. Grundbücherliche Eintragungen, deren Grundlagen während des Laufes einer Verlassenschafts-Abhandlung in einer den Erfordernissen einer Einverleibung entsprechenden Form festgestellt wurden, sollen in Ermanglung eines entsprechenden Ansuchens von Amtswegen vorgenommen werden. Dasselbe gilt, wenn das Grundbuchsgericht im Laufe einer Verlassenschafts-Abhandlung amtlich Kenntniß davon erhält, daß die grundbücherliche Eintragung eines die Grundlage der Grundsteuerpflicht bildenden dinglichen Rechtes unterblieben ist, oder wenn dasselbe von der Katastralbehörde ersucht wird, die unterlassene

Eintragung eines solchen Rechtes vorzunehmen. Auch das überwiegend aus steuerpolitischen Rücksichten erlassene Gesetz über die Evidenzhaltung des Grundsteuer-Katasters vom 23. Mai 1883 ist zu erwähnen.

Ein wichtiges civilrechtliches Gesetz vom 16. Februar 1883 betrifft das Verfahren zum Zwecke der Todeserklärung und der Beweisführung des Todes. Das Gesuch um Todeserklärung solcher Abwesenden, die sich in einer nahen Todesgefahr befunden haben, kann sofort nach dem Eintritt jenes Ereignisses (bisher nach drei Jahren) angebracht werden. Bezüglich der übrigen im § 24 des allgem. bürgerl. Gesetzb. angeführten Fristen kann das Gesuch ein Jahr vor Ablauf derselben gestellt werden. Die Todeserklärung selbst erfolgt jedoch keinesfalls vor Ablauf der bisherigen Fristen. Als Todestag gilt der Tag, an dem die Frist zu Ende ist, deren Ablauf die Vermuthung des Todes begründet. Ferner ist freie Beweisführung zugelassen, und die Beweisführung des Todes auch für andere Fälle erleichtert. Endlich wird das Verfahren behufs Auflösung der Ehe im Falle von Todeserklärungen beschleunigt.

Drei Gesetze betreffen die Verhinderung von Handlungen zum Nachtheile der Gläubiger. Das Gesetz vom 25. Mai 1883 betreffend strafrechtliche Bestimmungen gegen Vereitelung von Zwangsvollstreckungen schafft ein neues Delikt, welches begangen wird, wenn bei einer drohenden oder bereits im Zuge befindlichen Zwangsvollstreckung zum Nachtheile der Gläubiger Vermögenswerthe beseitigt, beschädigt, zerstört, werthlos gemacht, oder Schulden und Rechtsgeschäfte erdichtet werden. Die anderen zwei Gesetze vom 16. März 1884 sind civilrechtlich und bezeichnen sich als „Gesetze über die Anfechtung von Rechtshandlungen, welche das Vermögen eines zahlungsunfähigen Schuldners betreffen“ und „Gesetz, womit zum Schutze der Gläubiger gegen benachtheiligende Handlungen einige Bestimmungen der Konkursordnung und des Exekutionsverfahrens abgeändert beziehungsweise ergänzt werden.“

Das letztere Gesetz ändert die Bestimmung der Konkurs-Ordnung § 21 dahin, daß die Compensation mit einer Forderung des Gemeinschuldners nicht nur dann unzuläſſig ist, wenn die Gegenforderung nach Eröffnung des Konkurses entstanden ist, oder durch Cession erworben wurde, sondern auch dann, wenn sie vor diesem Zeitpunkte entstand, oder erworben wurde, die erfolgte Anbringung eines Begehrens um Eröffnung des Konkurses oder die Zahlungseinstellung jedoch dem Besitzer der Gegenforderung bekannt war. Ferner normirt dieses Gesetz einen neuen Fall des Manifestationseides: ist eine Exekution wegen Unzulänglichkeit der Exekutionsobjekte erfolglos geblieben, so kann der Schuldner angehalten werden, sein Vermögen eidlich anzugeben. Gegen den Weigernden kann über Antrag des Gläubigers Haft bis zu 6 Monaten verhängt werden.

Das „Anfechtungsgesetz“ ändert das bestehende Recht in vielen prinzipiellen Punkten. Seine Entstehung reicht bis in die Zeiten der 1873er Krise, in welcher zahlreiche Hinterziehungen zur Nothwendigkeit führten, zu Gunsten der Gläubiger Sicherheitsmaßregeln zu treffen. Das ist nun ausreichend geschehen.

Im Konkurse sowie außerhalb desselben sind den Gläubigern weitgreifende Rechte zur Anfechtung gewährt: so alle in den letzten 10 Jahren vor Eröffnung des Konkurses vor der Anfechtung vorgenommenen Rechtshandlungen, wenn dem anderen Theile die Absicht, die Gläubiger zu benachtheiligen, bekannt war; alle unentgeltlichen Verfügungen in dem letzten Jahre, (außer gesetzlichen Verpflichtungen oder üblichen kleinen Gelegenheitsgeschenken); ebenso die Rechtsgeschäfte zwischen Ehegatten betreffend Sicherstellung oder Rückgabe des Heirathsgutes, der Widerlage oder des Wittwengehaltes, abgesehen von ursprünglichen Eheverträgen oder von gesetzlicher Pflicht bei Beendigung der Ehe; ebenso benachtheiligende entgeltliche Verträge mit Ehegatten oder nahen Verwandten, wenn der Mitkontrahent nicht beweist, daß ihm solche Absicht unbekannt war. Ferner alle in den letzten 6 Monaten geschlossenen Kauf-, Tausch- und Lieferungsgeschäfte so weit der andere Theil darin eine benachtheiligende Vermögens-Verschleuderung erkennen müßte.

Endlich: nach der Zahlungseinstellung oder nach dem Begehren um Konkurseröffnung oder zwei Wochen vorher vorgenommene Sicherstellungen oder Befriedigungen, die der Gläubiger damals nicht so zu beanspruchen hatte, wenn dieser nicht Unkenntniß der Begünstigungsabsicht nachweist, oder wenn ihm der Eintritt obiger Thatsache unbekannt war. In letzterem Falle gilt dies auch von allen anderen benachtheiligenden Rechtsgeschäften.

Der Anfechtung unterliegen unter Umständen auch gewisse Unterlassungen: Erbschafts-Unterlassungen, unterlassene Rechtsvertheidigungen und Erstattungs- und Sicherungsmaßregeln.

Das Anfechtungsrecht richtet sich nicht allein gegen den Vertragsgenossen, sondern unter Umständen auch gegen Erben oder Rechtsnachfolger. Der Richter ist an gesetzliche Beweisregeln nicht gebunden; der Haupteid über das bloße Wissen oder Nichtwissen eines Umstandes ist unzulässig; er kann nur über solche Umstände aufgetragen werden, aus welchen das Wissen oder Nichtwissen gefolgert werden soll.

Die großen Gesetzeswerke: Civilprozeßordnung und Strafgesetz gehen in den Commissionen des Reichsrathes einen langsamen, vielfach durch die hohe Politik beirrten Gang. Dagegen — und dies mag schließlich noch erwähnt werden — ist Oesterreich auf dem Gebiete der socialpolitischen Gesetzgebung Deutschland mit Raschheit nachgefolgt Die Gewerbe-Ordnung des Jahres 1859 wird stückweise umgearbeitet, ein Gesetz schuf Fabriks-Inspektoren, ein Entwurf über die Unfallsversicherung befindet sich im Stadium parlamentarischer Vorberathung; und auch an Ausnahmsgesetzen – Einführung einer Art kleinen Belagerungszustandes und Einstellung der Geschworenengerichte in Wien und ein paar anliegenden Gerichtssprengeln hat es nicht gefehlt. Das Gesammtbild ist in diesen Beziehungen nicht eben ein erfreuliches zu nennen; die großen legislativen Reformarbeiten erscheinen zurückgedrängt durch die den Tag beherrschenden nationalen und politischen Gegensätze.

In der erfreulichsten Weise sehen wir, wie sehr die Gesetzgebung Oesterreichs mit der Gesetzgebung im Deutschen Reiche übereinstimmend fortschreitet, wie dies namentlich das österreichische Anfechtungsgesetz klar legt.

Im Uebrigen sehen wir in der verschiedensten Weise auch aus dieser skizzenhaften Darstellung der Gesetzgebung der letzten zwei Jahre, wie durch die wechselnde Gestaltung der bürgerlichen Gesellschaft und des Verkehrs der Gesetzgebung stets neue Aufgaben gestellt werden. Getreu seinem Berufe, die gemeinsame deutsche Rechtsbildung in unserm Vaterlande zu erkennen und zu fördern, wird auch der Juristentag nicht ermüden dürfen, der Entwickelung des Rechts in allen Stadien zu folgen, und die rationelle und nationale Gestaltung der Gesetzgebung, soweit er es vermag, vorzubereiten.

(Der Jahresbericht wird mit lebhaftem Beifalle entgegengenommen.)

Vorsitzender: Wir dürfen unserm geehrten Herrn Schriftführer Dank sagen für den, wie Sie sehen, sehr vollständigen Bericht. Es ist uns allmälig ein sehr werthvolles Material erwachsen; und da wir nun unserem 25jährigen Jubiläum entgegengehen, so möchte ich glauben, wir würden unseren Mitgliedern einen Dienst erweisen, wenn wir das dem deutschen Juristentage in 17 Jahresberichten erwachsene Material nochmals drucken ließen. Ich glaube, daß es kein umfassenderes und fachgemäßeres Repertorium über den Stand unserer Gesetzgebung im letzten Vierteljahrhundert, welches eine unvergeßliche Periode für die deutsche Rechtsentwickelung bezeichnet, als dieses geben wird.

Wenn sonst M. H.! kein Gegenstand mehr angeregt wird, so möchte ich noch zu einigen geschäftlichen Mittheilungen kommen.

Zunächst liegt uns ob, der geehrten Versammlung eine summarische Uebersicht über unseren Finanzzustand zu geben. Dabei ist vorerst zu erwähnen, daß wir uns in einer besseren Lage befinden, als zur Zeit die meisten Staaten Europas. Wir haben nämlich, abweichend von diesen, unsere diesjährigen Verpflichtungen bereits erfüllt und besitzen demnach einen Baarbestand von M. 2,500 und einen Effektenconto von M. 44,580 (Bravo).

Sodann M. H.! möchte ich an folgenden Punkt erinnern, der uns manchmal Verlegenheit bereitet hat. Nach unseren Statuten hat jede Abtheilung 10 Vertrauensmänner zu wählen, die dann am Schlusse des Juristentages die Wahl der ständigen Deputation vorzunehmen haben. Diese Wahl pflegt schon in den heutigen Sitzungen vorbereitet zu werden und hat dann morgen zu erfolgen. Es ist dabei usuell — was ich bemerke, weil ein paarmal seit der Begründung des Juristentags Zweifel entstanden waren — daß die Herren Präsidenten der Abtheilungen als Vertrauensmänner bestimmt werden, so daß eigentlich nur 9 frei zu Wählende übrig bleiben. Ich bitte die Herren Vorsitzenden der Abtheilungen, die Sache vorzubereiten, die Wahl vorzunehmen und dem Herrn Schriftführer sogleich morgen das Resultat zu übermitteln. Ich erlaube mir die geehrten künftigen Vertrauensmänner schon heute auf 1 Stunde vor Beginn der zweiten Plenarversammlung am Sonnabend zu einer Zusammenkunft einzuladen.

Sind weiter keine Gegenstände aus der Versammlung anzuregen? (Geschieht nicht) So schließe ich damit die 1. Plenarversammlung.

(10 Uhr.)

Erste Sitzung der ersten Abtheilung am 11. September 1884.

(Beginn Vormittags 10 Uhr.)

Das Amt als Vorsitzender übernimmt Herr Senatspräsident Dr. **Drechsler** (Leipzig), die Stellvertretung desselben Herr Obergerichtspräsident **Consbruch** (Kassel) und die Sekretärstelle Herr Rechtspraktikant **Vollmuth** (Würzburg).

Präsident: Meine Herren! Der ersten Abtheilung sind zur Berathung überwiesen die Gegenstände, wie Sie sie in der Bekanntmachung der deutschen Juristentagsordnung unter 1. 2. 3. und 4. verzeichnet finden Sie haben aber heute gehört, daß von diesen Gegenständen der zweite über den Checkverkehr der zweiten Abtheilung überwiesen wurde, so daß uns nur die übrigen zur Verhandlung geblieben sind. Es empfiehlt sich meiner Ansicht nach, diese Gegenstände nicht in der bezeichneten Reihenfolge zu verhandeln, sondern als ersten Gegenstand: „Sind die deutschrechtlichen oder römischrechtlichen Grundsätze hinsichtlich des Fruchterwerbs im deutschen bürgerlichen Gesetzbuche aufzunehmen?"; dann die weitere Frage: „Wie weit hat der Arbeitgeber für das Verschulden seiner Arbeiter zu haften?" auf die morgige Sitzung, die um 9 Uhr beginnt, als ersten Gegenstand zu setzen und schließlich über die Frage: „Soll in das deutsche bürgerliche Gesetzbuch die Entschädigungspflicht für Wildschaden aufgenommen werden?" zu verhandeln. Ich meine, daß die Frage über die Arbeitgeber die wichtigste sei und daher morgen mit frischer Kraft und bei noch größerer Theilnahme behandelt werden soll. — Gutachten über die erste Frage sind von Herren Professor Dr. **Mayer** (Straßburg) und Oberlandesgerichtsrath **Thomsen** zu Stettin ausgearbeitet und liegen vor; als Referenten wollen die Güte haben zu fungiren Herr Professor Dr. Eck (Berlin) und Herr Reichsgerichtsrath Petersen (Leipzig). Ich überlasse es den beiden Herren Referenten, sich zu einigen, wer zuerst das Wort ergreifen will. Der Abtheilung liegen folgende Anträge vor:

1. des Referenten, Prof. Dr. Eck:

Der deutsche Juristentag erachtet es für wünschenswerth, den Fruchterwerb im deutschen bürgerlichen Gesetzbuche dahin zu regeln, daß die Früchte einer Sache dem Eigenthümer der letzteren, beziehungsweise an dessen Stelle demjenigen, der ein dingliches Nutzungsrecht an der Sache hat, unmittelbar und ohne besonderen Besitzergreifungsakt zu Eigenthum erworben werden, und zwar nicht erst mit der Lostrennung der Früchte, sondern von dem Zeitpunkte an, mit welchem dieselben in äußerlich sichtbarer Gestalt hervortreten.

2. des Korreferenten, Reichsgerichtsrath Petersen:

Es empfiehlt sich, im deutschen bürgerlichen Gesetzbuche die Lehre vom Fruchterwerb in der Weise zu regeln, daß die Früchte, sobald sie in die Erscheinung treten, juristisch als selbständige bewegliche Sachen und als Eigenthum desjenigen behandelt werden, dem das Recht der Fruchtziehung zusteht.

Prof. Dr. **Eck** (Berlin): Meine Herrn! Ueber die gesetzliche Regelung des Fruchterwerbs liegen 2 Gutachten vor: das eine erstattet vom Herrn Collegen Dr. Mayer aus Straßburg, abgedruckt in den Verhandlungen des 16. deutschen Juristentages, Band 1, S. 217—240, das andere von Hrn. Oberlandesgerichtsrath Thomsen zu Stettin, veröffentlicht in den Verhandlungen des 17. Juristentages S. 288—333.

Außerdem hat mit Bezug auf diese beiden Gutachten Herr Hofrath Dr. Warnkönig aus Donaueschingen bereits einen neuen Aufsatz veröffentlicht in den Annalen der badischen Gerichte, Band L, S. 205—208.

Von den beiden Gutachten ist das erstere, das Mayer'sche, derart, daß ich mich im Wesentlichen ihm anschließen kann. Um so entschiedenern Widerspruch aber, namentlich von Seiten eines Romanisten, fordert das andere Gutachten, von Hrn. Thomsen, heraus, und ich fühle mich daher verpflichtet, zunächst auf dieses Gutachten näher einzugehen, zumal da ich der Originalität und Schärfe der von Hrn. Thomsen entwickelten Gedanken alle Anerkennung zollen muß, und da ich außerdem die Freude habe, Herrn Thomsen hier gegenwärtig zu sehen, so daß ich nicht in der Lage bin, gegen einen Abwesenden zu polemisiren.

Bisher, m. H., galt es nun als herrschende Lehre, daß in der Materie des Fruchterwerbs das römische und deutsche Recht auf diametral entgegengesetztem Standpunkte stehen. Das alte deutsche Recht, so nahm man allgemein an, betont bei dem Fruchterwerbe hauptsächlich den Moment der Produktion, der Arbeit; es sieht die Früchte als verdientes Gut an und gibt daher das Eigenthum daran demjenigen, der sie produzirt hat, und zwar nicht erst von dem Momente der Separation ab, sondern schon von dem Zeitpunkte an, wo die zur Vollendung der Früchte nothwendige Arbeit gethan ist; also z. B. bei Feldfrüchten, wenn die Egge über den Acker gegangen ist, bei Gartenfrüchten, wenn der Garten besäet und beharkt ist, u. s. w. Es ist dies, wie man es zu formuliren pflegt, das altdeutsche Arbeits- oder Produktionsprinzip. Dagegen das römische Recht sieht die Früchte mehr als eine nothwendige Entwickelung der Muttersache an, als Theil ihrer Substanz, und unterwirft sie daher dem Eigenthum desjenigen, dem die Muttersache gehört. Auch mit der Abtrennung der Früchte wird das Eigenthum an ihnen nur abgezweigt vom Eigenthum der Muttersache, es wird selbständig, ist aber kein neuentstandenes Eigenthum. Bloß in gewissen Fällen wird das Eigenthum des dominus der Muttersache an den separirten Früchten nicht aufrecht erhalten, sondern ausgeschlossen durch einen Eigenthumserwerb dritter Personen, welche ein Nutzungsrecht an der Muttersache haben, wie z. B. der Vectigalbesitzer, der Emphyteuta, der Nießbraucher u. a. m. Aber auch deren Fruchterwerb entsprang eben aus einem Rechte an der Muttersache und man kann daher sagen: das römische Recht befolgte überall für den Fruchterwerb das Substanzialprinzip. Mit Recht hat namentlich Leist darauf hingewiesen, wie interessanter Weise sich in der Verschiedenheit beider Rechte der klimatische Unterschied zwischen Italien und Deutschland wiederspiegelt.

Im Norden — so etwa sagt er — wo die Erträgnisse mit harter Mühe dem Boden abgerungen werden müssen, wo das Vieh sorgfältiger Pflege und Fütterung bedarf, tritt von selbst das subjektive Moment der Arbeit in den Vordergrund. Dagegegen in dem glücklichen Süden, wo der Acker fast von selbst Früchte liefert, wo das Vieh keine besondere Stallung und Hütung erheischt, da erschien das objektive Substanzialprinzip als das näherliegende.

Dieser herrschenden Lehre aber stellt nun Hr. Thomsen eine ganz andere gegenüber. Er meint, daß ursprünglich in Wahrheit doch auch das römische Recht das Produktionsprinzip befolgt habe. Freilich, fügt er hinzu, die Arbeit allein that es nicht; es mußte noch hinzukommen ein Rechtsverhältniß an der Muttersache, wenigstens gutgläubiger titulirter Besitz. Aber dieser Fruchterwerb des produzirenden bonae fidei possessor soll nach Thomsen schon lange vor den 12 Tafeln, ja vor Einführung der Usukapion, gegolten haben, ja es soll in der Praxis den unvollkommenen

Eigenthumsschutz bei den Veteres ergänzt haben. Denn, sagt Hr. Thomsen, der Fruchteigenthümer hatte damals oft Schwierigkeit, die probatio diabolica für sein Eigenthum an den Früchten zu erbringen, und da schützte man ihn dann qua gutgläubigen Produzenten. Kurz, der Fruchterwerb des gutgläubigen Produzenten soll nun der ältere Bruder der jüngeren Schwester usucapio sein und beide sollen als Mutter haben die bonae fidei possessio.

Schon hier kann ich meinen Widerspruch nicht zurückhalten. Ein so spiritualistisches Moment, wie die bona fides, soll schon in der ältesten Zeit, lange vor den 12 Tafeln die Grundlage des Fruchterwerbs gebildet haben, und das naturwüchsigste aller Rechte, das Eigenthum, soll seinen Schutz entlehnt haben von einem nach Vorbild des Eigenthums geschützten Verhältniß, der bonae fidei possessio, während doch die Justinianischen Institutionen ausdrücklich sagen, daß der Schutz der bonae fidei possessio durch die actio Publiciana nicht ex iure civili, sondern erst ex iure praetorio und aus der Zeit des Formularprocesses stammen. Ich fürchte, schon hier wird Hr. Oberlandesgerichtsrath Thomsen wenig Anhänger finden.

Aber noch mehr m. H.! Das Produktionsprinzip soll nach Herrn Thomsen bei den Römern auch die Consequenz gehabt haben, daß das Eigenthum an den Früchten dem Produzenten nicht erst mit ihrer Separation oder gar erst Perzeption, sondern schon mit ihrer Entstehung erworben wurde, also bereits im Stadium der Pendenz! Nun steht freilich, wie Hr. Thomsen nicht verkennt, im corpus juris das Gegentheil, — wir lesen dort ausdrücklich, daß die fructus pendentes pars fundi esse videntur u. dgl. m. Aber sagt nun Hr. Thomsen: Dieses Partialprinzip war erst eine spätere Zuthat der römischen Fachjuristen. Diese suchten nach einem obersten Grundsatze für den Fruchterwerb, und während man nun meinen sollte, daß sie denselben hätten finden müssen in dem das römische Recht angeblich beherrschenden Produktionsprincip, geschah, wie Hr. Thomsen ausdrücklich ausführt, das Gegentheil. Sie drängten, so heißt es in seinem Gutachten, das Produktionsprinzip immer mehr zurück und gründeten statt dessen den Eigenthumserwerb an den Früchten auf die Eigenschaft derselben, Theile der Muttersache zu sein. Dieses Partialprinzip sei denn nun auch im klassischen Recht herrschend geworden und in das corpus juris übergegangen; aber im Widerspruch damit stehe doch eine Reihe von Erscheinungen und Aeußerungen, welche den späteren Ursprung des Prinzips verrathe, z. B. der bekannte Ausspruch des Scaevola: „Partum non esse rei furtivae partem."

Gleichwohl sollen die römischen Juristen das Partialprinzip durchgesetzt und kraft desselben auch die Verpflichtung des bonae fidei possessor als Vindikationsbeklagten zur Herausgabe der fructus extantes aufgestellt haben.

Dabei, so heißt es wörtlich, habe dann der eine Jurist mit Trugschlüssen operirt, ein anderer, Africanus, sogar in dolo versirt, was ein in das Herz eines Romanisten besonders tief einschneidender Ausspruch ist.

Jedenfalls aber soll unter Diocletian spätestens der neue Grundsatz zur Herrschaft gebracht und durch l. 22. C. d. R. V. 3,32 der bonae fidei possessor auf den Gewinn der fructus consumti beschränkt, dagegen zur Restitution der extantes im Sinne eines „Anhängsels" zur Vindikation der Muttersache verpflichtet worden sein.

Justinian endlich kehrte zwar wieder zum Produktionsprinzip zurück, indem er in den Institutionen sagte: „fructus bonae fidei possessoris esse pro cura et cultura;" aber leider sei er nicht consequent genug gewesen, um die Verpflichtung zur Herausgabe der fructus extantes für den bonae fidei possessor aufzuheben.

Das Resultat des Gutachtens nun bildet, wie Sie alle wissen, der Vorschlag, das Productionsprinzip als Grundlage des künftigen Fruchtrechts zu proklamiren und das römische Partialprinzip gänzlich aufzuheben.

Ja, m. H., man steht als Romanist mit einer gewissen Bewunderung vor dem kühnen Gebäude, das Herr Thomsen vor unseren Augen errichtet hat. Aber ich fürchte, die Einwände gegen dasselbe liegen nur allzunahe.

Vor allen Dingen: Die römischen Juristen fanden die Prinzipien, die sie aufstellten, doch wohl induktiv, d. h. durch Schlußfolgerung aus den geltenden Sätzen, nicht aber im Gegensatz zu diesen; sie stellen ja gerade die goldene Vorschrift auf; „Non ex regula jus sumatur, sed ex jure, quod est, regula fiat." Wie konnten sie da das Partialprinzip aufstellen, wenn es dem geltenden Rechte geradezu widersprochen hätte? Die römischen Juristen sagen uns, daß die Muttersache mit ihren Erzeugnissen eine res unita sei, dies war doch nur möglich unter der Voraussetzung, daß und weil an stehenden Früchten keinerlei Sonderrecht Geltung hatte, sondern das Eigenthum am Grundstücke allemal auch die Früchte ergriff. Und weiter, ist es denn glaublich, daß schon die veteres, die römischen Juristen der Republik, spekulativ in der hängenden Frucht die zur kommenden Selbstständigkeit bestimmte Sache erblickt und sie als eigenes Rechtsobjekt behandelt, dann aber die klassischen Juristen die viel naivere Ansicht substituirt haben, wonach fructus pendentes ein Theil der Muttersache sind? Ich denke doch, der Gedanke, daß der Apfel einen Theil des Baumes bildet, bis er gepflückt ist, also das Partialprinzip, trägt vielmehr den Stempel einer ursprünglichen und einfachen Rechtsauffassung, während die Behandluug der Frucht als eines selbständigen von der Muttersache unabhängigen Produkts einer relativ späteren und reflektirenden Zeit angehört. Herr Thomsen macht nun geltend, daß nur in einzelnen römischen Stellen die Früchte als pars rei bezeichnet werden. Zugegeben. Aber erstens genügen wohl auch schon einzelne Stellen, um diese Anschauung zu begründen, und sodann kommt hinzu, daß derselbe Gedanke zur Ableitung zahlreicher wichtiger Consequenzen benutzt wird, z. B. wenn es bei Entscheidung eines berühmten Rechtsfalles in l. 40 D. d. a. e. v. 19,1 unter Bezugnahme auf Quintus Lucius heißt: „Arborum corpus non est separatum a fundo," so ist das eben auch nichts anderes als eine Formulirung des Partialprinzips und ebenso schreibt Justinian in den Institutionen dem klassischen Juristen nach: „Ratio non permittit alterius arbor esse intellegatur quam cujus in fundum radices egerit." Also die Natur der Sache gestattet es nicht, daß der Baum einem andern gehöre, als dem, auf dessen Grund und Boden er Wurzel geschlagen hat! Ist das nicht der allerschärffste Ausdruck des Partialprinzips!

Ich glaube, dieselbe Anschauung, welche die Römer bestimmte, dem Embryo den Charakter einer rechtlichen Persönlichkeit zu versagen und ihn als pars matris zu behandeln, nöthigte sie auch, die hängenden Früchte als Theile der Muttersache anzusehen. Noch schwerer wiegt die Thatsache, daß auch die praktischen Folgesätze, zu welchen das Produktionsprinzip führen mußte, von den Quellen keineswegs anerkannt sind, vielmehr ihr direktes Gegentheil ausgesprochen wird.

Wollten wir das Produktionsprinzip zugrunde legen, so würden wir sofort wieder zurückgedrängt zur Unterscheidung von fructus industriales und mere naturales, es ist eben jetzt allgemein anerkannt, daß diese Unterscheidung dem römischen Rechte völlig fremd ist. Aber auch bei den fructus industriales würde das Produktionsprinzip dahin führen, daß wenn z. B. die Saat und Arbeit der Bestellung von einem dritten Unberechtigten aufgewendet worden ist, dieser und nicht der Grundeigenthümer, aber auch nicht der bonae fidei possessor das Fruchteigenthum erwürbe, statt dessen heißt es in C. 25 § 1 D. de usur. 22,1, daß si in alieno fundo, quem Titius bona fide mercatus fuerat, ego frumentum sevi, trotzdem nicht der Produzent Ego, sondern der bonae fidei possessor Titius perceptos fructus suos facit.

Das Produktionsprinzip würde ferner offenbar auch dahin führen, daß jeder Pächter die perzipirten Früchte unabhängig von der Einwilligung des Grundeigenthümers erwürbe, während es zweifellos ist, daß er sie erst kraft Tradition in sein Eigenthum bringt. Und endlich ist, wie Herr

Thomsen selber anerkennt, die Verpflichtung des bonae fidei possessor mit der Sache, die von ihm vindizirt wird, auch die fructus extantes herauszugeben, mit dem Produktionsprinzip absolut nicht zu vereinigen. Nach jenem Prinzip müßte im Gegentheil der mit der Vindikation Beklagte allemal einen Ersatzanspruch haben für die von ihm geschehene Bestellung der noch unreifen Früchte; das ist aber in dieser Allgemeinheit den Quellen völlig fremd.

Herr Thomsen macht nun freilich geltend, jene Restitutionsverpflichtung sei erst unter Diokletian zum fertigen Rechtssatz erhoben worden, ich glaube aber, daß dies keineswegs der Fall war Wenn der Satz auch erst bei Diokletian sich generell formulirt findet, (übrigens mit der Wendung certum est u. s. w.) so kommt er doch der Sache nach auch schon in älteren Aussprüchen zum Vorschein z. B. in § 35 J. d. R D. 2,1: si dominus fundum vindicat, de fructibus a bonae fidei possessore consumtis agere non potest. Das heißt doch per argumentum a contrario, daß er auf Restitution der extantes Anspruch hat.

So glaube ich aus allen diesen Gründen als Resultat den Satz hinstellen zu dürfen: Das römische Recht hat das Produktionsprinzip niemals befolgt, sondern es ist vom Substanzialprinzip beherrscht und beherrscht gewesen, so weit wir rückwärts blicken können: eben darum aber ist aus dem römischen Recht das Substanzial-Prinzip auch in unser heutiges Recht übergegangen.

Ich glaube aber, man kann noch einen Schritt weiter thun und sagen: auch innerlich ist das Produktionsprinzip unhaltbar und seine Ersetzung durch das Substanzialprinzip als ein Fortschritt, als ein Gewinn zu begrüßen.

M. H., das Produktionsprinzip legt alles Gewicht auf die konkrete Thatsache der Bestellung, der Pflege und Hervorbringung. Aber, m. H., ist das ein praktisches Kriterium? Ich glaube, nein! Vor allen Dingen gibt es doch große Klassen von Früchten, bei deren Erzeugung die menschliche Thätigkeit eine minimale oder sogar gar keine Rolle spielt. Z. B. Baumfrüchte zählte darum auch das alte deutsche Recht nicht zu den Industrialfrüchten und unterwarf es auch seinem Produktionsprinzip nicht. Ein Apfelbaum braucht eben nicht jedes Jahr bewässert, beschnitten, gepflegt zu werden, und trägt gleichwohl jahraus, jahrein Früchte. Ebenso geht es mit gewissen Bodenfrüchten; ich brauche nur an den Rasen zu erinnern. Auch gewisse Thiergattungen giebt es, die sich fast ohne menschliche Zuthat ernähren und fortpflanzen. Bei diesen allen also ist das Produktionsprinzip schon nicht ausreichend, sondern bedarf es der Ergänzung durch ein anderes, so daß dann hier bereits ein Dualismus eintritt.

Und weiter! Wie soll nach dem Produktionsprinzip entschieden werden, wenn mehrere successiv die zur Vollendung der Frucht nothwendige Arbeit gethan haben? Das deutsche Recht hilft sich hier mit der Festsetzung gewisser Zeitpunkte, nach welchen darüber entschieden werden soll, ob die Früchte verdient sind oder nicht; aber diese Zeitpunkte sind offenbar willkürlich gewählt und befriedigen keineswegs, wenn z. B. jemand die Arbeit bis kurz vor dem betreffenden Zeitpunkt geleistet hat und dann ein anderer an seine Stelle getreten ist. Außerdem würde das Produktionsprinzip, worauf namentlich Herr Warnkönig in seinem Aufsatze hingewiesen hat, zu Widersprüchen führen mit gewissen Uebungen, die in unserm Volke so fest wurzeln, daß unter keinen Umständen daran gerüttelt werden kann; z. B. mit dem Satze, daß die sog. Anblum d. h. die beim Beginn der Pacht stehenden Früchte dem Pächter zufallen, die bei Beendigung der Pacht noch stehenden dem Verpächter. Und endlich würde noch in einem andern Punkte das Produktionsprinzip nimmermehr einheitlich durchzuführen sein: Denn wenn der Produzent nicht in bona, sondern in mala fide handelte, so wird man doch nicht die Früchte ihm zufallen lassen wollen, sondern nur dem Grundeigenthümer, obwohl er sie nicht produzirt hat! Dann wäre also wieder ein zweites Prinzip zur Aushilfe heranzuziehen und damit ein Dualismus geschaffen! Daher darf es denn auch nicht überraschen, wenn es am Schlusse des Gutachtens von Hrn. Oberlandesgerichtsrath Thomsen zwar zunächst unter Nr. 1 heißt:

„Das Produktionsprinzip, d. h. der Fruchterwerb durch die gutgläubige auf einem Rechtsverhältniß beruhende Produktion ist als erste Grundlage beizubehalten" und unter 3: „Das römische Partial- (Substanzial-) Prinzip muß gänzlich aufgegeben werden„; dann aber doch unter Nr. 5 der Satz aufgestellt wird: „Der Eigenthümer der Muttersache erwirbt die Früchte, sofern eben ein anderes Recht nicht entgegensteht". Ja, m. H.! Das scheint mir doch eine direkte Rückkehr zum Substanzialprinzip zu sein!

Aus allen diesen Gründen würde ich dem Substanzialprinzip den Vorzug geben, welches allein uns ein festes und abstraktes Kriterium bietet zur Lösung der Frage, wem die Früchte als Eigenthum zufallen sollen. Und ich freue mich, in diesem Punkte ja mit dem Gutachten des Herrn Collegen Dr. Mayer zusammenzutreffen, der auch seinerseits nachdrücklich betont, daß wir grundsätzlich auf dem Boden des römischen Rechts stehen und in dieser Lehre nicht zurückgehn können auf das germanische. Im weiteren kann ich mich nun auch dem Ideengang des Hrn. Collegen Dr. Mayer anschließen, obwohl ich nicht gerade in allen Punkten das unterschreiben möchte, was sein Gutachten ausgeführt hat. Um es nur ganz kurz anzudeuten, kann ich mir nicht die herrschende Lehre aneignen, wonach der bonae fidei possessor im Römischen Recht an den Früchten mit der Separation volles Eigenthum erwerben soll. Noch weniger kann ich mit ihm acceptiren die Köppen'sche Construktion jener Verpflichtung des bonae fidei possessor, die fructus extantes herauszugeben; eine Construktion, die darauf beruht, daß der bonae fidei possessor nur pendentes Eigenthum an den Früchten habe, der Grundeigenthümer aber ein werdendes, durch Anstellung der rei vindicatio bedingtes Eigenthum.

Das scheint mir, (in Parenthese gesagt) eine verkünstelte Construktion; allein das sind nur Nebenpunkte. Sehr treffend ist es meines Erachtens zunächst, wenn Hr. Mayer gewisse Abweichnngen konstatirt, welche die moderne Rechtsbildung gegenüber dem römischen Rechte zeigt, uud zwar in 3 Punkten.

1. Schon das Römische Recht läßt in gewissen Fällen an Stelle des Grundeigenthumes andere Personen das Eigenthum der Früchte erwerben, entweder schon mit der Separation z. B. den Vectigalbesitzer und den Emphyteuta, oder wenigstens mit Perception kraft dinglichen Nutzungsrechtes an der Muttersache, so namentlich den Usufructuar, oder endlich nur durch Perception, welche mit Einwilligung des Grundeigenthümers geschieht, so besonders den Pächter. Die moderne Rechtsbildung, bemerkt Hr. Mayer vollkommen treffend, zeigt aber eine entschiedende Tendenz, diese Unterschiede abzuschleifen und in allen Fällen das Eigenthum dem Fruchtberechtigten unmittelbar ohne besonderen Perceptionsakt zu geben.
2. Das römische Recht stellt, wie Sie wissen, den bonae fidei possessor eine Stufe ungünstiger wie den andern Besitzer, denn es legt ihm die Verpflichtung auf, die fructus extantes an den Vindikanten herauszugeben. Wiederum wird in der gemeinen Praxis und der neueren Gesetzgebung von dieser Verpflichtung des bonae fidei possessor abstrahirt, es werden ihm die fructus extantes gelassen, sogut wie dem Nießbraucher und Pächter, besonders im allgemeinen preußischen Landrecht. Dann aber ergiebt sich für alle diese Personen ein ganz gleichartig gestaltetes Fruchtziehungsrecht, welches den Fruchterwerb des Eigenthümers ausschließt. Endlich
3. — und dies ist der Hauptpunkt —: Die neuere Praxis und Gesetzgebung zeigte die Neigung, in Uebereinstimmung mit dem alten deutschen Recht, die stehenden oder hängenden Früchte als selbständige Rechtsobjekte aufzufassen, welche auch einem andern Rechte unterworfen sein können, als die Muttersache, und folglich den Eigenthumserwerb an ihnen eintreten zu lassen, nicht erst

mit der Separation und Perception, sondern schon im Stadium der Pendenz.

Am bezeichnendsten ist dafür ein Erkenntniß des Oberappellationsgerichtes Oldenburg (Seuffert XXIV, 209), das ausspricht, der Käufer stehender Früchte könne, wenn der Verkäufer in Konkurs verfällt, diese noch auf dem Halm befindlichen Früchte vindiziren. Dieselbe Anschauung ist vertreten worden vom OAG. Dresden (Seuff. Arch. XVIII, 209) und vom OAG. Berlin (Seuff. Arch. XXVIII, 232) und sie liegt auch zu Grunde, wenn z. B. erkannt ist, Veräußerung stehenden Holzes aus einem Adventizgut sei keine Immobiliarveräußerung (Seuff. Arch. XXVI, 6), und die Pfändung stehender Früchte wegen einer Schuld des Grundeigenthümers werde durch Widerspruch des Pächters ausgeschlossen (Seuff. Arch. XXXVII, 355). Das Preußische Landrecht giebt bekanntlich ausdrücklich dem Nutzungsberechtigten Eigenthum an den Früchten schon von ihrer Entstehung ab, und es erkennt überhaupt auch in andern Beziehungen die Möglichkeit eines Sonderrechtes an stehenden Früchten an. Daher hat denn auch das Preußische Obertribunal (Entsch. XI, S. 204) angenommen, daß man Holz auf Stamm zu Eigenthum übertragen könne durch Anschlag mit dem Forst-Hammer. Diese Theorie ist freilich auf Widerspruch gestoßen und namentlich bekämpft worden durch Förster. Aber man darf es bestimmt aussprechen: Die Zustimmung zum Erkenntniß des Obertribunals ist im Wachsen begriffen. So z. B. hat Dernburg sich dafür erklärt und Eccius hat in der vierten Ausgabe von Förster den Widerspruch des letzteren hinweggestrichen. Auch das französische Recht enthält zwar den Satz: les fruits des arbres non encore recueillis sont immeubles (code civ. art. 520). Aber, wie Hr. College Mayer sehr fein und treffend ausgeführt, ist dies nur eine relative Wahrheit; das französische Recht und die französische Praxis erkennt gleichwohl ein Sonderrecht an stehenden Früchten an. Endlich aber hat, wie Sie alle wissen, die deutsche Civilprozeßordnung in § 714 anerkannt, daß stehende Früchte auch schon vor ihrer Trennung von Grund und Boden gepfändet werden können, und in späteren §§ sagt sie, daß auch die Versteigerung dieser Früchte auf dem Halme zulässig ist, wonach denn durch den Zuschlag auch Eigenthum an ihnen für den Ersteher begründet wird. Damit aber ist gerade in dem praktisch wichtigsten Fall die Möglichkeit dinglicher Sonderrechte an stehenden Früchten klar anerkannt.

Und daß diese Behandlung der Sache auch praktisch unentbehrlich ist, das hat Waldeck ausgeführt (Archiv für civilistische Praxis, Bd. 55, S. 482 ff.) in einem Aufsatz, dessen Gründen ich im Wesentlichen nur zustimmen kann.

Von diesen drei Fortbildungen des römischen Rechtes ausgehend, empfiehlt Hr. College Dr. Mayer in seinem Gutachten am Schlusse für die Lehre vom Fruchterwerb eine Codifikation, nicht des reinen römischen Rechtes und nicht des germanischen Rechtes, sondern wie er sagt, „des jus commune modernum, des Rechtes, das mit uns geboren sei!" Ich würde dies lieber dahin ausdrücken: eine Codifikation des modifizirten römischen Rechtes. Aber es lohnt nicht um den Ausdruck zu streiten. In der Sache selbst kann ich seinem Vorschlage nur beitreten. Namentlich drei Prinzipien sind es, welche jenen drei Abweichungen der modernen Rechtsbildung entsprechend, Herr College Mayer der neuen Codifikation zu Grunde gelegt wissen will.

1. Es soll in allen Fällen der Erwerb der Früchte durch den Berechtigten nicht mehr durch einen Akt erfolgen, sondern unmittelbar kraft eines Nutzungsrechtes an der Hauptsache.
2. Als Grundlage dieses Fruchterwerbs soll ein dingliches Nutzungsrecht an den Muttersachen gelten, oder genauer gesprochen, ein abstraktes Fruchtziehungsrecht. Dieses Fruchtziehungsrecht ist im Eigenthum enthalten, es kann aber auch außerhalb desselben bestehen, wie kraft eines Erbpachtrechtes oder eines ususfructus. Ja, auch die Stellung des bonae fidei possessor und des Pächters soll nach Herrn Collegen Mayer dieses Fruchtziehungsrecht enthalten, wofür er denn eine etwas kühne Construction bietet, indem er diese Stellung charakterisirt als obligationsfreien Besitz.
3. Der Hauptpunkt aber ist folgender. Das Fruchtziehungsrecht soll Eigenthum an den Früchten gewähren nicht erst von der Separation oder Perzeption ab, sondern schon im Stadium der Pendenz, sobald sie in äußerlich selbständiger Gestalt hervortreten. Das würde ein Fruchteigenthum geben, das freilich zunächst während der Pendenz noch abhängig wäre von dem dinglichen Nutzungs-Rechte. Denn wenn das dingliche Nutzungsrecht vor Aberntung der Frucht erlischt oder auf ein anderes Subjekt übergeht, so muß mit ihm auch das Fruchteigenthum des Nutzungsberechtigten erlöschen oder übergehen. Erst wenn die Früchte separirt sind, kann und soll dieses Eigenthum selbständig und von den Schicksalen des Nutzungsrechtes unabhängig werden. Allein der Nutzungsberechtigte kann doch immer auch schon vor der Aberntung der Früchte für dritte Personen dingliche Rechte an den hängenden Früchten konstituiren. Er kann sie übereignen, er kann sie verpfänden und sowohl er als sein Rechtsnachfolger sind gesichert dagegen, daß über die Früchte

vom Grundeigenthümer oder dessen Gläubigern dinglich verfügt wird.

Das sind die Vorschläge, die unser Herr Gutachter aufstellt, und im Wesentlichen kann ich, wie schon gesagt, mich denselben nur anschließen. Ich möchte mir nur noch erlauben, zur näheren Begründung und hie und da vielleicht zur genaueren Präzisirung dieser Vorschläge einige unterstützende Momente noch anzuführen.

Am wenigsten Widerspruch wird wohl der erste Vorschlag finden, der Wegfall der feinen Unterscheidungen zwischen Erwerb der Früchte durch Separation oder durch Perzeption kraft dinglichen Rechtes, oder endlich durch Perzeption mit Einwilligung des Grundeigenthümers. Diese Unterscheidungen, m. H., sind eigentlich, ich darf es auch als Romanist aussprechen, ohne tiefen innern Grund. Wenn die Römer aber doch in der Regel einen besonderen Perceptionsakt verlangen, so entspricht dies nur ihrer allgemeinen Neigung, einen Rechtserwerb nicht anzuerkennen, außer bei eigener Thätigkeit des Berechtigten. Dem modernen Rechtsbewußtsein ist aber dieses Requisit eines besonderen Ergreifungsaktes völlig fremd. Die Praxis nimmt es auch sehr leicht mit dem Perceptionsakt, und der neueren Gesetzgebung ist die Nothwendigkeit eines Perceptionsaktes bereits ganz fremd geworden. Daher dürfen wir, glaube ich, sagen, es ist einfacher und sachlich angemessener, bei allen Fruchtberechtigten den Erwerb der Früchte unmittelbar und ipsa lege eintreten zu lassen.

Ebenso wird, glaube ich, auch Zweitens die Aufstellung eines abstrakten und in allen Fällen gleichartigen Fruchtziehungsrechtes nicht auf Widerspruch stoßen. Welche Personen dieses Fruchtziehungsrecht haben sollen, dies zu sagen fällt wohl nicht in den Rahmen meiner Aufgabe. Soviel aber ist sicher, daß man dieses Fruchterwerbungsrecht nur solchen Personen gewähren kann, die ein dingliches Recht an der Muttersache haben. Denn wenn jemand nur ein persönliches Recht hat, wie nach römischem Recht der Pächter, dann wäre es wohl ein Widerspruch, zu sagen, der Inhaber eines persönlichen Rechtes soll als Wirkung desselben ein unmittelbares Eigenthumsrecht an den Früchten bekommen. Indessen glaube ich allerdings, daß neben dem usufructuarius und dem Erbpächter auch der einfache Pächter in die Reihe der dinglich Nutzungsberechtigten wird erhoben werden müssen, wie dies das moderne Rechtsbewußtsein fordert und das preußische Landrecht bekanntermaßen bereits gethan hat. Denn wer möchte es für Recht finden, daß wenn z. B. der Pächter die Aussaat bestellt hat, und die Früchte der Ernte entgegenreifen, wegen der Schulden des Verpächters die Exekution stattfinden und die Früchte dem Pächter weggenommen werden können? Schon die Römer machten einen Ansatz dazu, den Pächter besser als andere Forderungsberechtigte zu stellen, indem sie ihm wegen Beschädigung der Früchte die actio legis Aquiliae gaben, die sonst ja nur dinglich Berechtigten zusteht. Auch die gemeine Praxis und das Reichsgericht geben dem Pächter eine Besitzklage; sie haben also ebenfalls die Tendenz, die Stellung des Pächters zu begünstigen, gegenüber jener, welche ihm das römische Recht angewiesen hat. Nach alledem liegt die Dinglichkeit des Pachtrechtes durchaus in der Richtung der modernen Rechtsbildung.

Ich komme nun auf den dritten und Hauptpunkt, nämlich auf die Frage nach dem Zeitpunkt, mit welchem das Recht an den Früchten entstehen soll. Auch hier kann ich mich dem Herrn Collegen Mayer anschließen, der empfiehlt, schon im Stadium der Pendenz dieses Recht beginnen zu lassen mit dem Momente, wo die Früchte in sichtbarer Gestalt an der Muttersache hervortreten. Das ist freilich ein Punkt, in dem ein orthodoxer Romanist starken Widerspruch erheben wird. Er wird das für begriffsmäßig unmöglich erklären, daß an stehenden Früchten ein Sonderrecht stattfinden kann.

Auch ein hervorragender Germanist, Stobbe (Handbuch II. § 79 a. E.) erklärt die bis dahin gehenden Bestimmungen der C. P. O. und anderer Gesetze für höchst singulär; und wenn das preußische Landrecht ausspricht, daß der Nutzungsberechtigte das Eigenthum der Früchte mit ihrer Entstehung erwerbe, so ruft Koch dabei aus, daß es damit den natürlichen Zusammenhang der Dinge zerrissen habe! Und doch ist ein solches Sonderrecht an Früchten nicht nur juristisch möglich, sondern auch praktisch geboten. Die Römer freilich negiren grundsätzlich die Möglichkeit eines Sonderrechts an partes pro diviso. Sie lassen einige Ausnahmen davon zu, halten aber im Uebrigen den Grundsatz bei Früchten fest. Auch ist ja zuzugeben, daß sich als Regel die Negation der Möglichkeit selbständigen Rechtes an Theilen wohl empfehle. Wer möchte z. B. selbständiges Eigenthum statuiren an dem Rücken eines Pferdes, den Aesten eines Baumes und dergl. mehr? Aber etwas anderes ist es mit Früchten, welche nicht bloß zur künftigen Abtrennung bestimmt sind, sondern bereits in äußerlich erkennbarer Gestalt von der Hauptsache sich unterscheiden An diesen kann man sehr wohl, ohne gegen die logische Consequenz zu verstoßen, ein Sonderrecht anerkennen. Wenn schon die Römer Ausnahmen machten von ihrem Grundsatz, warum sollten wir dieselben nicht um eine vermehren können? Die Römer sind doch in Behandlung der stehenden Früchte als bloßer partes fundi nicht consequent geblieben, wenn sie bei einer Beschädigung derselben trotzdem dem Pächter eine actio legis Aquiliae gegen den Urheber der Beschädigung gewähren, und soweit sie consequent geblieben sind, führen die Sätze des römischen Rechts zu nicht weniger praktischen Unzuträglichkeiten. Denn der zum Fruchterwerb Berechtigte ist nach römischem Rechte seiner Sache niemals sicher bis zur Separation oder gar Perzeption der Früchte. Wenn der Pächter oder Nießbraucher die Früchte bestellt und großgezogen hat, und dann der Grundeigenthümer sie (sei es auch rechtswidrig) aberntet und einem Dritten übergiebt, oder wenn Gläubiger des Grundeigenthümers die Früchte pfänden und abernten lassen, so hat der Nießbraucher und Pächter das Nachsehen. Er kann dann die Früchte von dem Dritten nicht vindiziren, sondern ist verwiesen auf den persönlichen Regreß gegen den Grundeigenthümer. Diesen und andern ähnlichen Consequenzen ist nur vorzubeugen, wenn man dem Nutzungsberechtigten Eigenthum giebt schon an den fructus pendentes. Die Möglichkeit eines Pfändungspfandrechtes an ungetrennten Bodenfrüchten steht jetzt reichsgesetzlich fest. Warum sollen wir nicht den weiteren Schritt thun, und an Früchten überhaupt dingliche Rechte zulassen? Das preußische Landrecht hat, wie Sie wissen, diesen Schritt bereits gethan und ich darf es dreist aussprechen, die Praxis befindet sich wohl dabei. Das preußische Landrecht formulirt die Sache sogar dahin, daß die Früchte dem Nutzungsberechtigten zufallen mit ihrer Entstehung. Das geht etwas zu weit. Denn wenn wir es wörtlich nehmen, so heißt es, sie fallen in's Eigenthum des Nutzungsberechtigten schon mit der Entwickelung der Keimkraft. Aber ich glaube, es empfiehlt sich mehr, den Satz dahin zu beschränken, daß mit dem Zeitpunkt, wo die Früchte in äußerlich sichtbarer Gestalt erkennbar an der Hauptsache hervor treten, das Sonderrecht an ihnen beginnen soll. Davon würde die praktische Consequenz sein, daß zwar an Baum- und Bodenfrüchten, die sich als selbstständige Sachen denken und unterscheiden lassen, ein Sonderrecht entstehen kann, aber nicht an Thierjungen im Mutterleibe. Eccius, der solches Sondereigenthum billigt, will es in der Art konstruiren, daß der Erwerber desselben unvollständiger Besitzer der Muttersache, insbesondere des Bodens sei, in dem die Früchte wurzeln. Allein er thut damit der Absicht der Parteien Gewalt an. Wenn ein Gutsbesitzer Holz verkauft und schlägt es mit dem Hammer an, so geschieht das nicht, um den Käufer auch zum Besitzer der Bodenfläche zu machen, und wenn stehende Früchte gepfändet werden, so ist es nicht die Absicht, daß der Pfandgläubiger und später der Ersteher auch Besitzer des Ackers werde, auf welchem die Früchte wachsen. Vielmehr soll immer nur an den Früchten jenes Sonderrecht für die dritte Person erworben werden

Eine Schwierigkeit will ich zum Schlusse nicht unerwähnt lassen, welche man meiner Ansicht entgegen zu halten geneigt sein wird. Dieselbe liegt darin, daß dieses Eigenthum an stehenden Früchten, wie schon oben bemerkt wurde, nicht unabhängig sein kann von dem Nutzungsrecht, aus welchem es hervorgegangen ist. Wenn vor Aberntung der Früchte das Nutzungsrecht selber erlischt, z. B. durch Tod des Nießbrauchers oder Ablauf der Pachtzeit, so muß zugleich auch das mit dem Nutzungsrecht verbundene Fruchteigenthum erlöschen und mit demselben auch jedes für dritte Personen daraus abgeleitete Recht, wie ein Pfandrecht oder dergleichen mehr. Ebenso muß bei Uebergang des Nutzungsrechts auf einen andern (z. B. durch Cession) auch das Eigenthum an den stehenden Früchten mit übergehen. Wir bekommen also, wie Herr College Mayer sagt, eine Art accessorisches oder wandelbares Eigenthum. Dies legt nun aber die Frage nahe, in wiefern denn ein solches Recht neben dem dinglichen Nutzungsrecht, von dem es abhängt, noch Werth und Bedeutung habe? und ob es, wenn kraft desselben z. B. eine Verpfändung an dritte stattgefunden hat, diesen noch irgend welche Sicherheit gewähre? In Wahrheit aber werden doch die Rechte, welche dritte Personen von dem Nutzungsberechtigten an den Früchten erworben haben, nur durch solche Ereignisse berührt, welche das Nutzungsrecht unabhängig von dem Willen des Berechtigten treffen, wie z. B. durch den Ablauf der Pachtzeit. Ein solcher Erlöschungsgrund war dem Nutzungsrecht und damit auch dem Fruchteigenthum von vorn herein eingeboren und wirkt daher auch auf die daraus abgeleiteten Rechte ein, quia nemo plus iuris transferre potest, quam ipse habet. Dagegen alle willkürlichen Dispositionen des Nutzungsberechtigten können das einmal von ihm dritten Personen eingeräumte dingliche Recht an den Früchten nicht mehr beeinträchtigen. Wenn er die Früchte z. B. einem dritten übereignet oder verpfändet hat, und dann das Nutzungsrecht veräußert, so muß der Erwerber desselben das Recht des Dritten wider sich gelten lassen. Und das, glaube ich, ist es gerade, was das moderne Rechtsbewußtsein und auch das praktische Bedürfniß fordern. — Daher beantrage ich:

> „Der 17. deutsche Juristentag erachtet es für wünschenswerth, den Fruchterwerb im deutschen bürgerlichen Gesetzbuche dahin zu regeln, daß die Früchte einer Sache dem Eigenthümer der letzteren, beziehungsweise an dessen Stelle demjenigen, der ein dingliches Nutzungsrecht an der Sache hat, unmittelbar und ohne besonderen Besitzergreifungsakt zu Eigenthum erworben werden, und zwar nicht erst mit der Lostrennung der Früchte, sondern von dem Zeitpunkte an, mit welchem dieselben in äußerlich sichtbarer Gestalt hervortreten."

Herr Reichsgerichsrath **Petersen** (Leipzig), Korreferent: Meine Herren! Die Frage, die vorliegt, weist, wie es schon oft der Fall war, auf die Gegensätze zwischen dem römischen und germanischen Rechte hin.

Allein ich glaube, daß wir von diesen Gegensätzen, von der Frage, was im römischen und germanischen Recht gegolten hat, absehen, und uns hauptsächlich auf die Frage beschränken sollen: was entspricht unsern heutigen Verhältnissen und insbesondere, welche Sätze entsprechen den praktischen Bedürfnissen des Verkehrs. Ich will daher auf die sehr interessanten Ausführungen des Herrn Referenten gegenüber dem Gutachten von Herrn Thomsen nicht eingehen. Ich stehe dem Gutachten meines Freundes Thomsen etwas anders gegenüber als er, ich halte dessen Ausführungen nicht nur für sehr geistreich, neu und originell, sondern ich glaube, daß er in der That gute Gründe dafür vorgebracht hat, daß im römischen Rechte Anschauungen bestanden, die das Partialprinzip enthielten, das allerdings nicht so scharf ausgedrückt war, wie später.

Aber Thomsen, der berufenste Vertreter der von ihm aufgestellten Ansicht, ist selbst hier, kann also dem Herrn Referenten antworten. Außerdem meine ich, es würde nicht zweckmäßig sein, wenn diese Frage hier den Mittelpunkt der Debatte bildete. Ich will deshalb sofort auf die Frage übergehen: „Welcher der aufgestellten Sätze entspricht am Besten unseren heutigen Verhältnissen?"

M. H.! Die Theorie des römischen Rechtes ist ja einfach, die Construction, die dasselbe enthält, ist bei dem ersten Anblick außerordentlich bestechend, und ich glaube, es wird jedem etwas schwer fallen, in dem Prinzip sich von der Auffassung des römischen Rechtes zu trennen, ehe er ein genaues Studium der Frage vorgenommen hat, ob nicht die Frucht bis zur Trennung als Theil der Muttersache zu behandeln ist. Aber ich kann mich in dieser Beziehung den Ausführungen in dem Gutachten des Herrn Professor Mayer vollständig anschließen. Wir stehen nicht mehr auf diesem Boden, er ist nach den von Mayer angegebenen drei Richtungen schon verlassen.

Es handelt sich bei der Frage praktisch nur um diejenigen Fälle, in denen der Eigenthümer nicht selbst das Fruchtziehungsrecht ausübt, sondern wo dasselbe, kraft dinglichen Rechtes, einem dritten zusteht, oder kraft eines obligatorischen Rechts auf einen Pächter übertragen worden ist. Hat man einen Fall vor Augen, in welchem der Eigenthümer sein Grundstück bebaut, dann ist die Frage eine theoretische und deren praktische Bedeutung gering. Was verlangt nun der Verkehr für diejenigen Fälle, in welchen der Eigenthümer nicht selbst sein Grundstück bebaut, sondern Nutzungsrechte bestehen? Hier, meine Herren, kann man nach meiner Auffassung mit den Grundsätzen des römischen Rechtes nicht ausreichen. Das römische Recht hat die Consequenz aus der Auffassung des Partial-Prinzips nicht strenge gezogen; denn an und für sich konnte nach dieser Auffassung dem Pächter nicht das

Recht auf Schadenersatz zustehen, wenn ein Dritter die Frucht beschädigt; er konnte sich nur an den Eigenthümer wenden und sich dessen Klage etwa cediren lassen. Aber, m. H., mit Rücksicht auf die Stellung des Pächters würde dessen ganzes Recht nach den Grundsätzen des römischen Rechts ein illusorisches. Ich bin mit dem Herrn Referenten auch darin einverstanden, daß die künftige Gesetzgebung wohl daran thun wird, die Befugniß des Pächters als dingliches Recht aufzufassen.

Allein ganz davon abgesehen, sage ich: Der Pächter würde mit all seinen Rechten in der Luft stehen und dasselbe würde von seinen Gläubigern gelten, wenn der Eigenthümer fortwährend über die Früchte zu disponiren hätte, bis es gelungen ist, dieselben zu percipiren. Der Eigenthümer hat nach dieser Auffassung das Recht, die Früchte zu verkaufen, und dieses Recht wird wirksam, wenn er seinerseits die Früchte percipirte. Er bleibt dann in Folge der Separation deren Eigenthümer, und dieses Recht geht auf den Dritten über, dem er die Früchte verkauft hat. Es ist ein Bedürfniß des Verkehrs, daß über die Früchte auch in denjenigen Fällen, in welchen der Eigenthümer das Grundstück nicht selbst bebaut, disponirt werden kann, schon ehe sie von der Muttersache getrennt werden. Wir haben den Verkauf von Früchten auf dem Halm, von Gras auf der Wiese, von Trauben auf dem Weinstock auch in ganz ausgedehntem Maße. Aber diese Geschäfte können nur ausgeführt werden mit einer ganz außerordentlichen Unsicherheit für den Käufer, denn das Rechtsgeschäft wird nur unter der Bedingung wirksam, daß auch der Nutzungsberechtigte oder der Käufer die Früchte percipirt. Es ist die Regelung dieser Frage in vielen Richtungen wichtig, z. B. beim Concurs, ganz besonders aber, und das scheint auch mir einer der entscheidendsten Punkte zu sein — bei der Pfändung. Der natürlichen Auffassung entspricht es nach meiner Meinung durchaus, daß die Früchte, solange sie noch nicht abgetrennt sind, als Bestandtheil des Vermögens derjenigen Person betrachtet werden, dem das Recht der Fruchtziehung zusteht, der den Acker gepachtet hat. Dagegen erscheint es als unnatürlich, daß derjenige, dem gar nicht das Nutzungsrecht zusteht, sondern der auf das nackte Eigenthum beschränkt ist, oder der auf lange Zeit den Acker verpachtet hat, dann das Eigenthum an den Früchten erwirbt, wenn nicht gerade die Perzeption durch den Nutzungsberechtigten eintritt. Dies zeigt sich besonders bei der Frage, ob und von wem Früchte, die noch nicht von dem Boden oder der Muttersache getrennt sind, gepfändet werden dürfen? Daß die Zulässigkeit der Pfändung von hängenden Früchten im unlöslichen Widerspruch mit der Auffassung des römischen Rechtes steht, brauche ich nicht weiter auszuführen. Die Pfändung kann nur erfolgen, wenn es sich um selbständige Sachen handelt und diese im Eigenthum des

Schuldners stehen. Die Gläubiger des Nutznießers oder Pächters können sonach nur dann die Früchte pfänden, auf deren Bezug diesen ein Recht zusteht, wenn angenommen wird, daß diese Früchte einen Bestandtheil des Vermögens der Nutzungsberechtigten bilden. Nun haben wir aber die Pfändung von hängenden Früchten durch die Gläubiger der Nutzungsberechtigten und es wird kaum jemand glauben, daß es ausführbar wäre, die Bestimmung, welche die Civilprozeßordnung in dieser Beziehung enthält und welche vorher schon im größten Theile von Deutschland geltend war, wieder rückgängig zu machen. Damit hat aber die Reichsgesetzgebung, wie ich meine, den Grundsatz des Partialprinzips definitiv aufgegeben. Man kann nicht mehr sagen, daß die Frucht bis zur Trennung von der Muttersache deren Eigenthümer gehört und daß bis zu deren Perception durch den Nutzungsberechtigten dessen Gläubiger keinen Angriff auf dieselbe machen können. Es wird ja an Anfechtungen nicht fehlen, m. H., wenn wir lediglich auf Grund praktischer Erwägungen oder der Bedürfnisse des Verkehrs die vorgeschlagenen Sätze aufstellen. Man wird sagen, daß dieselben im Widerspruch mit der Natur der Sache ständen und sich nicht juristisch konstruiren ließen. Deshalb will ich auf diesen Punkt um so mehr eingehen, als, wenn ich recht unterrichtet bin, die Commission, die mit dem Entwurfe eines bürgerlichen Gesetzbuches betraut ist, zur Zeit auf dem Standpunkt des römischen Rechtes, des Partial-Prinzip steht.

M. H. Die Früchte werden als Theile der Muttersache behandelt, aber wie Herr Professor Eck schon ausgeführt hat, sind sie das keineswegs in derselben Weise, wie andere Theile einer Sache. Sie sind von vornherein bestimmt, von der Hauptsache oder Muttersache getrennt und damit selbständig zu werden. Sind sie von dieser getrennt worden, so ist die Muttersache nicht etwa dadurch unvollständig geworden, oder verstümmelt, diese hat nicht einen wesentlichen Bestandtheil verloren! Wenn ein anderer Theil einer Sache, z. B. das Glied eines Thieres oder auch nur der Ast eines Baumes von der Hauptsache getrennt wird, so erleidet die Hauptsache einen Verlust, sie ist nicht mehr vollständig. Dies gilt aber keineswegs von der Frucht, die von der Muttersache getrennt wird. Niemand wird annehmen, daß der Baum nicht mehr vollständig, daß er verstümmelt sei, wenn man die Früchte geerntet hat. Er hat vielmehr dann seine natürliche Bestimmung erfüllt. Der Umstand, daß die Frucht in einer engen Verbindung mit dem Baum oder mit dem Grund und Boden steht, zwingt nach meiner Auffassung keineswegs dazu, nun diese Frucht lediglich als Theil der Hauptsache zu behandeln. Wir haben ja auch andere Fälle, in welchen Gegenstände mit dem Boden in enge Verbindung gebracht werden, ohne ein Bestandtheil des Grundstücks zu werden. Wenn Kartoffeln oder

sofort zurückziehen würde zu Gunsten des Antrags des Hr. Referenten, wenn mich nicht eine Abweichung daran hinderte. Ich wollte nämlich vorschlagen:

Der Juristentag wolle beschließen:

Es empfiehlt sich, im deutschen bürgerlichen Gesetzbuch die Lehre vom Fruchterwerb in der Weise zu regeln, daß die Früchte, sobald sie in die Erscheinung treten, juristisch als selbständige bewegliche Sache und als Eigenthum desjenigen behandelt werden, dem das Recht der Fruchtziehung zusteht.

Sie sehen, m. H., daß dies im Wesentlichen dasselbe ist, was Herr Mayer und der Herr Referent vorschlagen. Ich will keineswegs als Gegner des Produktionsprinzips auftreten, denn ich meine, auch bei Gestaltung des modernen Rechts hat das germanische Recht einen nicht unwesentlichen Antheil mitgehabt.

Aber ich glaube, praktisch ist der Ausdruck „Produktionsprinzip" keineswegs geeignet. Und abgesehen davon ist es häufig der Fall, daß verschiedene Personen bei der Produktion mitgewirkt haben und man wird die Schwierigkeiten kennen, wenn man gesetzgeberisch den Satz aufstellen will, wer die Arbeit geleistet hat, wird Eigenthümer der Frucht. Ich möchte deshalb sagen: wer das Recht der Fruchtziehung hat, dem muß auch das Recht an den Früchten zustehen. Nun hat Herr Prof. Eck nur den dinglich Nutzungsberechtigten als denjenigen bezeichnet, dem solche Rechte schon vor der Trennung an der Frucht zustehen können. Das halte ich nicht für zutreffend, weil, wie mir scheint, die Regelung des Fruchterwerb durch den Pächter, mit Rücksicht auf die große Zahl der Pächter, besonders wichtig ist. Nach meiner Auffassung muß der Pächter dem Nutznießer vollkommen gleichstehen. In der Sache stimmt ja Herr Prof. Eck mit mir überein. Auch ich will, daß dem Pächter ein dingliches Recht eingeräumt werde. Allein mit der Regelung der Pachtverhältnisse haben wir es hier nicht zu thun, deshalb scheint es mir formell richtiger zu sein, demjenigen, der das Recht der Fruchtziehung hat, das Recht auf die Früchte zuzusprechen und dann die Gesetzgebung die Consequenz ziehen zu lassen, daß dem Pächter ein dingliches Recht zustehe. Denn wer ohne die Erläuterung, daß auch das Recht des Pächters als ein dingliches Nutzungsrecht aufzufassen ist, den Antrag des Prof. Dr. Eck liest, wird zu keinem anderen Ergebniß kommen, als zu dem, der Pächter erwirbt hiernach das Eigenthum an den Früchten nicht in derselben Weise, wie der Nutznießer. — Immerhin ist es aber ein mehr formaler Unterschied; durch unsere Verhandlungen wird ja unzweifelhaft festgestellt, daß, wenn der Antrag angenommen wird, der Juristentag nichts anderes will, als daß in eben dem Moment, in dem die Frucht äußerlich hervortritt, als ein Gegenstand, der bestimmt ist, von der Hauptsache getrennt und Gegenstand selbständigen Verkehrs zu werden, dem Pächter wie dem Nutznießer das Eigenthum an der Frucht zusteht. Ich empfehle Ihnen daher meinen Antrag, der sich von dem des Herrn Referenten nicht bedeutend unterscheidet, zur Annahme.

Landgerichtsrath Dr. Seitz (Schweinfurt): Vor Allem muß ich um Entschuldigung bitten, daß ich am vorigen Juristentage als aufgestellter Berichterstatter die Berichterstattung in derselben Frage nicht übernehmen konnte, sodaß diese Frage am vorigen Juristentage ganz ausfiel. Wie dem einen Herrn Referenten Reichsgerichtsrath Petersen, so betraf damals auch mich ein schwerer Unfall. Fern von der Heimath, an fremder Stätte, erkrankten auf einer Urlaubsreise meine drei Kleinen tödtlich, so daß ich sie nicht verlassen konnte. Ich bitte daher, mich zu entschuldigen und zu gestatten, daß ich als einfacher Mitarbeiter an ihren hohen vaterländischen Endzielen mich an der Debatte betheilige.

Zur Sache glaube ich, daß, um die Materie von Grund aus zu erschöpfen, wir unterscheiden werden müssen: zwischen I. Begriff oder Wesen des Fruchterwerbs, und II. Erwerbtitel (oder Prinzipien der Erwerbtitel) desselben.

I. Produktion, Besitz u. s. w. beispielsweise können nur als Erwerbtitel des Furchterwerbes oder Fruchteigenthumes in Frage kommen, nicht aber als dessen prinzipieller Begriff. Präjudiziell ist daher, daß wir zur Begriffsfeststellung fragen: „Sind die Früchte nach ihrem juristischen Begriffe Immobilien, d. i. pars fundi, oder sind sie Mobilien?" Dieser prinzipielle Begriff ist keineswegs blos theoretisch, sondern hieraus werden sich von selbst eine Reihe praktischer Fragen beantworten. Gegen die rechtliche Auffassung der Früchte als nun Immobilien spricht vor allem 1) die Billigkeit, 2) die Geschichte, 3) die Natur der Sache, 4) die juristische Consequenz.

Zu 1. Fassen wir die Frage vor allem praktisch in einem zum Theil von mir selbst erlebten Beispiele: Ein großer Grundbesitzer verpraßt beispielsweise sein namhaftes Gut im Spiele; in seinem Concurse verliert nun sein strebsamer Arbeiter, sein Pächter, nach römischem Partialprincipe alles: einmal seinen vorausgezahlten Pachtschilling, nehmen wir an zu 5000 Mk.; zweitens seine ersparte Caution zu etwa 20,000 Mk.; nicht genug, er verliert nach dem römischen Partialprinzipe, wenn die fructus pars fundi sind, zu Gunsten fremder Gläubiger nun auch noch die Früchte, die er mit dem Schweiße seines Angesichtes selbst erbaut, für die er Arbeiter bestellt und bezahlt hat. — Dagegen wird sich wohl das Gerechtigkeitsgefühl des „Laien“ und die **Billigkeit** geradezu empören. — Wir „Juristen“ werden zwar schärfer unterscheiden: wir werden sagen: Einmal den vorausgezahlten Pachtschilling verliert er mit seinem Willen und mit Recht; er wollte ihn zahlen, er sollte der „Kaufschilling“ für die Früchte sein.

Ebenso verliert er ferner die Caution zu 20,000 Mk. mit gleichem Grund, wie jeder andere Concursgläubiger sein Vermögen verliert; denn darin ist auch er Capitalist, und kann er nicht anders behandelt werden, als jeder andere Gläubiger; daß er aber, m. H., auch die Früchte, die er selbst erbaut hat, für die er Auslagen und Arbeiter bestritten und deren Erwerb er auch noch nach Vereinbarung des Pachtschillings erkauft und bezahlt hat, daß er auch die verlieren sollte, das geht denn doch offenbar zu weit, und das kann wohl auch der verknöchertste Jurist nicht für **billig** erachten.

2. Nun aber, m. H., scheint auch die **Geschichte** dagegen zu sprechen, daß im heutigen Rechte die Früchte noch als Immobilien erachtet werden. Wie kam eine solche Härte in das römische Recht? Wir haben hier veränderte Verhältnisse der Geschichte und eine „veränderte Geschichte“ vor uns! Betrachten Sie die römischen Verhältnisse, betrachten Sie beispielsweise den römischen fundus instructus in den Digestentiteln „de legatis,“ oder „de instructo legato“, wie er legirt, oder wie er sonst veräußert wird; wird da nicht bloß der Grund und Boden, nicht bloß das Inventar, nicht bloß die Frucht, nein, m. H., da wird auch noch mitverkauft oder legirt: der Arbeiter selbst, welcher die Frucht produzirt. Denn, m. H., wir haben da ja Sklavenwirthschaft; und wenn da der **Arbeiter Eigenthum** des Grundbesitzers ist, welcher die Frucht erarbeitete, dann folgt von selbst, daß auch die Frucht Eigenthum des Grundbesitzers sein mußte! — Gerade das Gegentheil ergiebt das moderne Rechtsbewußtsein, jenes fortschreitende Rechtsbewußtsein, welches die Sklaverei aufgehoben hat. Bei uns giebt es nur freie Arbeiter, und wir sehen, daß die Frucht weit eher Pertinenz der Arbeit, als Pertinenz von Grund und Boden sein sollte. Also, m. H., die Geschichte, die lebende Geschichte, jene Geschichte und dasjenige Recht, welches mit uns geboren ist, das Recht, was ich schon so oft als „Recht der Gegenwart“ bezeichnet habe, spricht de lege ferenda dafür, daß die Früchte nicht als Immobilien zu betrachten sein sollten!

3. Auch die **Natur der Sache** spricht dafür. Ist es denn thatsächlich wahr, daß Früchte Immobilien sind? Aber, m. H., die Früchte waren ja vorher beweglicher Samen, und sind nachher wieder bewegliche Früchte, waren also vorher und sind nachher mobil. Oft ist selbst die zeitweise Vereinigung mit dem Boden überhaupt nur eine scheinbare, oft sind

die Bodenerzeugnisse nur vorübergehend mit dem Boden verbunden, wie z. B. beim Gärtner, welcher die Blumen, Rosen und Gesträuche in einen Topf setzt und wie Mobilien verkauft, oder dieselben in diesen Gefäßen dem Boden wieder einverleibt, oder die reifen Früchte des Baumes und Feldes im Boden läßt, bis der Käufer kommt; und ist nicht auch sonst jede andere Frucht mobil? Ist nicht jedes sonstige Bodenprodukt, ist nicht selbst das Produkt des Waldes 2c. dazu da, wieder um Mobile zu werden?

Es ist offenbar ein Unterschied zwischen der Sache, welche dem Boden anvertraut wird, um dauernd ein Immobile zu bleiben, wie z. B. bei dem Stein und dem Balken, aus dem ein Haus gebaut wird, welches immer immobil bleiben soll, und einer Frucht. Die Früchte, welche Sie säen, sollen keineswegs immobil im Boden bleiben und verfaulen, die sollen wieder herauskommen, ihre Hauptbestimmnng ist, wieder mobilisirt zu werden. Es ist dies also nur eine vorübergehende Verbindung mit dem Immobile, eine Art Spezifikation, bei welcher der Boden gewissermaßen nur das Werkzeug zur Spezifikation darbietet. Ein Weber aber z. B. würde selbst fremde Wolle, die er auf fremden Webstuhl zu Tuch oder Teppichen verarbeitet, unbedingt als Eigenthum erwerben, und der Feldbebauer sollte dagegen die eigenen Früchte verlieren, die er in fremdem Boden durch seine Arbeit bona fide gewissermaßen spezifizirt?

4. Aber auch, m. H., die juristische Consequenz muß dafür sprechen, daß die Früchte unserer Arbeit Imobilisirt werden, weil alles, was das moderne Recht über Früchte statuirt, als eine Consequenz des Prinzips sich erweist, daß Früchte als Mobilien betrachtet werden müssen, und nicht als Immobilien. Wir dürfen deshalb induktiv nicht zurückschließen, weil für die Früchte in den Einzelheiten die Grundsätze über Mobilien in positiver Anwendung sind, soll das Princip lauten, daß eben diese Früchte umgekehrt ein Immobile sein müssen; wir müssen vielmehr nun auch principiell sagen: die Frucht ist eine „Mobile". — Consequenzen, welche ergeben dürften, daß so das heutige Recht die Früchte als Mobilien betrachten sollte, sind:

a) Einmal, die Veräußerung der Früchte erfolgt nicht nach Art der Immobilien vor dem Notar oder mittelst Grundbuches, sondern mittelst mündlichen Vertrages, mittelst Pachtvertrages, Verkaufes oder Verstriches der Früchte, nach Art der Mobilien.

b) Auch die Zwangsvollstreckung erfolgt bei Früchten ebenso nicht mittelst Immobiliarsubhastation, sondern durch Verstrich nach Art der Mobilien, wie es § 714 und § 725 der Civilproceßordnung ergiebt; und auch § 41 Z. 2 der Concursordnung sondert die Früchte wie Mobilien behufs gesonderter Zwangsvollstreckung ab.

c) Auch selbst ungetrennte Früchte können ferner nach § 714 der

Civilprozeßordnung wie Mobilien veräußert werden; warum dies somit nicht für den Erwerb aller Früchte, stehender wie geernteter, zur Regel erheben? vorausgesetzt, daß die nöthigen Cautelen, wie schon die Reichspolizeiordnung von 1577 vorschreibt, dafür angewendet werden, daß die Zwangslage des Arbeiters, welcher sich in Noth befindet, nicht durch den Händler um den Lohn der erarbeiteten Früchte gebracht wird.

d) Die Gutachten, m. H.! sagen endlich mit vollem Grunde, daß der Fruchterwerb schon ein unmittelbarer sein solle, d. h., daß die Früchte direkt, ohne gleichzeitigen Erwerb des Grundeigenthums und ohne daß die Früchte zuvor als Eigenthum auf den Grundeigenthümer der Hauptsache übergehen, von dem Nutzungsberechtigten erworben werden sollen, sowie daß das Recht an ihnen als selbständiges Eigenthum anerkannt werden soll.

Warum sprechen wir da nur alle Consequenzen des Prinzipes aus, daß die Früchte als Mobilien und nicht als pars fundi oder nicht als Immobilien zu erachten seien? Warum nicht consequent das Princip selbst: Stehende und getrennte Früchte sind juristisch als Mobilien zu erachten? Wenn wir ein Ding vor uns sehen, das Feuer heißt, das brennt und leuchtet und wärmt, so müssen wir es doch consequent auch als Feuer bezeichnen, nicht als Eis, welches kalt ist und erstarren möchte. So auch im Rechte: Klare, volle Prinzipien verlangt das Gutachten des Herrn Professor Mayer, und ich stimme ihm von Herzen bei; nur so wird der Bau des modernen Rechts consequent und praktisch wohl verwendbar sein.

Aus diesem principiellen Begriffe wird sich dann die ganze Lehre klar und consequent gestalten lassen. Wenn nämlich die Früchte schon von Anfang an selbständiges Eigenthum des Nutzungsberechtigten sind, so bedarf es allerdings nicht mehr eines besonderen Ueberganges von dem Eigenthümer der Hauptsache, welcher bisher Fruchteigenthümer war, auf den Nutzungsberechtigten; diese Consequenz wird u. a. ergeben, daß die römischen Separations- Perceptions- und Apprehensionstheorien, welche bestimmt sind, das Fruchteigenthum erst vom Grundeigenthümer auf den Nutzungsberechtigten zu übertragen, überflüssig sind, weil diese Früchte schon von Anfang an, sobald sie nur in die äußere Erscheinung treten, Eigenthum des Nutzungsberechtigten sind.

Daher geht mein Antrag, oder vielmehr, da ich keinen besonderen Antrag stelle, meine mit den Herren Referenten in allem Wesentlichen schon zuvor conforme Anschauung dahin: Früchte, sobald sie nur überhaupt in äußere Erscheinung treten, sind juristisch als selbständige Mobilien und als Gegenstand des Mobiliareigenthums zu erachten. Warum sollte denn der Pächter z. B. nicht auch unreife Früchte, die unreife Getreidesaat, als Eigenthum betrachten, abschneiden, für sein Vieh verfüttern dürfen u. s. w.

Schon höre ich freilich vielleicht den Einwand, namentlich aus Bayern: „Es leidet hierdurch unser Hypothekenkredit!" — Allein, wenn wir die von Pächtern mühsam erarbeiteten Früchte grundlos und unbilliger Weise dem Hypothekengläubiger zuwenden, welcher nichts dazu gethan hat, daß der Acker Früchte trägt, so ist dies vor allem eine einseitige, ungerechte Begünstigung des Capitals gegenüber dem Arbeiter. Zudem aber wäre es ein Raubbau, welcher sich gegen den Capitalisten selbst wieder wenden würde! In dem Momente, wo Sie sagen: Sobald ein Pächter etwas erarbeitet hat, gehört dies dem an der Arbeit unbetheiligten Hypothekencapitale, wird niemand mehr Grundstücke eines solchen Grundbesitzers pachten wollen, welcher einigermaßen schlecht steht, denn niemand wird für dessen Gläubiger arbeiten wollen! Was ist alsdann die praktische Folge? Solche Grundstücke werden leer stehen, und es wird dem Hypothekengläubiger nun, neben dem Verluste am Grundcapital, auch noch die gemeine Concursmasse überhaupt entgehen, welche dadurch sich bilden konnte, daß ein Pachtschilling in diese gemeine Masse fließt: Der Hypothekengläubiger wird sich somit selbst schaden!

Wir haben in Bayern schon bisher den Grundsatz des Partialprinzipes gehabt, daß die Früchte dem Hypothekengläubiger haften. Was war die Folge davon? Ist hierdurch das Sinken des Realcredits bei uns aufgehalten worden? Nicht im Mindesten! Genau so, wie in andern Ländern ist der Hypotheken- und Immobiliarcredit auch bei uns gesunken. Dieses Sinken, meine Herrn! hat in ganz andern Umständen seinen Grund: Es entsteht daraus, daß bei uns Immobilien um Schleuderpreise zwangsweise verkauft und zugeschlagen, verschleudert werden konnten, was weder dem Schuldner, noch dem soliden Gläubiger, sondern einzig höchstens dem Güterschacherer nützt, welcher das Gut dann wieder theurer verkauft, hieraus Vortheil zieht und die Uebrigen benachtheiligt. Es kommt ferner daher, daß ein fast werthloser, jungfräulicher Boden in Amerika, Ungarn, Rußland und Indien, durch Schiffahrt und Eisenbahnen uns näher gerückt, unserm Getreidebau Concurrenz macht; es kommt aber nicht von einer Beibehaltung oder Beseitigung des römischen Partialprinzips! Deshalb möchte ich wiederholt meinen prinzipiellen Begriff, daß die Früchte als Mobilien zu erachten sind, Ihnen empfehlen.

II. Ist aber auf diese Weise das Prinzip festgestellt, so gehen wir zum zweiten Theile unserer Erforschung des legislativ wünschenswerthen Aufbaues des Rechtes des Fruchterwerbes, auf die einzelnen Erwerbtitel über; diese Erwerbtitel eben dürften unsere Gutachten nebenbei, wie ich nicht billigen möchte, mit dem prinzipiellen Begriffe vermischen. Von den Gutachten empfiehlt vor allem das des Herrn Oberlandesgerichtsraths Thomsen Ihnen als einen solchen Erwerbtitel: 1. Das Arbeits- oder Produktionsprinzip. M. H., ich stehe diesem Erwerbtitel sehr sympatisch gegenüber. Nur müssen wir uns von Anfang an hier klar sein: Allein reicht dieser Erwerbtitel nicht aus, sondern wir müssen, wo er nicht ausreicht, zugleich auf generelle Erwerbtitel des Eigenthums überhaupt zurückgreifen; denn es giebt Nutzungsberechtigte, die nie die Früchte selbst erarbeiten oder nie produziren und doch nutzungsberechtigt sind, z. B. zur Nutzung berechtigt ist auch der, welcher beim Verstriche der Früchte auf dem Halme, des reifen Grases einer Wiese, des reifen Obstes eines Obstgartens, diese Früchte ersteigert, also niemals produzirt hat. Und dann wird, wie das Gutachten selbst zugiebt, der Erwerbtitel auch noch irgend einer „Begrenzung bedürfen," denn der Satz: „Früchte sind der Arbeit Lohn," hält eine Kritik nicht „ganz" aus; Früchte sind vielmehr Produkte von Arbeit und Bodenrente zugleich. Es wäre bedenklich zu gestatten, daß jeder beliebige Arbeiter ein fremdes Grundstück bebaut, und dann die Früchte sogar mit Ausschluß des rechtmäßigen Grundeigenthümers selbst einsteckt. Deshalb erfordert Herr Thomsen mit Recht selbst das Vorhandensein einer bona fides neben dem Erwerbtitel der Produktion. Nehmen sie diese an, dann liegt zugleich entweder eine justa, oder doch eine putativa causa eines Fruchterwerbes von einem absoluten oder relativen Eigenthümer vor, der zur Nutzung berechtigt. Und damit stimme ich vollkommen überein. — Weiter werden wir diesen Erwerbtitel beschränken müssen auf die „vollständigere" Produktion; es wäre offenbar unbillig, auch dann, wenn der Grundeigenthümer gerade soviel an den Früchten gearbeitet hat, wie der Pächter, die Früchte dem Pächter allein zuzuweisen; denn alsdann ist auch der Grundbesitzer zugleich Arbeiter. Ich gebe es Ihnen, m. H., anheim, ob Sie deshalb die oft willkürlichen Unterscheidungen des altdeutschen Rechtes adoptiren wollen, z. B. daß die Früchte dem Arbeiter gehören, sobald die Egge die Saat bestrichen hat, sobald der Garten gesäet und geharkt ist, daß Trauben vom Urbanitag an dem Pächter gehören, u. s. w.; besser werden Sie vielleicht diese Frage dem richterlichen Ermessen ganz anheimstellen, welches pari causa dem einen Theil die Früchte, dem andern eine Entschädigungspflicht zuweisen kann, oder nicht, je nach Erwägung des Verdienstes und der Arbeit.

2. Ich komme nun auf einen zweiten Erwerbtitel. Das Gutachten des Herrn Prof. Mayer empfiehlt Ihnen als solchen den obligationsfreien Besitz, wozu nach seiner Anschauung freilich nicht die römische possessio

ausreichen sollte. M. H., ich bin von Grund aus einverstanden mit Hrn. Prof. Mayer, daß die auf wenige Anwendungsfälle, praecarium, pignus, sequester etc. eingeschränkte römische possessio, diese eine Hälfte des römischen „duplex dominium,“ welche in diesen Fällen nur Eigenthum der possessio nach jus gentium mit animus domini widerruflich übertrug, uns daran nicht hindert, einen Besitz als Erwerbtitel der Früchte zu betrachten; denn die römische possessio war niemals Besitz, sondern Eigenthum! Ich habe das Märchen, als ob die antike römische possessio jemals ein Besitz gewesen sein sollte, das Märchen, welches unsern rechtmäßigsten Besitzer chikanirte und selbst unseren Eigenthumsprozeß durch Possessorien verdarb, neuerdings bis in seine letzten Schlupfwinkel, bis in die antike Geschichte verfolgt: ich habe eben eine Geschichte der römischen possessio unter der Presse. Diese kann Ihnen vielleicht zeigen, wie mächtig die Unterschiede zwischen der antiken Geschichte, welche das Eigenthum der römischen possessio schuf und unserer heutigen, lebenden wie altgermanischen und verwandten Geschichte sind, welche allein ein Besitzrecht anwendet und kennt. Denn die herrschende Besitzlehre hat Ihnen geradezu verschwiegen, daß die römische possessio vor allem zugleich absolutes Eigenthum ist; daß z. B. alle justae causae des Eigenthumserwerbs, das Kaufen, Eintauschen, Schenken u. s. w. einer Sache nach ausdrücklicher Bestimmung der römischen Quellen in Wirklichkeit causae des Erwerbs der römischen possessio, dieses römischen Eigenthums sind! Sie hat Ihnen verschwiegen, daß die Publiciana actio nichts ist, als die actio dieser römischen possessio, freilich nicht eines Besitzes! Sie hat Ihnen endlich verschwiegen, daß selbst auch die sog. possessio ad interdicta, welche noch am meisten Aehnlichkeit mit dem Besitz bietet, nicht Besitz, sondern nur das „plus juris,“ oder wörtlich übersetzt, das sog. bessere Recht oder besseres Eigenthum ist, welches durch den Erwerbtitel des römischen factum entsteht. Freilich müssen wir uns andererseits — um diese römische possessio von einem Besitze unterscheiden zu können, — endlich auch entschließen, unsern unrömischen und einseitigen, bloß absoluten Eigenthumsbegriff, wie er bei uns selbst erst gegen Ende des Mittelalters aufgekommen ist, aufzugeben, und anzuerkennen, daß das Eigenthum auch zugleich ein relatives sein müsse! Wissen wir ja doch selbst kaum jedesmal, ob wir absolutes oder relatives Eigenthum erwerben! Z. B. wir gehen auf einen Markt und kaufen dort einen Gegenstand, ein Pferd 2c.; wir wissen nicht, kaufen wir dies von dem absoluten Eigenthümer oder ist es gestohlen? Wenn wir da nun auch nicht Eigenthümer werden gegenüber dem rechtmäßigen Eigenthümer, warum sollten wir nicht Eigenthümer sein gegen den, der es verkauft, oder den Dritten, welcher gar kein Recht, oder doch weniger Recht hat, als wir? Wir müssen endlich anerkennen, daß mit logischer Nothwendigkeit alles absolute Recht durch die Bank auch als relatives Recht bestehen kann und muß. Wir erkennen dies in andern Rechtsverhältnissen bereits längst an; wir nennen z. B. Erben auch weitere Verwandte, welche diesmal nicht berufen sind; wir nennen Hypothekengläubiger auch den vierten oder fünften Hypothekengläubiger, dessen Hypothek wegen Entwerthung der Sache vielleicht nie zum Zuge kommt; wir nennen obligatorisch berechtigt auch den faktischen Besitzer einer Obligation au porteur, obgleich er vielleicht niemals rechtmäßiger Eigenthümer derselben war; warum nun nicht auch den relativen oder eventuellen Eigenthümer, der die Sache bloß gefunden, der Polizei angezeigt hat und sie nun corpore et animo domini als sein Eigenthum behält, oder sie sonst als eine herrenlose acceptirt oder erworben hat rc. Erkennen wir so auch im Eigenthum die Möglichkeit eines bloß „relativen" Rechtes oder Eigenthums an, alsdann bringen wir unser heutiges Besitzrecht frei von der grundlosen Subsumtion unter den römischen relativen Eigenthumsbegriff possessio, welcher nur soweit in Rom geschichtliche Wirklichkeit war; und dann können wir diesen unsern germanischen Besitz unbedingt durch die irrthümliche Subsumtion unter die römische possessio auch als Erwerbtitel des Fruchteigenthums verwerthen. Also die „römische" possessio würde Sie an einer solchen Entfaltung unseres positiven Besitzrechtes nicht hindern.

Andererseits habe ich ferner nebenbei inzwischen in einer internationalen Zeitschrift, in dem Holländischen rechtsgeleerd magazijn, (Haarlem 1882, Bd. I. S. 168 ff.) nachzuweisen versucht, wie der wirkliche Besitz, welcher niemals römischen, wohl aber germanischen und indogermanischen Ursprungs ist, lebt und entstanden ist bei derjenigen Abtheilung der Indogermanen, welche sich aus Slaven und Germanen zusammensetzt, nicht aber aus Romanen, und wie derselbe so bisher unter der falschen Hülle der römischen possessio, wenn auch grundlos angrenzend, auf die wenigen Fälle dieser possessio als Gewohnheitsrecht geübt wurde.

Ich habe zu zeigen versucht, wie der Grundbesitz des altdeutschen Rechtes schon die germanische Markgenossenschaft beherrschte, deren „Almenda" Eigenthum der Gesammtheit der Markgenossen, nicht der Einzelnen pro diviso war; was den Einzelnen da an dieser unvertheilten Almende (in jetziger Entwickelung den noch unvertheilten Gemeindegründen), zustand und allein zustehen konnte, war nichts als dieser unser heutiger Besitz ohne animus domini; dies Recht ist das alleinige und wahre Besitzrecht. Dieses findet sich noch heute in Indien in der Dorfgemeinschaft (village communities) und in dem gesammten Familiengute (joint family), in Rußland ebenfalls in der Dorfgemeinde (mir) im Gegensatze zur izba, und ganz ebenso durch das ganze Mittelalter hindurch bis auf heute bei uns selbst. Wie in der Almende nur einem Dritten der Gesammtheit das Eigenthum, dem Einzelnen dagegen nur Besitzrecht möglich war, so war auch im germanischen Mittelalter dem Hörigen am Frohngut, dem Lehensmann am Lehensgut, dem einen Ehegatten an der Gütergemeinschaft, u. s. w. nur dies Besitzrecht ohne animus domini an einer wenigstens theilweisen fremden Sache möglich. Alsdann wurde dieses Besitzrecht von germanischem Boden vielleicht schon zur Zeit der Völkerwanderung auf romanischen Boden übertragen, dann zur Zeit der Glosse, theils unter dem unrömischen Namen Detentionsrecht, theils als Verwechselung der römischen possessio von Italien aus auf die übrigen romanischen Länder und Deutschland wieder zurückübertragen und so verbreitete sich dasselbe schließlich auf die gesammte Culturwelt, so daß selbst ein Savigny und die Gegenwart niemals eine wirkliche römische possesio, dieses antike Eigenthum als Besitzrecht anwendete, sondern nur dies geschichtliche „germanische" Besitzrecht! Meine Geschichte wird in dieses näher eingehen. Und dieses von der römischen possessio unbeengte heutige Besitzrecht stünde Ihnen zu Gebote, wenn es Ihnen als Erwerbtitel des Fruchteigenthums dienlich sein könnte. Allein, m. H., soviel ich auch für dieses Rechtsinstitut des heutigen Besitzes gearbeitet, so sehr mir dasselbe am Herzen liegt, so werthvoll es, und so unentbehrlich es uns in anderen Fällen ist, namentlich für die Lösung von sozialen Fragen, und die hierbei in Frage kommenden modernen Genossenschaftsverhältnisse, so gerne ich es also persönlich selbst auch hier anwenden würde, ich kann es Ihnen leider als Erwerbtitel speziell für die „Früchte" nicht empfehlen. Warum? Deshalb, weil der Eigenthumserwerb, wie ich schon früher in meinem Juristentagsgutachten über die Tradition angedeutet, niemals mit dem Besitzerwerb verwechselt und durch ihn niemals gestört und geschädigt werden sollte.

Es geht insbesondere nicht an, den Besitz als speziellen Erwerbtitel des „Fruchtnutzungsrechtes" zu adoptiren; denn einmal: nicht jeder Besitz gewährt Nutzungsrechte, z. B. nicht der Besitz des Pfandgläubigers, Sequesters, nicht die Detention des Depositars; der Besitz kann also nicht immer als Erwerbtitel des Fruchteigenthums erfaßt werden; und dann aber umgekehrt reicht auch der Besitz nicht aus, um für alle Nutzungsberechtigte einen Erwerbtitel abgeben zu können; denn es gibt Nutzungsrechte, welche ganz ohne Besitz entstehen, z. B. durch bloßen Verkauf der Früchte auf dem Halm, des reifen Wiesengrases, der reifen Obsternte. — Daraus aber, daß der faktische Besitz und das germanische und heutige allein haltbare Besitzrecht nicht eine wesentliche, sondern nur eine zufällige

Voraussetzung des Fruchterwerbes ist, folgt, daß wir den Besitz eben deshalb nicht als generellen Erwerbtitel des Fruchteigenthums werden verwerthen können.

3. Wenn somit der ebenerwähnte Besitz als Erwerbtitel des Fruchteigenthums, wie allen Eigenthums, nicht zu empfehlen, wenn ferner auch der ersterwähnte Erwerbtitel, das Produktionsprinzip gleichfalls nicht allein ausreicht, so werden wir schließlich zur allgemeinen Regel des Eigenthumserwerbes, als subsidiärem Erwerbtitel, zurückgreifen müssen. Und als solchen allgemeinen Erwerbtitel für jeden Eigenthumserwerb, und eventuell, wenn Sie ihn nicht als allgemeinen Erwerbtitel desselben erachten könnten, so doch als speziellen Erwerbtitel für den Eigenthumserwerb der Früchte möchte ich Ihnen und habe ich Ihnen empfohlen nicht die Tradition und nicht den bloßen Vertrag, sondern ein Drittes: die die Gegenleistung, das Aequivalent, oder doch die Voraussetzung überhaupt.

Schon in meinem Juristentagsgutachten nämlich über die Tradition, Verhandlungen des 14. deutschen Juristentags, Band 1, Heft 2, Seite 68 und 75, habe ich im Grunde nicht das Traditions- und nicht das Vertragsprinzip, sondern dieses Prinzip befürwortetet; ebenso in meinem „Heutigen Besitzrechte“, Berlin 1880, Seite 125—127, Seite 133, Note 20 a—21.

Dasselbe Prinzip hat seitdem in sehr erfreulicher Weise Vertretung gefunden durch Herrn Professor und Oberlandesgerichtsrath Franken in Jena, in seinem Juristentagsgutachten über die Vindication beweglicher Sachen im Verhältniß zum redlichen Erwerb, 1880, Verhandlungen des 15. deutschen Juristentags, Band 1, Seite 139 ff., welcher Ihnen dasselbe Prinzip, insbesondere nach dem Vorbilde der englischen „consideration“ empfiehlt.

Es ist dies, meine Herrn! vor allem ein „geschichtliches“ Prinzip. Im römischen Rechte geht bereits beim Kaufe das Eigenthum erst mit der Zahlung des Kaufpreises, also mit derselben Gegenleistung und Voraussetzung, über; die dos geht ferner in Rom gesetzlich in's Eigenthum über erst mit dem Eintritt der Voraussetzung, der Ehe, (m. vergl. mein Heutiges Besitzrecht, Berlin 1880, S. 133, Note 20 a—21); auch sonst präjudizirt ferner dem Eintreten des Eigenthumserwerbes die sog. eigentliche oder uneigentliche Bedingung oder die Voraussetzung im Sinne Windscheids. Eben dasselbe Prinzip ist ferner im altdeutschen Recht angedeutet, ich glaube am sichtlichsten etwa im Sachsenspiegel II, 46, 3. III, 76, 3. — Auch speziell für den Fruchterwerb scheint es nach römischem Rechte in einem analogen Falle angedeutet werden zu wollen; vergl. Seufferts Pandekten, § 65, Text zu Note 6 u. s. w.

Das Prinzip des Aequivalentes oder der Voraussetzung aber, meine Herrn! ist das vollendetste, und, ich möchte sagen, gerechteste Prinzip für den Eigenthumserwerb überhaupt, wie für den Erwerb des Eigenthums an Früchten speziell; es ist ein Sinnbild gewissermaßen der Waage der Gerechtigkeit selbst. Denn für die Weggabe des Fruchtbezugs, welche das in der einen Waagschaale liegende Vermögen des veräußernden Grundeigenthümers verringert, legt sich da als Ersatz in dessen Waagschaale die Gegenleistung an Kaufschillingen, Pachtschillingen u. s. w., oder doch der Wille des Schenkens 2c. als volles Aequivalent wieder ein, so daß das Gleichgewicht der Waage und des Vermögens wieder hergestellt ist. Dieses Prinzip der Gegenleistung oder des Aequivalents möchte ich daher generell für den Eigenthumserwerb überhaupt, eventuell für den Fruchterwerb speziell Ihnen als subsidiären Erwerbtitel empfehlen.

(Herr Präsident bittet den Herrn Redner, sich wegen vorgerückter Zeit kürzer zu fassen.)

Soeben wollte ich sagen, daß das nähere Eingehen auf die einzelnen Erwerbtitel uns heute doch zu weit führen würde, umsomehr, als hier schon frühere Beschlüsse des Juristentags über den Eigenthumserwerb präjudiziren. Deshalb wollte ich von Anfang an schon lediglich die Erwerbtitel von dem Begriffe des Fruchterwerbes „ausscheiden", und muß es für gerathener bezeichnen, daß wir uns jetzt nicht auf die Erörterung dieser Erwerbtitel näher einlassen, sondern die Debatte auf die Beschlußfassung über das Prinzip des Begriffes, auf das Prinzip, ob die Früchte mobilisirt oder immobilisirt werden sollen, beschränken. In diesem Prinzipe somit weiche ich, wie ich wiederhole, von den Herren Berichterstattern im Wesentlichen in keiner Weise ab; sondern ich glaube vielmehr, hier lediglich eine nähere Erläuterung der Anträge der Herren Referenten und dessen geboten zu haben, was zur Zeit noch in dem modernen Rechte unbewußt schlummert und was dieses klarbewußter von uns ausgesprochen verlangt.

Professor Dr. **Bernhöft** (Rostock): Meine Herren! Gegen meine ursprüngliche Absicht habe ich mich entschlossen, das Wort zu ergreifen, damit ein so wichtiger Antrag, wie der Zusatzantrag, wenigstens nicht ohne allen Widerspruch angenommen wird. Da ich nicht vorbereitet bin, so muß ich mich freilich darauf beschränken, einige Bedenken dagegen hervorzuheben. Es hat mich zunächst frappirt, daß man davon abgesehen hat, genauer festzusetzen, welches der entscheidende Moment sei, in welchem die Früchte äußerlich sichtbar sind. Diese Unbestimmtheit ist ein Fehler, welchen das römische Recht nicht hat. Wenn das römische Recht sich für die Separation entscheidet, so ist dadurch ein fester Moment geschaffen, von welchem an besondere Rechte an den Früchten möglich sind. Dieser feste Moment fehlt aber, sobald sie den Zusatz: wenn sie in äußerlich sichtbarer Gestalt hervortreten, annehmen. Ich würde zu weit gehen, wenn ich die Bedeutung dieses Mangels näher ausführte. Ich glaube aber, das eine betonen zu können, daß die vorgebrachten Gründe doch nicht so zwingend sind, wie sie scheinen. Einer der triftigsten Gründe, nämlich die Schutzlosigkeit des Pächters, wird bereits dann wegfallen, wenn man dem Pächter dingliche Rechte an der gepachteten Sache giebt. Vermeiden lassen wird sich dies auch abgesehen von dieser Frage nicht. Der Juristentag scheint ja selbst der Ansicht zu sein und ich glaube kaum, daß man über eine Sache so einverstanden sein kann, als gerade hierüber. Dann können dem Pächter die Früchte nicht weggepfändet werden, der Pächter hängt nicht mehr von der Zahlungsfähigkeit des Verpächters ab, und die Sache erledigt sich sehr einfach. Erlauben Sie mir, noch auf einen anderen Punkt hinzuweisen. Scheinbar entspricht es nur den thatsächlichen Verhältnissen, wenn eine Sache, welche, wie die sichtbar gewordenen Früchte, jederzeit beliebig abgetrennt werden kann, auch besonderen Rechtsverhältnissen unterworfen werden kann. Aber wirthschaftlich — und hierauf kommt es in erster Linie an — ist die unreife Frucht keine selbständige Sache. Das Eigenthum, das Pfandrecht an ihr hat meistens uur dann einen Werth, wenn man sie an der Hauptsache belassen darf. Der Zusatzantrag führt mit Nothwendigkeit dahin, daß der Eigenthümer der Früchte als solcher ein dingliches Recht an der Hauptsache haben muß, die Früchte an derselben zu belassen. Andernfalls könnte der Eigenthümer der Hauptsache mit der negatoria auf Trennung klagen, und so den Werth des Eigenthums an den Früchten schmälern oder ganz vernichten. Auf das Einzelne einzugehen, dazu wäre die Zeit zu vorgerückt. Deshalb möchte ich bitten, diesen Zusatzantrag nicht einfach zu verwerfen, aber von der Tagesordnung abzurücken, weil er nicht mehr eingehend diskutirt werden kann. Man würde über die verschiedensten Rechtsgebiete sprechen müssen. Ich stelle daher den Antrag, die Abstimmung über den Zusatz, wenn die Früchte in äußerlich sichtbarer Gestalt hervortreten, auszusetzen oder etwa bis zum nächsten Juristentag zu vertagen.

Präsident: Ich möchte aber doch den Herren zu bedenken geben, daß ich die Zeit noch nicht soweit vorgerückt halte, um nicht noch einiges über diesen Gegenstand zu hören. Es gibt immer noch 1/2 Stunde Zeit und ich gebe Herrn Professor Dr. Enneccerus das Wort.

Professor Dr. **Enneccerus** (Marburg): Ich will mich auf ganz wenige Worte beschränken. Das römische Recht geht von dem Prinzip aus, daß die hängende Frucht ein Theil der Muttersache sei. Es folgert daraus, daß der Eigenthümer der Muttersache nothwendig auch Eigenthümer der hängenden Frucht ist, und dies folgt in der That mit Nothwendigkeit aus dem Vordersatze: Frucht und Muttersache bilden eine Sache. Daß aber der Vordersatz selbst, „Muttersache und Frucht sind eine Sache“, nicht logisch nothwendig ist, hat das römische Recht selbst gezeigt in seiner anderen

Behandlung der zusammengesetzten Sachen. Auch die zusammengesetzte Sache ist im gewissen Sinne Eine Sache, eben durch die mechanische Cohärenz. Und doch wird, wenn dies auch freilich nicht unbestritten ist, ein verschiedenes Eigenthum an den verschiedenen Theilen der zusammengesetzten Sache zugelassen. Der Quellenbeweis für das Gesagte hängt von der Auslegung einer Stelle ab, die, nicht nur in einzelnen Stücken, sondern im Zusammenhange gelesen, meiner Ansicht nach, dies auf das Entschiedenste beweist. Auf diese Interpretation einzugehen, kann hier nicht meine Aufgabe sein; aber auf eine andere Seite dieser Streitfrage möchte ich aufmerksam machen. Nach der von mir für unrichtig gehaltenen Ansicht tritt eine bewegliche Sache, welche mit einer anderen in lösbarer Weise verbunden wird, dadurch in das Eigenthum des Eigenthümers der Hauptsache. Wird aber die Sache wieder von der Hauptsache abgetrennt, so fällt sie an den früheren Eigenthümer wieder zurück. Sein Eigenthum lebt wieder auf. Ich möchte ihnen nun zeigen, daß diese Ansicht praktisch zu großen Unzuträglichkeiten führt. Ich nehme ein einfaches Beispiel. Ich leihe mir ein Rad von einem Anderen, sagen wir von A und schiebe es auf die Axe meines Wagens. M. H.! Dies ist eine trennbare Verbindung. Sie können aber auch jedes beliebige andere Beispiel nehmen, wo die Verbindung etwa eine festere aber gleichwohl trennbare ist. Nach der gegnerischen Ansicht würde nun durch die Verbindung des Rades mit meinem Wagen A sein Eigenthum an dem Rade verlieren. Nehmen wir aber an, daß er sein Eigenthum verliert, so verliert er unzweifelhaft auch seinen juristischen Besitz, und wenn er sich in conditione usucapiendi befindet, die Möglichkeit der Ersitzung. A kann auch das Eigenthum des Rades (das ja mir gehört) nicht veräußern (selbst an mich selbst nicht). Er hat nur eine Hoffnung auf Rückfall des Eigenthums und wir suchen vergeblich nach Regeln darüber, ob diese Hoffnung veräußerlich und vererblich ist. u. s. w. Kurz, wir kommen in eine Menge von praktischen Schwierigkeiten, und ich darf sagen: Die Ansicht, daß durch die trennbare Verbindung das Eigenthum nicht verloren geht, sondern auch an der Nebensache fort besteht, ist nicht nur im röm. Recht anerkannt, sondern auch praktisch die weit empfehlenswerthere.

Schon das römische Recht kennt also eine kohärirende Sache, bei der das eine Stück im Eigenthum des A und das andere im Eigenthum des B stehen kann. Wenn das wahr ist, so steht aber auch keine begriffliche Schwierigkeit entgegen, dasselbe Prinzip auch bei den Früchten zu statuiren, da wir ja auch da eine trennbare Verbindung haben, ja, wie die Herren zutreffend ausgeführt haben, die Abtrennung der Frucht ihrer Bestimmung entspricht. Das ist der erste Punkt, welchen ich hervorheben wollte.

Ich möchte mich nun zu einer Bemerkung des Herrn Professor Eck wenden, nicht um sie zu bekämpfen, sondern um meine Stellung zu derselben klar zu stellen. Herr Professor Dr. Eck hat ausgeführt, daß in dem Moment, in welchem die Früchte in Erscheinung treten, der Fruchtziehungsberechtigte Eigenthümer werden solle; doch solle das Eigenthum abhängig bleiben davon, daß sein Fruchtziehungsrecht fortdauere und nicht, wenn ich recht verstanden habe, vor dem Moment der Separation ohne oder gegen seinen Willen untergehe.

Ich will nur hervorheben, daß in dem Satze, der uns zur Beschlußnahme unterbreitet ist, dies in keiner Weise ausgedrückt ist. Es heißt hier: im Momente, wo die Früchte in Erscheinung treten, wird der Nutzungsberechtigte Eigenthümer Daß er dieses Eigenthum unter Umständen wieder verliert, davon ist nicht die Rede, und ohne weiteres kann es auch aus diesem Satze nicht gefolgert werden Auf der andern Seite aber ist auch anzuerkennen, daß dieser Satz nicht absolut mit jenen weiteren Ausführungen des Herrn Professor Eck im Widerspruch ist. Deshalb kann ich der aufgestellten These zustimmen, aber nur in dem Sinne, daß die eben berührte weitere Frage heute unentschieden bleibt Nur in dem Sinne würde ich zustimmen können.

Regierungsrath **Bering** (Hannover): Meine Herren! Bei der Einigkeit, mit welcher alle der Frage gegenüberstehen, mit Ausnahme des letzten Herrn Vorredners, ware es nicht nothwendig, überhaupt noch etwas hinzuzufügen, wenn mich nicht eine Bemerkung des Herrn Professor Eck dazu bestimmt hätte, indem er meinte, die Gesetzgebungs-Kommission habe einen andern Stand Gerade deshalb möchte ich zur Vermehrung des Materials bemerken, daß eine Rechtsmaterie noch existirt, bei welcher der Fruchterwerb hervorgehoben werden muß, namlich die Enteignung. Fast die sämmtlichen Enteignungsgesetze, die wir haben, halten daran fest, daß entschädigungsberechtigt nur der Eigenthümer der Sache ist und zwar nicht blos in Bezug auf die Substanz der Sache, sondern auch in Bezug auf die Früchte Selbst das preußische Enteignungsrecht geht in dieser Beziehung so weit, daß es den Pächtern und Nutzungsberechtigten nur in § 11 ein ganz untergeordnetes Recht giebt; das beweist, daß im übrigen aber der Pächter und sonstige Nutzungsberechtigte nur auf den Eigenthümer der Sache angewiesen ist, und dieser im großen Ganzen nur schuldig ist, ihm die Entschädigung zu verzinsen Gerade deßhalb muß ich bitten, festzuhalten an dem Satze, welchen Herr Professor Dr Eck in Vorschlag gebracht hat, daß mit der Entstehung der Frucht das Eigenthum des Fruchtnutzers anerkannt und nicht etwa das Eigenthum angenommen wird erst mit der Separation.

Oberlandesgerichtsrath Dr **Thomsen** (Stettin): Meine Herren!

Nur einige Worte zur Klarstellung des Standpunktes, den ich eingenommen habe bei dem Excurse in meinem Gutachten speziell über die Auffassung, die ich im Gegensatz zur herrschenden Auffassung über die Entstehung des Partialprinzips im römischen Recht gewonnen habe. Dieser Excurs hat eine doppelte Bedeutung. Einmal wollte ich es versuchen, damit klar zu machen, daß diejenigen Grundsätze, welche sich als maßgebend für die neuere Legislatur jetzt ziemlich allgemein finden, wie wir sie heute auch gehört haben, nicht dem wahren Geist des römischen Rechts entgegenstehen, sondern schon im römischen Recht zu frühester Geltung gekommen sind, indem das Produktionsprinzip ursprünglich in Rom geherrscht hat, und erst durch die klassischen Schuljuristen mittelst Einführung des neuen Partialprinzips zurückgedrängt ist. Ich wollte damit die Scheu vermindern, die man in romanistischen Kreisen hat, sobald vom positiven römischen Recht abgewichen werden soll. Ich glaube, daß mir dieses auch gelungen ist. Wenn Herr Professor Eck sagt, es sei eine Art Schreck oder Verwunderung über meine Ideen entstanden und sie würden unter den Romanisten keinen Beifall finden, so glaube ich zum Beweise, daß doch nicht alle Romanisten von einem Schreck über meine romanistischen Ketzereien befallen sind, hier mittheilen zu dürfen, daß ich einen Brief bekommen habe von einem sehr angesehenen romanistischen Professor, welcher im Wesentlichen seine Uebereinstimmung mit meiner Ausführung bestätigt. Damit habe ich das Motiv nach der einen Seite hin erklärt, weshalb ich den Excurs in meinem Gutachten mir erlaubt habe. Auf der andern Seite sollte allerdings, wenn dieser Ausdruck nicht zu unbescheiden sein mag, darin eine Art Streitschrift liegen gegen die herrschende romanistische Anschauung über den Fruchterwerb. Es ist Ihnen ja bekannt, daß gerade die Lehre vom Fruchterwerb eine wahre Crux der Romanisten gewesen ist. Ich habe nun versucht, diese Sache auf historischem Wege klarzustellen, indem ich den ganzen Verlauf der römischen Jurisprudenz, wie ihn das corpus juris überliefert, als einen Streit zwischen dem alten Produktionsprinzip und dem neuen Partialprinzip dargestellt habe, worin allerdings das Partialprinzip wesentlich gesiegt hatte, aber nicht in allen Punkten. Sie werden überall in den Pandekten Widersprüche finden, indem die Früchte behandelt werden bald als seien sie pars, bald als seien sie nicht pars. Ich erinnere an das bekannte Wortspiel von Marcellus; „Partum non esse partem", welches zweimal in den Pandekten wiederholt wird von den Compilatoren. Diese Widersprüche lösen sich einfach durch die von mir angenommene historische Entwickelung. Uebrigens kommt es hier, wie mit Recht vom Collegen Petersen gesagt ist, für unsere Themafrage selbst nicht praktisch darauf an, ob meine Ansicht über die Entstehung des Partialprinzips eine richtige ist. Sie werden begreiflich finden, besonders diejenigen, die mein Gutachten gelesen haben, daß es hier unmöglich ist, heute oder überhaupt mündlich diesen Streit zu erledigen. Es gehört eben dazu ein tieferes Studium der Quellen selbst und eine Erklärung zahlreicher Stellen, die nur Sache eines schriftlichen Verfahrens sein kann; ich will um so weniger auf die sporadischen Einwendungen von Dr. Eck hier eingehen, weil ich sie zum größten Theil in meinem Gutachten — vielleicht alle — bereits erwähnt und versucht habe, sie zu widerlegen. Ich glaube nur darauf aufmerksam machen zu dürfen, daß Dr. Eck am Schlusse seines Referates mir, im Grunde genommen, Recht gibt, indem er sagt, die feinen Unterscheidungen der Separation und Perception, der fructus extantes und deren Rückgabe und alles was dahin gehört, müßten für die moderne Legislatur wegfallen. Wenn es nun richtig ist, wie ich annehme, daß diese „feinen" Unterscheidungen eingeführt sind durch die römischen Schuljuristen, so ist es, meines Erachtens, dargethan, daß dieselben von Anfang an nicht auf gesunden Prinzipien beruhen, sondern dem wahren, mit den modernen Anschauungen harmonirenden Geiste des römischen Rechts widersprechen, künstlicher Natur sind. Dahin möchte ich auch rechnen z. B. die Tradition bei dem Pächter. Das ist ganz unmöglich, daß in den älteren römischen Zeiten die Tradition den Fruchterwerbungsgrund bildete, sondern diese gab erst nach mehreren Jahrhunderten das Eigenthum. Wo hat der Pächter nun das Eigenthum hergenommen, ehe diese Tradition zum Erwerbsgrunde wurde? Oder man müßte annehmen, daß das Pachtinstitut erst später entstand. Es sind noch mehrere Punkte da, die außer den in meinem Gutachten hervorgehobenen Gründen dahin drängen, daß nur das Produktionsprinzip in den älteren Zeiten Roms, und zwar mindestens bis gegen Ende der Republik, das entscheidende Prinzip bildete. Uebrigens trennen Herr Professor Eck und ich uns ja nur bezüglich meines mehr historischen Excurses. In re ipsa sind wir ja einverstanden, ich brauche also in dieser Beziehung nicht mehr zu reden, da ich in meinem Gutachten für die legislatorische Frage ganz genau eigentlich mit den beiden Herren Referenten und dem Mayer'schen Gutachten übereinstimme. Ich habe nur eine andere prinzipiellere Begründung und resp. andere Worte gebraucht; in dem sachlichen Resultate sind wir einig, und daher wollte ich nur bemerken, daß es zu weit führen würde, die Ausstellungen, die Dr. Eck gemacht hat, hier zu widerlegen, und ich gestatte mir daher, auf das Gutachten zu verweisen. Mein Antrag würde derselbe sein, wie der eingebrachte, nur mit anderen Worten, eben das grundlegende Prinzip an die Spitze stellend.

Reichsgerichtsrath **Petersen** (Leipzig): Meine Herrn! Ich möchte zunächst erklären, daß ich meinen Antrag zu Gunsten des Antrags des Hrn. Dr. Eck zurückziehe, dagegen zu diesem Antrag den Unterantrag stelle, hinter den Worten: „Der ein dingliches Nutzungsrecht an der Sache hat" die Worte einzuschalten: „einschließlich des Pächters." (Einzelne: sehr gut!) Es wird dann ausdrücklich festgestellt, daß auch der Pächter an diesem Recht Theil hat. Auch glaube ich, daß sich Herr Prof. Eck dem anschließen kann. Wenn dieser Unterantrag angenommen wird, haben wir es mit nichts anderem mehr zu thun, als mit diesem Antrag. Gegen den Vertagungsantrag des Prof. Bernhöft muß ich mich aber ganz entschieden aussprechen. Ich glaube die erste Frage hat den Vorrang, umsomehr, als sie auf die Tagesordnung gesetzt worden und so sorgfältig und gründlich vorbereitet worden ist, als es nur sein kann. Der Umstand, m. H., daß Gutachter und Referent übereinstimmen, spricht nicht für sondern gegen Vertagung. Sonst könnten wir jeden Antrag von der Tagesordnung absetzen, wenn die Ansicht, die dafür ist, von einer Minderheit nicht getheilt wird. Ja, m. H., die erste Abtheilung des nächsten Juristentages wird vielleicht ganz anders besetzt sein, wie heute. Sie wird vielleicht neue Referenten haben, vielleicht werden auch ganz andere Personen an der Verhandlung theilnehmen. Es würde also nicht nur die bisherige Arbeit verschwendet sein, sondern derselbe Vertagungsantrag könnte dann von einem Herrn, der nun in zwei Jahren zum erstenmale erscheint, auch wieder gestellt werden. Weiter aber möchte ich sagen: es hat an Zeit zur Vorbereitung nicht gefehlt. Eventuell könnten wir, wenn jetzt die Zeit nicht mehr ausreichen würde, morgen die Berathungen fortsetzen. Ich möchte deßhalb dringend empfehlen, diesen Vertagungs-Antrag, der gleichbedeutend ist mit einer vollständigen Absetzung der Sache von der Tagesordnung, abzulehnen!

M. H.! was zugegeben wird bezüglich des Fruchterwerbs durch Separation, trifft den Kern der Sache nicht. Wir müssen diesmal die ganze Frage entscheiden, wenn wir nicht auf deren Erörterung verzichten wollen. Und dazu ist die Sache nicht angethan.

Königl. Advokat **Mörschell** (Würzburg): Gewiß hat jeder von uns Praktikern, die wir im täglichen Verkehr sowohl mit dem Publikum als mit dieser Frage stehen, es mit Freuden begrüßen müssen, daß eine solche Einstimmigkeit besteht unter Gutachter und Referent über diese Frage, deren Erledigung wir als dringendes Bedürfniß bezeichnen müssen und bezüglich deren wir nur bedauern, daß die Einführung der heute festgestellten Grundsätze noch so lange, nämlich bis zur Einführung des deutschen Civil-Gesetzbuchs, vertagt bleiben muß. Wir wissen, daß das Verfahren, die Grundsätze, wie sie in Bayern bestehen, entschieden dem Rechtsbewußtsein des Volkes entgegenstehen; denn das können die Leute nicht begreifen, daß wenn der Pächter Zeit, Mühe und Geld auf Hervorbringung der Früchte verwandt hat, nun ein Gläubiger des Verpächters, der nur hierauf gelauert hat, auf einmal mit Zwangsmaßregeln hervortritt, gegen die der Pächter recht- und schutzlos ist. Also, von diesem Gesichtspunkte aus, ist es ein rechtliches und praktisches Bedürfniß, daß diese Frage gesetzlich geregelt wird in dem Sinne, wie von dem Herrn Referenten beantragt worden ist. Ich erlaube mir nun noch auf eine Merkwürdigkeit in unserer bayrischen Gesetzgebung aufmerksam zu machen. Es ist ja vorhin mit Recht hervorgehoben worden, daß die deutsche Civilprozeßordnung den Grundsatz bereits enthält, dessen gesetzliche Regelung hier beantragt ist, und dennoch ist es möglich, daß nach bayrischem Rechte dieser reichsgesetzliche Grundsatz wieder alterirt wird, denn in dem Augenblick, wo ein Gläubiger die Beschlagnahme der Liegenschaften beantragt, geht kraft bayrischen Hypothekenrechtes das Recht des Hypothekengläubigers dem Rechte des Pfandgläubigers vor. M. H., das ist offenbar ein Mißstand, der dringend der Abhilfe bedürftig ist, und es wird bei Abfassung des Civilgesetzbuches schwer ins Gewicht fallen, wenn die übereinstimmende Ansicht des Juristentages sich für Regelung dieser Frage im Sinne des Referenten entscheidet.

Professor Dr. **Mayer** (Straßburg): Ich bin natürlich mit dem Gange der Sache vollkommen zufrieden und möchte nur dafür sorgen, daß nichts verloren gehe. Wenn ich noch das Wort ergreife, so geschieht es aus folgendem Grunde. Es scheint mir, daß wir mit den letzten Verbesserungen uns der Gefahr aussetzen, eine gewisse Unvollständigkeit eintreten zu lassen. Die Formulirung, die gegeben werden soll, ist jetzt folgende: Der dingliche Nutzungsberechtigte soll das Eigenthum an den Früchten sofort nach ihrem Erscheinen erwerben und zwar der dingliche Nutzungsberechtigte mit Einschluß des Pächters. M. H.! Da ist eine Person neben hinausgeschoben und ich fürchte vollständig hintangesetzt, die von höchstem Interesse ist, das ist der bonae fidei possessor; der gutgläubige Besitzer soll ja ebenfalls als Nutzungsberechtigter behandelt werden, soll ebenfalls das Eigenthum erwerben an den erscheinenden Früchten. Mir scheint es aber sehr zweifelhaft, ob der Unterkunft finden wird unter der Rubrik der dinglichen Nutzungsberechtigten; bei dem Pächter ka nndas ebenso zweifelhaft sein, diesem ist aber geholfen durch die ausdrückliche Erwähnung. Gerade dadurch wird der nicht ausdrücklich erwähnte gutgläubige Besitzer um so gefährdeter. Daher haben Sie die Güte, lassen Sie den Pächter ebenfalls weg und überlassen wir es der späteren genaueren Formulirung, was wir alles unter Nutzungsberechtigten verstehen. Ich würde vorschlagen, die Stelle, „einschließlich des Pächters“ hinter „dinglichen Nutzungsberechtigten“ zu streichen und nur

„Nutzungsberechtigte“ zu setzen. Wenn Sie aber anfangen wollen, diese Nutzungsberechtigten alle aufzuzählen, — Sie werden kaum so leicht damit fertig werden — so können Sie ja meinetwegen das Wort Pächter in Parenthese setzen, dann bitte ich Sie aber, auch den gutgläubigen Be-Besitzer in die rettende Klammer mit aufzunehmen.

Professor Dr. **Bernhöft** (Rostock): Meine Herren! Ich möchte mich dagegen aussprechen, daß der bonae fidei possessor ausdrücklich als Nutzungsberechtigter hinzugefügt wird. Man kann füglich nicht bezweifeln, daß das Recht des bonae fidei possessor ein dingliches Recht ist. Es wird durch eine dingliche Klage verfolgt und hat dingliche Wirkung. Damit wird diese Deduktion hinfällig. Anders steht es mit den andern Nutzungsberechtigten. Wir könnten namentlich auch den obligatorischen Nutzungsberechtigten besonders nennen. Ich glaube, daß eine besondere Verbesserung darin liegt, daß hier, wenn auch nur in Parenthese, darauf hingewiesen ist, daß der Pächter als dinglich Nutzungsberechtigter von uns gewünscht wird. Ich kann also in allen diesen Beziehungen nur dem Antrag des Herrn Referenten mit demjenigen Zusatz, welchen der Herr Korreferent gestellt hat, zustimmen.

Herr **N. N.**: Meine Herren! Es ist eine undankbare Aufgabe, hier zu opponiren. Dem Antrage scheint die überwältigende Majorität zuzustimmen. Indeß sprechen doch auch Gründe dagegen. Recht wesentlich ist die Frage nach dem Moment, von welchem an eine Frucht als eine selbstständige Sache besteht, und nach meiner Meinung bietet die römische Theorie den ungeheueren Vortheil, daß hier ein fester Zeit-Moment gegeben ist, während wir einen solchen andernfalls nicht haben. Dies ist bereits erwähnt worden. Eine zweite Rücksicht aber ist diese. Die Frucht ist, während sie hängt, in steter Abhängigkeit von der Sache. Wenn heute Einer die Saat beschlagnahmt oder mit Beschlag belegt, so ist diese nach drei Monaten etwas anderes, als das Objekt, welches er mit Beschlag belegt hat. Die Objekte sind nicht identisch; die Frucht ist etwas ganz anderes als das, was man gesäet hat. An der werdenden Frucht haben wir, physikalisch gesprochen, keine selbständige Sache. Die unreife Frucht ist noch keine selbständige Sache; sie hat nur Werth, wenn man sie hängen läßt, bis sie reif wird. Der unreife Apfel auf dem Baume wird von Niemandem als selbständige Sache angesehen. Dasselbe gilt von der Ernte. Diese beiden Bedenken habe ich. Man könnte ein drittes fingiren: die Früchte weder bloß als Mobilien noch bloß als Immobilien, sondern als Mobilien anzusehen, die nur eine Zeit lang immobil sind. Allein der Gesetzgeber müßte auch dazu einen sicheren und der Sache entsprechenden Maßstab für die Unterscheidung haben. Ich war nicht darauf vorbereitet und habe mein Bedenken nur erwähnt, damit die Entschließung nicht ohne jede Debatte und Widerspruch erfolge.

Professor Dr. **Mayer** (Straßburg): Herr Professor Enneccerus ist mir natürlich Autorität genug, daß ich jetzt volles Vertrauen habe, daß von römisch rechtlicher Seite aus dem bonae fidei possessor seine Anerkennung zu Theil werde. Aber es bestehen auch noch andere Rechtssysteme, das französische Recht z. B. ist der Meinung, daß der bonae fidei possessor kein an der Sache selbst dinglich Berechtigter ist. Ich halte es deshalb für mindestens so nothwendig, zu Gunsten des bonae fidei possessor eine solche ausdrückliche Erklärung abzugeben, als zu Gunsten des Pächters. Sollten Sie dies trotzdem verweigern, so möchte ich fast glauben, daß doch etwas wie eine böswillige Absicht gegen den bonae fidei possessor dahinter steckt. Ich beantrage daher formell, der Juristentag wolle beschließen, in dem Zusatzantrag Petersen sei zu den Worten: „Mit Einschluß des Pächters“ beizufügen, „und des gutgläubigen Besitzers.“

Professor Dr. **Eck** (Berlin): Meine Herren! Meinen Ausführungen sind vielfach sehr dankenswerthe Unterstützungen zu theil geworden, natürlich acceptire ich dieselben bestens. Aber bei der Kürze der Zeit muß ich es unterlassen, die Punkte in denen hier allgemein oder doch überwiegende Uebereinstimmung hervorgetreten ist, noch einmal zusammen zu fassen. Auch möchte ich nicht repliziren auf die Aeußerungen des Herrn Oberlandesgerichtsrath Thomsen. Mein Widerspruch gegen ihn bezog sich ja hauptsächlich auf das reine römische Recht und dessen historische Entwickelung. Diese Fragen aber sind ja für den ersten Augenblick weniger brennend, als diejenigen de lege ferenda. In dieser Richtung stehe ich Herrn Oberlandesgerichtsrath Thomsen und seinen Vorschlägen sachlich und von der Formulirung abgesehen, weniger fern, als es auf den ersten Anblick scheinen könnte, und auch der Herr Korreferent, Reichsgerichtsrath Petersen, hat schließlich seinem Antrag eine Fassung gegeben, mit der ich mich zu meiner Freude einverstanden erklären kann. So werde ich mich denn beschränken auf eine kurze Widerlegung von Argumenten derjenigen Herren, welche Widerspruch gegen uns erhoben haben.

Zuerst gegen Herrn Professor Bernhöft nur ein kurzes Wort. Herr Professor Bernhöft hat allerdings manche Gründe für meine Ausführung, daß schon an hängenden Früchten ein besonderes Recht anerkannt werden müsse, beseitigt, indem er sagt, daß dem Pächter eben so ein dingliches Nutzungsrecht an der Muttersache zu gewähren sei, wie dem Nießbraucher und daß damit ein praktisches Bedürfniß, welches das römische Recht nicht genügend befriedigt hat, erledigt werde. Aber ich glaube, wenn weiter Herr College Bernhöft den 2. Theil meines Antrages streicht, der aus den Worten besteht: „und zwar schon nicht erst von der Lostrennung der Früchte ab, sondern schon von dem Zeitpunkte ab, mit dem sie äußerlich hervortreten," so bleibt doch eine große Anzahl von Fällen übrig, in denen die Unmöglichkeit eines Sonderrechts an stehenden Früchten zu nachtheiligen Consequenzen führt. Man nehme einmal den alltäglichen Fall, daß ein Gutsbesitzer Holz auf dem Stamme verkauft, das Holz mit dem Forsthammer anschlagen läßt und übergiebt, dann aber, ehe es gefällt ist, dasselbe an einen Dritten verkauft, und dieser es fällt und wegschaffen läßt; würde dann der erste Käufer gegen den zweiten, der um den früheren Kauf vielleicht gewußt, vielleicht auch nicht gewußt hat, eine Vindikation haben? Das würde Kollege Bernhöft verneinen. Ich glaube dagegen, daß in diesen und in ähnlichen Fällen das praktische Bedürfniß ein Recht des ersten Käufers, gegen den zweiten zu klagen, erfordert. Abgesehen davon eben erlaube ich mir zu bemerken, daß es doch keinesfalls angeht, aus meinem Antrage die zweite Hälfte einfach zu streichen; denn wenn ich gesagt habe: „Und zwar nicht erst mit der Lostrennung der Früchte, sondern von dem Zeitpunkte an, mit welchem dieselben in äußerlich sichtbarer Gestalt hervortreten," dann würde ja bei Weglassung dieser Worte gar keine Bezeichnung des Momentes, mit dem der Eigenthumserwerb eintritt, übrig bleiben. Will also Herr Kollege Bernhöft die zweite Hälfte meines Antrags streichen, dann muß ich wenigstens bitten, die erste Hälfte durch Angabe eines Zeitpunktes, mit dem der Eigenthumserwerb sich vollenden soll, zu ergänzen. Daß wir ganz abstrahiren von der Bezeichnung eines Zeitpunktes, würde meines Erachtens inopportun sein.

Hiernach kann ich aus materiellen und formellen Gründen dem Antrag meines geehrten Herrn Kollegen, wie er jetzt lautet, nicht beistimmen.

Dann ist von einer anderen Seite der Antrag, welchen ich gestellt habe, noch überboten worden dahin, daß nicht blos der dinglich Nutzungsberechtigte mit Einschluß des Pächters, sondern überhaupt alle Nutzungsberechtigten zu Eigenthümern der hängenden Früchte gemacht werden sollen. Das würde meines Erachtens zu weit gehen; dadurch würde das Wesen des persönlichen Rechtes im Gegensatz zum dinglichen zu sehr verwischt werden; dann müßte man auch sagen, der Geschenknehmer, dem Früchte zum Geschenke versprochen worden sind, oder der Käufer von solchen würde ohne weiteres Eigenthümer, weil sie fruchtberechtigt sind. Auf diese Weise aber würde ein persönliches Recht mit dinglichen Wirkungen herauskommen, und das wäre weder der Natur der Sache noch der Absicht der Parteien entsprechend. Uebrigens ist auch kein formulirter Antrag dahin gestellt worden. Es bleibt nun noch der Vorschlag übrig, den Herr Kollege Mayer angeregt hat, nämlich hinter den Worten „Nutzungsberechtigte einschließlich des Pächters“ noch einfügen zu wollen: „und des bonae fidei possessor.“ Ich fürchte damit ist in unsere Verhandlungen ein Erisapfel hineingeworfen worden. Denn mit Annahme dieses Vorschlages erklären wir den bonae fidei possessor zugleich für einen dinglich Nutzungsberechtigten. Ich meinerseits würde dies thun, allein ich glaube, daß hier verschiedene Herren der Meinung sind, die Sache lasse sich nicht so kurz erledigen. Ich glaube aber auch, daß wir der Ansicht des Herrn Kollegen Mayer gar nicht präjudiziren, wenn wir den bonae fidei possessor unerwähnt lassen. Gedenken wir seiner gar nicht, so ergiebt dies nicht ein argumentum a contrario, daß wir ihm den Erwerb von Früchten absprechen wollten. Die Frage bildet keinen so integrirenden Bestandtheil unserer Materie, daß wir uns durchaus über die rechtliche Stellung des bonae fidei possessor aussprechen müßten. Daher schließe ich mich Herrn Reichsgerichtsrath Petersen an, der nur die Worte beigefügt hat: „mit Einschluß des Pächters.“ Dagegen möchte ich empfehlen, die weitere Ausdehnung auf den bonae fidei possessor zu unterlassen. (Zustimmung).

Präsident **Drechsler**: Es hat sich Niemand mehr zum Wort gemeldet. Es ist bisher nur von dem Erwerb von Feldfrüchten gesprochen, dagegen ist das Eigenthum an Thierjungen nicht erwähnt worden. Das selbständige Eigenthum an Thieren im Mutterleibe ist mir sehr bedenklich, da das Eigenthum an den Früchten nach dem Antrage nur dann erworben werden kann, wenn sie in äußerlich sichtbarer Gestalt hervortreten. Für mich hat diese Frage auch in Bezug auf den Realkredit Bedeutung. Ich weiß nicht, ob ich Herrn Landgerichtsrath Seitz recht verstanden habe, wenn er sagt, daß nach der bayerischen Gesetzgebung die stehenden Früchte nicht zur Hauptsache gehören. Es gehören auch die stehenden Früchte zur Hauptsache; daher ist es von der größten Wichtigkeit sich vorsichtig auszudrücken. Es hat ein großes Bedenken, diese Gegenstände zur Spezialmasse, das Grundstück nicht zur Generalmasse zu rechnen, wenn das Recht des Pächters vor der Perzeption aufhört. Sie sagen: „Die Früchte gehören dem abgehenden Pächter.“ Aber wenn das Pachtverhältniß vorher beendigt wird, so gehören die Früchte dem Eigenthümer. Nun macht der Eigenthümer Concurs. Wenn die Früchte als res mobiles behandelt werden, so würden nach dem Antrage auch die hängenden Früchte zur sogenannten Generalmasse gehören, woran die Gläubiger keine Hypothek haben, nicht den Hypothekengläubigern. Ich wollte eines noch sagen; ich bin nicht blos Praktiker, ich habe mich auch theoretisch mitunter mit dem römischen Recht beschäftigt, und da kann ich es doch nicht unterlassen, zu bemerken, daß die Exemplifikation auf die actio legis Aquiliae durchaus nicht hinreicht. Ich bin außerdem nicht einverstanden mit der Auffassung, welche die Reichs-Civil-Prozeß-Ordnung gefunden hat. Die Ordnung der Subhastation der Grundstücke und sonstigen Immobilien ist den Landesgesetzen überlassen worden. Die Prozeßordnung, die nur von beweglichen Sachen redet, regelt des ungeachtet die Pfändung der Früchte auf dem Halm. Dies wird dadurch herbeigeführt, daß die hängenden Früchte als bewegliche Sachen fingirt werden. Ausführbar aber ist diese Pfändung nur, wenn zur Zeit der Trennung das Recht des Schuldners auf die Früchte noch besteht. Also in der That ist nur das Recht des Schuldners auf die Früchte gepfändet. So war es vor der Prozeßordnung schon geregelt auf Grund des römischen Rechts und des gemeinen Prozesses. Die Reichsgesetzgebung hat hierin nichts geändert und nichts ändern wollen.

Reichsgerichtsrath **Petersen**: Meine Herren! Ich muß doch Widerspruch erheben gegen den letzten Punkt der vorausgegangenen Rede. Für mich ist der entscheidende Punkt, daß gerade die Reichsgesetzgebung die römischrechtlichen Begriffe aufgegeben hat und ich glaube, es ist allerdings die Bestimmung der Civilproceßordnung nur so aufzufassen, daß nur eine Sache gepfändet werden kann, nicht das Recht. Die Pfändung der Früchte steht unter der Pfändung von beweglichen Sachen schon der Ueberschrift nach. Sie wird aber auch nach allen Richtungen hin als Pfändung von Sachen behandelt. Nicht das Recht wird gepfändet, dafür hat ja die Civilprozeßordnung andere Bestimmungen. Ich würde nicht einen Widerspruch wagen, wenn mich nicht auch die Motive unterstützten Es wird darin verwiesen auf das römische Recht, und hervorgehoben, daß die Pfändung dieser Sache nicht blos dem Eigenthümer gegenüber, sondern auch dem Pächter gegenüber wirksam sein soll, daß also die Früchte als Eigenthum des Pächters behandelt werden sollen; dann, daß auch die Veräusserung erfolgt vor der Trennung. Was soll nun der Käufer bei den Zwangsveräusserungen erhalten? Er wird ohne weiteres Eigenthümer der Sache. In der Literatur ist kaum mehr ein Zweifel, daß die Civilprozeßordnung den römischrechtlichen Begriff des Partialprinzips aufgegeben hat.

Präsident: Ich will über die Bedeutung der Motive bemerken, daß ich dieselben in den meisten Fällen sehr gering anschlage. Es ist zu bedauern, daß die bisherige Literatur der Civilprozeßordnung den Motiven eine ihnen nicht zukommende Wichtigkeit beigelegt hat. Zur Sache bemerke ich, daß die Hypothek am Grundstück nach der Hypothekengesetzgebung die Pfändung der Früchte gänzlich ignorirt. Diese Pfändung kann nur Wirksamkeit haben, wenn zur Zeit der Trennung das Recht des Schuldners noch besteht und nicht durch ein besseres Recht verdrängt wird.

Herr **N. N.**: Meine Herren! Ich habe die Verhandlungen dahin aufgefaßt, daß mit dem Satz, es wüchse die Frucht als selbständige Sache, während sie noch in der Hauptsache zusammenhängt, als selbständiges Eigenthum angesehen werden, damit die praktische Consequenz hat angedeutet werden sollen, als daß mit dem theoretischen Satz hat ausgesprochen werden sollen, die Frucht könne, wenn sie an der Hauptsache hängt, ehe sie reif ist, percipirt werden, unabhängig vom Schicksal des Eigenthums der Hauptsache. Gegen eine Theorie aus dieser Auffassung spricht es allerdings, daß in diesem Stadium des Verhältnisses die Frucht so vollständig abhängig ist von der Hauptsache, daß von selbständigem Eigenthum noch gar keine Rede sein kann. Denke man an den einen Fall der Saat im Frühjahre; ja, wenn sie ein selbständiges Eigenthum sein soll, dann müßte doch, wenn die Interessen sich scheiden zwischen Eigenthümer der Hauptsache und dem Nutzungsberechtigten, der Eigenthümer auch berechtigt sein zu sagen: „Nun nimm einmal deine Sache weg", und der Nutzungsberechtigte würde dies nicht können und nicht wollen. Es handelt sich nur wesentlich um die praktischen Folgen.

Rechtsanwalt Dr. **Reuling** (Leipzig): Fällt das Fruchtbezugsrecht weg, ehe überhaupt die Frucht zur Reife gediehen ist und percipirt werden kann, so fällt auch zu gleicher Zeit diese vermeintliche Selbständigkeit der Sache weg, denn dann ist es überhaupt nicht mehr der Fruchtbezugsberechtigte, der zu ernten hat, sondern der Eigenthümer, und der Umstand, daß vorher ein Fruchtbezugsberechtigter existirte und Eigenthum daran hatte, ändert nichts daran. Also man sieht, es kann ja mit dem Antrag des Referenten nicht der doctrinäre Grundsatz ausgesprochen sein, daß das Eigenthum des Fruchtbezugsberechtigten juristisch betrachtet selbständiges Eigenthum sei. Es handelt sich vielmehr dabei um Fragen des praktischen Bedürfnisses und daher glaube ich in diesem Sinne mich anschließen zu können dem Antrag des Herrn Professor Eck, dem seitens der Referenten auch beigestimmt wurde. Die Frage, wie juristisch der Satz zu construiren sei, ob die Frucht als solche selbständiger Gegenstand des Eigenthums ist, dieses müssen wir der Wissenschaft vorbehalten. Ich glaube von dieser Auffassung aus werden die Bedenken des Herrn Professor Bernhöft und des Herrn Reichsgerichtspräsidenten gegen den Antrag der Referenten beseitigt werden; denn die Herren Referenten wollen eben damit sicherlich auch nur eine gewisse Tendenz der Gesetzgebung anerkannt haben, die Tendenz nämlich, die Interessen des Fruchtberechtigten zu schützen gegenüber den Dispositionen des Eigenthümers und gegenüber dem Zugriff seiner Gläubiger, ohne daß weiter in die wissenschaftliche Frage der juristischen Gestaltung dieses Rechtsverhältnisses eingegangen werden soll, wie es ja auch gewiß nur Aufgabe des Juristentages ist, Fragen des praktischen Bedürfnisses und nicht die doctrinären Fragen der juristischen Konstruktion zu lösen.

Professor Dr. **Bernhöft** (Rostock): Der Herr Vorredner hat sich in seinen Gründen meinen Anschauungen angeschlossen und kommt dennoch zum Resultate, daß er dem Antrage des Herrn Referent Dr. Eck zustimmt. Anfang und Schluß seiner Rede passen nicht zusammen; und es zeigt sich, daß die Debatte nicht zu der wünschenswerthen Klarheit geführt hat. Ich glaube wieder auf meinen früheren Antrag zurückkommen zu müssen. Wir sind eben nicht instruirt und daher bin ich der Ansicht, daß man die Sache auf morgen vertage.

Präsident: Ich habe nichts dagegen, wenn die Versammlung beschließt, daß die Sache vertagt wird. Ich lasse darüber abstimmen. — Der Vertagungsantrag ist abgelehnt. Damit alle Meinungen zur Geltung kommen, lasse ich über die verschiedenen Modifikationen und über den ursprünglichen Antrag selbst abstimmen. — Auch diese werden abgelehnt.

Der Antrag des Referenten Herrn Professors Dr. Eck lautet nach der jetzt modifizirten Fassung:

> Der deutsche Juristentag erachtet es für wünschenswerth, den Fruchterwerb im deutschen bürgerlichen Gesetzbuch dahin zu regeln, daß die Früchte einer Sache dem Eigenthümer der letzteren, beziehungsweise an dessen Stelle demjenigen, der ein dingliches Nutzungsrecht an der Sache hat, *einschließlich des Pächters*, unmittelbar und ohne besonderen Besitzergreifungsakt zu Eigenthum erworben werden und zwar nicht erst mit der Lostrennung der Früchte, sondern von dem Zeitpunkte an, mit welchem dieselben in äußerlich sichtbarer Gestalt hervortreten.

Diejenigen Herren, welche *für* diesen Antrag sind, bitte ich, sich zu erheben! Der Antrag ist mit überwiegender Majorität angenommen und wird in dieser Form dem Plenum zugehen.

Schluß der Sitzung 1½ Uhr.

Zweite Sitzung der ersten Abtheilung am 12. September 1884.

(Beginn: Vormittags 9 Uhr.)

Präsident: Herr Reichsgerichts-Senatspräsident Dr. Drechsler.
Schriftführer: Herr Rechtspraktikant Dr. Silberschmitt.

Präsident: Nach der gestern gemachten Mittheilung wird in der ersten Abtheilung heute zu verhandeln sein über die Frage 4 der Tagesordnung, nämlich über die Frage: „Wie weit hat der Arbeitgeber für das Verschulden seiner Arbeiter zu haften?" Gutachten über diese Frage sind erholt worden vom Herrn Reichsgerichtsrath Dr. Dreyer zu Leipzig, abgedruckt S. 46 der Verhandlungen des 17. deutschen Juristentages, vom Herrn Professor Dr. Mayer zu Straßburg, S. 125 abgedruckt, und vom Herrn Professor Dr. Leonhard zu Halle, abgedruckt S. 237. Ich gebe zunächst Herrn Referenten Dr. Jaques aus Wien das Wort.

Hof- und Gerichtsadvokat Dr. **Jaques** (Wien): Meine verehrten Herren! Ich glaube, wir werden wohl von vorne herein in dem einen Punkte übereinstimmen, daß die Frage, die uns jetzt beschäftigen soll, zu den allerinteressantesten gehöre, mit welchen die Jurisprudenz überhaupt sich zu befassen in die Lage kommt. Diese Frage steht an der Stelle, wo Volkswirthschaft und Jurisprudenz einander die Hand reichen. Für ihre Aktualität insbesondere liegt das beste Kennzeichen darin, daß sie nicht in einer Form gestellt ist, derzufolge ihre Lösung erst im künftigen bürgerlichen Gesetzbuche angestrebt werde, sondern so, daß diese Lösung sofort verlangt wird. Und wie sehr überhaupt die Fragen des Schadenersatzes und der Haftpflicht das allgemeine Interesse in Anspruch nehmen, das beweist am besten der Umstand, daß nicht weniger als 3 Fragen, welche auf dieses Gebiet gehören, diesmal den Juristentag beschäftigen, ich meine, außer der vorliegenden, die Fragen über Wildschaden und über Haftung des Rheders.

Je mehr nun diese Aktualität besteht, desto mehr nöthigt sich, nach meinem Erachten, dem Juristen die Pflicht auf, so nüchtern und unberührt durch die Strömungen des Tages, wie möglich, den Gegenstand zu behandeln. Von diesem Gesichtspunkte werde ich mich auch bei meiner Ausführung, soweit ich irgend vermag, leiten lassen.

Ich hätte nun, wenn ich meine Pflicht als Referent mir vergegenwärtige, eigentlich 3 Aufgaben zu erfüllen:

die erste, daß ich den Inhalt der Gutachten in succincter Form wiedergebe;

die zweite, daß ich den Stand der Gesetzgebung der vorgeschrittensten Staaten Europas in Bezug auf die Frage der Haftpflicht des Arbeitgebers für Verschulden des Arbeiters charakterisire;

endlich die dritte, welche darin besteht, daß ich das Problem zu lösen versuche, von welchen Gesichtspunkten wir uns in Bezug auf diese Frage de lege ferenda leiten lassen sollen.

Was den ersten Punkt anbelangt, so darf ich mich wohl auf ein Minimum beschränken. Wir haben ja die seltene Freude, alle 3 verehrten Gutachter in unserer Mitte zu sehen, und wenn ich nur daran gehen wollte, einen Auszug aus jedem einzelnen Gutachten zu geben, so würde dieser keinesfalls concurriren können mit den Ausführungen der verehrten Herren Gutachter selbst, die ja hoffentlich in der Debatte das Wort ergreifen werden. Ich werde mich daher begnügen, Folgendes zu sagen: Jedes der drei Gutachten geht tief in die Frage ein, und hat für ihre Lösung bleibenden Werth. Das erste, von Herrn Reichsgerichtsrath Dreyer, hat sich überwiegend auf den Standpunkt des französischen und des englisch-amerikanischen Rechtes gestellt, nach eingehender Berücksichtigung der römischen Doktrin, und ist davon ausgegangen, daß die beiden ersteren jene Rechtssysteme sind, denen wir uns rücksichtlich der praktischen Gestaltung unseres Rechtes zu nähern haben. Ich spreche nur meine aufrichtige Ueberzeugung aus, wenn ich sage, daß dieses Gutachten reich an Anregungen, daß es wissenschaftlich und zugleich praktisch tief durchdacht ist, und daß man es daher mit wahrer Freude liest. Den Antrag, den Herr Reichsgerichtsrath Dreyer gestellt hat, und den ich verlesen will, damit wir sofort die Uebersicht über die Materie erhalten, lautet:

1. Der Anspruch auf Erfüllung einer Verbindlichkeit oder auf Schadenersatz wegen Nichterfüllung wird nicht dadurch beseitigt oder aufgehoben, daß die Nichterfüllung oder nicht gehörige Erfüllung auf

das Verschulden eines zur Erfüllung verwendeten Arbeiters zurückzuführen ist.

2. Außerhalb eines obligatorischen Verhältnisses oder abgesehen von demselben hat der Arbeitgeber für das Verschulden seines Arbeiters insofern und insoweit zu haften, als das Verschulden in Ausführung der dem Arbeiter übertragenen Verrichtung begangen worden ist.

3. Ueberdies haftet der Arbeitgeber aus seinem eigenen Verschulden; als solches kann auch die schuldhafte Auswahl des Arbeiters und unter besonderen Umständen der Mangel an Beaufsichtigung desselben angerechnet werden.

Der zweite Gutachter, der verehrte Professor Otto Mayer aus Straßburg, stellt sich überwiegend auf den Standpunkt des französischen Rechtes. Er verkennt nicht gewisse Mängel und Einseitigkeiten dieses Rechtssystems, auf die ich im Verlaufe zurückkomme, und faßt schließlich das Ergebniß seiner Untersuchung nach einer eingehenden und interessanten Ausführung über das französische Recht, in die Worte zusammen:

„Der Arbeitgeber haftet für seine Leute, wenn sie in Ausführung seiner Aufträge rechtswidrig Schaden zufügen."

Der verehrte Gutachter verkennt aber keineswegs, daß dadurch die Frage noch nicht erledigt ist und meint, daß eine Anzahl von Bestimmungen in Bezug auf außercontractliche Verhältnisse nothwendig erscheine, insbesondere dort, wo es sich um die gefährlichen Betriebe handelt; er sagt weiter: „Mit den Eisenbahnen ist nur der Anfang gemacht, eine Menge gleicher Betriebe harren der Gesetzgebung." Es tritt also hier schon das Moment, als der Erwägung werth, zu Tage, ob die Frage der Entschädigung in die allgemeine oder in eine Spezialgesetzgebung falle.

Das dritte Gutachten steht auf dem Standpunkte des orthodoxen Romanismus, und indem es denselben in der interessantesten Weise durchführt, legt es eine Reihe von Fällen aus der Casuistik des römischen Rechtes dar und gelangt zu den Schlußanträgen:

1. Ein Arbeitgeber haftet für das Verschulden seiner Arbeiter nur insoweit er diese Haftung durch Vertrag übernommen hat, oder ausnahmsweise aus besondern Gründen auch für unverschuldeten Schaden einstehen muß.

Ueber die bisherigen Ausnahmevorschriften des gemeinen Rechtes hinaus ist dieser Grundsatz nicht einzuschränken.

2. In wieweit der Arbeitgeber durch Uebernahme einer bestellten Arbeit eine Schadensersatzpflicht für das Verhalten seiner Arbeiter auf sich nimmt, ist im einzelnen Falle durch Vertragsauslegung zu bestimmen.

Uebernimmt Jemand eine Arbeit, an welcher Gehilfen unter seiner Aufsicht thätig sein sollen, so gilt es im Zweifel als selbstverständlich,

d. h. als stillschweigend verabredet, daß er für allen Schaden haftet, welchen die Gehilfen dem Besteller durch eine Nichtbeachtung der ihnen zu ertheilenden Verhaltungsmaßregeln zufügen sollten.

Es ist sehr charakteristisch für den Stand der Frage, daß in den 3 Gutachten schon die großen Gegensätze des englisch-amerikanischen, des französischen und des gemeinen Rechtes in der prägnantesten Weise zu Tage treten und sich wiederspiegeln in der Formulirung der Anträge.

Damit komme ich zum zweiten Theile meiner Aufgabe: den Stand der Frage in den verschiedenen Gesetzgebungen kurz zu beleuchten.

Ich will hier gleich anknüpfen an das, was in dem Gutachten des Herrn Dr. Dreyer treffend hervorgehoben ist, daß wir nämlich in den Pandekten-Handbüchern vergebens nach einem Abschnitt über die Haftung des Arbeitgebers für den Arbeiter suchen würden. Die Frage erscheint als ein Theil der allgemeinen Erörterung über die Haftung des Schuldners für den Gehilfen, und das wirft schon ein Licht auf die Thatsache, daß es erst im heutigen Rechtsleben möglich und nöthig geworden, diese Lehre aus dem Gesammtkomplex zu selbständiger Behandlung auszuscheiden.

Um kurz zu sein, erinnere ich nun zunächst an den Grundsatz des römischen Rechts über die Contractspflicht, welcher dahin geht, der Arbeitgeber haftet für culpa in eligendo. Diese Ansicht, auf den Ausführungen von Hasse beruhend, ist festgehalten worden von den hervorragendsten Romanisten, wie Goldschmidt, Windscheid; nicht minder wie Thöl und in der bekannten Monographie von Wyß; man kann sie als die herrschende bezeichnen. Ihr gegenüber stehen Anschauungen, welche darüber hinausgehen, und zwar in mannigfacher Weise. So sagt z. B. Puchta, ohne viel zu begründen: „Derjenige, der eine Arbeit übernimmt und dafür fremde Gehilfen verwendet, haftet stillschweigend für deren culpa.“ Burchardi: „Wer eine Arbeit übernimmt, übernimmt die Verantwortlichkeit für diejenigen Mittel zur Durchführung dieser Arbeit, welche er angewendet hat“, eine Ansicht, die Windscheid als eine petitio principii bezeichnet; Ubbelohde, welcher, indem er eine weitere Haftung statuirt, darauf hinweist, daß der Arbeitgeber sich eine Assekuranzprämie, die im Lohne steckt, zahlen lasse, und daß er durch die Zahlung dieser Assekuranzprämie gegen die Gefahr gedeckt sein wolle, welche er durch weitergehende, über die bloße culpa in eligendo hinausgehende Haftung übernimmt; Endemann, welcher meint, daß der, welcher eine Arbeit übernimmt, für den Erfolg haftet, und infolge dessen für das Endergebniß und für seine Gehilfen die Haftung zu übernehmen hat, was wieder Goldschmidt als petitio principii erklärt; endlich unser Jhering, welcher in der geistvollen Abhandlung über die culpa in contrahendo und in der Monographie über das Schuldmoment im römischen Privatrecht sagt: „wer bloß einen Anderen für irgend eine Verrichtung auszusuchen hat, haftet consequenterweise nur für culpa in eligendo; wer dagegen die Leistung selber zu beschaffen hat und sie durch einen Andern vornehmen läßt, haftet für dessen culpa schlechthin; an dieser zuerst in den Jahrbüchern aufgestellten Ansicht hält er fest.

Wenn man nun unsere civilistische Literatur seit einer langen Reihe von Jahren überblickt, so bemerkt man, daß sich zwei bedeutsame Strömungen in derselben geltend machen: die eine, welche dahin geht, unter correcter Aufrechterhaltung des wirklichen Inhaltes der Quellenstellen, eine weitere Haftung in einzelnen Fällen, je nach den sich darstellenden praktischen Bedürfnissen, in Anspruch zu nehmen, mit der ausdrücklichen Erklärung, daß das den allgemein geltenden Grundsätzen des römischen Rechtes nicht entspreche; — die andere, welche bemüht ist schon aus dem Inhalte der Quellen selbst eine weitere Haftung heraus zu deduziren. Beide streben also ein Hinausgehen über den wahren Inhalt des römischen Rechts an. Ich meinestheils bin jedoch mit der orthodoxen Richtung, mit Goldschmidt, der Ueberzeugung, daß man den Quellen Gewalt anthut, wenn man mehr als das oben erwähnte aus denselben herausfördern will und meine, Windscheid sei ganz im Recht, wenn er gegenüber den Ausführungen Baron's (im 52. Band des Archivs für civilistische Praxis) wonach aus den Ausdrücken: diligentia exacta, exactissima, diligentissimi patris familias auf gesteigerte Haftung geschlossen werden will, erklärt, man dürfe die Quellen nicht „pressen", sie nicht zwingen wollen auszusprechen, was ihrem Geiste nicht entspricht. Dem römischen Rechte folgen in der Wesenheit das preußische Landrecht, das österreichische bürgerliche Gesetzbuch und das Gesetzbuch für das Königreich Sachsen. Ich darf übrigens nicht unterlassen, hier als völlig Feststehendes noch nachzutragen, daß auch in Bezug auf die außercontractliche, die aquilische culpa im römischen und den ihm folgenden Rechten die Haftung nur für eigenes vertretbares Verschulden anerkannt ist, mit der Modifikation, daß unter gewissen Umständen auch für die custodia einzustehen sei, womit also über die bloße culpa in eligendo in speziellen Fällen hinauszugehen als nothwendig erachtet wird.

Ich komme nun zum französischen Recht, mit dem Vorbehalte, zum römischen noch einmal zurückzukehren. Im französischen Rechte gilt nebst der Norm des Art. 1797: l'entrepreneur répond du fait des personnes qu'il emploie der berühmte Grundsatz des Artikel 1384, laut dessen von dem maître und commettant zu haften ist für den Schaden, causé par leurs domestiques et préposés, dans les fonctions auxquelles ils les ont employés. Und hier begegnen wir nun gleich einem eigenthümlichen Momente, indem im Gegensatze zu dem übrigen Inhalt des Artikels, wonach von der Aufsicht von père et mère über die Kinder und von der des instituteur und artisan gesprochen und diesen Personen der Nachweis offengehalten wird, qu'ils n'ont pû empêcher le fait qui donne lieu à cette responsabilité, in unserem Falle dagegen eine praesumptio juris et de jure gegeben ist, so daß also der Dienstherr für den Schaden, welcher durch seine ouvriers und domestiques herbeigeführt wurde, zu haften haben soll, ohne sich überhaupt exculpiren zu können. Es ist sehr interessant, zu verfolgen, wie die Franzosen auf diesen Grundsatz gekommen sind. Von Pothier wird geradezu erklärt, man habe denselben deshalb aufgestellt, um die Arbeitgeber zu zwingen, vorsichtig zu sein. Diejenigen, welche fremde Personen anstellen und zu ihrem geschäftlichen Vortheil verwenden, hätten sich selbst den Schaden zuzuschreiben, wenn diese Personen sich etwas zu Schulden kommen lassen. Und wie nun schon die Franzosen häufig geneigt sind, Lehrsätze zu generalisiren, welche mitunter nicht so ganz genereller Natur sind, so heißt es, dies wären Prinzipien, welche zu allen Zeiten und von allen civilisirten Völkern beobachtet worden wären und werden müßten, wobei übrigens höchst wahrscheinlich lediglich ein Mißverständniß des römischen Rechtes mit zu Grunde liegt. Nun ist es im französischen Rechte außerdem bemerkenswerth, daß es eine Spezial-Gesetzgebung hier nicht giebt, sondern daß diese Grundsätze für gefährliche und ungefährliche Betriebe ohne Unterschied und in jeder Richtung zu gelten haben, wie denn auch noch ein sehr wichtiges weiteres Moment darin zu Tage tritt, daß schon aus Anlaß einer Entscheidung des Appellationsgerichtshofes von Toulouse aus dem Jahre 1841 vom Kassationshofe ausgesprochen worden ist, es müsse als unbedingte Consequenz des Art. 1384 angesehen werden, daß auch zu haften sei für solche Verschulden der Arbeiter, wodurch andere Arbeiter bei dem Betriebe beschädigt werden.

Es ist das eine sehr wichtige Frage, und ich brauche kaum zu erinnern, in welcher Weise dieselbe im Reichshaftpflichtgesetz entschieden worden ist.

Ich komme nun zu dem dritten, dem englisch-amerikanischen Rechtssystem, und will nur mit wenigen Worten sagen: als oberster Grundsatz gilt, der Meister hafte für negligence de servant gemäß der Rechtsparomie: respondeat superior. Wie bekannt, ist kein bestimmtes Gesetz vorhanden, und die Schriftsteller behandeln ganz überwiegend nur Fälle aus dem Leben, eine äußerst reichhaltige, umfassende Causuistik; Principien dagegen nur in zweiter Reihe. Sie heben als weiteren Grundsatz hervor: „qui facit per alium, facit per se.“ Es sei zu haften: „within the scope of employment“, innerhalb des Spielraumes des dem Arbeiter gegebenen Wirkungskreises; denn eigene That ist zu Stande gekommen durch fremdes Thun. Dies ist der Standpunkt, auf welchem auch unser sehr verehrter Gutachter, Herr Reichsgerichtsrath Dreyer, großes Gewicht legt. Demgegenüber möchte ich denn doch hervorheben, — und darf dafür auch auf eine Autorität hinweisen, die in Bezug auf internationales Recht eine recht schwerwiegende ist, auf Bar, zumal sich derselbe im Ganzen sehr wohlwollend und anerkennend über das englisch-amerikanische Recht ausspricht — daß die Entscheidungen des englisch-amerikanischen Rechtes Inconsequenz oder doch ein fast in's willkürliche gehendes billiges Ermessen zur Schau tragen, was sehr bedenklicher Natur ist. Bar weist z. B. auf einen Fall hin, in welchem ein städtischer Krämer zu seinem Vergnügen einen Knaben mitnahm, den er auf sein Pferd gesetzt hatte. Der Knabe ward beschädigt und es ist auf Haftpflicht der städtischen Verwaltung erkannt worden, während eine Eisenbahngesellschaft haftfrei erklärt worden ist, deren Lokomotivführer ein Kind auf der Lokomotive mitfahren ließ. Man mag doch den Satz „within the scope of the employment" noch so sehr drehen und wenden, man wird doch schwer in dem einen Falle das Verschulden und in dem andern die Nichtschuld zu construiren im Stande sein. Sehr wichtig ist im englisch-amerikanischen Recht ein weiteres einschränkendes Moment, welches sich auf die Haftung des Arbeitgebers für Verschulden von Arbeitern gegenüber Arbeitern bezieht, nämlich: Es gilt im englisch-amerikanischen Rechte das durchgreifende Prinzip des common employment, aus welchem von den Gerichtshöfen deduzirt wurde, daß wenn Arbeiter, die mit einander in einem Betriebe thätig sind, einander beziehungsweise einer dem andern einen Schaden zufügen, dafür der Herr nicht haften soll, und zwar deßhalb nicht, weil man sagt: Jeder Einzelne übernimmt mit dem Eintritt in diesen Betrieb die ihm nicht unbekannten Gefahren des Betriebes, und wenn da ein Schaden entsteht, hat der Arbeitgeber dafür nicht zu haften.

In einem sehr berühmten Falle ist vom amerikanischen Richter hervorgehoben worden, daß dies im Interesse der Arbeiter selber gelegen sei, denn dadurch würden sie zu besonderer Sorgfalt der eine dem anderen gegenüber verpflichtet, würden dadurch in die Lage gesetzt, daß, wenn irgend eine Nachlässigkeit von Seite des Herrn durch Unterlassung der Sorgfalt vorkomme, die Arbeiter den Herrn zur Abstellung auffordern können, daß man also der Sicherheit der Arbeiter selber dient, wenn man diese Bestimmung anwendet. Nur, wenn der Prinzipal sich aller Ueberwachung der Personen begiebt, die er den Arbeitern übergeordnet hat (Werkführer, Zugführer, Grubendirektor u. s. w.), dann haftet er für sie, weil sie als seine Stellvertreter erscheinen. Ohne das, meint Wharton, wird man die Haftung von juristischen Personen, welche nur durch Mittelspersonen handeln können, gar nicht zu begründen im Stande sein.

Es ist zu constatiren, daß in England eine starke Bewegung in Arbeiterkreisen entstanden ist, welche sich gegen diese Bestimmungen wendet. Im Gesetze vom 7. September 1880 ist erklärt worden, daß in jenen Fällen, wo die Schädigung eines Arbeiters herbeigeführt worden ist wegen Nachlässigkeit einer im Dienste des Unternehmers stehenden in Ausübung von Aufsichtsbefugnissen begriffenen Person, oder einer ebensolchen, deren Weisungen der Arbeiter nachzukommen hatte, sowie aus Anlaß von Handlungen oder Unterlassungen einer solchen Person, in Befolgung von Vorschriften des Unternehmers oder eines autorisirten Bevollmächtigten desselben, der Schaden zu vergüten sei, als ob der beschädigte Arbeiter ein Arbeiter innerhalb dieses Geschäftsbetriebes wäre. Dieses Gesetz, demzufolge übrigens der Schaden auf ein bestimmtes Maximum limitirt ist, scheint offenbar als Versuch aufgefaßt worden zu sein, denn es gilt nur für 6 Jahre, und seine Wirksamkeit läuft mit dem 31. Dezember 1887 ab.

Ich wende mich der Schweiz zu und brauche nur mit ein paar Worten zu erwähnen, daß ja in der Schweiz bis 1881 für das Obligationenrecht die verschiedensten Rechtssysteme Platz gegriffen haben. In den romanischen Theilen der Schweiz galt der Code civil; die älteren Codificationen der deutschen Schweiz wurden beherrscht vom österreichischen bürgerlichen Gesetzbuch; und in neun Cantonen galt das römische Recht als erste Quelle, während Zürich hier wieder sein eigenes, das bekannte Gesetzbuch Bluntschli's besaß. Nun, im Jahre 1881, ist das Obligationenrecht für die ganze Schweiz gegeben worden. Seine Bestimmungen sind um so bedeutsamer für unsere Lehre, weil sie gegeben worden sind, nachdem man ursprünglich von der Tendenz geleitet war, sich ganz dem Code Napoléon zuzuwenden, hierin aber im Laufe der Zeit wesentliche Abänderungen eintreten ließ. Ich will bei dieser Gelegenheit erwähnen, daß v. Wyß, der Verfasser der Monographie, auf die ich vorhin Bezug nahm, gerade einer derjenigen, welche hinsichtlich der Doktrin des römischen Rechtes ganz strengen Prinzipien huldigen, in dem Gutachten über die Haftpflicht, welches er für den Verein für Socialpolitik erstattet hat, vom französischen Recht und den verwandten Bestimmungen des Schweizerrechtes meint, daß man dadurch den Bedürfnissen des modernen erwerbsgewerblichen Lebens in ausgiebiger Weise gerecht geworden sei.

In Bezug auf contractliches Verschulden heißt es in Art. 115 des schweizerischen Obligationenrechtes: „Der Schuldner ist verantwortlich für das Verschulden der seiner Autorität untergeordneten Familienmitglieder, seiner Angestellten und Arbeiter. Ebenso sind juristische Personen, wenn sie ein Gewerbe treiben, verantwortlich für das Verschulden ihrer Vertreter, Angestellten und Arbeiter bei den geschäftlichen Verrichtungen."

Hinsichtlich des außercontractlichen Verschuldens sagt Art. 62: „Ein Geschäftsherr haftet für den Schaden, welchen seine Angestellten und Arbeiter in Ausübung ihrer geschäftlichen Verrichtungen verursacht haben, wenn er nicht nachweist, daß er alle Sorgfalt angewendet habe, um einen solchen Schaden zu verhüten." Diese Verantwortung trifft auch juristische Personen, wenn sie ein Gewerbe treiben.

Ich will die weiteren Detail-Bestimmungen nicht mehr erwähnen, aber nur noch hervorheben, daß neben diesen allgemeinen Normen Spezialbestimmungen in Bezug auf das Transportwesen auf Eisenbahnen, auf Fabrik-Betriebe, und zwar hinausgehend über die Grenzen des deutschen Reichshaftpflichtgesetzes bestehen, zumal auch der Bau der Eisenbahnen und der Dampfschifffahrtsbetrieb mit einbezogen ist, und auch in Bezug auf die Fabrikunternehmungen über die Haftung bei Beschädigungen von Arbeitern durch Arbeiter strengere Bestimmungen gelten.

Ich will nun nur noch beiläufig hinzufügen, daß Italien und Belgien dem französischen Rechte folgen, ebenso Holland, letzteres jedoch mit der Einschränkung, das die präsumptio juris et de jure des Art. 1384 nicht aufgenommen, sondern der Gegenbeweis zuläßig ist, und daß in Holland ein mit dem Reichsgesetz ziemlich übereinstimmendes Gesetz über Eisenbahnen vom 9. April 1875 besteht. Das, glaube ich, dürfte zu einer flüchtigen Uebersicht über die verschiedenen Rechtssysteme genügen, wobei ich die verehrten Herren, welche ja in dieser Rechtsmaterie vollständig zu Hause sind, um Entschuldigung bitte, wenn ich etwa zu eingehend gewesen wäre. Ich meine aber, daß es Pflicht des Referenten ist, zu zeigen, daß er sich die Mühe nicht hat verdrießen lassen, eine Gesammt-Uebersicht über das betreffende Gebiet zu gewinnen.

Ich komme nun zur dritten, zur Cardinalfrage: Welchen Standpunkt haben wir heute einzunehmen?

Da kann denn nun vor Allem nach meinem Erachten von unserer Seite dem französischen und dem englisch-amerikanischen Rechte in ihren Hauptgrundsätzen nicht wohl gefolgt werden, weil diese beiden Rechtssysteme die Frage nicht bis zur vollständigen Klarheit durchdrungen, weil sie das entscheidende Problem nicht gelöst haben, ob der Lehre das Assekuranzprinzip oder aber das Culpaprinzip zu Grunde gelegt werden solle. Ich bin nun der Meinung, daß in Bezug auf das Verschulden des Arbeitgebers gegenüber dem Arbeiter das römische Culpaprinzip als Ausgangspunkt zu gelten habe, nicht aber das französische und englisch-amerikanische System. In diesen beiden Rechten liegt Angesichts der praesumptio juris et de jure der Schwerpunkt darauf, ob dans les fonctions, ob within the course (scope) of the employment gehandelt worden ist, d. h., Alles reduzirt sich darauf, ob das Verschulden bei der Ausführung innerhalb des anvertrauten Wirkungskreises stattgefunden hat; und da wird denn nun die Interpretation und die Judikatur mit unausbleiblicher Nothwendigkeit dahin gedrängt, mechanisch festzustellen: „Was gehört noch zur Ausführung der Funktionen, und was gehört nicht dazu?" Dies, sage ich mechanisch festzustellen, weil ein Prinzip, welches mit Sicherheit sich anwenden ließe, nicht vorhanden, weil diese Frage einer prinzipiellen Lösung unzugänglich ist. Nehmen Sie z. B. einen praktischen Fall aus dem französischen Recht, welcher sehr prägnant ist. Zwei Kutscher fahren hintereinander zur Mauth, der erste fängt mit dem Mauthbeamten Streit an, der andere sieht das mit an, und nun vereinigt sich dieser zweite mit dem ersten, und beide fügen gemeinschaftlich dem Beamten eine körperliche Beschädigung zu. Die französischen Gerichte haben erkannt: Der Herr des ersten Kutschers, welch' letzterer in Ausführung seiner Funktionen war, ist haftbar, der des zweiten aber, der, um sich dem Streite anzuschließen, aus dem Bereiche seiner Funktion herausgetreten ist, ist nicht mehr haftbar. Und darin sollte eine präzise Feststellung des Satzes gegeben sein: Was ist „dans les fonctions?" und was ist nicht „dans les fonctions?" Oder ein anderer Fall: Ein Vormund hat zwei ihm anvertraute Mädchen in eine Erziehungs-Anstalt gegeben. Diese zwei schon im reiferen Alter stehende Mädchen haben es durch Anwendung ganz besonderer List und Klugheit dahin gebracht, glücklich aus der Erziehungs-Anstalt hinauszukommen, haben in einem andern Hause übernachtet und sind dort mißbraucht worden. Und nun wurde nach dem französischen Recht dem Vormund Entschädigung durch den Institutsinhaber zuerkannt nach Art. 1384, ohne Rücksicht darauf zu nehmen, daß die eigene Thätigkeit der ganz reifen Personen die Ursache des Schadens gewesen ist.

Wenn man die hervorragenden französischen Juristen, wie Lauret, Sourdat, Demolombe, Sirey vergleicht, wird man immer wieder zu einem und demselben Resultate kommen: daß eine vollständige Klarheit hier nicht vorhanden ist. Man bemüht sich den Begriff „dans les fonctions" das einemal ausdehnend, das anderemal beschränkend zu interpretiren; man kommt aber über einen gewissen Grad von willkürlichem Ermessen nicht hinaus.

Ich habe nun schon erwähnt, daß wir als Ausgangspunkt — ich accentuire dieses Wort — als Ausgangspunkt, das Culpa-Princip, das des Verschuldens, anzunehmen haben werden, weil wir damit nach meinem Erachten allein zu bestimmten leitenden Grundsätzen gelangen können. Ich bin aber dabei der Ueberzeugung, daß dieses Prinzip von uns nicht mehr in der Begrenzung aufgefaßt werden kann und darf, in welcher es im römischen Rechte aufgefaßt worden ist, wie ich mir bereits anzudeuten erlaubt habe. Es ist dabei vor allem zu erwägen, daß die Römer selbst in Bezug auf ihre Culpa-Lehre sich den Bedürfnissen des Lebens accomodirt haben, wie wir es uns selbst nicht besser wünschen können, daß sie also selbst den Weg gezeigt haben, der einzuschlagen ist, wenn wir den heutigen Bedürfnissen gerecht werden wollen. Ich brauche nur kurz das Schlagwort auszusprechen: „receptum nautarum, cauponum u. s. f.“, um an ein Rechtsinstitut zu erinnern, bei dem von einer Haftpflicht bis zur vis major, also sogar sine culpa die Rede, dennoch über die Vertretung bloß der culpa in eligendo weit hinausgegangen ist. Ebendahin gehört zwar die Stellung des Horrearius, den Inhaber von Speichern und Magazinen, der ebenfalls hinsichtlich der deponirten Gegenstände in ausgedehntester Weise, bis zu vis major, Einbruch, Plünderung, für seine Leute zu haften hat. Aehnliches galt von den Publicani, welche sogar für Raub und Diebstahl zu haften hatten, welche von ihren Leuten bei Ausübung der Geschäfte begangen wurden. Ich weise weiter hin auf das Edictum de dejectis et effusis, nach welchem der Habitator zu haften hat, wenn etwa ein herabfallender Ziegelstein, herabgeworfen durch wen immer, einen Spaziergänger auf der Straße verletzt. Ist das nicht in hunderten Fällen eine Haftung für seine Leute oder für Arbeiter? Warum, heißt es hier bei den Römern, hat er nicht dafür gesorgt, daß es möglich sei „sine metu et periculo per itinera commeari?“ Ich gehe noch einen Schritt weiter und bemerke: die Römer sind auch noch in anderer Beziehung über die Grundsätze, die sie betreffs der Haftung für Dritte festgestellt haben, und die in den Pandekten nach richtiger Ansicht zu finden sind, hinausgegangen. Und da bitte ich Sie, einen Moment zu verweilen: Wenn Jemand, in dessen Berufskreis der Abschluß gewisser Geschäfte im Namen eines Anderen gelegen ist, also ein Institor, mit einem Dritten contrahirt unter Umständen, wo diesem Letzteren eine Seitens des Prinzipals verfügte Einschränkung der Vollmacht jenes Institor nicht bekannt geworden ist, sei es durch Zufall, sei es durch doloses oder culposes Verschulden des Institor selbst, jedoch ohne alles Verschulden des Prinzipals, so haftet dieser auch bei dolosem oder culposem Abschluß für die Erfüllung des unter solchen Umständen von dem Institor abgeschlossenen Vertrages, und haftet also für einen Gehilfen in einem Falle, welcher mit culpa in eligendo und instituendo nicht das Geringste zu thun hat. Puchta, Mommsen, Goldschmidt, Windscheid, sie anerkennen Alle die Haftung für die von dem Repräsentanten contrahirte Schuld, nebst allen Modificationen, welche diese letztere durch rechtswidriges

Benehmen Jenes erlitten hat. Und nun bitte ich Sie, sich einen Augenblick zu vergegenwärtigen, um was es sich hier handelt: Hier wird der Willensakt, welcher in dem Abschluß oder Vollzug von Rechtsgeschäften liegt, als bindend für den Herrn des Geschäftes angesehen, auch unter den ganz zufälligen — den mit einer culpa auf seiner Seite in gar keinem Zusammenhange stehenden — Umständen, daß eine Beschränkung der Institoren gegeben und dem dritten Contrahenten unbekannt geblieben ist. Und nun liegt denn doch die Frage nahe: wenn der Römer sich vergegenwärtigt hätte, was zu thun er gar nicht in der Lage war, weil er mit seiner Stellung der Sklaven und Hauskinder und der noxalis actio sein Auslangen fand, wenn er sich, sage ich, aber vergegenwärtigt hätte, wie nach seinem Rechte der Institor dem Herrn gegenüberstand, wie er dann wohl voraussichtlich die Stellung des Arbeiters zum Arbeitgeber geregelt haben würde? Warum, dürfte er dann wohl gefolgert haben, Haftung hier, wo es sich um Contractabschlüsse, um Willensacte handelt, warum hier erzwungene Garantie für fremde Culpa aus fremdem Contracte, und warum nicht Haftung für den Arbeiter aus dem eigenen Contracte des Arbeitgebers?

Das bezieht sich auf contractliches Verschulden. Nun ein kleiner Fall des außercontractlichen und zwar im Hinblick auf Streitfragen, welche erst die neuere romanistische Wissenschaft aufgeworfen hat. Wie sieht es mit dem Nuntius aus? Wenn der Nuntius, ohne irgend eine culpa von Seite des Absenders, einen Auftrag in Bezug auf Abschluß eines Vertrages an einen Dritten unrichtig ausrichtet, so daß bei diesem eine Hoffnung auf Vertragsabschluß entsteht, so haftet, wenn dieser dadurch geschädigt wird, nach Jhering, Windscheid und anderen hervorragenden Romanisten, der Entsender ohne alle eigene culpa und ohne allen eigenen dolus, oder im äußersten Falle für eine Art Pseudo-Culpa, die mindestens an der letzten Grenze dessen steht, was überhaupt noch als culpa bezeichnet werden kann. Ich weiß, daß es eine gewagte Sache ist, namentlich im Kreise von so hervorragenden Romanisten, sich auf dies intricate Gebiet hinauszubegeben, auf das Gebiet einer Lehre, wie die vom sogen. negativen Vertragsinteresse, die ja noch — Friedr. Mommsen's neueste Arbeit gibt Zeugniß davon — in vollem Flusse ist. Aber ich glaube denn doch, es ist wichtig, daß wir die uns beschäftigende Frage von dem Gesichtspunkte aus ansehen: ist denn das römische Princip von der culpa in eligendo und custodiendo überhaupt einer allgemeinen Anwendung fähig? Und waren nicht die Römer selbst im praktischen Leben genöthigt, über die culpa in eligendo in einer langen Reihe von Fällen weit hinauszugehen?

Das ist nun der Standpunkt, auf den wir uns zu stellen haben und ich meine, daß wir damit dem modernen Rechtsbewußtsein und den heutigen praktischen Lebens- und Verkehrsbedürfnissen entsprechen, unter Anerkennung des Umstandes allerdings, daß, nach meinem Erachten, das Rechtsbewußtsein deutscher und österreichischer Juristen sich von dem Princip der Verschuldung als Ausgangspunkt nicht vollkommen wird losmachen können und, ich glaube, wollen.

Es fragt sich nach all dem zunächst: wie ist die locatio conductio operis vom Standpunkt unseres Rechtsbewußtseins in Betreff der Haftung zu normiren? Da glaube ich denn nun juristisch und in wirthschaftlicher Beziehung sagen zu können: derjenige, welcher als conductor operis die Herstellung eines Werkes übernimmt, der bekennt sich damit als befähigt, dieses Werk zur gehörigen Ausführung zu bringen; ob durch Gehilfen oder eigene Kraft ist eine gleichgiltige Sache. Ja, ich halte es geradezu für irrthümlich, wenn von hervorragenden Romanisten behauptet wird, die Mitwirkung von Gehilfen und das Wissen des Promissors, daß der Promittent nicht allein mit seiner eigenen Kraft arbeiten wird, vorausgesetzt, verstoße es gegen die bona fides, den Conductor für mehr haften zu lassen, als für culpa in eligendo und custodiendo. Ich halte dies für irrthümlich vorerst, weil derjenige, welcher mit Andern einen Vertrag auf Herstellung eines Werkes schließt, sei es im vollen Bewußtsein, daß auch andere Personen als Gehilfen theilnehmen, sich damit eben nach Außen hin für befähigt erklärt hat, dasselbe vertragsmäßig herzustellen, sei es mit Mitwirkung Fremder, oder ohne Mitwirkung, so daß es dann ganz gleich-gleichgültig ist, ob die Herstellung durch eigene Thätigkeit, oder, wie voraus-zusehen, durch Mitwirkung von Gehilfen erfolge. Sodann aber, weil der andere Contrahent, der Locator, möge er immerhin wissen, daß der Conductor Arbeiter bezieht, zu diesen letzteren auch nicht im Allerentferntesten in irgend ein Rechtsverhältniß eintritt, sondern lediglich und ausschließlich mit dem Promittenten und dessen Vertragspflichten zu thun hat. Da bitte ich denn nun recht sehr, m. H., daß Sie sich von dem Standpunkte losmachen — selbst der eine oder der andere von den Herren Gutachtern hat denselben eingenommen —, als ob zwischen Arbeitgeber und Arbeiter ein Vollmachtsverhältniß bestände, und weiter, als ob eine Betheiligung der Arbeiter an dem Rechtsgeschäfte bestände, welches der Arbeitgeber mit dem Dritten eingegangen ist. Davon ist gar keine Rede; es besteht keine Vollmacht im juristischem Sinne, es besteht absolut keine Vertretung des Arbeitgebers durch den Arbeiter nach Außen hin in irgendwelchem juristischen Sinne, und die Frage der Ueberschreitung der Vollmacht, die im römischen Rechte eine Rolle spielt, hat da kein Terrain zu finden. Es besteht vielmehr ein rein internes Verhältniß, das nach

Außen hin in keiner Weise zu wirken vermag und dahin geht, auf welche Weise, durch welche Werkzeuge — nicht in dem Sinne, als ob ich das Wort pointiren wollte —, vielmehr durch welche Organe dieses opus zu Stande kommt. Demgegenüber ist die Einigung zwischen Locator und Conductor das allein maßgebende, die Herstellung des Werkes ist Sinn und Basis ihres Uebereinkommens, und alles Weitere, durch welche Mitarbeiter 2c., ist eine völlig untergeordnete Frage. Alle Analogien, welche man da häufig hauptsächlich heranzieht, treffen nicht zu; denn es handelt sich nicht darum, daß durch die Gehilfen irgend ein Rechtsgeschäft vollzogen wurde, sondern lediglich darum, daß durch sie eine physische, materielle Thätigkeit entwickelt werde, und der Gehilfe kommt als Rechtssubjekt ausschließlich nur in seinem Verhältnisse zum Herrn in Frage, nicht aber gegenüber dem Mitcontrahenten, dem locator operis, zu dem er in gar kein Verhältniß tritt. Und deshalb, wenn auch gegen die Begründung vielleicht Einiges eingewendet werden könnte, insoweit sie sich auf die berühmte l. 23 § 7. D. 19. 2 bezieht, über welche die bekannte Controverse besteht, hat das Reichsgericht vollkommen Recht, wenn es in zwei seiner Entscheidungen, die letzte vom Juni vorigen Jahres, den Grundsatz der Haftung in dem Sinne ausgesprochen hat, daß es das Endergebniß sei, worauf es ankomme und für das der Arbeitgeber einzustehen habe: daß er die Hilfspersonen auf seine Gefahr aufnehme, oder wie das Braunschweiger Obergericht in einer Entscheidung vom 30. Jan. 1880 sagt: „Daß die Verantwortung erst dann cessire, si omnia facta sunt, quae diligentissimus quisque observaturus fuisset und sich auf alle Personen erstrecke quorum operá utatur". Das ist also der Grundgedanke, nach demselben ist die Frage des contractlichen Verschuldners zu beurtheilen, und daher rechtfertigt sich der Antrag, in welchem ich mit dem verehrten Reichsgerichtsrath Dreyer vollkommen übereinstimme:

„In obligatorischen Verhältnissen hat der Arbeitgeber für das Verschulden seiner Arbeiter zu haften."

Es handelt sich nun weiter um das außercontractliche Verschulden. Auch da, m. H., gehe ich, ich mache gar kein Hehl daraus, von der Ueberzeugung aus, daß über die bisherigen Prinzipien weit hinauszugehen sein wird. Und zwar ist für mich der leitende Gedanke der, daß eine vernünftige Regel des Lebens, des Zusammenlebens besteht — ich gebrauche das Wort Bar's —, wonach ein Jeder in Bezug auf alle diejenigen Verhältnisse, welche er herbeiführt und aus denen eine Gefahr für Andere hervorgehen kann, zur weitestgehenden fachmännischen Diligenz verpflichtet ist. Ich betrachte diesen Grundsatz als einen solchen, welcher dem heutigen Rechtsbewußtsein vollständig entspricht, und welcher dem altrömischen Rechtsgrundsatz: „Qui jure suo utitur, neminem laedit“ in dem Sinne begrenzt und beschränkt, daß einzig und allein nur das als das Recht des Einzelnen anerkannt werden kann, womit eine Verletzung des fremden Rechtes, ein Eingriff in eine fremde Rechtssphäre nicht verbunden ist. Deshalb würde ich außerordentlich geneigt sein, einen zweiten Antrag zu stellen, im Wesentlichen, aber mit gewissen Modificationen im Einzelnen — welche bezüglich des außercontractlichen Verschuldens eine Verschärfung der Haftpflicht involviren — übereinstimmend mit dem Schweizer Obligationenrechte. Ich bin jedoch mit schwerem Herzen von diesem meinem Wunsche abgegangen, und zwar aus folgenden Gründen: die Durchforschung der Literatur hat mir gezeigt, daß hierin noch die weitgehendsten Divergenzen bestehen, dasselbe beweist der Inhalt unserer Gutachten, sowie derjenigen, welche der Verein für Socialpolitik über die Haftpflichtfrage zu sammeln in der Lage gewesen ist. Ein ähnliches Bild stellt der Gang der Gesetzgebung. Unter den größten Schwierigkeiten ist man nun ganz allmählich dahin gekommen in dem österreichischen Gesetze vom Jahre 1869 für Eisenbahnen sowie in dem Reichshaftpflichtgesetze vom Jahre 1871 Grundsätze der Specialgesetzgebung zur Ausführung zu bringen, deren erste Versuche ja schon in dem Handelsgesetzbuche (Art. 400 und 395), sowie in dem preußischen Eisenbahngesetze vom Jahre 1838 (§ 25) angebahnt worden waren.

Mit einem Worte, eine communis opinio über die Frage, innerhalb welcher Grenzen für außercontractliches Verschulden gehaftet werden soll, besteht nach meinem Erachten leider nicht.

Nun müssen wir uns die Stellung des Juristentages gegenwärtig halten. Es ist eine alte Tradition desselben gewesen, niemals Beschlüsse provoziren zu wollen, über welche die Meinungen weit auseinandergehen, und welche vielleicht nur mit einer geringen Majorität zur Annahme gelangen können. Ein solches Resultat wird unvermeidlich sein bei einer Lehre, die so ganz in Gährung begriffen ist, wie die vorliegende, bezüglich derer also die schöne Aufgabe des Juristentages, die communis opinio der deutschen Rechtswelt zu formuliren, zur Zeit unerfüllbar ist. In Folge dessen unterlasse ich es einen positiven Antrag zu stellen, und betrachte es als genügend, wenn meine Hoffnung sich verwirklicht, daß wenigstens der erste Satz mit möglichst großer Mehrheit zur Annahme gelangt.

Was den zweiten Punkt anlangt, so erscheint es zweckmäßig, die Frage, um eine vollständige präzise Beantwortung herbeizuführen, als selbständige herauszuschälen und auf den nächsten Juristentag zu bringen, nachdem über sie speziell vorher Gutachten eingeholt worden sind. Aber ich möchte damit die Sache doch noch nicht ganz abgethan sehen; ich glaube, daß sich vielen von uns die Ueberzeugung aufgedrängt hat, daß das praktische Leben eine Erweiterung der Haftpflicht unausbleiblich fordert. In welcher Weise diese Erweiterung stattfinden soll, ob etwa durch Einreihung mehrerer bisher für ungefährlich erachteten Betriebe in die Zahl der für gefährlich zu erachtenden oder nicht, darüber bestehen allerdings wieder verschiedene Ansichten. Ich meinerseits gehöre zu denjenigen, die da meinen, daß eine solche Abgrenzung überhaupt nicht praktisch durchführbar ist, da selbst der ungefährlichste Betrieb unter Umständen gefährlich werden kann, so daß man also über die bloße Spezialgesetzgebung hinaus zu einer allgemeinen Regel hingedrängt würde, was natürlich wieder viel bestritten ist.

Aus diesen Gründen erlaube ich mir keine weitergehende Bitte als die, daß dem zweiten Antrage ein Zusatz beigefügt werde, der die Nothwendigkeit der Erweiterung der Haftpflicht principiell anerkennt. Mein Antrag lautet:

„In Betreff der Haftung des Arbeitgebers für außercontractliches Verschulden seiner Arbeiter spricht die Abtheilung, unter Anerkennung der Nothwendigkeit einer Erweiterung der bisher normirten Haftpflicht, den Wunsch aus, die ständige Deputation möge die Frage unter Einholung von Gutachten auf die Tagesordnung des nächsten Juristentages setzen."

Ich bin mir bei diesem Antrage einer Gefahr sehr wohl bewußt; die romanistischen Herren unter uns werden sagen: der Antrag geht uns viel zu weit; und diejenigen, welche auf französischem oder englisch-amerikanischem Boden stehen, werden sagen: er geht uns nicht weit genug. Gerade aber, weil die Dinge so liegen, glaube ich, daß das juste milieu, das sonst freilich nicht selten die Mittelmäßigkeit bezeichnet, hier wirklich die goldene Mittelstraße ist, d. h., daß man zwar weiter gehen soll wie bisher, aber mit unserer deutschen Gründlichkeit und deutschen Sorgfalt noch weitere Berathung und Entscheidung auf dem nächsten Juristentag vorbehalten soll. Hoffentlich wird man so der gedeihlichen Lösung vorarbeiten Ich bin zu Ende. (Lebhafter Beifall.)

Prof. **Enneccerus** (Marburg): Meine verehrten Herren! Ich muß zunächst dem ersten Herrn Referenten darin zustimmen, daß derselbe den Gutachtern, die in dieser Frage sich in so eingehender Weise geäußert haben sein volles Lob gezollt hat. Und, m. H., ich habe ganz besonders Grund dies zu thun; denn, da ich genöthigt bin, in der einen oder anderen Beziehung gegen die von den Herren Gutachtern gegebenen Begründungen zu opponiren, so ziemt es sich für mich besonders, dem Gedanken Ausdruck zu geben, daß diese Begründungen, auch wo ich sie nicht für richtig erkennen kann, doch für mich ihren Werth behalten. Der Werth besteht darin, daß das unklare Gefühl, welches uns sagt: „Hier oder da muß eine Erweiterung der Haftpflicht stattfinden", zurückgeführt ist auf juristische Gründe, auf juristische oder logische Begriffe, wie z. B. den Begriff der Vertretung, den Begriff des Causalzusammenhanges, den Begriff des Erfolges und andere. Dadurch wird es nicht bloß dem, der gleicher Meinung ist, sondern auch dem, der in der einen oder andern Beziehung differirt, entschieden erleichtert, seine Ansicht zu entwickeln und zu präcisiren. Er kämpft jetzt für, oder er kämpft gegen bekannte Größen, feste, anerkannte Begriffe.

M. H.! Ehe ich nun auf die Frage selbst übergehe, halte ich es für nöthig, einige Dinge von der Diskussion, zunächst also von meinen Darlegungen und hoffentlich auch von der weiteren Verhandlung auszuscheiden, welche die ohnehin schwierige Frage bloß erschweren würden, und, wie ich glaube, nicht zur Sache gehören.

Zunächst scheide ich ganz aus die Haftung des Arbeitgebers für eigenes Verschulden, ich betrachte es als ganz selbstverständlich, daß er zunächst haftet für culpa in eligendo und für culpa in Bezug auf die Beaufsichtigung. Er haftet für sorgfältige fachmännische Auswahl und Beaufsichtigung nach allen Richtungen. Ebenso lasse ich ganz außer Acht die Haftung für den Fall der unerlaubten Verwendung eines Substituten oder Gehilfen. Wenn jemand einen Substituten oder Gehilfen für sich oder neben sich handeln läßt und dazu nicht berechtigt ist, so haftet er wegen dieser Rechtsverletzung, und zwar für alle Folgen, welche diese Rechtsverletzung nach sich zieht, also nicht bloß für culpa dieses Substituten oder Gehilfen, sondern auch für jeden casus, der auf jene eigene Rechtsverletzung des Arbeitgebers zurückzuführen ist. Meine Herren, es ist sehr wichtig, dies scharf zu betonen und auszuscheiden, weil in der Argumentation für verschiedene später zu besprechende Ansichten leicht Fälle dieser Art in unrichtiger Weise benutzt werden. Sodann scheide ich als selbstverständlich aus alle Fälle irgend welcher andern culpa, z. B. der Verschuldung in der Ertheilung der Instruktion für den Arbeiter, der schuldhaften Lieferung schlechter Werkzeuge, der Anstellung einer ungenügenden Anzahl von Arbeitern u. s. w.

Zweitens scheide ich aus die Haftung für den casus. Der Herr Referent hat die einzelnen Fälle angeführt, in denen das römische Recht aus besonderen Gründen über die Haftung für culpa hinausgeht, wo es also singulärer Weise die Haftung für casus statuirt. Diese Fälle kommen für uns nicht in Betracht. Wir können nicht Schlüsse ziehen aus singulären Rechtsregeln, welche sich auf ganz besondere Rechtsverhältnisse beziehen und deshalb hier, wo wir uns mit dem jus commune beschäftigen, außerhalb des Kreises unserer Betrachtung liegen.

Ich scheide ferner aus die Fälle, wo die Haftung für die culpa des Arbeiters ausdrücklich übernommen wurde; es ist selbstverständlich, daß ich für meines Arbeiters Verschulden hafte, wenn ich diese Haftung besonders übernommen habe.

Endlich scheide ich aus die Haftung in Fällen von besonders gefährlichen Unternehmungen, in denen eben wegen dieser besonderen Gefahr Spezialbestimmungen entweder schon existiren oder wünschenswerth sind.

So präzisirt sich denn unsere Frage dahin: Haftet der Arbeitgeber in Fällen, wo er an sich nicht für casus einsteht, und wo er die Haftung für culpa des Arbeiters nicht ausdrücklich übernommen hat, für culpa des Arbeiters, ohne daß er sich selbst in culpa befindet, und abgesehen von besonders gefährlichen Unternehmungen, für welche besondere Vorschriften gelten oder gelten sollten?

M. H., die Frage, auch so präcisirt, läßt sich nicht ohne Weiteres mit „Ja" oder „Nein" beantworten, wie Ihnen ein Herr Gutachter ja schon ausgeführt hat. Es müssen vielmehr die Grenzen gezogen werden, innerhalb deren die Haftung stattfindet und außerhalb deren sie ausgeschlossen ist, und diese Grenzen werden in der Gesetzgebung und Literatur sowohl in sachlicher als in persönlicher Beziehung sehr verschieden gezogen. Es wird uns das zunächst ein Blick auf die Gesetzgebung zeigen — ich wiederhole natürlich nicht dasjenige, was der Herr Referent bereits ausgeführt hat, sondern gruppire nur, um dies zu zeigen. Oesterreich und Sachsen antworten auf unsere Frage: „Nein, der Arbeitgeber haftet überhaupt nicht für das Verschulden seiner Arbeiter." Ebenso das gemeine Recht, wenn die Ansicht von Windscheid und Andern richtig ist.

Sodann kommen — als zweite Kategorie — jene Gesetzgebungen, welche sagen: „Ja, der Arbeitgeber haftet, aber nur in obligatorischen Verhältnissen." Dahin gehört zunächst das preußische Landrecht, jedoch mit der Beschränkung auf den conductor operis; dahin gehört das gemeine Recht, wenn die Ansicht richtig ist, welche das Reichsgericht in nunmehr zweimaliger Entscheidung, freilich gleichfalls unter Beschränkung auf die locatio conductio operis, aufgestellt hat, und welche auch eine Reihe von Schriftstellern, darunter einer unserer Herren Gutachter, vertheidigen; dahin gehört ferner auch das Schweizer Gesetzbuch. Das Schweizer Gesetzbuch nimmt eine Haftung nur an in obligatorischen Verhältnissen; in außerobligatorischen Fällen hat es nur eine Präsumtion der Verschuldung; aber diese kann widerlegt werden durch den Beweis, daß der Arbeitgeber die erforderliche Sorgfalt angewendet habe, es ist also keine Haftung für fremde culpa vorhanden, sondern nur eine Präsumtion der eigenen culpa, welche durch den Gegenbeweis der diligentia beseitigt werden kann.

Die dritte Gruppe bildet der code civil — bezw. die französische Jurisprudenz — und die englische Rechtsprechung. Diese sagen: „Es wird auch gehaftet in außerobligatorischen Verhältnissen," aber wieder mit einer wichtigen Verschiedenheit — auf Einzelheiten gehe ich nicht ein. Die englische Praxis sagt: Nur für die vom Arbeiter in Ausführung der übertragenen Geschäfte begangene culpa wird gehaftet, während der code, bezw. die französische Praxis, die Haftung annimmt auch für diejenigen Verschuldungen, welche „à l'occasion," bei Gelegenheit der Ausführung der übertragenen Befugnisse vorkommen.

Prüfen wir nun die Gründe für diese verschiedenen Begrenzungen der Haftung, so könnte es als das Einfachste erscheinen, dabei den einzelnen Gesetzgebungen zu folgen. Allein in Wahrheit ist dieser Weg unzweckmäßig, weil nicht selten für eine einzelne gesetzliche Bestimmung die verschiedensten Gründe angeführt werden. Wir müssen daher von der Begründung der Haftung selbst ausgehen und sodann die gesetzgeberischen Consequenzen dieser Begründung aufzeigen.

M. H., zunächst müssen wir die verschiedenen Begründungen oder Theorien, will ich sagen, der Haftung für den Arbeiter in zwei Klassen theilen.

Die eine Klasse, welche ich voranstelle, bezieht sich nur auf die Haftung in obligatorischen Verhältnissen.

Ich unterscheide innerhalb dieser Klasse im Ganzen drei Begründungen. Die erste will ich der Kürze wegen Assekuranztheorie nennen; sie ist zuerst von Professor Ubbelohde aufgestellt. Die Assekuranztheorie geht davon aus, daß in den meisten Fällen zweiseitiger Obligationsverhältnisse sich der Versprecher einer Leistung in der Regel eine Assekuranzprämie für Uebernahme der Haftung für culpa seiner Arbeiter werde ausbedingen können. Weil er das in der Regel könne, so müsse man sagen, daß die Haftung für den Arbeiter sein Interesse nicht schädige, er sei ja durch die Assekuranzprämie im Großen und Ganzen gegen Gefahr gedeckt, dagegen habe der andere Mitcontrahent einen sehr erheblichen Vortheil, und dies sei der Grund, wie Ubbelohde sich ausdrückt, weshalb das Gesetz, dem Schuldner Haftung für seine Gehilfen in allen den Fällen auferlegt habe, bei denen es zutrifft, daß er in der Regel eine Assekuranzprämie ausbedingen könne.

Meine Herren! Ich möchte doch bezweifeln, ob mit den Grundsätzen der wahren Gerechtigkeit und Billigkeit diese Begründung übereinstimmt. Wenn wir annehmen wollten, daß wirklich nichts weiter, als ein etwaiger stillschweigender und äußerlich unerkennbarer Assekuranzvertrag, die Haftung begründete, dann wäre es doch ein eigenes Ding, dem Arbeitgeber allgemein dies Risiko aufzulegen. Dieses Risiko ist im einzelnen Falle oft so hoch, daß der einzelne Arbeitgeber gar nicht die sichere Aussicht hat, durch die Assekuranzprämie bei andern Fällen Deckung zu erhalten. Nehmen Sie nur einmal die Haftung des kleinen Arbeitgebers für einen oder mehrere Gesellen; sie kann sich unter Umständen außerordentlich hoch belaufen, bei Entstehung von Brand ein ganzes Vermögen wegnehmen. Wo ist da die Sicherheit, durch die Assekuranzprämie sich zu decken? M. H.! Ohne große Gefahr kann nur derjenige Versicherungen übernehmen, der eine sehr große Anzahl von Einzelfällen in die Waagschaale legen kann und in Folge dessen durch die Assekuranzprämien gedeckt ist. Dies trifft eben hier nicht zu. Es ist der einzelne Arbeitgeber keine Versicherungsgesellschaft, und es ist nicht richtig, daß er ohne eigene Gefahr zum Versicherer gemacht werden könne.

Nun, m. H., würde aber weiter die Assekuranztheorie auch deshalb zur Unbilligkeit führen, weil der Preis der Arbeit von so vielen andern Umständen in erster Linie abhängt, daß das, was theoretisch als Regel bezeichnet wird, in Einzelfällen gar nicht zutrifft. Nachfrage und Angebot sind es, die den Werth der Arbeit bestimmen, und diese werden in erster Linie durch andere Verhältnisse bestimmt, als durch diesen geringen Nebengedanken der Assekuranz.

Endlich kann derselbe Grund der Möglichkeit, sich durch Ausbedingen einer höheren Gegenleistung eine Assekuranzprämie zu verschaffen, nicht bloß für die Haftung für culpa der Arbeiter, sondern auch für casus angeführt werden. Kann sich der Unternehmer im einen Falle durch Ausbedingen einer höheren Gegenleistung eine Assekuranzprämie verschaffen, so kann er es auch im andern. Consequent würde also die Assekuranztheorie zu dem Satze führen, daß der Schuldner in allen jenen Fällen für casus hafte.

Viel näher dem Richtigen kommt meines Erachtens die Theorie, welche das Reichsgericht aufgestellt hat, welcher der Gutachter Herr Prof. Leonhard folgt, welche auch schon früher von verschiedenen Gelehrten vertheidigt ist. Dieselbe führt im großen Ganzen folgendes aus: Derjenige, der einen Erfolg verspricht, haftet für Herbeiführung dieses Erfolgs, und zwar natürlich für ordnungsmäßige Herbeiführung dieses Erfolgs. Wird nun infolge einer culpa des Arbeiters dieser Erfolg nicht herbeigeführt, so haftet der Arbeitgeber, weil er das Versprechen nicht ins Werk gesetzt, den Erfolg nicht herbeigeführt hat.

Um etwas mehr zu präzisiren erlaube ich mir aus dem wirklich in dieser Beziehung sehr significanten Urtheil des Reichsgerichtes die entscheidenden Worte vorzulesen: „Der conductor operis verpflichtet sich nicht etwa nur zu denjenigen auf Bewirkung der verdungenen Leistung abzielenden einzelnen Handlungen, welche nach den concreten Umständen des Falles von ihm persönlich als dem Unternehmer erwartet werden können, wozu etwa auch die sorgfältige Auswahl und nach Umständen auch Beaufsichtigung der Hilfspersonen gehören mag, sondern er verpflichtet sich unmittelbar zur Herstellung des Endergebnisses im Ganzen. Wer aber in dieser Weise contrahirt, der hat es lediglich mit sich selbst abzumachen, Wenn er aus irgend einem Grunde nicht in der Lage ist, das fragliche Endergebniß durch seine eigene alleinige Thätigkeit herbeizuführen; er nimmt alle zur Ausführung etwa erforderlichen Hilfspersonen nur auf seine eigene Gefahr an."

Herr Prof. Leonhard hat, wie ich glaube, in sehr zutreffender Weise, um dieser Ansicht eine weitere Stütze zu geben, darauf aufmerksam gemacht, daß sowohl bei den Römern, als auch bei uns die ganz gewöhnliche Form der Verträge diese Auffassung bestätigt. Er führt an, daß bei den Römern in solchen Fällen gewöhnlich passivisch construirt wird: „insulam fabricari" oder „insulam fabricandam" und erinnert daran, daß wir im Deutschen gewöhnlich abstracte Verbalsubstantiva anwenden: „ich verspreche den Bau eines Hauses; ich verspreche, für Vollendung eines Hauses einzustehen." Es wird also in diesen lateinischen oder deutschen Wendungen auch dem Wortlaut nach der Erfolg versprochen.

Scheint dies die Erfolgstheorie zu bestätigen, so muß ich doch auf der andern Seite schwere Einwendungen gegen dieselbe erheben, welche freilich nicht sowohl ihre wirkliche Unrichtigkeit darthun, als vielmehr eine allerdings wesentliche Modification derselben nothwendig machen.

Der erste Einwand, m. H., ist schon von Vielen, namentlich von Goldschmidt, geltend gemacht worden, und die Ausführungen von Goldschmidt haben so durchschlagend gewirkt, daß infolge dessen eigentlich erst die ziemlich constante, herrschende Theorie entstanden ist: der Arbeitgeber haftet nicht für Verschulden des Arbeiters. Die Deduction ist folgende: wenn es wahr ist, daß der Arbeitgeber für den Erfolg haftet, und deshalb für culpa des Gehilfen einsteht, so muß er auch für casus einstehen, denn auch wenn ein casus ihn vereitelt oder beeinträchtigt, ist es wahr, daß der Unternehmer den Erfolg nicht herbeigeführt, also nicht gethan, was er versprochen hat. Wenn wir nun sagen: „Nein, für casus steht er nicht ein, Niemand haftet für mehr, als für seine Sorgfalt", — dann steht er auch nicht für den casus ein, der darin besteht, daß seine Gehilfen in culpa sind; denn, m. H., für ihn ist dies casus. Wenn er für seine Person volle Sorgfalt anwendet, so trifft ihn keine Schuld, und für ihn ist die culpa seiner Gehilfen casus. Und, m. H., wenn wir unterscheiden wollten zwischen einem casus, bei dem auch kein Verschulden der Arbeiter vorliegt und dem andern casus, der auf Verschulden der Arbeiter beruht, und sagen: „Im ersten Falle soll er haften, im zweiten Falle nicht“, so wäre das einfach eine petitio principii.

Dazu kommt ein zweiter Einwand, den ich aber auch nicht mache, um die fundamentale Unrichtigkeit des reichsgerichtlichen Urtheils darzuthun, sondern um zu zeigen, daß seine Formulirung unrichtig ist, insofern es Alles auf den Begriff des Erfolges basirt. Nach der reichsgerichtlichen Theorie ist ein durchgreifender Unterschied zu machen zwischen opus und operae.

M. H.! Es ist ganz gewiß richtig, daß gewöhnlich, wenn sich Jemand für ein opus verpflichtet, er durch sich und seine Gehilfen oder dritte Personen das opus hervorrufen kann; wenn sich aber Jemand für operae verpflichtet, so muß er nach der Intention der Parteien in den meisten Fällen selbst handeln.

Es kann aber sehr wohl auch vorkommen, daß Jemand operae in dem Sinne verspricht, daß er durch seine Gehilfen die operae verrichten lassen will, und in diesem Falle sollte die Haftung eine andere sein, als wenn's ein opus ist? Ein Beispiel: Ich dinge mir Jemand zur Herstellung meiner Gartenumzäunung; er ist conductor operis, haftet also für seine Gehilfen. Nachher dinge ich mir diesen selben Unternehmer zur Ausführung von Gartenarbeiten dergestalt: „Verpflichten sie sich mit ihren Gehilfen etwa 8 Tage lang für so und so viel täglichen Lohn Gartenarbeiten, wie graben, pflanzen, Bäume beschneiden u. s. w., bei mir zu verrichten?“ „Jawohl!“ — Er verpflichtet sich dazu. Seine Arbeiter beschädigen in beiden Fällen durch culpa die Bäume. Im ersten Falle haftet er, im zweiten Falle nicht? Oder: Ich dinge mir einen Fuhrmann, der meine Möbel zum Bahnhof transportirt, das ist locatio conductio operis (die besondern Bestimmungen über Fracht lasse ich weg). Also haftet er, denn er hat ein opus versprochen. Denselben Fuhrmann dinge ich und sage: Wollen sie morgen von 6 Uhr Morgens bis 6 Uhr Abends mit noch 6 Leuten für mich Möbeln fahren und verladen für so und so viel Tagelohn. Er verspricht mir also unmittelbar die Arbeit des Transportirens und Verladens, nicht das Resultat des Hinschaffens nach einem bestimmten Orte. Es liegt locatio conductio operarum vor. Und die Folge ist, daß er im ersten Beispiele haftet, wenn seine Gehilfen die Möbel ruiniren, im zweiten nicht.

Oder ein drittes Beispiel: Jemand verpflichtet sich mir gegenüber, meine Sachen zu bewachen oder bewachen zu lassen. Das sind operae, kein opus. Die Folge ist: Er haftet nicht für seine Gehilfen.

M. H.! Das Gesagte dürfte genügen, um den Satz zu rechtfertigen: „Nehmen wir die Haftung des conductor operis für seine Gehilfen an, so müssen wir die gleiche Haftung auch für den locator operarum, der nach der Intention der Parteien Gehilfen verwenden darf, annehmen." Also — so scheint es — müßte die Erfolgstheorie dahin erweitert werden, daß auch die operae mit hineingezogen werden. Aber das geht nicht; denn dadurch wird die Grundlage der Theorie verlassen.

Das Schlagwort, auf das Alles gestellt ist, ist der Begriff des Erfolges. Wir müssen also den richtigen Gedanken, der dem Reichsgerichtserkenntnisse trotzdem zu Grunde liegt, ganz anders formuliren und begrenzen, als es das Reichsgericht gethan hat. Um zu diesem Ziele zu gelangen, ist es nöthig, von dem Begriffe der Obligation auszugehen.

M. H.! Die gewöhnliche Definition der Obligation verleitet zu einem gefährlichen Trugschluß in unserer Frage. Gewöhnlich wird die Obligation definirt als „Haftung für eine Handlung". Da kommt man nun leicht zu folgendem Trugschluß: Die Haftung aus der Obligation ist Haftung für eine Handlung, also Haftung für eigene Handlung; wer für eigene Handlung haftet, haftet auch nur für eigene Diligenz. Wenn er also Gehilfen zuzieht und dies nach der Intention des Vertrages darf, so haftet er gleichwohl nur für seine Diligenz und diese Diligenz besteht eben darin, daß er bei der Auswahl und Beaufsichtigung so sorgfältig wie möglich ist. Da haben wir die Haftung, welche die herrschende Ansicht als diejenige des gemeinen Rechtes bezeichnet, die Haftung für culpa in eligendo und custodiendo und weiter nichts.

Gehen wir aber dem Begriff der Obligation näher zu Leibe, so stellt sich die Sache ganz anders. Ich schließe mich hier den trefflichen Ausführungen von Hartmann über Zweck und Begriff der Obligation an. Hartmann definirt die Obligation — auf die Worte kommt es nicht an — als „Einstehen für die Befriedigung eines Privatinteresses des Gläubigers." Daraus erklärt sich unter Andern, daß der Schuldner regelmäßig nicht in eigener Person zu zahlen braucht, sondern durch einen Andern zahlen kann. Auch durch die Zahlung eines Andern wird ja das Interesse des Gläubigers befriedigt; auch durch sie wird dasjenige bewirkt, was allein Gegenstand der Obligation ist, die Befriedigung des Interesses des Gläubigers. Ferner erklärt sich aus diesen Begriffen der Obligation die ganze Lehre von der Klagenconcurrenz. Wenn ich mehrere Obligationen, also mehrere Mittel habe, meine Befriedigung in Bezug auf ein gewisses Privatinteresse zu bewirken, und nun mit einem dieser Mittel meine Befriedigung zu Stande gebracht habe, so ist der Zweck der Obligation erfüllt, die übrigen Obligationen, welche auf Befriedigung dieses nun schon befriedigten Interesses gerichtet waren, sind gegenstandslos geworden, d. h. untergegangen. Endlich erklärt sich aus diesem Begriff der Obligation auch die Lehre vom concursus causarum lucrativarum, was ich aber nicht näher ausführen kann. Suchen wir nun diesen Obligationsbegriff für unsere Frage zu verwerthen, so ergiebt sich zunächst Folgendes: Wenn es wahr ist, daß der Schuldner haftet für die Befriedigung eines Privatinteresses des Gläubigers, so kann man keineswegs allgemein sagen, er hafte für eine eigene Handlung, sondern es kann das sehr verschieden sein. Er kann haften für eine eigene Handlung, wenn nämlich das Privatinteresse des Gläubigers darin besteht, daß gerade er die Handlung vornehme; er kann auch haften für die Leistung eines Dritten, wenn nämlich in dieser das Privatinteresse besteht, dessen Erfüllung versprochen ist; er kann haften drittens für eine Leistung, welche in persönlicher Beziehung gar nicht bestimmt ist, sondern durch irgend Jemand, eine unbestimmte Person, vorgenommen werden soll, nach seiner Auswahl.

Nun, m. H.! Herr Professor Leonhard hat, wie ich schon angeführt habe, bei der locatio conductio operis darauf hingewiesen, daß schon der Wortausdruck für diese allgemeine Haftung — ich darf sagen, für eine in diesem Sinne abstrakte Haftung spreche; aber die Richtigkeit dieses Satzes geht über den Begriff der locatio conductio operis weit hinaus. Wenn ich verspreche „pecuniam dare", so ist das ganz dasselbe, wie wenn ich verspreche „insulam fabricari"; das Eine ist so objectiv wie das Andere, Und wenn ich verspreche „die Erbauung eines Hauses", so ist das auch nichts Anderes, als wenn ich die „Zahlung des Geldes" zusage. Die Persönlichkeit dessen, der die Zahlung factisch vornehmen soll, ist ebenso wenig bestimmt, wie die Person dessen, der die Steine und Balken zusammenfügen soll.

Wie steht es nun mit der Haftung für Diligenz? Schulde ich meine Leistung, so schulde ich auch meine Diligenz. Das wird schwerlich bezweifelt werden. Schulde ich die Leistung eines bestimmten Dritten, so hafte ich auch für seine Diligenz. Dieser Satz entbehrt nicht des Beweises und im Zusammenhang damit kann ich auch einige Argumente auf ihren richtigen Inhalt zurückführen, welche der Herr Referent und einer der Herren Gutachter in anderer Weise verwerthet haben. Wer eines Andern Leistung schuldet, haftet für seine Diligenz. Das trifft zu in Bezug auf den Bürgen; der Bürgen haftet für die culpa des Hauptschuldners. Es trifft ferner zu in Bezug auf den Geschäftsherrn, was die Haftung aus den Verträgen des Institors betrifft. Der Geschäftsherr hat sich zwar nicht ausdrücklich verpflichtet, die von dem Institor in seinem Geschäftsbetriebe contrahirten Schulden zu zahlen; aber das Recht behandelt ihn so,

Wenn aber der zweite Fuhrmann hinzuläuft zu einem Streite, der ihn gar nichts angeht, so handelt er nicht in Ausführung der übertragenen Verpflichtung, und infolge dessen findet eine Haftung nicht statt.

Ich wende mich nun zu denjenigen Theorien, welche über die Haftung in obligatorischen Verhältnissen hinausgehen, dahin gehört zunächst die Theorie des code civil, wie solche der Herr Referent bereits vorgetragen hat; sie beruht nach der Ansicht der hervorragenden französischen Juristen auf einer fingirten culpa in eligendo, wir können sagen auf einer praesumtio juris et de jure; der Gegenbeweis ist nicht zugelassen. Daß diese Präsumtion kein Grund für die Haftung ist, ist klar. Es ist eine ganz nothdürftige, sehr künstliche Construction, aber keine Begründung. Wir fragen vergeblich: Weßhalb ist die culpa in eligendo präsumirt? Fingirt werden kann die Culpa in vielen Fällen, wo eine Haftung stattfindet, unmöglich auch mit nur einiger Wahrscheinlichkeit. Jedenfalls aber müßte doch der Gegenbeweis zulässig sein — eine Präsumption ist keine Begründung.

M. H., ich schließe hier eine Begründung an, welche von dem Herrn Referenten kurz berührt wurde. Es ist die Theorie, daß der Arbeitgeber für die höchste Sorgfalt einzustehen habe. Allerdings hat der Arbeitgeber für seine größte Sorgfalt einzustehen; aber diese Haftung liegt ihm nach unser aller Ansicht ob; daraus geht nichts weiter hervor, als daß er für seine Sorgfalt einsteht, also sich entlasten kann durch den Beweis, daß auf seiner Seite keine culpa vorgekommen ist, daß er, was ihm oblag sorgfältig vorgenommen hat. Aber wir kommen damit niemals über die Haftung für eigene culpa hinaus. Wenn in Bezug auf diesen Punkt ein Antrag gestellt worden wäre, so wäre ich genöthigt, noch genauer über denselben zu sprechen; ich brauche es aber nicht, weil kein Antrag vorliegt. Ich wende mich nun zu der Theorie, die von Herrn Reichsgerichtsrath Dreyer aufgestellt wurde, und die ich die Theorie der erweiterten culpa oder die Causalitätstheorie nennen möchte. Der Herr Gutachter führt aus: Schon in den Quellen des römischen Rechtes finde sich ein Schuldbegriff, der mit dem Begriff von Verschulden nichts gemein habe, ein Schuldbegriff, der in der Causalität des Schadens bestehe, der sich einfach dahin auflöse, daß Jemand den Schaden verursacht hat.

M. H., was heißt das? Wenn ich einen Arbeiter mit irgend einer Leistung beauftrage und derselbe nun in Schuld sich befindet und Schaden anrichtet, so wird man sagen: Die Hauptursache dieses Schadens ist doch ohne Zweifel die Schuld des Arbeiters, die Veranlassung giebt mein Auftrag. Ich würde also nur sagen können, daß ich den Schaden veranlaßt, aber nicht verursacht habe. Ich spreche deshalb von Veranlassungstheorie.

Herr Dreyer findet nun in der That diesen weiteren Schuldbegriff zunächst in den Worten der Quellen: „per eum stetit, quominus", einen Ausdruck, der ja oft gebraucht wird. In significantester Weise findet er aber dann auch in bestimmten Quellenentscheidungen diesen Schuldbegriff verwerthet und in Folge desselben die Haftung ausgesprochen. Er führt dafür im Ganzen 5 Beispiele an. M. H.! Ich werde diese 5 Quellen-Beispiele Ihnen erläutern und die darin gegebenen Entscheidungen begründen ohne irgend wie den Dreyer'schen Schuldbegriff zu Hülfe zu nehmen. Das wird der beste Beweis sein, daß diese Stellen den erweiterten Schuldbegriff keineswegs darthun. Wenn ich, heißt es in einer Stelle, als Miether gegen ausdrückliche Verabredung in eine städtische Villa ein Heulager hineinbringe, also meine Befugniß übertrete, und nun durch irgend einen Umstand, der an sich als casus für mich erscheint, nämlich durch Verschulden meines Sklaven ein Brand entsteht, so hafte ich; denn ich habe mir eine Rechtsverletzung zu Schulden kommen lassen, da ich das Heu gegen ausdrückliche Verabredung in die Villa brachte. Ich hafte also für allen Schaden, welcher durch meine Rechtsverletzung entstanden ist, und nicht entstanden wäre, wenn ich diese nicht begangen hätte. Wenn ein zu schwacher Maulthiertreiber starke Maulthiere treibt, und diese richten dann Schaden an, so haftet er, weil ein wirkliches Verschulden vorliegt, denn ein schwacher Mann sollte sich nicht mit so starken Thieren beschäftigen. Oder wenn ein Mann, der zu schwach ist, eine Statue trägt und diese fallen läßt, so daß sie zersplittert, so haftet er, weil er sich in wirklicher culpa befindet.

Wenn ein Pächter mit seinem Nachbar inimicitias (Feindschaft) unterhält, so daß dieser Nachbar sich bewogen fühlt, ihm aus Rache das Haus anzuzünden, so haftet er, denn auch hier befindet er sich „propter inimicitias" im Verschulden.

Die vierte Stelle spricht von den nautae, caupones und stabularii, die für casus haften, und es wird nur beiläufig als Begründung gesagt: „Sie hätten ja vorsichtigere Menschen wählen können." Auch diese Stelle beweist nichts, denn sie spricht von Personen, welche für casus haften, und die nur nebenbei gegebene legislatorische Begründung eben dieser Haftung für casus kann uns nicht irre machen. Noch weniger beweist die letzte Stelle. Ein Mandatar hat im Auftrage eines Anderen, der nicht um die diebische Natur eines Sklaven wußte, diesen diebischen Sklaven gekauft; der Sklave bestiehlt ihn, der Mandant haftet allerdings, aber nicht wegen Verschuldens, weil er die Veranlassung gegeben, sich in der Dreyer'schen culpa im weiteren Sinne befunden hätte, sondern aus einem ganz anderen Grunde. Der Mandant haftet wegen der Unentgeltlichkeit des Mandats dem Mandatar für allen Schaden, den dieser durch Uebernahme des Mandats hat, auch für casuellen Schaden; infolgedessen hat er ihm alle Auslagen und Schäden zu ersetzen, die er infolge des Mandats zu machen hat oder erleidet und so auch den in der Stelle erwähnten Schaden. Von culpa in weiterem Sinne spricht die Stelle in keiner Beziehung. Betrachten wir nun aber die Dreyer'sche Theorie in ihrer vollen Allgemeinheit, so müssen wir sagen, daß die Theorie: „Ich hafte nicht blos für mein Verschulden, ich hafte auch für eine Schuld im weiteren Sinne," d. h. „wenn ich Ursache oder Veranlassung eines Schadens bin, so habe ich zu haften," — daß diese Theorie geradezu unabsehbare Folgen hat. Ich hafte nach ihr nicht nur für Arbeiter, ich hafte für alle Mandatare, für die Dienstboten, denn ich habe sie ja veranlaßt, dies oder jenes zu thun. Auch im eigenen Verhalten ist die Sache von den weitgehendsten Folgen. Wenn ich irgend etwas verursache, irgend etwas in Bewegung versetze, zu irgend etwas eine der Voraussetzungen ins Leben rufe und nun durch Hinzutreten anderer Umstände, die ich gar nicht ahnen konnte, Schaden entsteht, so hafte ich. Die höchste Diligenz kann mich nicht vor Haftung schützen. Da alles Geschehene unter Hinzutreten anderer Umstände Schaden erzeugen kann, so ist eigentlich nur der noch sicher vor Schadensersatzansprüchen, der sich überhaupt allen Handelns enthält, so weit das überhaupt möglich ist. Gestatten Sie mir ein Beispiel. Ich rücke eine Anzeige in die Zeitung ein, daß ich einen Bedienten suche und verlange in dieser Annonce sehr gute Zeugnisse. Nun kommt ein Mensch mit sehr schlechten Zeugnissen, ich kann ihn nicht brauchen, er geht fort und aus Rache zündet er das Haus an. Man kann sagen, daß ich den Schaden veranlaßt habe. Die erste Ursache ist seine culpa; aber in gewisser Weise kann man sagen, ich sei die Veranlassung. Wo ist nun die Grenze?

Ich sage, daß es überhaupt keine Grenze giebt, wenn man den Begriff Verschuldung in den der Veranlassung, die hier nur fälschlich Causalität genannt wird, auflöst.

M. H.! Ich wende mich dann zu einer Theorie, die ebenfalls aufgestellt worden ist von Herrn Reichsgerichtsrath Dreyer. Ich möchte diese Theorie etwa die Vertretungstheorie, die Vollmachtstheorie nennen. Ich habe sie zuletzt angeführt aus Gründen des Zusammenhanges, die sich leicht ergeben werden.

Wenn ich einen Arbeiter mit einer Arbeit betraue, so gebe ich ihm damit — so wird im Wesentlichen ausgeführt — Vollmacht, ich bevollmächtige ihn; diese Vollmacht tritt äußerlich erkennbar eben darin hervor, daß er meine Handlung verrichte und daß ich das leide.

Infolge dieser Vollmacht ist das Thun des Arbeiters meine eigene That, so führt Herr Reichsgerichtsrath Dreyer aus, der Arbeitgeber haftet, weil das Thun des Arbeiters seine That ist, und dabei wird dann besonders darauf hingewiesen, daß ja nach römischem Recht der Geschäftsherr auch für den Institor haftet, weil des Institor Verhalten seine That sei. M. H.! Ich kann dem nicht beistimmen. Das Beispiel des Institor paßt absolut nicht. Denn nach römischem Rechte war das Verhalten des Institors keineswegs die That des Dominus. Das römische Recht kennt im Gegentheil hier das Prinzip der unmittelbaren Stellvertretung nicht. Der Institor haftet selbst für sein Geschäft, und nur neben ihm steht der Dominus auch für die Schuld des Institor ein.

Unten wird die Haftung des Geschäftsherrn für die falsche Erklärung des Nuntius erwähnt. M. H., diese Frage ist bekanntlich außerordentlich bestritten. Aber nehmen wir wörtlich an, daß ich unbedingt aus einer falschen, meinem Willen nicht entsprechenden Erklärung haftete, so ist doch so viel sicher, daß ich nur aus dem Grunde haften würde, weil die Erklärung und nicht der Wille entscheidet. Auch in diesem Punkte liegt die Entscheidung auf ganz anderem Gebiete. Nicht weil der Nuntius mich vertritt, sondern weil die Erklärung, die ich an den Mitcontrahenten habe gelangen lassen, mich bindet und nicht der Wille, nur deshalb hafte ich.

Wie gesagt, m. H., ich bin nicht dieser Ansicht über die Bedeutung der Erklärung gegenüber dem Willen. Ich halte sie nicht für richtig, aber wenn sie richtig wäre, so käme das hier nicht in Betracht. Mit den Beweisen für die Vollmachtstheorie ist es also schlecht genug bestellt, außerdem aber giebt es gegen diese Vollmachtstheorie sehr wichtige Gegengründe.

Zunächst hat Ihnen schon der Herr Referent ausgeführt, daß es eine Vollmacht nur bei Rechtsgeschäften giebt; wir kennen keine Vollmacht in Bezug auf andere Handlungen, nicht bei Delikten, nicht bei Obligationsverletzungen.

Auch das, m. H., hat der Herr Referent in anderer Weise berührt, daß der Arbeiter in vielen Fällen ja nicht Vertreter des Dominus sei. Zur Stellvertretung gehört, daß er im Namen des Anderen handle. Davon ist gar nicht die Rede. Der Schneider, bei dem ich mir einen Rock bestellt habe, zu welchem ich das Zeug liefere, beauftragt seine Gesellen, den bereits zugeschnittenen Rock zusammenzunähen; der Geselle weiß gar nicht, ob der Rock für den Meister selbst bestimmt ist, oder für sonst Jemand. Man wird nicht sagen, daß der Geselle, weil er den Rock zusammennäht, den Schneider repräsentire.

Endlich ein anderer Einwand: Wenn wirklich auf Vollmacht die Haftung beruht, muß eine Beschränkung der Vollmacht möglich sein, sofern diese Beschränkung dem andern Theile erkennbar ist. Wenn ich nun z. B. als Bauunternehmer den Bau eines Hauses unternommen habe, und dem Andern, meinem Gläubiger, sage: „Nun, ich habe eine ganze Reihe von Personen — sie sehen, sie sind bei der Arbeit versammelt — damit beauftragt, den Bau in der allersorgfältigsten und vorsichtigsten Weise vorzunehmen und er sich damit ganz einverstanden erklärt, so wird doch Niemand glauben, daß dadurch die Haftung des Bauunternehmers beschränkt werde, weil er seine Leute nur zu sorgfältiger Ausführung bevollmächtigt habe, also die culpa, die sie begehen, der Vollmacht nicht entspreche.

Aus allen diesen Gründen ist die Vertretungs- oder Vollmachtstheorie abzuweisen. Sodann aber geht sie auch weit über den Arbeitgeber und Arbeitnehmer hinaus. Nach ihr würde ich haften für Jeden, der kraft meines Auftrags meine Arbeit vollzieht. Wenn ich z. B. einen Dienstboten mit einem Briefe fortschicke, und dieser macht Thorheiten, so würde ich für den Schaden haften.

Meine Herren, verwandt mit dieser Vertretungstheorie — ich muß es kurz berühren — scheint mir die Auffassung zu sein, daß der Arbeitgeber deshalb für Verschulden des Arbeiters hafte, weil dieser sein „Werkzeug" sei.

Schon einer der Herren Gutachter hat angeführt, daß dies doch nur ein Bild ist und nicht ein juristischer Grund. Aber ich möchte glauben, daß dieses Bild nicht einmal zutrifft. Wenn ich untaugliche Werkzeuge verwende, so bin ich gewöhnlich in culpa, und dann hafte ich; wenn wir uns aber einen Fall denken, wo ich trotzdem nicht in culpa bin, wo ich mit der exactissima diligentia die Schadhaftigkeit des Werkzeuges nicht erkennen konnte, so hafte ich nicht. Wenn ich einen ganz vortrefflich aussehenden Strick kaufe, denselben so und so viel mal geprüft habe, und dieser Strick, der an sich nicht überlastet ist, der schon viel größere Lasten getragen hat, dennoch reißt und daraus Schaden entsteht, wenn also kurz gesagt, jedes Verschulden ausgeschlossen ist, so hafte ich auch nicht; denn ich stehe nicht für casus ein. Ich hafte also nicht unbedingt für mein Werkzeug. Und nun, m. H., wenn ich ein Thier verwende, und dieses durch besondere Wildheit Schaden anrichtet, hafte ich? Nein, m. H., es haftet, sofern ich nicht in culpa bin, nur der Eigenthümer des Thieres, nach römischem Recht, nicht ich, der es verwendet. Ebenso nach französischem Rechte. Er haftet aus Gründen, die nicht hierher gehören, nach gemeinem Rechte nicht einmal unbeschränkt, sondern mit dem Rechte der noxae datio, was freilich nach französischem Rechte anders ist. Wir sehen: nicht die

Verwendung des Thieres begründet die Haftung, sondern das Eigenthum des Thieres und zwar aus Gründen, die ich hier nicht weiter zu erörtern habe.

So, m. H., komme ich zu dem Resultat, daß alle diejenigen Gründe, welche dafür angeführt sind, daß außerhalb des obligatorischen Verschuldens Jemand für Verschulden seiner Arbeiter einzustehen habe, vor einer genauen Prüfung nicht bestehen.

Es fragt sich nun, ob ich mich dem Antrage des Herrn Referenten anschließen kann. Was den ersten Antrag betrifft, m. H., so glaube ich, mit seiner eigentlichen Meinung im Wesentlichen übereinzustimmen, und habe das bereits angeführt. Mein Antrag sagt im Wesentlichen dasselbe, nur fügt er die höchst wichtige Beschränkung hinzu, daß in Ausführung der betreffenden Verrichtung die Haftung stattfindet, aber nicht außerhalb. Der Schuldner haftet dem Gläubiger für jede Vernachlässigung der Sorgfalt, welcher sich seine Gehilfen in Erfüllung der übernommenen Verpflichtung schuldig machen.

Was den zweiten Antrag des Herrn Referenten betrifft, wonach wir im Allgemeinen eine Erweiterung der außerobligatorischen Haftpflicht aussprechen sollen, ohne uns aber in irgend welcher Weise darüber auszulassen, nach welcher Richtung oder nach welchen Gesichtspunkten diese Ausdehnung stattfinden solle, so muß ich gestehen, m. H., daß ich einem Antrage von dieser Allgemeinheit nicht zustimmen kann. Es ist das eben noch kein fertiger Gedanke. Wenn der Juristentag sagt: „Ja, in dieser Beziehung müssen wir etwas weiter gehen, nach welcher Richtung, aus welchem Grunde und in welchen Fällen, darüber soll der nächste Juristentag entscheiden," ja, m. H., dann mag er auch entscheiden, ob wir überhaupt weitergehen können Ich möchte mich für diesen sehr unbestimmten Antrag also nicht aussprechen Ja, wenn eine sichere Directive angegeben wäre, wenn z. B. gesagt wäre, die Haftung müsse erweitert werden bei gefährlichen Unternehmungen, dann ließe sich davon reden, aber auch dann wäre es noch immer weder besonders werthvoll noch in seiner Unbestimmtheit unbedenklich.

So beschränken wir uns denn, das ist meine Meinung, auf das Feste, Sichere und Klare. Ich habe nichts dagegen, wenn die Frage nochmals vom Juristentage behandelt wird; für eine Vertagung könnte ich stimmen. Wir brauchen die Frage nicht ein für allemal todt zu machen. Aber für eine Ausdehnung zu stimmen, ohne anzugeben nach welchen Richtungen, nach welchen Grundsätzen, halte ich nicht für Aufgabe des Juristentages.

Mein Antrag würde in Gemäßheit der gegebenen Ausführungen lauten: „Der Schuldner haftet dem Gläubiger für jede Vernachlässigung der Sorgfalt, welcher sich seine Gehilfen in Erfüllung der übernommenen Verpflichtung schuldig machen." Sodann würde ich mir erlauben, den weiteren Antrag zu stellen:

im Antrage des Referenten Herrn Dr. Jacques sub 2 die Worte „unter Anerkennung der Nothwendigkeit einer Erweiterung der bisher normirten Haftpflicht" wegzulassen. (Beifall.)

Professor **Leonhard** (Halle): Meine Herren! Es handelt sich um zwei Fragen, um die Haftung der Arbeitgeber aus dem Contract und außer dem Contract. Was die 1. Frage betrifft, so stehe ich nicht ganz auf dem Boden der romanistischen Orthodoxie, nicht auf dem dogmatischen, auch nicht auf dem legislatorischen Gebiete. Was die dogmatische Orthodoxie betrifft, so ist sie heute noch nicht zu Wort gekommen, da der Herr Referent sich in Anschauungen bewegt, die ich in jedem Wort unterschreiben kann und zwar aus vollem Herzen. Was nun die Gestaltung der contractlichen Haftung betrifft, so wären wir darin einig, daß eine weitere Haftung als für culpa in eligendo geboten ist. Wenn ferner Herr Professor Enneccerus ausführt, daß diese Idee schon im römischen Rechte liegt, so kann ich ihm nur beistimmen, da auch ich in meinem Gutachten versucht habe, diese Behauptung zu verfechten. Herr Referent Enneccerus kehrte sich noch gegen das Reichsgericht in folgendem Punkte. Das Reichsgericht ging davon aus, daß der Arbeitgeber beim Versprechen einer Arbeit für den Erfolg hafte, oder wie es mörtlich heißt: „für das Endergebniß". Ich will zugeben, meine Herren, daß die Worte: Erfolg und Endergebniß nicht besonders gut gewählt sind, sie sind mißverständlich, und es freut mich, daß die so sehr lichtvollen Ausführungen des Herrn Referenten Enneccerus gerade in diese Sache Klarheit gebracht haben. Ich bin ganz derselben Meinung wie er und habe in meinem Gutachten nichts anderes verfechten wollen. Ich glaube, nur ganz kurz ein einziges Beispiel erwähnen zu müssen. Wenn ich mir eine Säule transportiren lasse, so ist es ein Erfolg, daß die Säule ordentlich transportirt wird und ein zweiter, späterer Erfolg, daß sie unversehrt ankommt. Für den ersten Erfolg muß der Arbeitgeber haften, für den zweiten aber nicht; denn wenn der Blitz in die Säule schlägt, dann ist der zweite Erfolg verfehlt, er würde aber eingetreten sein, wenn nicht der vom Handeln des Arbeitgebers ganz unabhängige casus hindernd eingetreten wäre. Also haftet in solchen Fällen der Arbeitgeber doch nicht für allen und jeden Erfolg, und ich glaube, darüber nicht weitere Worte verlieren zu müssen.

Ich würde dem Antrage des Herrn Collegen Enneccerus ganz unbedenklich beitreten, wenn nicht die Worte, die er gewählt, zweideutig wären. Nehmen wir z. B. an, daß der Lehrling eines Schneiders, dem ich einen Rock zur Reparatur gegeben habe, den Rock ungeschickter Weise zerschneidet, so ist dasjenige, was dann geschehen soll, durch den von Prof. Enneccerus empfohlenen Satz nicht recht ausgedrückt. Man könnte nicht gut sagen, daß jenes Versehen „bei der Erfüllung des Auftrages" geschehen sei, man könnte vielmehr mindestens ebensogut sagen, es sei bei dessen Nichterfüllung geschehen. Doch will ich mich gegen den Antrag in keiner Richtung erklären, da ich mit seinem Sinne in der Hauptsache einverstanden bin. Was die zweite Frage betrifft, ob auch außer Contract für die Schuld der Arbeiter gehaftet werden soll, so bin ich auch mit meinem Herrn Vorredner so unbedingt einverstanden, daß ich gar nichts gegen ihn einwende. Das französische Recht geht in der That weiter, und ich bin überzeugt, daß sich de lege ferenda für diese Maßregeln recht gute und schöne Gründe angeben lassen, aber, m. H., es ist ein sehr gefährliches Gebiet, auf welches wir uns hier hinauswagen, und ich möchte nicht gerne ein Gesetz oder auch nur einen Vorschlag entstehen sehen, der die Autorität des Juristentages hinter sich hat und in dem sich Ausdrücke befinden, die einer Mißdeutung fähig wären und bei den Agitationen der Arbeiter daher mißbräuchlich verwerthet werden könnten.

Deshalb würde ich einer Vertagung dieser Frage eher den Vorzug geben, als einer ungenauen Fassung des Antrags, umsomehr, als ich wesentlich beim Alten bleiben will. Ich erkläre mich also für den Antrag des Herrn Collegen Enneccerus.

Prof. **Mayer** (Straßburg). Zur Geschäftsordnung: Ich glaube, es wird nicht gut sein, wenn wir den Antrag des Herrn Referenten annehmen und die Frage bezüglich der Haftpflicht in außercontractlichen Verhältnissen vertagen. Die Hauptfrage, die uns zur Besprechung gestellt ist, hat unsere ständige Deputation so bezeichnet, daß sie fragt: in wie weit hat der Arbeitgeber für das Verschulden seiner Arbeiter zu haften. Von Anfang an war dieser Frage der Artikel 1384 des code civil in Klammer beigefügt, der aber steht unter der Ueberschrift: des obligations qui se forment sans convention. Durch Vertagung nach Antrag des Herrn Referenten würde also die Hauptfrage ins Seitengeleise geschoben und wir würden uns nur mit einer Nebenfrage beschäftigen. Ich möchte mich daher der Vertagung widersetzen und möchte den Herrn Präsidenten bitten, darüber abstimmen zu lassen, ob wir nicht in die Behandlung der eigentlichen Hauptfrage eintreten wollen.

Präsident will die Abstimmung noch nicht, da noch zu wenig Herren gesprochen und bemerkt: Ich bitte die Frage im Großen und Ganzen zu behandeln. Die zweite Frage wird Hauptsache sein.

Referent: Ich möchte nur die verehrten Herren darauf aufmerksam machen, daß die Frage in unserm Programme beide Seiten, die contractliche und die außercontractliche, umfaßt, daß so auch die Herren Gutachter dieselbe aufgefaßt, und erlaube mir zu bemerken, daß namentlich Herr Professor Leonhard dasselbe gethan hat. Der verehrte Herr Reichsgerichtsrath Dreyer hat dies umsomehr gethan, als er die Frage so hat abdrucken lassen, daß Artikel 1384 gar nicht dabei steht. Was den Inhalt anbelangt, so glaube ich, daß die beiden Fragen sich nicht wohl trennen lassen werden, weder von Haus aus, noch auch in der Discussion.

Präsident: Lassen Sie uns die Zeit nicht so verlieren. Ob dies so oder so gemacht wird, ist ja gleichgiltig. Ich kann ja den Herren durchaus nicht vorschreiben. Aber ich bitte doch fortzufahren. Wünscht Jemand das Wort?

Reichsgerichtsrath **Dreyer**: Meine Herren! Nachdem ich ein ausführliches Gutachten ausgearbeitet habe, verspreche ich, meine mündlichen Bemerkungen desto kürzer zu fassen. Zunächst möchte ich den beiden Herren Referenten meinen Dank aussprechen, und ich glaube es auch im Auftrag der beiden andern Gutachter thun zu können, für die Anerkennung, welche Sie unsern Gutachten gezollt haben. Was die Fragestellung betrifft, so möchte ich im Anschlusse an den Herrn Correferenten hervorheben, daß ich Satz 3 „die Haftung des Arbeitgebers aus eigenem Verschulden" nur der Vollständigkeit wegen beigefügt habe. Ich lege kein Gewicht darauf, daß auch darüber eine Debatte stattfinde. Ich erachtete mich aber für verpflichtet, die Frage nach allen Seiten zu beleuchten. Ich bin vollständig mit dem Herrn Referenten einverstanden, mit dem, was er bezüglich des unerlaubten Haltens des Gehilfen ausführte. Was nun die Position 1 betrifft, so komme ich auf einen Unterschied in der Fassung des Antrags der Referenten gegenüber dem meinigen. Ich habe eine andere Fassung vorgeschlagen; ich erlaube mir, dieselbe noch einmal vorzulesen: „Der Anspruch auf Erfüllung einer Verbindlichkeit oder auf Schadenersatz wegen Nichterfüllung wird nicht dadurch beseitigt oder aufgehoben, daß die Nichterfüllung oder nicht gehörige Erfüllung auf das Verschulden eines zur Erfüllung verwendeten Arbeiters zurückzuführen ist."

Diese Fassung beruht auf folgender Erwägung: Wenn ein obligatorisches Verhältniß zwischen Arbeitgeber und Beschädigten besteht, so ist die Klage des letzteren begründet mit Bezugnahme auf den Vertrag. Der Mann strengt die Vertragsklage an. Dieser Klage gegenüber fragt es sich: Kann der verklagte Arbeitgeber mit der Einrede gehört werden: der Schaden ist durch meinen Arbeiter verursacht worden.

Ich wollte also durch die negative Fassung präzis zum Ausdruck bringen, daß ich sage: Es giebt gegenüber der Vertragsklage keine Einrede, gestützt auf das Verschulden der zur Erfüllung der Arbeit verwendeten Arbeiter. Ich glaube, daß wenn Sie die Fassung annehmen würden, auch das Bedenken des anderen Herrn Referenten, ob man da sagen soll: „in Erfüllung der Arbeit u. s. w.," schwinden würde. Diese Bemerkung wollte ich betreffs der Formulirung meines Antrages vorausschicken, und ich betone also, daß ich den Antrag stelle, daß eventuell die von mir vorgeschlagene Fassung angenommen werde. Was nun die Sache selbst betrifft, so hat man den Standpunkt, den ich in meinem Gutachten eingenommen habe, als den Standpunkt der französischen und englisch-amerikanischen Praxis bezeichnet, theilweise mit Recht, jedoch nicht vollkommen mit Recht. Ich gelangte allerdings zu Ergebnissen, die der französischen Rechtsprechung und Gesetzgebung und der englisch-amerikanischen Rechtsprechung conform sind. Jedoch möchte ich noch ganz besonders betonen, daß es durchaus nicht meine Meinung war und sein konnte, daß wir unbedingt dieser Rechtssprechung folgen. Ich habe schon in meinem schriftlichen Gutachten bei einzelnen Fällen versucht, zu sondern, wie weit man da mitgehen und wie weit man nicht mitgehen soll. Es handelt sich bei mir nur um das Prinzip und ich gebe den Herren von vornherein zu, daß die französische Judikatur und auch die englisch-amerikanische — und zwar auch nach meiner persönlichen Auffassung — vielfach auf falschem Wege wandelt, ich hoffe aber vom deutschen Richter, daß wenn ihm derselbe Artikel 1384 in richtiger Fassung vorgelegt wird, er bei seiner Sorgfalt, bei seiner strengen Prüfung vor diesen Abwegen bewahrt werden wird. Um gleich auf ein Beispiel zu kommen: Es ist richtig, daß Art. 1384 in der französischen Rechtsprechung sogar soweit ausgedehnt wird, daß man den Committenten auch für Beschädigung und Verschulden der Präponirten haftbar macht, welche „à l'occasion" ausgeführt worden sind. Ich halte aber diese Ausdehnung für ganz falsch und möchte darauf aufmerksam machen, daß derselben Ansicht ganz namhafte französische Schriftsteller, wie z. B. Demolombe und Laurent sind. Aber ich glaube, daß der deutsche Richter jedenfalls, wenn die von mir vorgeschlagene Fassung angenommen wird, die Worte „in Ausführung der Arbeit" nimmermehr so ausdehnen wird, daß er sie als gleichbedeutend mit „bei Gelegenheit" nimmt. Ich will Ihnen das durch ein Beispiel, das in meinem Gutachten auch hervorgehoben ist, erläutern. Die von mir vorgeschlagene Fassung ist wesentlich dem bayerischen Entwurf entnommen, und in den Motiven, die in meinem Gutachten sind, ist hervorgehoben, daß man ja nicht verwechsele „in Ausführung" mit „bei Gelegenheit." Ich möchte also nochmals betonen, daß es mir nicht darum zu thun ist, der französischen oder der englisch-amerikanischen Jurisprudenz zu folgen, sondern daß ich nur geprüft habe, auf welche Prinzipien diese Rechtsprechung, welche nun einmal unseren heutigen Bedürfnissen entspricht, zurückgeführt werden kann. Nun kann ich mit Genugthunng konstatiren, daß im wesentlichen, sofern es sich um obligatorische Verhältnisse handelt, die Berichterstatter zu gleichen Ergebnissen gelangt sind, wenn auch theilweise aus verschiedenen Gründen. Ich möchte aber in dieser Beziehung bemerken, daß die Bestimmung der Schweizer Gesetzgebung nicht auf Praesumtion einer culpa beruht, sondern daß hier kein Gegenbeweis zugelassen ist. Was nun die einzelnen Gründe betrifft, will ich mich kurz fassen. Ich bin vollständig damit einverstanden, daß von einer Assekuranztheorie keine Rede sein kann. Was die Theorie des Erfolgs betrifft, so glaube ich das Reichsgericht und das Oberhandelsgericht (und bei dessen Urtheile habe ich mitgewirkt) in Schutz nehmen zu müssen. Es lag der Fall der locatio et conductio operis vor, und für diesen Fall genügte der im Urtheil angegebene Grund. Wie das Reichsgericht in einem anderen Falle entschieden haben würde, sei dahingestellt, jedenfalls hätte noch ein anderer Grund hinzugefügt werden müssen, und diesen andern Grund habe ich zu ermitteln gesucht, und hier bin ich in der Lage, die Theorie, welche der Herr Correferent die Causalitätstheorie genannt hat, und die Theorie der „Vertretung" gegen einige Vorwürfe in Schutz zu nehmen. Was die Causalitätstheorie, die Theorie „der Veranlassung" betrifft, so habe ich sie nur verwerthet für den Fall des obligatorischen Verhältnisses. Ich will hierwegen nur bemerken: zunächst ist sie nicht von mir erfunden, sondern ich habe den Gedanken des Professor Ihering weiter ausgeführt und glaubte einige weitere Stellen im römischen Rechte dafür gefunden zu haben. Der Herr Correferent hat aber die wichtigeren Stellen, auf welche Ihering sich berufen, gar nicht angeführt. Ich habe dieselben in der Note mitgetheilt. Auf diesen Streit will ich mich aber nicht weiter einlassen. Es handelt sich nicht darum, was nach römischem Rechte Rechtens ist, also auch nicht um eine Auslegung des römischem Rechtes, ich wollte nur praktisch zeigen, wie die Gedanken, welche Ihering in der bekannten Abhandlung und in den Jahrbüchern für Dogmatik in seiner Schrift über das Schuldmoment niederlegte, für unsere Frage fruchtbar gemacht werden könnten. Ich warf mir folgenden einfachen Fall auf: Ich leihe von Jemand irgend einen Gegenstand, z. B. ein Buch und schicke es durch einen Diener zurück. Der Diener unterschlägt aber den Gegenstand; es stehen sich also 2 Personen gegenüber, bei denen es sich darum handelt, wer den Schaden tragen soll. Beide sind im Zweifel gleich unschuldig. Derjenige, der mir das Buch geliehen hat, unzweifelhaft, und ich, wenn mir kein Verschulden bei Auswahl meines Dieners nachgewiesen werden kann, ebenfalls, und da glaube ich, wenn ich auch ganz vom römischen Rechte abstrahire, daß es vollkommen richtig sei, wenn man sagt: Ja, diese Gleichheit, die an und für sich vorliegt, wird doch dadurch etwas alterirt, daß eben mein Diener es war, der das geliehene Buch zurückgetragen hat. Wenn also die Frage entsteht, wer den Schaden tragen soll, so scheint mir das doch gerade auch der Sinn derjenigen Pandektenstellen, die Ihering citirt hat und derjenigen, die ich noch beigefügt habe, zu sein und das Prinzip scheint mir darin zu liegen, daß weil der Anstoß dazu, daß unterschlagen, daß beschädigt worden ist, durch Beauftragung meines Dieners von mir ausgegangen ist, ich auch den Schaden zu ersetzen habe. Ich glaube übrigens, wir stehen hier vor einer Entscheidung nicht de lege lata, sondern wir sprechen de lege ferenda und der Gedanke ist ganz berechtigt, daß, wenn zwei sich in Bezug auf Verschuldung gleichstehen, eben derjenige den Schaden tragen muß, der ihn veranlaßt hat. Ich glaube übrigens, daß man hier die Theorie noch hinzufügen kann, die ganz zutreffend vom Herrn Correferenten „Vertretungstheorie" genannt worden ist. Ich denke dabei keineswegs, und das mag eine Ungenauigkeit in der Fassung in meinem schriftlichen Gutachten sein, an eine Vollmacht in dem Sinne, wie man davon spricht, wenn von Abschluß eines Rechtsverhältnisses die Rede ist. Ich stelle die Vollmacht nur als Thatsache hin. Um meinen Gedanken zu erläutern, will ich zugleich auf einen Fall der außercontractlichen Haftung zurückkommen. Mir scheint die Auffassung der Engländer und Amerikaner ganz richtig zu sein, entweder fahre ich selbst mit meinen Pferden oder ich fahre durch meinen Kutscher, im letzteren Falle gilt der Satz: Qui facit per alium, facit per se, und dies ist, was mit meiner Erwähnung der Vollmacht ausgedrückt werden soll. Die Thatsache, daß mein Kutscher meine Pferde lenkt, giebt nach Außen kund, daß der Kutscher in Bezug auf das Fahren an meine Stelle getreten und wenn ein amerikanischer Jurist sagt: Das muß ganz einerlei sein, ob ich selbst fahre oder der Kutscher, so scheint mir der Gedanke kombinirt mit dem Gedanken des Schuldmoments ganz richtig zu sein, daß eben Einer, der mich vertritt, den Anlaß gegeben hat, daß beim Fahren ein Anderer beschädigt wurde. Eine eigentliche Vollmacht kann man das allerdings nicht nennen. Da es sich hier um die lex ferenda handelt, ist festzustellen, ob ein wirthschaftlich allgemeines Interesse vorliege, das über das römische Recht oder über ein sonstiges hinter dem französisch-englischen Rechte zurückbleibendes Recht hinausgeht, und ob wir demselben auch theoretisch und legislatorisch gerecht werden können.

Nun scheint bei den heutigen ausgedehnten Verkehrsverhältnissen, wo überall Gehilfen verwendet werden, es nothwendig zu sein, daß denjenigen

Schutz gewährt werde, die durch das Verschulden der Arbeiter verletzt werden, soweit die Arbeiter in Erfüllung der Verpflichtungen ihrer Auftraggeber gehandelt haben. Wir können nicht zugeben, daß einer, der seinen Gewerbsbetrieb auf Verwendung fremder Arbeitskräfte stützt, fordere, daß Dritte den durch die Arbeiter verursachten Schaden tragen sollen. Das hieße den Beschädigten mit seiner Entschädigung an einen insolventen Mann verweisen. Wenn nun diese wirthschaftliche Nothwendigkeit vorliegt, so tritt die weitere Frage heran, läßt es sich juristisch begründen, daß man in Anerkennung dieser Nothwendigkeit den Schadenersatz so normirt, wie ich es mir vorzuschlagen erlaubte? Ich glaube: ja, man muß hinausgehen über den Begriff der Vollmacht; man muß das Schuldmoment im Sinne von Ihering erweitern, man muß die Consequenzen aus dem Vertrage zwischen dem Arbeitgeber und dem Beschädigten ziehen. Wenn ich in meinem Gutachten die Analogie von der Vollmacht und vom Nuntius heranzog, so wollte ich damit Folgendes sagen:

Wir haben als positives Recht, daß, wenn wirklich Vollmacht vorliegt, derjenige, welcher sie gegeben hat, für die Ueberschreitung haftet. Wir haben positive Bestimmungen, wonach selbst eine Beschränkung der Vollmacht Dritten gegenüber nicht geltend gemacht werden kann; das gilt von Prokuristen und Handelsbevollmächtigten. Warum sollen wir diesen Gedanken der Unzulässigkeit einer Beschränkung der Vollmacht Dritten gegenüber hier nicht anwenden, nicht weiter ausdehnen? Ganz richtig sagte ein englischer Richter, wenn wir dies nicht annehmen, d. h. den Inhalt der Vollmacht berücksichtigen würden, würde jede Haftung schwinden; denn jeder ordentliche Mann wird seinem Diener oder Gehilfen einschärfen, ja Sorge zu tragen, alles gewissenhaft zu erfüllen, nach jeder Richtung den Pflichten zu genügen, die ihm, dem Arbeitgeber selbst bei Erfüllung der Arbeit obliegen. Also diese Instruction, d. h. eine nur auf ordnungsmäßiges Handeln lautende Vollmacht, läge immer vor. Ich glaube aber, es ist das ein Risiko, das jeder Arbeitgeber übernehmen muß, daß gegen diese Vollmacht gehandelt werde. Was die actio exercitoria und institoria betrifft, so war mir wohl bekannt, daß hier eine eigentliche obligatio in solidum besteht. Ich glaubte aber Gewicht legen zu müssen auf die Thatsache, daß schon das römische Recht in den Fällen, wie ich sie auf Seite 110 meines Gutachtens zusammengestellt habe, die Haftung für fremde Schuld in sehr ausgedehntem Maße anerkannt habe. Ich wollte nur das Argument bringen, daß wir auch diese Thatsache für die moderne Gesetzgebung, und um diese handelt es sich, benützen können. Ich gebe zu, daß eine derartige Construction von der seither maßgebenden und geltenden Rechtsanschauung abweicht. Aber, kann man auf der andern Seite geltend machen, es handelt sich um ein **neues** Recht, andere Verhältnisse verlangen eben eine neue Schöpfung und es ist **möglich**, und mehr wollte ich nicht nachweisen, in Anknüpfung an die Satzungen des alten Rechts den Bedürfnissen unserer Zeit Genüge zu leisten. Ich erlaube mir nun darauf hinzuweisen, daß ja das Handelsgesetzbuch eine ebenfalls strenge Haftung in den Artikeln 395, 400 und namentlich 52 eingeführt hat, daß man sich schon im preußischen Entwurf bewußt war, daß diese Haftbarkeit für den Gehilfen verschärft werden müsse.

So kann ich nur meine Bitte wiederholen, meine Anträge anzunehmen. Eine Vertagung der principiellen Frage halte ich nicht für empfehlenswerth. Ich glaube, wir können uns durch die heutige Debatte so instruiren, daß wir eine Meinung nach der einen oder nach der andern Richtung aussprechen könnten, und wie von Seite des Herrn Prof. **Mayer** geltend gemacht wurde, ist gerade die Frage, welche mit Art. 1384 zusammenhängt, die Cardinalfrage, und diese sollten wir entscheiden, und wegen dieser Entscheidung behalte ich mir noch weitere Bemerkungen vor.

Rechtsanwalt Dr. **v. Weinrich** (Straßburg): Die Frage, welche dem Juristentag vorliegt: In wie weit hat der Arbeitgeber für das Verschulden seiner Arbeiter zu haften, zerfällt, wie in den trefflichen Gutachten der Herrn Reichsgerichtsrath Dr. **Dreyer** und Prof. Dr. **Leonhard** richtig bemerkt wurde, in zwei Unterfragen, nämlich: ob zwischen Arbeitgeber und Beschädigten ein Vertragsverhältniß existirt, oder ob ein solches nicht existirt. Der letztere Fall ist fixirt in dem Art. 1384 des code civil. Was den ersten Punkt anlangt, daß ein Vertragsverhältniß existirt, so glaube ich mich darüber nicht weiter verbreiten zu sollen, indem ich mich vollständig der Ansicht der Herren Professor Dr. Leonhard und Reichsgerichtsrath Dr. Dreyer anschließe, daß das bisherige Recht hier vollständig ausreicht. Ich werde mich also beschränken auf den zweiten Fall, daß ein Vertragsverhältniß nicht besteht. Was diesen Fall anlangt, so stehen die Gutachten, welche dem Juristentage vorliegen, einander diametral gegenüber. Die Gutachten der Herren Dr. Dreyer und Mayer empfehlen die unbedingte Anwendung der im code civil ausgesprochenen Prinzipien und dennoch die unbedingte Haftung des Arbeitgebers für den Arbeiter, insofern der Letztere bei Ausführung der ihm übertragenen Functionen einen Schaden verursacht hat, der ihm als Verschulden angerechnet werden kann. Das Gutachten, welches von Herrn Prof. Dr. Leonhard erstattet wurde, glaubt, daß die bisherigen Bestimmungen des gemeinen Rechts genügen, und will daher Herr Prof. Dr. Leonhard eine weitere Ausdehnung der Haftpflicht nicht empfehlen. Es ist der eine legislatorische Grund, welcher für die Haftpflicht des Arbeitgebers spricht, offenbar der, daß die Arbeitgeber größere Sorgfalt bei Auswahl und Beaufsichtigung ihrer Angestellten und Arbeiter anwenden sollen und der andere, daß an Stelle des weniger zahlungsfähigen Arbeiters der zahlungsfähigere Principal trete. Es ist nun allerdings, wie Herr Prof. Dr. Leonhard in dem Gutachten auch hervorhebt, an sich eine Ungerechtigkeit, wenn eine Person, die überhaupt kein Verschulden trifft, haften soll für das Verschulden ihrer Arbeiter. Ferner möchte ich bemerken, daß auch das Kleingewerbe dadurch schwer betroffen wird, wenn der Arbeitgeber für den Schaden seiner Arbeiter haften muß. Diese Thatsachen sind nicht von der Hand zu weisen, ebensowenig wie das Vorhandensein eines Bedürfnisses in dieser Hinsicht mit Rücksicht auf die große Ausdehnung, welche das Verkehrswesen und die Industrie in neuerer Zeit genommen haben. Es fragt sich nun, ob nicht diese Bedürfnißfrage mit der Idee der Gerechtigkeit in Einklang gebracht werden kann, und ich glaube, daß, wenn man von der juristischen Begründung unserer Frage ausgeht, eine solche Vereinigung möglich ist. Jeder, der Arbeiter einstellt, hat die Verpflichtung, bei der Auswahl derselben vorsichtig zu sein und sich genügend zu erkundigen, ob die Leute brauchbar sind oder nicht. Er hat weiter die Verpflichtung, darauf zu achten, daß sie die Dienste in dem Sinne, wie der Arbeitgeber sie ihnen übertragen hat, verrichten, mit andern Worten, daß sie die nöthige Vorsicht und Sorgfalt bei Ausübung ihrer Funktionen an den Tag legen. Ueber alles das hat der Arbeitgeber zu wachen. Ist er nicht sorgfältig bei der Auswahl seiner Leute und bei deren Ueberwachung, so begeht er ein Verschulden. Wenn nun in Folge der Nachlässigkeit eines Arbeiters Jemand beschädigt wird und dieser deshalb eine Klage gegen den Arbeitgeber erheben will, so muß er beweisen, daß der Arbeitgeber es an der nöthigen Sorgfalt in der Auswahl oder Beaufsichtigung dieses Arbeiters hat fehlen lassen und daß der Unfall mit diesem Mangel an Sorgfalt zusammenhängt. Nun ist es außerordentlich schwer für den Beschädigten, diesen Beweis zu führen. Er kann nicht hineinsehen in die internen Verhältnisse, welche zwischen dem Arbeitgeber und seinen Arbeitern existiren und hier, m. H., kann die Rechtsordnung ihm entgegen kommen, indem sie einfach sagt: „Es wird ein Verschulden vermuthet, es wird vermuthet, daß der Arbeitgeber nicht die nöthige Achtsamkeit bei Auswahl seiner Leute angewendet hat, es wird ferner vermuthet, daß er bei deren Beaufsichtigung nicht sorgfältig genug verfahren ist. Der Arbeitgeber kann sich dann durch den Nachweis befreien, daß er es bei der Auswahl und Beaufsichtigung seiner Arbeiter an der nöthigen Sorgfalt nicht habe fehlen lassen Nun glaube ich noch weiter gehen und vom Arbeitgeber den Nachweis verlangen zu müssen, daß er diesen Unfall nicht habe verhindern können, so daß also der Arbeitgeber haftet, insofern er nicht beweist, daß er den Unfall nicht habe verhindern können. Er hat die Verpflichtung, den Unfall zu verhindern. Diese negative Verpflichtung übt er aus durch das positive Handeln bei der Auswahl und Ueberwachung seiner Leute.

Herr Reichsgerichtsrath Dr. Dreyer hat in seinem Gutachten hervorgehoben, daß der Beweis, daß man den Unfall nicht habe verhindern können, leicht zu führen sei, der Arbeitgeber braucht nur zu beweisen, daß er bei der Anstellung seiner Leute sich erkundigt habe und damit habe er seinen Verpflichtungen genügt. Er hat damit aber nur bewiesen, daß er bei der Auswahl seiner Leute vorsichtig gewesen ist, aber er hat damit nicht den Beweis geführt, daß er nicht im Stande war, den Unfall zu verhindern. Es ist dieser Beweis negativ, und der Beweis einer Negative ist außerordentlich schwierig. Diesen entlastenden Beweis möchte ich hauptsächlich deshalb der verehrlichen Versammlung empfehlen, weil der Arbeitgeber, wenn ihm die Möglichkeit offen steht, sich durch einen Beweis von der ihm obliegenden Haftpflicht zu befreien, viel eher geneigt sein wird, die nöthige Sorgfalt anzuwenden. Es ist dies gewissermaßen eine Prämie dafür, daß er mit der nöthigen Sorgfalt bei der Auswahl und Ueberwachung seiner Leute vorgeht.

Ich stelle daher den Antrag, der Juristentag möge beschließen:

> „Es empfiehlt sich nachfolgende Bestimmung in das deutsche bürgerliche Gesetzbuch aufzunehmen: Der Arbeitgeber haftet für den durch das Verschulden seines Angestellten oder Arbeiters bei Ausführung der ihm übertragenen Funktionen verursachten Schaden, sofern er nicht beweist, daß er den Schaden nicht zu verhindern im Stande war.“

Ich bemerke, daß ich den Satz so gefaßt habe, daß der Arbeitgeber für den bei Ausübung der übertragenen Funktionen verursachten Schaden haften soll, weil ich glaube, daß die Auffassung der französischen Jurisprudenz, daß er auch für den bei Gelegenheit der Ausführung verursachten Schaden haften müsse, ins Gesetzbuch nicht herübergenommen werden dürfe. Es würde eine ungemeine Härte enthalten, wenn der Arbeitgeber nicht blos haften solle für den durch den Arbeiter bei Ausführung der ihm übertragenen Funktionen angerichteten Schaden, sondern auch für den Schaden, welchen der Arbeiter verursacht hat bei Gelegenheit der Ausführung der ihm übertragenen Funktionen.

Professor Bernhöft: Ich muß mich vollständig dem anschließen, was Herr Professor Enneccerus gesagt hat. Ich glaube, daß in der That durch die Debatte in die ganze Frage schon große Klarheit gekommen ist, und ich möchte nach den speciellen Ausführungen mich nur noch genauer über die außercontractlichen Verhältnisse aussprechen. Nach den Ausführungen des Herrn Professor Enneccerus dürfte eine Haftung für außercontractliche Verhältnisse von vornherein abzulehnen sein. Die Theorieen, auf welche man diese Haftung hat stützen wollen, sind von Herrn Professor Enneccerus trefflich widerlegt worden. Sie werden auch nicht gestützt durch das, was Herr Reichsgerichtsrath Dr. Dreyer sagte. Würden wir die Veranlassungstheorie aufstellen, so würden wir weit über das hinausgehen, was beabsichtigt wird. Wenn ich für alles, was durch meine Veranlassung schließlich herbeigeführt wird, haften muß, so giebt es kaum noch eine gesicherte Existenz. Man kann sich durch die geringste unbedeutendste Handlung in Collisionen verwickeln, welche man im Leben nicht lösen kann.

Thatsächlich geht ja die allgemeine Absicht nicht dahin, für alles haften zu lassen, was jemand im weitesten Sinne veranlaßt hat, sondern nur für dasjenige, was durch culpa zustande gekommen ist. Hier tritt die Vertretungstheorie ein, welche von dem Standpunkt des römischen Rechtes ausgeht, aber die fremde culpa der eigenen gleichstellt. Ein juristischer Grund für dieselbe ist nicht angegeben worden, und ich weiß in der That nicht, wie man sie begründen soll. Ich gebe gerne zu, daß wenn die Bedürfnisse des Verkehrs eine derartige Haftung forderten, ich diesen gerne nachgeben würde. Immerhin aber haben wir, wenn die juristische Construction so große Schwierigkeit macht, alle Veranlassung, sorgfältig zu prüfen.

Es handelt sich hier um den alten römischen Rechtsgrundsatz: „casum sentit dominus", der letzte, der den Schaden zu tragen hat, ist der Herr. Mit dem Eigenthum ist eben eine gewisse Gefahr verbunden. Der Eigenthümer hat ja auch gewisse Mittel, sich dagegen zu schützen, gerade in neuerer Zeit durch die Versicherung u. s. w., und gerade deshalb findet es das Rechtsgefühl im allgemeinen billig, daß der Eigenthümer die Gefahr trägt. Schaffe ich mir eine Sache an, so habe ich stets die Gefahr, daß sie mir ruinirt wird oder durch casus untergeht. Diese Gefahr ist mit dem Besitz, mit dem Eigenthum der Sache von selbst verknüpft. Nur der aquilische Ersatzanspruch begründet eine Ausnahme. Es entsteht nun die weitere Frage: wenn das Eigenthum verletzt, beschädigt wird durch die Schuld eines andern und von diesem andern nicht Ersatz erlangt werden kann, ob ich dann einen Dritten zur Ersatzleistung heranziehen darf. Diese Frage bejaht der Gegenantrag. Aus übergroßer Sorgfalt für den Eigenthümer machen wir einen unschuldigen Dritten, der gar nicht in der Lage war zu retten, haftbar. Denn es ist unmöglich, die Sorgfalt soweit zu treiben, daß keine Gefahr mehr da ist, wenn die Herren für die Handlungen ihrer Dienstboten, Arbeiter u. s. w. haften sollen; das ist nach den heutigen Verhältnissen, vielleicht unter allen Verhältnissen unmöglich. Der Fabrikherr kann nicht für einzelne Arbeiter einstehen. Sie selbst, m. H., können nicht für die Handlungen ihrer Dienstboten einstehen, und wenn man Ihnen sagen würde: „Suchen Sie sich Dienstboten, für welche sie ohne Gefahr einstehen können," so stellt man Ihnen eine unausführbare Aufgabe. Sehen Sie, ob Sie auch nur z. B. Dienstboten bekommen, von denen Sie sagen können, sie werden nie, unter keinen Umständen eine feuergefährliche Handlung in meinem Hause vornehmen. Es bleibt immer möglich, daß der Dienstbote einmal hinter Ihrem Rücken und gegen ausdrückliche Instructionen eine solche Handlung vornimmt, und dann sollten Sie für den angerichteten vielleicht unendlich großen Schaden haften. Was soll da das Argument: „Ja ich muß nur eben die Dienstboten besser aussuchen." Wie wollen Sie das machen? Können Sie ein Dienstmädchen z. B. sogleich fortschicken, weil es einmal unvorsichtig eingeheizt hat? Können Sie überhaupt Ihre Dienstboten so genau beaufsichtigen, um deren Unzuverlässigkeit mit Sicherheit rechtzeitig zu erkennen? — Wenn Sie diesen Rechtssatz aufstellen, so kommen Sie schließlich zu dem Resultat, daß jeder Dienstbote die Möglichkeit hat, seinen Arbeitgeber in die äußerste, pecuniäre Verlegenheit zu bringen, ohne daß der Herr irgend welche Mittel hat, sich davor zu schützen. Man haftet dann in Wirklichkeit nicht nur für fremde culpa, sondern auch für fremden dolus; selbst wenn Sie die Haftung für dolus ausschließen wollten, so wäre es doch dem Arbeiter in vielen Fällen leicht, seinem dolus den Anschein von culpa zu geben.

Nach meiner Ansicht sind die Urtheile der französischen Gerichtshöfe der beste Gegenbeweis gegen diese Theorie. Ein Beispiel. Ich referire aus dem Gedächtniß: Ein Gutsbesitzer schickt Arbeiter zum Ausroden. Dazu nimmt man nicht vorzügliche Leute. Die Arbeiter zünden sich ein Feuer an und verursachen einen Waldbrand. Der Gutsbesitzer wird verurtheilt, den ganzen Wald zu bezahlen.

Aehnliche zahlreiche Beispiele werden Ihnen aus den Gutachten in Erinnerung sein. Denken wir nur an Fälle, wie sie sich im Leben täglich zu ereignen pflegen. Sie schicken z. B. ein Dienstmädchen, damit dasselbe ein geliehenes Buch zurückbringe. Sie selber lassen kein Geld offen liegen. Das Dienstmädchen geht in dem fremden Hause in ein Zimmer hinein, in welchem Geld liegt — von einer eigentlichen culpa des Eigenthümers kann man vielleicht unter den concreten Umständen nicht sprechen — und stiehlt die ganze Summe. Wie können Sie dafür haften? Es ist doch billig, daß derjenige den Schaden trägt, welcher Eigenthümer der Sache ist, und nicht derjenige, dem das Dienstmädchen zugehört. Es ist mir von einem Collegen noch der weitere Fall gegeben. Es wäre in consequenter Verfolgung dieser Theorie unabweislich, weiter zu gehen. Wenn das Dienstmädchen in irgend ein Haus ein geliehenes Buch zurückbringt und bei dieser Gelegenheit im unteren Stock Feuer anzündet, so muß der Herr dafür haften. Ich halte es für positiv unmöglich, daß dergleichen in allen seinen Consequenzen wirklich durchgeführt werde und stimme daher durchaus für den Antrag des Herrn Professor Enneccerus.

Professor Dr. **Mayer** (Straßburg): M. H.! Der Vortrag des Herrn Vorredners hat mich recht lebhaft davon überzeugt, daß wir uns nicht verstehen. Wir haben gesehen, wie er an dem Punkte angekommen ist, wo er sagt: „Das ist nicht möglich; das kann man nicht mehr construiren!" Es handelt sich hier aber nicht um die Construction. Es giebt viele Fälle, die können Sie entscheiden durch die Construction. Der gegenwärtige Fall ist kein solcher und ich glaube, Ihnen dies noch einmal ans Herz legen zu sollen, damit wir uns verstehen. Es ist bereits im Antrag des Herrn Reichsgerichtsrath Dr. Dreyer darauf hingewiesen worden, daß unter allem, was man zur Ordnung der rechtswidrigen Schädigung Anderer in neuerer Zeit gethan, eine gewisse Strömung sich geltend gemacht hat, die von dem abweicht, was das römische Rechtsprinzip lehrt, nämlich eine Strömung nach einem objektiven Maßstabe. Diese Strömung kommt allmählig immer näher an die Oberfläche, und der Punkt, wo sie am meisten an die Oberfläche getreten ist, ist das französische Recht.

Nicht aus Vorliebe für das französische Recht, sondern deshalb, weil darin diese unsere Zeit bezeichnende Strömung so lebhaft zum Ausdruck gekommen, wollen wir unseren Gegenstand abweichend vom römischen Rechte und mehr nach dem Muster des französischen geordnet sehen. Es geht freilich den französischen Juristen wie uns. Wir mögen noch so entschiedene Rechtsanschauungen haben, wenn wir sie aussprechen wollen, nehmen wir unsere Worte aus dem römischen Recht; so machen es auch die französischen Juristen. Daher die schöne Gelegenheit, die sie bieten zu solchen Angriffen, wie wir sie gehört haben. Man ruft: das ist ja falsch, das will römisch sein und ist's nicht. Aber, m. H., das ist nur römischrechtliche Ausdrucksweise und eine unzulängliche Ausdrucksweise. Dahinter steht die Wahrheit eines eigenen Begriffes, der Ihnen allerdings unfaßbar ist von dieser Seite her. Es ist das, was ich nannte die Ordnung der Haftpflicht nach objektiven Merkmalen, unabhängig vom Nachweise einer innerlichen culpa, vom Nachweise eines moralischen Verschuldens.

Diese Richtung zeigt sich zunächst an der Haftung für unmittelbar eigenes Verschulden. Die französischen Juristen sagen: „Man muß eine faute begangen haben, eine négligence, oder wie sie es nennen wollen, um etwas, was einer culpa ähnlich ist, zu bezeichnen. Wenn Sie nun aber auf einzelne Fälle eingehen, so sehen Sie sofort, daß es auf die faute, die culpa nicht so sehr ankommt, sondern vor Allem nur auf den

Causalzusammenhang. Sobald dieser zwischen dem Schaden und meinem Verhalten nachgewiesen ist, hafte ich, vorausgesetzt, daß ich nicht nachweise, daß ich befugt war, mich so zu verhalten, wie ich mich verhalten habe. Da erschrickt man. Man ist des Lebens nicht mehr sicher, wenigstens des Vermögens nicht mehr; da muß ich einmal ein abgebranntes Haus bezahlen, da einen Wald, da einen ganzen Menschen, ohne daß ich mir bewußt bin, etwas dafür zu können. Nun ganz so schlimm ist es nicht. Es genügt ja nicht in allgemeiner vager Weise Veranlassung zum Schaden gegeben zu haben, sondern es handelt sich jedenfalls nur um die unmittelbare Verursachung des Schadens. Sie meinen freilich, auch da fehlt Ihnen jeder Anhaltungspunkt. Der arme Mensch, was kann er dafür, daß er dem andern sein Haus zerstört, seinen Wald anbrennt! Der Besitzende, indem er besitzt, muß es sich gefallen lassen, daß nicht blos durch Zufall, sondern durch die Handlung eines Andern sein Eigenthum abgebrannt wird, warum besitzt er? Da giebt es aber eben einen andern Standpunkt, und der kommt immer mehr an die Oberfläche, von diesem Standpunkte aus fragt man, warum soll der Schaden von dem getragen werden, der ihn erlitten hat und nicht von dem, von dem er ausgegangen ist Wer ist eher berufen, ihn zu tragen? doch wohl derjenige, der ihn angerichtet hat. Er braucht nicht zugleich in moralischem Verschulden zu sein, wenn man ihn verantwortlich machen will. Es genügt, daß der Schaden auf sein Verhalten ursächlich zurückgeführt werden kann; dann ist der Schade sein mit allen Folgen, so will es die ausgleichende Gerechtigkeit. Das ist, m. H., die innere Grundlage des französischen Privatdeliktsystemes; daß dabei auch im französischen Rechte die alten römischrechtlichen Ausdrücke geblieben sind, darf uns nicht irre machen. Es ist dieselbe Grundlage, die sich im englisch-amerikanischen Rechte zeigt, die, wie es mir scheint, nothwendig mit der Entwickelung unseres modernen Verkehrswesens, unseres modernen Rechtslebens zusammenhängt. Der Richter kann nicht mehr darauf eingehen, die Moral des Einzelnen zu prüfen, Herz und Nieren des Einzelnen zu untersuchen. Es muß ein allgemeiner objectiver Maßstab bestehen; nach diesem wird mit viel größerer Sicherheit der Streit geschlichtet, der Schaden ausgeglichen, der sich aus dem Leben ergeben hat. Sie brauchen aber auch nicht zu befürchten, daß man mit aller diligentia vor der Haftpflicht nicht sicher sei. Wer in seinen Rechten bleibt, und dieselben so gebraucht, wie es bestimmt ist, sie zu gebrauchen, der wird auch in keinen Schaden kommen. Wenn er darüber hinausgeht und trotzdem Schaden anrichtet, so muß er dafür haften, sonst aber nicht. Die Sache ist also so schrecklich nicht und das Entsetzen, das man fühlen will vor ihren ungeheueren Consequenzen, muß sich doch abkühlen gegenüber der Thatsache, daß wir sie unter so vielen civilisirten Nationen in praktischer Anwendung finden, seit so langer Zeit, und daß sich die Leute gar wohl dabei befunden haben.

Nun, m. H., kommen wir zu unserer Hauptfrage, die jetzt von diesem Standpunkte aus ihre rechte Beleuchtung erhalten kann. Es ist dies die Frage der Haftung für Andere. Die nämliche Strömung, von der ich sprach, berührt auch diesen Punkt. Wir haben freilich für diese neuen Ergebnisse unserer Rechtsentwickelung keine feststehenden technischen Ausdrücke und den Gegnern ist es leicht uns der Poesie zu beschuldigen, wenn wir aus dem praktischen Leben unsere Ausdrücke entlehnen wollen. Das Volk sieht aber ein, was wir gemeint haben. Aus dem Verkehrsleben wird ein Fall herausgehoben, wo einer für den andern handelt, aber nicht mehr frei und selbständig handelt, sondern wo der Handelnde der andern Person zugehört, wo er ein Stück wird von ihrer wirthschaftlichen Thätigkeit. Ein so zugehöriger Mensch, ein préposé, was der nach Außen angerichtet, ist von mir angerichtet und gehört zu meinem Lebenskreis. Was in solcher Weise an mich gehängt ist, was für mich handelt, so grenzt es das französische Recht ab, was das nach außen gewirkt hat, das habe ich nach außen zu vertreten. Das ist die große juristische Bedeutung der Abgrenzung des maître et commettant einerseits und des préposé andererseits. Der objektive Maßstab ist also wieder der Kern des neuen Gedankens. Nun aber, nachdem dieser Gedanke einmal da, nachdem diese Stufe der Rechtsentwickelung erreicht ist, handelt es sich darum, daß die Juristen nun auch ihre Schuldigkeit thun und den Gedanken schön in eine Form bringen.

Und da, m. H., machen es die französischen Juristen allerdings nicht sehr geschickt, — sollen wir uns schmeicheln, daß wir sicherer wären vor solchen Mißgriffen? — aber was dabei verfehlt wird, was ungeschickt construirt wird, das dürfen wir doch dem Grundgedanken nicht zu Schaden rechnen. Die Franzosen wissen es nicht anders zu machen, als daß sie fortarbeiten mit römischrechtlichen Begriffen, daß sie den Ausdrücken nach fortarbeiten mit dem Begriff der culpa, obwohl sie das thatsächlich nicht meinen. So construiren sie sich hier eine Präsumtion der culpa, nämlich der culpa in eligendo desjenigen, für welchen gehandelt wird. Ohne irgendwelche Präsumtion, ohne irgendwelche weitere Zuthaten würde ja unmittelbar aus dem culpa-Begriff heraus die Haftung des Auftraggebers für den Beauftragten nicht herzustellen sein. Mit culpa in eligendo käme man ja nicht weit. Was kann da viel bewiesen werden, ob man vor ein paar Jahren, als man einen Mann angestellt, sich diesen wohl betrachtet oder nicht betrachtet hat! Der Verklagte hat dem Kläger gut sagen: beweise mir; der Kläger weiß ja gar nichts. Thatsächlich hilft die Möglichkeit dieses Beweises niemandem etwas. Statt dessen wird nun eine Präsumtion aufgestellt, sonderbar absolut und formell, wenn auch der wirkliche Fall in keiner Weise dazu stimmt, — die Präsumtion einer culpa, die bei Auswahl des betreffenden Angestellten stattgefunden hätte.

Diese culpa ist eine einfache Fiktion. Ja, m. H., ich gebe es ja gerne zu, das hat keinen Boden im gesunden Menschenverstande, das ist eine ganz willkürliche Fiktion. Aber es ist eben eine juristische Construction der Sache, die die französischen Juristen für nothwendig gehalten, weil sie das vom Verkehrsleben in das Rechtsbewußtsein Uebergegangene mit den Sätzen des römischen Rechts nicht ausdrücken können. Die Widerlegung dieser ungeschickten Form ist leicht, nicht so die der Sache, die sie umschließt. In ähnlicher Weise widerlegt man heute uns und sagt: ihr verwendet da keine juristischen Begriffe, Werkzeug ist kein juristischer Begriff, Vollmacht wäre einer, aber so kann man das nicht nennen. Die Herren Romanisten haben insoweit leichtes Spiel mit uns, sie sind fertig, wenn sie uns gesagt haben, so könne man nicht construiren. Gewiß können Sie das sagen, aber darauf kommt es ja gar nicht an, ob sich das leicht construirt oder schwer. Wir Juristen haben Acht zu geben auf die Stimme der Zeit, auf die Bewegungen, die aus dem Verkehrsleben herauskommen und hinterdrein zu sehen, wie wir damit fertig werden, ob wir das Alles auch gehörig formuliren können. Wenn die Sache da ist, findet sich die Formulirung und die Construction immer. M. H., eine solche Bewegung sehen wir rings um uns, und es scheint mir, daß sie auch auf deutschem Boden schon ziemlich mächtig geworden ist. Ich kann nicht auf die Einzelheiten der Rechtsprechung eingehen; ich will nur zwei große Thatsachen anführen: Unser Reichshaftpflichtgesetz, welches die Eisenbahnen fast unbedingt aus dem Causalzusammenhange allein haftbar macht und welches so mutterseelenallein dasteht unter den noch vom römischen Recht beherrschten Ordnungen, das ist ganz von dem objektiven Maßstabe geleitet; das Gleiche gilt von der Verfügung des § 2 des Haftpflicht-Gesetzes, nach welchem der Arbeitgeber haftbar gemacht wird für den Aufseher. Wir denken dabei nicht daran, eine derartige Construction zu machen, wie die französischen Juristen mit ihrer Culpa-Praesumtion; wir sagen einfach: Er haftet, so will es der Verkehr und unser Gerechtigkeitsgefühl. Es fragt sich nun, wenn wir einmal diese Schritte gethan haben, wie sollen wir dann weiter gehen? Der beste Beweis, wie sehr man das Gewicht spürt, welches hiermit gegen die romanistische Auffassung in die Waagschale geworfen wird, ist die Abneigung gegen das bestehende Recht, die ich gerade in dem Gutachten des Herrn Professor Leonhard wahrnehme; dasselbe weist geradezu darauf hin, es wäre vielleicht angezeigt, den geschehenen Schritt wieder rückwärts zu thun und § 2 des

Haftpflichtgesetzes als nicht heilsam, als den Prinzipien nicht entsprechend zurückzunehmen.

Wenn wir soweit sind, daß der Construction zuliebe das eben erst geschaffene Recht wieder rückgängig gemacht werden soll, so ist das Beweis genug, daß wir nicht auf die richtige Bahn verwiesen worden; es muß vorwärts gegangen werden in der Richtung, die ich angezeigt. M. H., die Gegenseite begnügte sich mit einem halben Erfolge und wäre zufrieden, wenn man die Haftpflicht der Eisenbahnen und vielleicht noch die Haftung für den Aufseher in ihrer Sonderstellung ließe. Solcher Mittelweg ist erst recht nicht möglich. Entweder zurück oder vorwärts, ein Mittelding giebt es nicht mehr. Unser Recht bliebe sonst voll von schreienden Abnormitäten. Warum soll der Unternehmer für den Aufseher haften und für den Arbeiter nicht. Ja, man möchte uns sagen, der Aufseher ist ein gebildeter Mann und steht in einem näheren Verhältnisse zum Unternehmer als der Arbeiter. M. H., das mag wohl hier und da so sein, aber der gewöhnliche Handwerksgeselle scheint mir wieder in einem näheren Verhältnisse zum Meister zu stehen als der contremaître zur Aktiengesellschaft, da fehlt also jede Grenzlinie. Für die Eisenbahnen hat man ganz besondere Gründe gefunden. Da hat man nämlich hervorgehoben, mit den Eisenbahnen sei es ein eigenes Ding, die kämen nach und nach in Staatshände und der Staat habe eine ganz außerordentliche Verpflichtung zu zahlen, mit dem müsse man strenger sein als mit anderen Leuten. Das ist schon eine Auffassung, die ich gar nicht theilen kann, ein Ueberbleibsel früherer Zeiten und eine unzulässige Verallgemeinerung des selbst schon veralteten civilprozessualen Satzes in dubio contra fiscum.

Ich glaube, wir müssen vorwärtsgehen, weiter als die Reichsgesetzgebung schon gegangen ist, und zwar in der Richtung auf Herstellung eines objectiven Maßstabes. Daß durch mich oder durch Leute, die zu mir gehören, der rechtswidrige Schaden verursacht worden ist, soll die einzige Grundlage sein für die Verantwortlichkeit. Bei der Haftung für eignes Thun wird ja thatsächlich diese Verantwortlichkeit meist zusammentreffen mit der aus dem Culpa-System sich ergebenden. Bei der Haftung für fremdes Thun ist es nothwendig, die Verhältnisse genau zu bestimmen, welche den Thäter mit der Person des Haftenden eng genug verbinden. Der Begriff des Arbeitgebers und des Arbeiters, des commettant und des préposé scheint mir aber sehr glücklich herausgegriffen zu sein, um eines derselben zu bezeichnen. Machen wir damit den Anfang.

Ob man diese dann weiter mit Hülfe von allerlei Präsumtionen juristisch formulirt und construirt, ist ja vorläufig Nebensache. Ich frage gar nicht weiter darnach. Ich möchte daher den Antrag Dreyer unterstützen.

Präsident: Ich bitte die Herren, die das Wort ergreifen wollen, mit Rücksicht auf die Zeit sich einzuschränken. Will noch Jemand das Wort nehmen.

Professor **Leonhard**: Nachdem so viel über die außercontractlichen Verhältnisse der Arbeitgeber gesprochen ist, meine ich, erledigt sich der Vertagungsantrag. Ich stelle mich in diesem Punkte dem Standpunkte des Herrn Collegen Mayer entgegen und zwar nicht aus Gründen der Construction. Die juristische Construction wird meines Erachtens bei legislatorischen Erörterungen zu viel in den Vordergrund gedrängt. Wie wir die Dinge construiren, von denen hier die Rede ist, darum ist mir nicht bange. Haben wir die Haftpflicht, so wird die Construction nicht fehlen. Die Frage ist: hat es einen Zweck, die Haftpflicht einzuführen, weil unsere Nachbarn aus rheinischen Gebieten mit ihr so sehr zufrieden sind? Aus Gründen der Construction würde ich gewiß nicht dagegen stimmen. Aber ich möchte gern genügende sachliche Gründe hören und möchte vor einem großen Fehler warnen, der bei derartigen Fragen begangen wird, daß man nämlich einen einzelnen Fall herausgreift und aus den Härten, welche dessen Behandlung nach sich zieht, die Frage beantwortet, ob eine solche Behandlung derartiger Fälle im Allgemeinen billigenswerth ist oder nicht.

Nehmen Sie z. B. an, daß Ihnen ein Wald gehört, der Wald Ihnen durch den Diener Ihres Nachbarn angezündet wird und Sie keinen Schadenersatz erhalten, so ist das eine große Härte für Sie, die Sie schwer empfinden würden. Nehmen Sie dann aber einmal an, daß ein fremder Wald durch Ihren Diener angezündet würde und Sie haften müßten, dann scheint dies Ihnen sicherlich ebenso hart. Wenn ein Gesetz möglich wäre, nach dem für beide Geschädigten die Härte vermieden würde, so würde ich es zur Annahme vorschlagen; aber leider reicht meine gesetzgeberische Weisheit nicht so weit, um da auszuhelfen. Wir müssen daher fragen: „Kann ein solches Gesetz, welches die Arbeitgeber für das Verschulden der Leute haftbar macht, im Allgemeinen Nachtheil bringen?“ Ich muß nun behaupten, m. H., daß ich glaube, daß ein solcher Nachtheil für das Kleingewerbe möglich ist, und zwar durch die große Gefahr, die wie ein Damoklesschwert dann über dessen Haupte schweben würde. Freilich, wenn die Leute es nicht anders wissen, so beschweren sie sich eben nicht mehr darüber, sie gehen schweigend zu Grunde. Außerdem, m. H., sind wir nicht dazu da, alle Dinge zu befürworten, die in der Tagesströmung verlangt werden, wir müssen weiter sehen als die Tagesströmung. Ich glaube, der Gesetzgeber hat nicht blos die Aufgabe, darauf zu achten, was gerade die Mehrheit des Volkes augenblicklich wünscht, sondern er hat zuweilen auch die Pflicht, sich der Tagesströmung entgegen zu stellen. Ich gehe von demjenigen Rechtsleben aus, das ich kenne und bemerke, daß sich in diesem Rechtsleben eine Strömung zu Gunsten einer so allgemeinen Haftpflicht, wie das franz. Recht sie kennt, noch nicht geltend gemacht hat. Das Haftpflichtgesetz beschäftigt sich nur mit dem Schutz von Körper und Gesundheit. Nun sind aber, m. H., Körper und Gesundheit der Menschen Güter, die vom gesetzgeberischen Standpunkte aus höher stehen als Hab und Gut. Was dem einen recht ist, ist hier dem andern nicht ohne Weiteres billig. Ich muß also für den Antrag des Herrn Enneccerus eintreten.

Reichsgerichtsrath **Petersen**: M. H.! Ueber die erste Frage spreche ich nicht. Ich möchte nur anknüpfen an die Ausführungen des Herrn Professor Leonhard, der, wie mir scheint, ganz auf den richtigen, für den Juristentag maßgebenden, Gesichtspunkt gekommen ist. Es ist ja naturgemäß, daß in der Debatte die juristische, technische Frage der Construction in erster Linie behandelt wird; aber für die Abstimmung ist dies doch nicht der allein entscheidende Punkt. Wenn wir lediglich vom grünen Tisch aus geprüft hätten, ob eine Lücke bezüglich der Haftung bestände, dann wären wir auch zum Haftpflichtgesetz nicht gekommen. Nirgends werden wir finden, daß ein Gelehrter gesagt hätte: „Hier ist ein Bedürfniß nach einer Construction; die will ich erfinden." Nein! die schreienden Mißstände haben zum Erlaß des Haftpflichtgesetzes geführt, weil niemand wollte, daß die Familien der hunderte von Arbeitern, die beim Bergwerkbetrieb verunglückten, keine Entschädigung erhalten konnten, sondern mit dem Klingelbeutel herumgehen und betteln mußten. Derartige Verhältnisse gibt es aber noch viele und diese drängen zu weiteren Schritten. Ich stehe insofern auf demselben Boden wie Leonhard, als ich sage: wir müssen vor Allem die Bedürfnisfrage prüfen. Bezüglich dieser Frage scheint mir aber vorzugsweise die Erfahrung maßgebend zu sein. Ich frage deshalb: haben wir eine Erfahrung und wo können wir sie finden? Ob ein Gesetz sich bewährt hat, läßt sich nicht feststellen auf dem Gebiete, wo es nicht gegolten hat, sondern nur da, wo es in Geltung steht. Ein Redner hat gesagt, die Sätze, die hier vorgeschlagen würden, schienen ihm nicht gar ausführbar zu sein. Dieselben bestehen aber seit mehr als 100 Jahren zu Recht. Sie gelten in Ländern, deren Bevölkerung viel größer ist als die von Deutschland. Ja sie gelten auch in Deutschland auf einem Gebiete, das von 7 Millionen Menschen bewohnt ist, in einer viel schärferen Form, als sie hier von einem Redner vorgeschlagen wird. Wenn die Befürchtung, die Professor Leonhard ausgesprochen hat, richtig und zutreffend wäre, dann müßte sie doch zunächst aus diesen Gebieten kommen, dort müßte man sagen: „das Gesetz ist eine bedenkliche Einrichtung; die müssen wir los werden." Nun steht es aber in Wirklichkeit so, daß die Hauptvertreter dieser Sache aus den rheinischen Gegenden kommen, und zwar gilt dies nicht bloß von Juristen, die dort geboren und aufgewachsen sind. Professor Mayer z. B. ist ein rechtsrheinischer Jurist gewesen, der im gemeinen Recht aufgewachsen ist, der sich aber in Elsaß-Lothringen bekehrt hat.

Das hat doch seinen Grund! Aber noch mehr: Finden Sie denn irgendwelche Klagen in der französischen oder englischen Industrie, daß diese zu hart gedrückt wird? Vergeblich, wenn sie darnach suchen. Man wird es nicht wagen, das darf ich kühn aussprechen, dagegen zu petitioniren, weil die Bevölkerung sagt: Im großen Ganzen, trotz einzelner Härten, haben wir uns bei dem geltenden Recht wohl befunden. Und der Grundsatz hat sich auch immer weiter ausgebreitet. Er gilt nicht blos in Italien, wo man ihn hätte beseitigen oder beschränken können; auch in der Schweiz, einem wieder vorzugsweise industriellen Staate.

Ja man hat dort, wie der Herr Referent betont hat, sich nicht mit dem ursprünglichen, schon ziemlich scharfen Gesetze begnügt, sondern dasselbe noch weiter verschärfen zu müssen geglaubt. Umgekehrt, meine Herren, können Sie aber nicht sagen, daß es in Deutschland keine Klagen gibt. Daß die Theoretiker nicht geklagt haben, weil sie keine Construction gefunden haben, ist natürlich; aber im Uebrigen hat eine Bewegung stattgefunden. Sie finden in den letzten Jahren keinen Aufsatz über die Haftpflicht, in dem nicht die Erweiterung des Haftpflichtgesetzes als die größte Nothwendigkeit bezeichnet wird. (Sehr gut!)

Nun, dafür wird auf einem bestimmten Gebiete gesorgt durch die Unfallsversicherung. Aber weil das ungenügend ist, muß noch weiter gesorgt werden. Nachdem für den Arbeiter gesorgt, muß auch gesorgt werden für andere Beschädigte.

Denn, m. H., was für den Arbeiter billig ist, das kann nicht ganz und gar unpassend sein gegenüber dritten Beschädigten. Der Fabrikant muß große Opfer bringen, er muß nach dem Haftpflichtgesetze persönlich einstehen für den Schaden, den einer seiner Aufseher veranlaßt hat. Solche Beschädigungen sind auch möglich Dritten gegenüber; deshalb hat Herr Professor Mayer zutreffend angeführt, es handle sich um einen Grundsatz, der isolirt nicht bestehe könne. Was für die Eisenbahnen gilt, gilt theilweise auch auf anderen Gebieten. Es wurde bereits von den besonders gefährlichen Gewerben gesprochen. Ja, m. H., was ist denn besonders gefährlich? Wenn Jemand von der Eisenbahn überfahren wird, dann gilt die Haftpflicht. Auch die Pferdebahn wird dazu gerechnet, aber soll für den Omnibus und die Droschken etwas anderes gelten? Es ist klar, daß hier ein Bedürfniß besteht, das befriedigt werden muß. Es ist eben die

Frage, ob der Satz: „Casum sentit dominus“ ausreicht. Nicht um die Beschädigung von Sachen handelt es sich hier, sondern um Personen. Männer, Frauen und Kinder können nicht zu Hause bleiben; sie müssen über die Straße gehen. Sie können sich nicht bewahren vor der Gefahr, daß der Fuhrmann sie beschädigt, sie um ihre Gesundheit bringt. Und derartige Fälle giebt es noch viele, und diese Fälle können nicht anders getroffen werden, als wenn man den Arbeitgeber verantwortlich macht für das Verschulden seiner Angestellten. Denn, m. H., mit der bloßen Haftbarkeit für culpa in eligendo und custodiendo kommt man nicht aus; sie genügt besonders bei der Groß-Industrie nicht, reicht aber auch im Uebrigen nicht aus, wie hier mit vollem Recht ausgeführt worden ist. Und, m. H., Fälle von der angegebenen Art sind eben in Menge da; deswegen kann man die Bedürfnisfrage in keinem Falle verneinen, oder so leicht nehmen, wie es ja geschehen ist. Es ist ja richtig, m. H., daß in einzelnen Fällen auch in Frankreich einmal ein verkehrtes Urtheil erlassen worden ist, daß in einzelnen Fällen Jemand zu hart behandelt wurde. Aber ist es ein größerer Schaden, daß in 100 Fällen 99 Beschädigte, die Anspruch auf Entschädigung haben, nichts bekommen, oder ist es schlimmer, wenn diese Personen zwar alle befriedigt werden, aber im einzelnen Falle auch einmal einer völlig zu hart betroffen wird? Daß das Assekuranzprinzip an sich nicht als juristische Grundlage für die Construction behandelt werden kann, das gebe ich gern zu. Aber für die hier angeregte Frage, ob die Industrie die Last tragen könne, da kommt allerdings die Möglichkeit der Versicherung in Betracht. Man hat bei uns seit 70, seit 100 Jahren diese Last getragen bei der Industrie, obgleich keine Möglichkeit der Versicherung bestand. Jetzt versichert man aber. In der Pfalz, meiner Heimath, sind ganze Bezirke zusammengetreten, haben mit einer Versicherungsgesellschaft Verhandlungen angeknüpft und in einzelnen Bezirken sind sämmtliche Gewerbetreibende gegen Unfälle versichert. Wer Gehilfen hält, der ist für dieselben verantwortlich, kann sie aber gegen Unfälle versichern, und diese Last ist von der Industrie zu tragen. Ich bitte Sie deshalb primo loco für den Antrag Dreyer oder doch wenigstens für den Antrag des Herrn Referenten Dr. Jaques zu stimmen.

Dr. **Jaques** (Wien): Es ist natürlich, meine verehrten Herren, daß ich unter der Pression, unter der wir uns befinden, mich aufs äußerste Minimum beschränken werde. Aber ein paar ganz flüchtige Bemerkungen müssen Sie mir erlauben. Wenn je der Werth des Contacts zwischen Theoretikern und Practikern sich gezeigt hat, so ist es wohl in unserer heutigen Discussion der Fall gewesen. Ich habe nun Rücksprache gepflogen mit dem Herrn Correferenten, und wir haben uns geeinigt zu folgendem Antrage:

„In obligatorischen Verhältnissen haftet der Arbeitgeber für jedes von seinen Arbeitern in Ausführung der ihnen übertragenen Verrichtungen begangene Verschulden."

Das Bedenken, das auf der einen Seite bestand, ist damit beseitigt und auf der andern Seite bleiben wir im richtigen Rahmen, und ich glaube, daß diese Fassung den verehrten Herren wird genügen können. Was den 2. Punkt betrifft, in Bezug auf die Motivirung der Vertagung des weiteren Antrags, so gestehe ich, daß ich nur äußerst ungern diesen Punkt gestrichen sehen würde. Wenn aber die Herren, die der strengen romanischen Observanz angehören, dies zur Bedingung machen, so will ich, falls nur der Gegenstand in seiner speziellen Fassung, das außercontractliche Verschulden der Arbeiter betreffend, auf den nächsten Juristentag wieder zur Frage kommen wird, mich einverstanden erklären. Und nun erlaube ich mir, von meinem persönlichen Standpunkt aus, noch ein paar bescheidene Bemerkungen. Wir haben zwei Vota gehört, das eine von Professor Mayer, auf dem französischen Recht basirend, das andere von Herrn Professor Enneccerus, in Bezug auf die Frage, in wieweit man bei der bloßen Veranlassung eines Schadens irgendwo von der Haftpflicht reden kann. Der verehrte Professor Mayer legt einen objectiven Maßstab an. Wenn die Franzosen von einer Praesumtion juris et de jure der culpa sprechen, wenn sie eine Fiction der culpa vornehmen, dann anerkennt er hierin den objectiven Maßstab. Darauf antworte ich: Von unserem deutschen Standpunkte aus haben wir nun einmal das tiefe wissenschaftliche Verlangen, uns mit Praesumtionen juris et de jure und mit Fictionen, d. h. mit mechanischen Formeln, die wohl in einer Anzahl von Fällen den Bedürfnissen des Lebens Ausdruck zu verleihen geeignet sein mögen, in ebensoviel anderen aber dieselben nicht zur Geltung kommen lassen, nie und nimmer zu begnügen. Allerdings schneidet man damit die Beweislast ab, allerdings arbeitet man mit scharfumschriebenen, für die Praxis also auch bequemen Regeln. Aber der Ausgangspunkt ist nun einmal ein solcher, welcher unserem deutschen Rechtsbewußtsein widerstrebt und keine Hervorhebung scheinbar praktischen Bedürfnisses kann uns über so schwere Scrupel hinüberführen. Was nun als Norm gelten soll, muß nun einmal in dem Sinne aus dem innersten Wesen der practischen Verkehrsverhältnisse geschöpft sein, daß es nicht in zahllosen practischen Fällen nur geradezu gewaltsamer Weise zur Anwendung gebracht werden kann. In direktem Gegensatz hierzu befindet sich die Ausführung des verehrten

Herrn Prof. Dr. Enneccerus hinsichtlich der Veranlassung eines Schadens. Es ist natürlich, daß, wenn man sagt: „Jemand hat den Schaden veranlaßt ohne Schuld und dafür soll er haften," dies jedem juristischen Gewissen geradezu widerstrebt. Nun, m. H., giebt es aber doch Fälle, wo man, ohne irgend auf dem Standpunkt des code zu stehen, ja sogar in einem auf römisch-rechtlichen Grundsätzen aufgebautem Schadenrecht, wie in unserem österreichischen bürgerlichen Gesetzbuch, in die Lage kommen kann, von einem Unrecht ohne Verschulden, durch bloßes Veranlassen zu sprechen. Es heißt in den §§ 1309 und 1310, dort, wo von dem Schaden, welcher durch unter fremder Hut stehende Personen verübt wird, die Rede ist, zunächst, daß dafür gehaftet wird durch die, welche die custodia über jene Personen haben, und wenn also denjenigen die Schuld zufällt, die die Aufsicht haben, so sind sie haftbar. Aber, so heißt es weiter, wenn dies auch nicht der Fall ist, so soll unter Erwägung des Umstandes, von wem die Veranlassung gegeben wurde und des Verhältnisses zwischen Beschädiger und Beschädigten u. s. w. ein billiger Schadenersatz zuerkannt werden. Wenn also derjenige, der nicht mente captus ist, der unter Kuratel steht, als Beschädiger erscheint, soll man also in die Lage kommen, Etwas gelten zu lassen, das sich wohl in keine andere Formel als in die kleiden läßt: „schuldloses Unrecht." Das macht natürlich jedem Juristen einen unangenehmen Eindruck, ist aber in ganz bestimmter Gestalt in manche neueren Gesetze übergegangen, wie z. B. in das schweizerische. Wir haben — beiläufig bemerkt — schon einmal in Oesterreich die Frage des Schadenersatzes eingehender Betrachtung auf einem Advokatentage unterzogen, und da hat ein hervorragender Jurist, Pfaff, sich über die Frage des „schuldlosen Unrechts" in einem sehr werthvollen Gutachten ausgesprochen.

Zur näheren Illustration nun noch ein anderes Beispiel: Es kommt Jemand zu Ihnen, der reif, der handlungsfähig ist. Er wird nun in einem gegebenen Momente, während er sich in Ihrer Wohnung befindet, plötzlich geisteskrank und zerschlägt plötzlich, was er vor sich sieht, Bilder, Spiegel u. s. w. Daß hier von einer culpa weder des plötzlich seiner Sinne beraubten Beschädigers noch eines Dritten die Rede sein kann, ist klar. Und dennoch wird die Frage der Haftung und ob nicht Schadenersatz Platz zu greifen habe, viel zu denken geben, denn ob wirklich die Wirkung der fremden Causalität ganz auf eine Stufe zu stellen sei mit dem äußeren Zufall, ob man sich wirklich mit dem Fall zu begnügen habe: casus nocet domino, ist juristisch sehr zweifelhaft und wirthschaftlich sehr bedenklich. Aber es giebt noch einen andern Fall, der ganz besonders prägnant erscheint, wenn er auch über das Civilrecht hinausreicht:

das ist die Haftung des Staates für seine Beamten in den Fällen der unschuldig Verurtheilten. Ist da etwa eine culpa vorhanden? Nicht im Geringsten. Voraussetzung ist, daß die Richter ihre Pflicht erfüllt haben, daß weder culpa noch dolus vorhanden sei, und dennoch verlangt das deutsche Rechtsbewußtsein, — wir hoffen ja alle, daß das Verlangen zum Gesetze werde — eine Entschädigung habe Platz zu greifen. Was ist die Consequenz vom Ganzen? Diese Schadenersatz-Theorie ist in einer großen wissenschaftlichen Gährung begriffen, und man hat sich das Problem vorzulegen: Kommt es in allen Fällen ausschließlich nur auf culpa an, oder giebt's auch Fälle, wo ein „schuldloses Unrecht" zu vergüten ist. Ich will nicht unterlassen noch beiläufig zu bemerken, daß von Jhering schon ähnliche Andeutungen stattgefunden haben und daß Friedrich Mommsen in seinem Hefte von 79 davon spricht, es sei bei Jhering die culpa schon „zur Veranlassung" verflüchtigt worden. Ich gebe gern zu, daß wir noch nicht in der Lage sind, die Frage zu lösen, was wir aber wo möglich mit Einstimmigkeit fordern sollten, ist, daß das außercontractliche Verschulden auf einem nächsten Juristentag wieder verhandelt werden soll.

Prof. **Enneccerus**: Sie werden mich entschuldigen, wenn ich nicht auf alle Argumente antworte. Ich will nur antworten auf die Wesentlichsten. Vorher aber möchte ich meine Zustimmung zu dem verlesenen Compromißantrage erklären. Der Herr Referent hat mir nachgegeben die Worte „in Ausführung der ihnen übertragenen Verrichtungen." Ich habe ihm nachgegeben statt „Schuldner und Gläubiger" zu sagen: „Arbeiter und Arbeitgeber", ich halte das gerade für keine Verbesserung, aber ich gebe es nach, weil ich Werth darauf lege, daß wir die Grundgedanken möglichst einstimmig zu erkennen geben. Ich wende mich nun zu dem, was Herr Professor Mayer sagte. Er hat ausgeführt, es bestehe eine Strömung für den objektiven Standpunkt. Das heißt nichts anderes als, es bestehe eine Strömung für die Haftung für den casus. Wenn irgend ein Schaden eingetreten ist, wenn der Schaden auf Veranlassung irgend eines Umstandes zurückzuführen ist, der von irgend Jemand herbeigeführt ist, so haftet dieser Jemand.

M. H., dadurch wird die Haftung für culpa in die Haftung für Veranlassung verflüchtigt. Aber wenn eine solche Theorie der Haftung für jeden Schaden, den man veranlaßt, existirte, warum greift sie nur Platz, wenn ein Anderer für uns handelt, nicht auch, wenn wir selbst handeln? Nein, m. H., consequent wäre dann doch nur der allgemeine Satz: Jeder haftet für den casus, den er anrichtet. Niemand kann sich mit Beobachtung der Sorgfalt der Rücksichtnahme auf die Rechte Anderer entschuldigen. Er haftet für den casus.

Wenn Herr Reichsgerichtsrath Petersen ausgeführt hat, daß ein Bedürfnis für die Erweiterung der Haftung vorliege, so ist in seinen Ausführungen etwas sehr richtiges, aber auch etwas unrichtiges enthalten. Ich möchte die Grenze ziehen. Herr Reichsgerichtsrath Petersen ging aus von den armen Arbeitern, die im außerordentlich gefährlichen Bergwerksbetrieb verwundet werden und nun keinen Ersatz haben, fügte weiter noch die Eisenbahnen hinzu und ging dann zu Omnibus, Droschken u. s. w. über. Nun, m. H., in allen solchen Fällen, wo ein Bedürfnis anzuerkennen ist, da ist stets noch etwas anderes vorhanden, eben die Ursache dieses Bedürfnisses, das ist die besondere Gefährlichkeit solcher Unternehmungen. Wo diese besondere Gefährlichkeit fehlt, da fehlt auch das Bedürfnis und da fehlt auch ein Grund der Gerechtigkeit, um die Haftung zu erweitern. M. H., dem Haftpflichtgesetz liegt der Gedanke zu Grunde, daß wer besonders gefährliche Unternehmungen treibt, also seine Mitbürger besonderen Gefahren aussetzt, auch für den dadurch verursachten Schaden haften soll. Ich will nun nicht darüber streiten, ob der Kreis der unter das Haftpflichtgesetz fallenden Unternehmungen nicht zu erweitern sei. Ich halte selbst eine Erweiterung für geboten; aber m. H. wollten wir hierüber discutiren, so würden wir die uns von der Deputation gestellte allgemeine Frage: „Haftet der Arbeitgeber für Verschulden des Arbeiters" völlig verlassen. Sollte die Frage der Erweiterung des Haftpflichtgesetzes auf die Tagesordnung des nächsten Juristentages gesetzt werden, so glaube ich allerdings, m. H., daß wir noch ein schönes Feld für unsere Beobachtungen vor uns haben. Die Grenze, bis zu der eine erweiterte Haftung anzunehmen sei, wird freilich nicht mit einem Worte erledigt werden, man würde die einzelnen Arten von Unternehmungen genau prüfen müssen und sich nicht mit einer Definition, welche Unternehmungen als besonders gefährlich zu betrachten seien, begnügen können.

Nun, m. H., wende ich mich zur zweiten Frage, der Frage der Vertagung, die uns heute vorliegt. Ich habe schon vorhin gesagt: Die Frage ist für die Haftung in obligatorischen Verhältnissen entschieden spruchreif. Was die Haftung abgesehen von obligatorischen Verhältnissen betrifft, so will ich mich nicht gerade gegen die Vertagung erklären, glaube aber, daß es entschieden werthvoller wäre, wenn die Frage ganz anders gestellt würde, nämlich so, daß eine Erweiterung des Haftpflichtgesetzes auf die Tagesordnung gesetzt würde.

Nach einer Debatte zur Geschäftsordnung bezw. über die Abstimmung und nachdem der Reichsgerichtsrath Dr. Dreyer seine Anträge zu I. und III. (Band I. S. 46) zurückgenommen hatte:

Präsident: Ich bringe den ersten Theil des Antrags der beiden Referenten zur Abstimmung:

„In obligatorischen Verhältnissen haftet der Arbeitgeber für jedes von seinen Arbeitern in Ausführung der ihnen übertragenen Verrichtungen begangene Verschulden."

(Einstimmig angenommen.)

Der Zusatz des Antrages v. Weinrich wurde abgelehnt.

Präsident: Ich bringe nun den zweiten Antrag zur Abstimmung:

„In Betreff der Haftung des Arbeitgebers für außercontractliches Verschulden seiner Arbeiter spricht die Abtheilung den Wunsch aus, die ständige Deputation möge die Frage nach Einholung von Gutachten auf die Tagesordnung des nächsten Juristentages setzen."

(Abgelehnt.)

Nunmehr haben wir abzustimmen über den Antrag des Herrn Reichsgerichtsraths Dr. Dreyer.

„Außerhalb eines obligatorischen Verhältnisses hat der Arbeitgeber für's Verschulden seiner Arbeiter nur insoweit zu haften, als das Verschulden in Ausführung der ihnen übertragenen Verrichtungen begangen wurde."

(Abgelehnt.)

Auf Anregung, weil bemerkt wurde, daß bei der Abstimmung über den Antrag II auf Vertagung zum nächsten Juristentage die Fragestellung vielfach mißverstanden sei:

Präsident: Ich stelle nun noch einmal diesen Vertagungsantrag.

(Derselbe wird angenommen.)

Für die Frage über die Wildschaden-Entschädigung schlägt der Präsident die Vertagung vor.

Rechtsanwalt **Mörschell** (Würzburg): Ich bin nicht böse darüber, daß das von mir übernommene Referat nicht mehr zur Verhandlung kommt. Ich kann nur constatiren, daß ich aus den heutigen Verhandlungen so viele Anregungen erhalten habe, daß ich es für nothwendig erachte, meinen Bericht einer Neubearbeitung zu unterziehen. Es wird vielleicht Gelegenheit gegeben, die Herren damit bekannt zu machen.

Schluß 1½ Uhr.

Erste Sitzung der zweiten Abtheilung am 11. September 1884.

(Beginn: Vormittags 10 Uhr.)

Zum Präsidenten wird durch Acclamation Herr Landgerichtspräsident Becker (Oldenburg) gewählt.

Präsident: Ich muß, für Ihre Wahl dankend, wohl annehmen und erlaube mir, den Herrn Landgerichtsdirector Müller dahier zu bitten, meine Stellvertretung zu übernehmen und in die Stelle der Schriftführer einzutreten: Herrn Rechtsanwalt Stern und Rechtspracticanten Schwarz.

Dann erlaube ich mir, die Herren darauf aufmerksam zu machen, daß die Wahl von zehn Vertrauensmännern vorgenommen werden soll, und würde ich gerne Vorschläge der Versammlung für die Bestimmung der Personen, die die zehn Vertrauensmänner bilden sollen, heute entgegen nehmen, bitte, mir dieselben mitzutheilen; es wird dann das Bureau am Schluß der Sitzung zusammentreten und die Liste der Versammlung zur Wahl vorliegen.

Nach Rücksprache mit den beiden Herrn Referenten habe ich der Versammlung den Wunsch mitzutheilen, daß die Frage über den Konto-Kurrentverkehr von der diesjährigen Berathung abgestellt und die ständige Deputation ersucht werde, den Gegenstand nach Veröffentlichung der Gutachten der beiden Referenten und etwa nach Einziehung eines dritten Gutachten auf die Tagesordnung des nächsten Juristentages zu setzen. Wenn niemand Widerspruch erhebt, erkläre ich dies für beschlossen.

(Angenommen.)

Es bleibt dann zur Berathung übrig zunächst die Frage nach dem Checkverkehr, und wollen wir mit dieser beginnen.

Ich gebe Herrn Reichsgerichtsrath Dr. Dreyer das Wort, zugleich mache ich mit Bedauern die Mittheilung, daß Herr Professor Dr. Gareis in Gießen verhindert war, heute zu erscheinen, Herr Professor Kohn aus Heidelberg aber seine Vertretung übernehmen wird.

Reichsgerichtsrath Dr. **Dreyer**: Hochgeehrte Herren! Die gestellte Frage: „Empfiehlt sich eine gesetzgeberische Regelung des Checkverkehrs?“ ist unzweifelhaft dahin zu verstehen, daß die Erlassung eines besonderen, eines Spezialgesetzes, gemeint sei. — Daraus folgt, daß, wenn man sie auch nicht bejahen will, keineswegs ausgeschlossen ist, daß die fragliche Materie im künftigen deutschen Gesetzbuch oder Handelsgesetzbuch geregelt wird, ja geregelt werden muß. Von den beiden Gutachten, die vor uns liegen, hat das eine, das des Herrn Geheimraths Koch die Frage bejaht, das andere dieselbe verneint — Beide Gutachten gehen davon aus, daß weder die Reichs- noch die Particulargesetzgebung eine genügende Regelung der Materie enthalte und möchte ich in dieser Beziehung einige allgemeine Bemerkungen vorausschicken. Wir haben eine Bestimmung im § 24 des Wechselstempelsteuergesetzes, wonach vom Stempel befreit sind: Checks, das ist die Anweisung auf das Guthaben des Ausstellers bei die Zahlungen desselben besorgenden Banquiers oder sonstigen Geldinstitute. Diese Bestimmung scheint mir nicht so unwesentlich zu sein, wie sie aufgefaßt wird, sie ist für mich nach doppelter Richtung hin bedeutsam: einmal, weil sie die Definition des Checks enthält und zweitens, weil für das so definirte Papier die Steuerfreiheit zugesichert wird. Das letztere, die Steuerfreiheit, ist wohl der Hauptzweck, den diejenigen anstreben, welche ein Gesetz über Regelung des Checks wollen. Nun ist diese Steuerfreiheit für das so definirte Papier gewährt. Ich glaube aber auch, daß diese Definition gerade das wesentlichste Merkmal desjenigen Papiers giebt, welches man im deutschen Verkehr als Check auffaßt. Ich lege besonderes Gewicht darauf, daß die Anweisung auf ein Guthaben des Ausstellers gefordert wird. Wenn ich nun davon ausgehe, daß eine wesentliche Anforderung, nämlich die der Steuerfreiheit, das Reichsgesetz bereits erfüllt hat, so muß ich anderseits zugeben, daß die Particularrechte, welche Bestimmungen über Zahlungsanweisungen enthalten, nicht mit einander übereinstimmen, und überdies in vielen Beziehungen zu Controversen Anlaß geben.

Aber hier möchte ich darauf aufmerksam machen, was im zweiten Gutachten zutreffend hervorgehoben wird, daß nämlich der Check nur für den Platz-, nicht für Distance-Verkehr bestimmt ist, daß Checkprozesse sehr selten sind, und gerade deshalb, weil der Check nicht für den Verkehr von

Land zu Land bestimmt ist, die Verschiedenheiten in den Gesetzgebungen nicht erheblich schädigend wirken können. Ich wende mich nun zu den einzelnen Gründen und Gegengründen betreffs der Bejahung.

Es wird hingewiesen auf das Beispiel der Gesetzgebung anderer Länder. Hier möchte ich auf doppeltes aufmerksam machen. Einmal sind diese anderen Staaten nicht sofort mit der gesetzgeberischen Regelung vorgegangen, sondern diese erfolgte erst spät als Codification einer bestehenden Usance oder Tradition; sodann aber sind in den einzelnen Staaten keine eigenen Gesetze erlassen worden, sondern man hat den Checkverkehr in Verbindung mit einer andern Gesetzgebung geregelt. Für beide ist England das Muster. Eine eigentliche Gesetzgebung über den Check hat man hier erst seit 1882.

Die Gesetzgebungen von Holland, Portugal, Italien haben die Checkfrage ebenfalls spät geordnet, Italien und die Schweiz erst seit 1883, jenes im Handelsgesetzbuch, dieses im Obligationenrechte. Das französische Gesetz von 1865 ist aus finanziellen Rücksichten hervorgegangen. Man suchte den Checkverkehr dadurch zu fördern, daß man ihn 10 Jahre vom Stempel befreite. Diese Begünstigung wurde später beseitigt und man kann dem ersten Gutachten beipflichten, daß die französische Gesetzgebung vorzugsweise von finanziellem Interesse geleitet worden ist. Diesen ersten Grund für die Bejahung halte ich also nicht für durchschlagend. Sodann wird Gewicht gelegt auf den Beschluß des deutschen Handelstages vom 15. Dezember 1882. Auch diese Hinweisung scheint mir nicht von Bedeutung zu sein, denn dieser Beschluß ist keineswegs einstimmig gefaßt. Die Vertreter sehr bedeutender Handelsplätze, wie Bremen, Hamburg, haben dagegen gestimmt. Wenn wir die Beschlüsse genau lesen, so wird darin keineswegs dringend die Erlassung eines Gesetzes empfohlen, sondern es heißt nur, es würde nützlich wirken, wenn gewisse Punkte geregelt würden, Punkte, welche am Schluß des Referats noch werden besprochen werden. Ein wichtiges Moment scheint das zu sein, daß man auf den bedeutenden Umfang hinweist, den den Checkverkehr seit Einführung der Reichsbank erfahren hat. Man macht ferner geltend, man dürfe nicht mit dem fehlerhaften Schluß operiren, daß der Checkverkehr auf das Gesetz und umgekehrt das Gesetz auf den Checkverkehr warten solle. So schlagend auch diese Argumente sind, so kann ich denselben doch in ihrer vollen Tragweite nicht beistimmen. Der Checkverkehr hat bereits in Deutschland große Dimensionen angenommen, es handelt sich also nicht darum, den Check bei uns einzuführen, sondern nur darum, ihn zu popularisiren. Dem steht meines Erachtens der seitherige Rechtszustand keineswegs entgegen. Es hat sich gezeigt, daß beim Checkverkehr, wie er im Anschluß an die

Reichsbank stattfindet, bereits vertragsmäßig gewisse Rechtssätze gelten. Ich möchte nur das Bedenken aufwerfen: wird ein Spezialgesetz erlassen und werden die Satzungen, die seither im Verkehr üblich sind, darin sanctionirt, so scheint mir das nicht von so großem Werthe zu sein, als wenn umgekehrt ein Spezialgesetz diesen Verkehr neu nach anderen Grundsätzen regelte. Ich glaube, daraus würde nicht nur eine Störung des Verkehrs, sondern auch eine Hemmung der weiteren Entwickelung des Checkverkehrs eintreten, nachdem er sich seither productiv gezeigt hat. Das wäre das dritte Argument.

Endlich wird viertens noch hingewiesen auf das Ungenügende der Reichsgesetze und auf die Verschiedenheit der Particulargesetze. Dieses vierte Argument glaube ich am Eingang meines Referats ausreichend beleuchtet zu haben. Ich bin daher soweit mit dem verneinenden Gutachten einverstanden, daß ich sage, es liege kein Bedürfniß vor, jetzt schon ein Spezialgesetz für den Checkverkehr zu erlassen; dagegen möchte ich nicht so weit gehen, daß ich ein derartiges Gesetz für gefährlich, für nachtheilig hielte. Wenn in dem verneinenden Gutachten hervorgehoben wird, es könnte mit dem Check Mißbrauch getrieben werden, dann glaube ich, wäre es eher angezeigt, auf dem Wege der Gesetzgebung dieser Gefahr vorzubeugen; allein soweit meine Erfahrung reicht, existirt diese Gefahr auch ohne Gesetz nicht und ich kann jedenfalls nicht annehmen, daß dieselbe unter der Herrschaft eines Gesetzes eintreten wird.

Die beiden Gutachten befassen sich noch mit dem wahrscheinlichen Inhalt des zu erlassenden Gesetzes. Diese Frage gehört nur insoweit in das zu erörternde Gebiet, als die Ermöglichung des Gesetzes ein Prüfstein ist für dessen Nothwendigkeit. Es wird vor Allem gefordert, den Check zu definiren. Nun ist in einem der Gutachten hervorgehoben, daß über wesentliche Erfordernisse des Checks in der Wissenschaft noch ein erheblicher Streit bestehe. Daraus wird sodann gefolgert, daß die Erlassung eines Gesetzes zu empfehlen sei; allein ich glaube, daß dieser theoretische Streit die Praxis, die kaufmännische Uebung nicht erfaßt hat. Denn nach meinen Informationen weiß jeder Kaufmann, der in den Check-Verkehr eintritt, welches Papier als solcher gilt. Es liegt sodann in der Natur der Sache, und der normale Verkehr bringt es mit sich, wie es in England von jeher auch war, daß der Check in möglichst kurzer Zeit präsentirt werde; daher würde dieses Bedürfnis allein es nicht rechtfertigen, ein Gesetz zu erlassen, bloß deshalb, um eine kurze Präsentationszeit vorzuschreiben.

Wenn endlich drittens von dem künftigen Gesetze verlangt wird, daß die Grundsätze des Wechselrechtes auf den Check angewendet werden, so bin ich vollommen mit dem verneinenden Gutachten und mit dem, was

Recht, welches dem Verkehrsverhältnisse entspricht. Wir würden dies können, wenn die Frage nur den Handelsstand beträfe. Wir können aber den Verkehr nicht sich selbst überlassen, weil außer dem Handelsstande das gesammte Publikum betheiligt ist. Der Check hat bereits eine solche Ausdehnung gewonnen, daß es ziemlich üblich ist, daß in allen größeren Orten der Einzelne auf seinen Banquier Zahlungen überweist, um nicht eine Menge Gelder in einer oder der anderen Form bei sich zu Hause zu haben. Wo aber so Interessen der verschiedenen Stände mit einander in Collision kommen und irgend einer Regelung bedürfen, da kann die endgiltige Regelung nur durch die Gesetzgebung erfolgen. Entsprechend der Uebung des Juristentages, sich nur auf Prinzipienfragen zu beschränken, will ich auf die Details des Inhalts eines Checkgesetzes nicht eingehen. Das Bedürfnis, meines Erachtens, werden wir nicht verneinen können, und aus diesem Grunde erlaube ich mir, Sie zu bitten, meinem Antrage beizustimmen.

Reichsoberhandelsgerichtsrath Dr. **Voigt** (Hamburg): Nach meiner Erfahrung in Hamburg werden nicht allein von Mitgliedern des Kaufmannsstandes, sondern auch von Gewerbetreibenden Checks benutzt. Da ich früher lange Zeit als praktischer Jurist dort thätig gewesen bin, habe ich daselbst noch manche Bekannte in kaufmännischen Kreisen und dadurch Gelegenheit mich über die Erscheinungen des geschäftlichen Verkehrs zu unterrichten, suche auch, mich in der Kunde derselben zu erhalten. Ich kann versichern, daß mir niemals etwas von einem Bedürfnis, daß der Checkverkehr einer neuen rechtlichen Regulirung zu unterziehen sei, bekannt geworden ist. Ungewißheit über die Prinzipien, von denen das so sehr einfache Rechtsverhältniß des Checks beherrscht wird, existirt nicht. Streitigkeiten über dieselbe kommen nicht vor. Die Sache geht in der Regel ganz einfach zu Ende, der Check wird gleich einkassirt. Wer einen Check hat, will mit demselben keine Geschäfte machen, sondern sucht möglichst bald das Geld zu bekommen. Löst die Bank den Check nicht ein, so geht der Inhaber auf den Aussteller zurück, ohne daß über Rechtssätze Zweifel sich erheben. Selbst in den seltenen Fällen eines Verzuges in der Präsentation geschieht dies nicht. Streitigkeiten zwischen dem Aussteller und der Bank über die Nichthonorirung sind nicht auf Grund der Checkprinzipien zu entscheiden. Der Kaufmannsstand ist überhaupt gegen viele Gesetze; derselbe wünscht seinem gesunden Rechtsgefühle folgen zu dürfen und nicht immer erst die Paragraphen von Gesetzen nachsehen zu müssen. Ich glaube, daß es unnöthig ist, den Check gesetzgeberisch zu regeln, denn die wenigen Rechtsfragen, auf welche es bei ihm ankommen kann, stehen fest, und bei ihrer Einfachheit finden sie im Rechtsbewußtsein der Betheiligten eine ausreichende Begründung.

Oberlandesgerichtsrath **Heinsheimer** (Karlsruhe): Ich schließe mich der Ausführung des Herrn Geheimrath von Wilmowski an und unterstütze dessen Antrag, die alsbaldige Erlassung eines Checkgesetzes, ohne abzuwarten, bis das deutsche Civilgesetzbuch zu Stande kommt, oder das Handelsgesetzbuch revidirt wird, zu befürworten.

Zunächst glaube ich, die Erfahrungen unserer Herren Collegen aus Hamburg können für uns nicht maßgebend sein.

Das Bedürfniß nach einem Checkgesetze, welches im übrigen Deutschland besteht, kann entschieden nicht nach den einseitigen Hamburger Erfahrungen beurtheilt werden, welche sichtlich in den alten Ueberlieferungen über den Giroverkehr der Hamburger Girobank wurzeln und einen lokalpatriotischen Charakter in dem stolzen Rückblick auf ehrenfeste Geschäftsgebarung tragen.

Ich glaube, ein Hauptgesichtspunkt für baldige Erlassung eines den Checkverkehr regelnden Gesetzes ist das der Solidificirung des deutschen Bankverkehrs.

Die nicht speculirenden „Bankers" in England haben leider bei uns in Deutschland noch nicht viele Collegen. Unsere deutschen Bankiers sind zum großen Theile Speculations-Bankiers und das Publikum ist deshalb beim deutschen Bankier — bei aller Ehrenhaftigkeit dieses Standes und trotz der soliden Geschäftsbehandlung so vieler würdiger Institute — nicht in der Weise beruhigt über das Schicksal seiner Depositen, wie beim nicht speculirenden „Banker."

Wenn das Privatpublikum Deutschlands in weitesten Kreisen daran gewöhnt werden soll, seine Ersparnisse nicht im Strumpf oder Bett versteckt zu halten, sondern mit bescheidener Fructification in den Verkehr zu geben, so muß ihm auch dafür eine ernste Garantie gegeben werden, daß der Bankier mit diesen Geldern nicht speculativen Mißbrauch treibt.

Nun wird der deutsche Handelsstand gewiß nicht sich besonders beschwert erachten können, wenn ein Gesetz über den Checkverkehr mit den nöthigen Strafbestimmungen ausgestattet wird. Die neue Regelung des Commanditactien- und des Actienwesens hat eine solche Menge von Strafbestimmungen vorgesehen, daß es auf einige weitere für den unsoliden Theil des Handelsstandes nicht ankommen wird.

Außerdem ist nicht zu unterschätzen, daß gerade das Land, in welchem dieser Checkverkehr schon viel älter ist als bei uns, daß England zu einer gesetzlichen Regelung geschritten ist.

Was wollen wir denn noch für Erfahrungen abwarten, bis wir zu einer Codificirung dieses wichtigen Verkehrsmittels schreiten?

Man hat es im englischen Gesetze zu Wege gebracht, eine Definition des Checks zu geben. Ob diese Definition im deutschen Gesetz angenommen werden wird, darüber haben wir uns hier nicht auszusprechen. Das Wesentliche ist: Einen Check darf nur ziehen, wer beim Bankier gut hat.

Es heißt freilich, und ich glaube, unser hochverehrter College Herr Voigt hat davon gesprochen, es handle sich nur um die Anwendung einiger weniger Begriffe des gesunden Menschenverstandes; aber so leicht und einfach macht sich die Sache nicht.

In Rußland z. B. besteht ein sehr lebhafter Checkverkehr. Aber die russischen Gerichte sind beim Mangel gesetzlicher Vorschriften in der verzweifeltsten Lage in solchen Fällen. Der Richter bedarf doch eines Gesetzestextes. Wir Richter können nicht lediglich nach dem gesunden Menschenverstande urtheilen, wenn uns nicht daneben eine gesetzliche Bestimmung vorliegt.

Eine Reihe von gesetzlichen Bestimmungen sind für den Checkverkehr nothwendig. Das ewige Abwarten, bis die Frage weiter sich verfeinert und noch bessere Beleuchtung erfahren hat, hat uns Deutsche im Laufe der Geschichte und bis in die neueste Zeit in verschiedenen Gebieten zurückgebracht. Ich erinnere nur an die Colonisationsbestrebungen und deren kritisirende Bekämpfung vor ein paar Jahren und an den jetzigen einstimmigen Beifall von allen Seiten.

Man kann des Guten in Abwarten eines vollkommeneren Zustandes leicht zu viel thun.

Ich glaube, wenn der Checkverkehr, der in Berlin und den andern großen Städten eine sehr bedeutende Rolle spielt, der auch an anderen Plätzen, bis in die kleineren Provinzialstädte herab seine Stellung einzunehmen beginnt, eine gesunde Entfaltung finden soll, so muß er gesetzlich geregelt werden. Wir haben so viel Gesetze, daß gewiß der Verkehr auch diese gesetzliche Regelung noch wird ertragen können. Und so möchte ich ganz lebhaft den Antrag des Herrn von Wilmowski empfehlen.

Justizrath **Häusler** (Braunschweig): Ich muß mich mit Entschiedenheit den Ausführungen des Herrn Geheimrath v. Wilmowski anschließen. Die ganze Frage ist eine Opportunitätsfrage. Ich glaube allerdings, daß diese Frage bejaht werden muß, weil der Checkverkehr bereits einen enormen Umfang angenommen hat. Der Checkverkehr ist, namentlich seit die Reichsbank die Form aufgegeben hat, die sie früher für die Geldübertragung hatte (den Quittungs-Check), und zu dem wirklichen Check übergegangen ist, in den Bankierkreisen förmlich üblich geworden. Der Checkverkehr hat aber auch begonnen, sich in dem Verkehre zwischen Handelsstand und Bürgerstand einzubürgern. Die Aufgabe ist nicht allein, den bereits vorhandenen Verkehr zu unterstützen, sondern es ist der Verkehr in der letzteren Richtung zu erweitern. Es ist aber dem bürgerlichen Stande immerhin unbequem, mit einem Rechtsinstitute zu verkehren, das er nicht vollständig kennt, für das ihm die Begriffe fehlen. Ich habe selbst persönlich die Erfahrung gemacht, daß gerade in letzterer Beziehung ein Checkgesetz von unendlichem Nutzen sein wird. Die Braunschweiger Handelskammer hat schon vor etwa 10 Jahren die Frage einer Checkgesetzgebung angeregt. Ich habe selbst an dem Entwurfe theilgenommen und habe mich als Syndikus einer unser Banken bemüht, den Check einheimisch zu machen, nicht nur im Handelsstande selbst, sondern auch im Verkehre des Handelsstandes mit dem gewöhnlichen bürgerlichen Publikum. Wenn man sich auch nicht schließlich gerade weigerte, einen Check anzunehmen, so geschah dies doch mit einer gewissen Aengstlichkeit, und auch dieselben Gründe sind jetzt noch vorhanden, wenn im ganzen Publikum der Check noch nicht Eingang gefunden hat. Es bleibt also die Frage, ob der Checkverkehr noch zu befördern ist, ob er aus dem geschäftlichen Stande auch überzuführen ist in den Verkehr zwischen Geschäftsstand und gewöhnlichem Publikum — und das ist eine Frage von höchster Bedeutung. Der Check erspart uns eine ganze Masse von Baarzahlungen. In England werden enorme Summen durch Checks regulirt, in England trifft man keinen Gentlemann, der nicht sein Checkbuch in der Tasche hat, man bezahlt fast nur mit Checks, und das ist meines Erachtens ein Zustand, der auch bei uns zu erstreben ist. Diese Erweiterung des Checkverkehrs ist aber nicht gut denkbar, wenn wir nicht ein Gesetz haben, welches die Grundsätze des Checkverkehrs feststellt. Die Hauptargumente des Redners von Hamburg sind die: der Handelsstand hat sich bis jetzt ohne Gesetz geholfen. Unter den Bankiers mag man über die Grundsätze ziemlich orientirt sein; aber wollen wir den Check einbürgern in einen großen bürgerlichen Verkehr, so ist die Erlassung eines Checkgesetzes ein dringendes Bedürfnis.

Daher schließe ich mich dem Antrage des Herrn Geheimrath von Wilmowski an.

Justizrath **Herz** (Wiesbaden): Ich schließe mich ganz dem Herrn Vorredner an. Die Frage, wie sie von der ständigen Deputation gestellt ist, lautet: „Empfiehlt es sich, den Checkverkehr g e s e t z g e b e r i s c h zu regeln?"

Nun hat der Herr Referent die Frage dahin formulirt: „Empfiehlt es sich, d u r c h e i n S p e z i a l g e s e t z den Checkverkehr zu regeln?"

Der Schwerpunkt der Frage liegt aber, wie mir scheint, nicht darin: sollen wir den Checkverkehr durch ein S p e z i a l g e s e t z regeln, sondern darin: soll eine g e s e t z g e b e r i s c h e Regelung — namentlich also auch im Civilgesetzbuch — erfolgen, oder sollen wir das Alles der Uebung, der Convenienz, dem Verkehr überlassen? Von diesem Gesichtspunkte ausgehend, wird man nur dem Antrage des Herrn von Wilmowski beipflichten können.

Ich empfehle Ihnen diesen Antrag zur Annahme.

Rechtsanwalt Dr. Beckh (Nürnberg): Nachdem die Herren Vorredner zustimmend zu dem Antrage des Herrn von Wilmowski sich ausgesprochen haben, kann ich mich kurz fassen. Ich bin ebenfalls mit dem Antrage vollständig einverstanden. Für mich treten nur die zwei Fragen heran: Liegt es im Interesse unserer Bevölkerung, sowohl des Handelsstandes als der übrigen Stände, daß der Checkverkehr gefördert wird, und zweitens: Wird dieser gefördert durch eine Spezialgesetzgebung? Diese beiden Fragen sind, glaube ich, zu bejahen. Daß der Checkverkehr eine wesentliche Förderung der finanziellen Interessen der Bevölkerung bildet, ist bereits überzeugend dargelegt worden; daß aber durch die desfallsige Gesetzgebung eine Förderung desselben bewirkt wird, ist auch sicher anzuerkennen.

Ich stelle mich auf den Standpunkt des trefflichen Gutachtens des Herrn Geh. Oberfinanzraths Dr. Koch. Derselbe sagt: „Wenn wir mit der gesetzlichen Anerkennung des neuen Verkehrsmittels noch länger zögern, so gerathen wir in den fehlerhaften Zirkel: Das Checkgesetz wartet auf die Entwickelung des Checkverkehrs und dieser auf das Gesetz." Der Handelsstand freilich weiß, was der Checkverkehr ist, der braucht auch in den Städten, wo er sich so entwickelt hat wie in Hamburg, das Gesetz nicht, aber das große Publikum ist eben darauf aufmerksam zu machen, von welcher allgemeinen Bedeutung der Checkverkehr ist, und das wird geschehen, wenn wir zu einer gesetzgeberischen Maßregel greifen. Der zweite Antrag ist mit Recht erklärt worden als eine Motivirung des ersten Satzes. Herr von Wilmowski hat sich auf die einzelnen Sätze dieser Motivirung gestützt, und diese bilden die Grundlage seines und meines Antrages. Deshalb möchte ich Sie bitten, schließen Sie sich dem Antrage des Herrn von Wilmowski an.

Rechtsanwalt Erythropel (Leipzig): Ich bitte dem Antrage des Herrn Referenten beizustimmen. Die Sache liegt doch so, daß die Herren, die sofort den Erlaß eines Gesetzes, eines Spezialgesetzes wünschen, daß diese für das Bedürfniß eines solchen beweispflichtig sind. Man müßte sich doch zunächst überzeugen, daß es eine Sache ist, die der sofortigen Regelung bedarf.

Es sind heute für die Vertheidigung eines solchen Gesetzes 3 Gesichtspunkte geltend gemacht, die ganz verschieden sind.

Am interessantesten ist mir der des Herrn Geheimraths v. Wilmowski gewesen, daß das Gesetz zur Entscheidung von Differenzen nöthig sei. Der würde für mich auch maßgebend sein, wenn derselbe aus der Versammlung heraus unterstützt wäre.

Er hebt hervor, es seien mannigfache Differenzen hervorgetreten und es habe sich das Bedürfniß einer gesetzlichen Regelung gezeigt. Nun muß ich gestehen, ich bin seit 5 Jahren aus der eigentlichen Praxis, ich meine dem Verkehr mit dem Publikum heraus und habe deshalb nicht viel eigene Erfahrung; aber noch von den Collegen, mit denen ich gesprochen habe, habe ich nichts von Differenzen gehört. Wenn einmal eine einzelne Differenz entstanden ist, so kann das kein Grund sein, die Frage gesetzlich zu regeln. Mit diesem Grunde ist es durchaus nicht zu vereinen, wenn zweitens gesagt ist, der Checkverkehr ist gar nicht so groß, der soll erst wach gerufen werden, der soll erst dem Publikum bekannt gemacht werden, weil er segensreich wirken kann, es soll das Publikum belehrt werden, wie nützlich der Verkehr sein kann.

Ich bin der Meinung, daß ein Gesetz der ungeeignetste Weg ist, um für eine Sache Propaganda zu machen. Ist eine Sache an und für sich gut, so wird sie schon durch den Verkehr ihre Ausbildung finden auch ohne Gesetz. Uebrigens bin ich überzeugt, daß innerhalb der Handelskreise die Sache schon colossale Ausdehnung gefunden hat. Schließlich ist noch ein Grund geltend gemacht worden: „Der Richter muß doch wissen, wie er die Sache zu beurtheilen hat.“ Das ist gar kein Grund. So unklar und verworren ist das Rechtsinstitut des Checks nicht. So lange kein Gesetz vorhanden ist, wird der Richter die erforderlichen Rechtssätze aus anderen Quellen entnehmen können.

Von denjenigen Herren, welche den Erlaß eines Gesetzes wünschen, ist gesagt: Es ist doch nur eine einzige Erfahrung, nämlich in Hamburg gegen uns geltend gemacht, die kann doch allein nicht maßgebend sein. Wenn sich aber in einer großen Handelsstadt das Institut entwickelt hat, ohne daß das Bedürfnis der gesetzlichen Regelung empfunden wird, so sollte das allerdings für uns maßgebend sein.

Schließlich soll unser Strafgesetzbuch nicht ausreichend sein, um die Kunden zu schützen gegen die Unredlichkeit des Bankiers. Für ein Bedürfnis, daß hier eine Regelung eintritt, abweichend von den jetzigen Gesetzen und rechtlichen Anschauungen, dafür ist heute nach meiner Meinung nichts vorgebracht. Das Strafgesetzbuch reicht vollständig aus, um den Bankier, welcher auftragswidrig über ein Depot verfügt hat, zu treffen. Ich bitte deshalb den Antrag des Herrn Referenten anzunehmen.

Rechtsanwalt Dr. **Heinsen** (Hamburg): M. H.! Ich schließe mich dem Herrn Vorredner an und beschränke mich auf einzelne zusätzliche Bemerkungen.

Es ist hervorgehoben worden von dem Befürworter einer gesetzlichen Regelung des Checkverkehrs, Herrn Oberlandesgerichtsrath **Heinsheimer**, daß der Hamburger Usance wegen ihres Zusammenhunges mit der früheren dortigen Girobank kein Gewicht beigelegt werden könne.

Aber mit der Girobank existirte kein Checkverkehr. Der Checkverkehr in Hamburg hat sich hauptsächlich ausgebildet erst seit der Zeit, daß die frühere Girobank aufhörte und viele Bankinstitute entstanden sind, welche das volle Vertrauen des Publikums genießen, und welche durchaus nicht nur mit Kaufleuten verkehren.

Obwohl aber der Checkverkehr in Hamburg nicht nur unter Kaufleuten üblich ist, sondern auch unter dem nicht kaufmännischen Publikum, so haben dessen ungeachtet sich Differenzen in Bezug auf diesen Verkehr aber auch meines Wissens — ich bin auch schon über 30 Jahre Anwalt — zu keiner Zeit ergeben.

Ein Guthaben ist einfach zu bezahlen; und wenn es vorkäme, daß der Checkaussteller kein Guthaben an der angewiesenen Stelle hat, so würde mit außerordentlicher Geschwindigkeit gegen den unbefugten Aussteller des Checks vorgegangen und geeigneten Falls derselbe auch zur strafrechtlichen Verantwortung gezogen werden.

Derselbe Redner hat ferner gesagt, einige neue Strafbestimmungen schaden nicht, wir hätten ja schon so viele Gesetze. In der That kommt es aber immer darauf an, ob ein Bedürfnis vorliegt, ein Gesetz zu erlassen. Das Bedürfnis ist jedoch nirgends nachgewiesen worden und das Uebermaß von Gesetzen ist ein großer Mißstand, das kaufmännische wie das nichtkaufmännische Publikum leidet durch eine Ueberbürdung von Gesetzen und es ist durchaus nothwendig, daß nicht über das nothwendige Maß hinaus Gesetze erlassen werden.

Der Checkverkehr ist ganz regelmäßig geknüpft an ganz bestimmte Formulare, welche ausgestellt werden von den Leuten, bei welchen deponirt wird.

Dann ist gesagt, die englische Ausdehnung des Checkverkehrs sei nicht möglich ohne Gesetz, auch England habe sein Checkgesetz. Allerdings ist in England der Checkverkehr ein so ausgedehnter geworden, daß jeder anständige Mensch ein Checkbuch bei sich trägt, aber dies geschah schon, ehe die gesetzlichen Bestimmungen erlassen wurden. Daß eine Förderung eintreten soll durch ein Gesetz, dem kann ich nicht zustimmen und namentlich dann nicht, wenn in abstracto gesagt wird, „es muß ein Gesetz erlassen werden.“ Es ist denn doch sehr wesentlich die Frage: Wie soll der Inhalt des Gesetzes lauten?

Wenn ein solches erlassen würde z. B. mit der Bestimmung eines wechselmäßigen Regreßes, so würde, m. E., das nichtkaufmännische Publikum, welches solchen Regreßes wegen jetzt gern Wechsel vermeidet, auch den Check vermeiden, und so der Checkverkehr durch das Gesetz keine Ausdehnung gewinnen, sondern an solcher behindert werden.

Hof- und Gerichtsadvokat Dr. **Links** (Wien): Verehrte Herren! Ich erlaube mir den Antrag des Herrn Referenten zu unterstützen.

Jedes Gesetz soll vorerst einem dringenden Bedürfnis entsprechen. Ein solches wird nun seitens unserer Mitglieder aus Hamburg, dem Orte, an welchem das Checkwesen sich unbestrittenermaßen am meisten eingelebt und eingebürgert hat, bestritten. Auch in Oesterreich, wo allerdings das Checkwesen am wenigsten ausgebildet ist, habe ich ein Bedürfnis nach einem Checkgesetze nicht empfunden, wenigstens habe ich nie auch nur von einem Kaufmann oder Collegen von einem Checkprozesse etwas gehört. Nun wird gesagt, durch ein Checkgesetz werde der Checkverkehr einen Aufschwung erhalten, dieser warte nur auf das Gesetz. Dies scheint mir nun nicht der Fall zu sein. Vor allem hat sich der Checkverkehr sowohl in Deutschland als auch in Oesterreich von Jahr zu Jahr gehoben und es besteht kein Zweifel, daß der Check auch ohne ein Gesetz immer in weitere Kreise eindringen werde. Von der Erlassung eines Checkgesetzes darf man aber nicht die Verbreitung und Einbürgerung des Check erwarten. Der Handelsstand kennt den Check auch ohne Gesetz und wendet ihn praktisch an. Das große Publikum, der gemeine Mann wird sich durch ein Gesetz nicht veranlaßt sehen, den Check anzuwenden, er wird das Gesetz nicht zu diesem Behufe etwa studiren. Die Einbürgerung des Checks wird wie jedes größere Verkehrsmittel durch die Gewohnheit, durch die im praktischen Leben sich ergebende Nothwendigkeit, durch die Aufklärung des großen Publikums über das Wesen der Depositen, und endlich durch das Vertrauen zum Bankier, welches nicht durch ein Gesetz statuirt werden kann, erfolgen.

Wenn wir weiter die Punkte, die das Checkgesetz zu ordnen haben würde, ins Auge fassen, so ist doch wohl der wesentlichste die Festsetzung von Geldstrafen wegen unberechtigter Ausstellung von Checks, und es ist im Laufe der Debatte noch gesagt worden, es komme auf einige Strafen mehr oder weniger nicht mehr an. Nun, m. H., ich glaube, es wäre nichts gefährlicher, als in ein etwaiges Checkgesetz irgend welche Strafbestimmungen aufzunehmen. Strafandrohungen sind ein schlechtes Mittel zur Popularisirung des Checks. Mit Strafbestimmungen wäre dem Checkverkehre der Todesstoß versetzt. Der Check würde durch ein solches Gesetz im Kaufmannsstande und im großen Publikum mißliebig gemacht werden Wer würde sich gern eines Checks bedienen, mit dessen Ausstellung auch nur möglicherweise Strafen verbunden sind Und was soll auch durch Strafbestimmungen erreicht werden?

Etwa das Vertrauen des großen Publikums? Gewiß nicht! Eher könnte nur damit das große Publikum irregeleitet werden, indem es sich verleiten ließe, ohne eine genaue Untersuchung der Vertrauenswürdigkeit des Ausstellers den Check für Geld anzunehmen, da es sich wird sagen konnen, der Aussteller hat gewiß ein Guthaben bei der Bank, er würde sich ja sonst einer Strafe aussetzen! Nun haben aber auch angedrohte Strafen noch nie vor Mißbräuchen geschützt. Der beste Schutz bleibt die Vorsicht, diese aber wird durch in einem Gesetze vorkommende Strafbestimmungen zurückgedrängt.

Nachdem diese Strafbestimmungen als eines der Hauptpostulate eines neuen Checkgesetzes aufgestellt werden, so kann von einem solchen nur die Unterbindung des Checkverkehrs, nicht aber die Erweiterung und Hebung, die Einbürgerung und Popularisirung desselben erwartet werden.

Rechtsanwalt Dr. **Rießer** (Frankfurt a. M.): Ich kann unmöglich gegenüber den Ausführungen einiger Herren schweigen. Hinsichtlich der Frage, ob die Einführung des Checkgesetzes in Folge von Uebelstanden, die sich in der Praxis fühlbar machen, nothwendig sei, kann ich mich allerdings auf meine Erfahrungen nicht berufen, da dieselben zu jung und zu kurz sind, und überlasse es daher den Herren, die sich auf eine lange und reiche Erfahrung berufen können, auf diesen Haupteinwand ihrerseits zu erwidern.

Nur möchte ich meinerseits auf einen Punkt aufmerksam machen, der von Herrn Dr. Links zuletzt gestreift worden ist. Wir sollen uns lediglich prinzipiell äußern, ist es wünschenswerth oder nicht, ein Gesetz zu erlassen.

Ich meine, daß wir wenigstens in der Discussion die Hauptpunkte allerdings nicht unerwähnt lassen sollten, welche das eventuelle Gesetz nach unserer Meinung enthalten sollte, wie auch schon Herr College Heinsen bemerkt hat. Denn sonst ist der Werth unseres Votums ein sehr prekärer. Ich möchte aber einen Punkt vor Allem hervorheben, und das ist nicht, wie Herr Dr. Links gemeint hat, nur Nebensache. Einer der Herren Redner meinte, man müsse jedenfalls in das Checkgesetz auch Strafbestimmungen hineinbringen. Als Anwalt einer Handelsstadt glaube ich das wenigstens sagen zu können, daß, wenn Sie in den Checkverkehr wiederum Strafbestimmungen hineinbringen, der Kaufmannsstand, bei aller Lust und Liebe für gesetzliche Regelung, für ein solches Gesetz doch bestens danken wird. Wir sind gesegnet genug mit Strafbestimmungen. Es wimmelt von solchen, namentlich für den Kaufmannsstand

Es ist nicht gut und nicht nothwendig mit Strafbestimmungen um sich zu werfen, namentlich wo, wie das Beispiel der Schweiz zeigt, civilrechtliche Normen auch ausreichen würden, und ich glaube, daß es jedem meiner Collegen im Anwaltstande vorgekommen sein wird, daß, wenn recht difficile Fragen aufgeworfen werden, er den Clienten sagen muß: eine civilrechtliche Gesetzesbestimmung ist mir nicht bekannt, aber Strafbestimmungen werden sicherlich darüber existiren.

Da diese Discussion bekannt werden wird, so sollen doch auch diejenigen nicht ganz schweigen, welche sagen: „Lieber das ganze Checkgesetz nicht, so wünschenswerth ich es auch erachte, als wiederum ein Gesetz gespickt mit Strafbestimmungen!"

Rechtsanwalt Dr. **Hartmann** (Nürnberg): Ich würde nicht das Wort ergriffen haben, wenn ich nicht mich von einem der Herrn Vorredner hiezu aufgefordert erachtete. Derselbe wünschte Stimmen zu hören, welche sich für das Bedürfnis einer gesetzgeberischen Regelung des Checkverkehrs aussprechen. Auf Grund meiner praktischen Erfahrungen glaube ich hiefür Zeugniß ablegen zu können. Gerade an denjenigen Orten, an welchem der Checkverkehr kein so verbreiteter ist, besteht ein solches Bedürfnis. Daß aber die Checkprozesse bisher nicht so häufig geworden sind, wird von mir wesentlich dem Umstande zugeschrieben, daß der Checkverkehr noch ein verhältnißmäßig junger ist, wenn ich von wenigen Plätzen, wie z. B. Hamburg, absehe. Entwickelt sich der Verkehr, so nehmen die Prozesse in dem Maße zu, in welchem der Verkehr wächst, oder der letztere würde in Folge der bestehenden Rechtsunsicherheit abnehmen. Der letzteren Folge muß deshalb durch die gesetzliche Regelung vorgebeugt werden. An dem Detail hiefür fehlt es sicherlich nicht. Ich betone nur beispielsweise das Regreßrecht des Checkbesitzers gegenüber seinem Vormann, die Rechtsverhältnisse bezüglich der zu Verlust gegangenen Checks, die Bestimmung bezüglich der Fristen zur Präsentation.

Hof- und Gerichtsadvocat Dr. **Kerpal** (Wien): Ich schließe mich dem Antrage des Herrn Geheimraths von Wilmowski an und vertrete sonach die entgegengesetzte Meinung als mein österreichischer College Dr. Links. In Oesterreich ist freilich der Checkverkehr nicht so groß; die Banknote und Staatsnote vertritt in den meisten Fällen die Stelle des Checks, umgekehrt hat ja deswegen in England der Checkverkehr eine solche Ausdehnung gewonnen, weil es so wenig Papiergeld giebt.

Ich glaube, diejenigen Erfahrungen, welche in Oesterreich von Herrn Dr. Links gemacht worden sind, können gegen Erlassung eines Gesetzes über den Checkverkehr nicht ins Feld geführt werden. Uebrigens habe ich gerade von den Leitern desjenigen großen Institutes in Oesterreich, welches den Checkverkehr am meisten cultivirt, wiederholt so decidirte Aeußerungen im entgegengesetzten Sinne gehört, um sagen zu können, daß gerade von den rechtsverständigen Leitern dieses Institutes eine Regelung des Checkverkehrs auch in Oesterreich verlangt und angestrebt wird.

Ich muß bemerken, daß ich im allgemeinen denjenigen Ausführungen, welche von Seite der Vertreter der großen Handelsstädte abgegeben worden sind, principiell zustimme.

Gleich denselben bin ich principiell der Meinung, daß wir gesetzgeberisch namentlich dem Handelsstande gegenüber sehr vorsichtig vorgehen sollen. Ich meine aber, daß dort, wo der Handelsverkehr in den gewöhnlichen Verkehr übertritt, der Punkt ist, an dem die Gesetzgebung eingreifen muß.

Die Frage steht nun so: Ist der Checkverkehr bereits auf diesem Punkte angelangt, oder nicht? Meiner Ueberzeugung nach ist er da angelangt. Und in dieser Richtung sind es gerade die Gutachten, welche gegen die Regelung des Checkverkehrs sich aussprechen, welche für mich ausschlaggebende sind, um dafür zu stimmen. Das Verhältnis des Ausstellers des Checks zu demjenigen, dem er sein Geld anvertraut, das ist: das Verhältnis des Ausstellers des Checks zum Bankier könnten wir ruhig dem Handelsgebrauch zur Regelung überlassen.

Wer sein Geld bei einem Bankier deponirt, kann sich den Bankier wohl ansehen; wer aber von Jemand einen Check als Zahlung empfängt, kann sich denjenigen, von dem er ihn erhält, in den meisten Fällen nicht genau ansehen, ohne ein unzulässiges Mißtrauen zu beweisen.

Ich bin daher nicht der Meinung, daß strafrechtliche Bestimmungen eingeführt werden sollen, aber gerade weil die civilrechtliche Hilfe nach der heutigen Rechtslage in diesem Falle zu spät kommt, bin ich dafür, daß eine gesetzgeberische Regelung für das Verhältnis zwischen dem Begeber eines Checks und dem Empfänger insbesondere eintrete.

Eine strenge gesetzgeberische Regelung ist zu schaffen und gerade das Verhältnis zwischen dem mit Check Zahlendem und Bezahltem ist das Hauptargument für ein Gesetz.

Ich bin also dafür, jenen Punkt gesetzgeberisch zu fassen und zu behandeln, an dem der Checkverkehr aus dem Handelsstande heraustritt und in den gewöhnlichen Verkehr übertritt.

Geheimrath **v. Wilmowski** (Berlin): Ich muß gegenüber den Erfahrungen, welche namentlich von Hamburg aus geltend gemacht sind, betonen, daß außerhalb Hamburg das Bedürfnis sehr stark hervorgetreten ist.

In Hamburg sind gewöhnlich selbst die Schuster und Schneider schon kaufmännisch geschult, die ganze Stadt hat ein kaufmännisches Fluidum, so daß das Nichterscheinen von Differenzen dort so wie überhaupt unter dem Handelsstande erklärlicher ist.

In Berlin namentlich, woher meine Erfahrungen besonders ausgehen, sind vielfach Differenzen hervorgetreten in dem Verhältnis des Kaufmannsstandes gegenüber allen Anderen.

Die Erfahrungen, die von Wien aus uns entgegengebracht worden sind, können für uns nicht maßgebend sein. Der Checkverkehr in Wien ist meines Wissens ein lange nicht so bedeutender, wie selbst in den Provinzialstädten in Preußen.

Ich würde persönlich nicht wünschen, daß die Regelung des Verkehrs durch Strafbestimmungen geschieht.

Durch Strafbestimmungen wird dem Handelsstande und auch dem übrigen Stande viel weniger genützt als geschadet.

Wünschenswerth ist aber die Feststellung der Besonderheiten, welche für den Check außer dem allgemeinen Charakter einer Anweisung auf das Guthaben beizulegen sind, eine gemeinsame deutsche Gesetzgebung in dieser Beziehung statt der partikularistischen Verschiedenheiten des Rechts über Anweisungen, die Bestimmung der Präsentationsfristen und die Regelung des Regresses. Hierfür ist das Bedürfnis im Interesse der Sicherung namentlich auch für die nicht zum Handelsstande Gehörigen sowie im Interesse eines unzweifelhaften Rechts und einer entsprechenden Rechtssprechung vorhanden.

Reichsgerichtsrath Dr. **Dreyer**: Ich will mich sehr kurz fassen. Zunächst muß ich mich gegen einen Vorwurf verwahren, als ob ich die Frage mißverstanden oder unrichtig fixirt hätte. Ich habe im Eingang bemerkt, daß ich mit dem verneinenden Gutachten, jedoch dahin einverstanden wäre, daß in einem künftigen deutschen Gesetzbuch die Checkgesetzfrage geregelt würde; mit anderen Worten: ich bejahe, was wohl jeder von Ihnen bejahen würde, daß die Checkfrage irgend einmal geregelt werden muß. Ich habe mich mit anderen Worten dem angeschlossen, was Seite 44 am Schluß unter V des verneinenden Gutachtens gesagt ist. (Wird vorgelesen.)

Ich glaube, wenn wir die Frage so auffassen: „soll irgend einmal der Checkverkehr gesetzgeberisch geregelt werden?", daß der deutsche Juristentag sich den Vorwurf machen muß, daß er eine Frage aufgeworfen habe, die selbstverständlich bejaht werden muß.

Ich wiederhole daher meine ursprüngliche Auffassung, soll *sofort*, *jetzt schon* die gesetzgeberische Regelung erfolgen?

Das über den Sinn der Frage.

Es sind geltend gemacht worden Erfahrungen. Ich bin beinahe 11 Jahre der Praxis erster Instanzen entrückt, ich kann nur meine Erfahrung dahin fixiren, daß in diesen 11 Jahren, in welchen ich am höchsten Gerichtshofe thätig war, mir niemals eine Frage über den Checkverkehr vorgekommen ist. Dabei muß ich mich bescheiden.

Ueber eine zweite Frage kann ich auch nicht urtheilen: es soll ein erheblicher Unterschied bestehen zwischen englischen und deutschen Bankiers.

Ich weiß nicht, ob der Vorwurf der Unsolidität gegen letztere gerechtfertigt ist. Nach meiner Erfahrung habe ich durchaus keinen Grund, dem deutschen Bankierstande Mißtrauen entgegen zu bringen in der Weise, daß ich behaupten möchte, ein Checkgesetz sei deshalb jetzt schon nöthig, damit nicht das Publikum vom Bankier hintergangen oder mißbraucht wird.

Ein dritter Gesichtspunkt ist der, welcher in den beiden Fragen culminirt: 1. ist der Checkverkehr zu befördern und 2. ist also deshalb ein Gesetz nothwendig.

Allein diese Schlußfolgerung geht von einem nicht richtigen Obersatz aus. Der Obersatz wäre der, daß, sobald sich zeigt, daß im Leben irgend eine Bestrebung gefördert, begünstigt, popularisirt werden soll, dann die Gesetzgebung eintreten müsse. Es gibt aber viele Dinge im Leben, Sparsamkeit, Lebensversicherung, Feuerversicherung, in Bezug auf welche Sie jedem Ihrer Mitbürger sagen werden, „spare, versichere dein Leben und Eigenthum;“ aber deshalb wird Niemand behaupten, daß man einen Zwang durch Gesetzgebung ausüben müsse. Man kann gar nicht sagen, daß die Gesetzgebung diese Gebiete gefördert hat. Ich erinnere an die Genossenschaftsgesetze.

Nicht dem Genossenschaftsgesetz verdanken wir, daß die vielen Genossenschaften bestehen. Also wenn ich auch zugebe, daß das Publikum auf den Checkverkehr gebracht werden soll, so gebe ich doch zweierlei nicht zu: einmal den Obersatz nicht, daß überall die Gesetzgebung da eingreifen soll, wo eine wirthschaftliche Bethätigung wünschenswerth ist; ich gebe aber auch zweitens nicht zu, daß erst die Gesetzgebung förderlich wirken würde.

Es ist bereits auf das Beispiel Englands hingewiesen, und das bejahende Gutachten ist ein schlagendes Argument für meine Behauptung.

Der Checkverkehr hat bereits ohne ein Gesetz in Deutschland eine sehr große Ausdehnung gewonnen.

Endlich wird auf einige Anforderungen an das Gesetz hingewiesen, aber es ist mir aufgefallen, daß hier die Ansichten ganz verschieden sind.

Einer der Herren ist gegen jede Strafbestimmung; in dem bejahenden Gutachten werden aber Strafbestimmungen empfohlen; der eine der Herren will den Wechselregreß nicht, der andere aber glaubt, gerade weil er diesen Inhalt vom Gesetz erwartet, dafür stimmen zu müssen.

Der eine würde also die Frage betreffs der Nothwendigkeit eines Gesetzes bejahen und würde sagen, ich will die Strafbestimmungen, ich will den strengen Regreß; der andere würde dieselbe Frage bejahen, würde aber sagen, ich will weder das eine noch das andere von dem, was vom Anderen als nothwendiger Inhalt gefordert wird.

Also die Argumente, welche aus dem zu erwartenden Inhalte entnommen sind, müssen ganz aus dem Spiel gelassen werden; der Inhalt kann überhaupt nicht Gegenstand unserer Berathung sein.

Aus dem Inhalte, wie ihn der Eine oder der Andere hofft, müßten ganz entgegengesetzte Consequenzen betreffs der gestellten Frage gezogen werden.

Ich kann daher mein Referat mit der Behauptung schließen, daß ich durch die gegen meine Ausführungen vorgebrachten Gründe zu keiner anderen Ansicht gebracht worden bin.

Präsident: Wir kommen zur Abstimmung.

Die verneinende Antwort des Referenten wird als angenommen anzusehen sein, wenn der bejahende Antrag abgelehnt werden sollte, so daß keine weitere Abstimmung nöthig ist.

Die bejahende Ansicht:

„Es empfiehlt sich eine gesetzgeberische Regelung des Checkverkehrs"
wird mit 20 gegen 19 Stimmen angenommen.

Das Referat beim Plenum übernimmt der Referent Herr Dr. Dreyer.

Auf den Wunsch der Mehrheit der Anwesenden werden die beiden noch übrigen Fragen 5 und 6 für die morgige Sitzung (12. September) vertagt.

Schluß $^{3}/_{4}$12 Uhr.

Zweite Sitzung der zweiten Abtheilung am 12. September 1884.

Präsident (Landgerichts-Präsident Becker-Oldenburg) bemerkt, daß zur Vorbereitung der Wahlmänner der ständigen Deputation vorgeschlagen sind:

1. Dr. Dreyer, Reichsgerichtsrath;
2. Erythropel, Rechtsanwalt, Leipzig;
3. Dr. Voigt, Ober-Handelsgerichts-Rath, Hamburg;
4. Dr. Heinsen, Hamburg;
5. Dr. Kerpal, Wien;
6. v. Wilmowski, Berlin;
7. Müller, Landgerichts-Director, Würzburg;
8. Dr. Stern, Rechtsanwalt, Würzburg;
9. Schwarz, Rechtspracticant, Würzburg;
10. Becker, Landgerichts-Präsident, Oldenburg.

(Die Liste wird ohne Widerspruch angenommen.)

Es wird sodann zur Tagesordnung übergegangen über die Frage:

„Empfiehlt es sich, für die Haftung des Verfrachters zur See absolute Vorschriften nach Analogie der für das Eisenbahn-Frachtgeschäft bestehenden Gesetzesvorschriften aufzustellen?"

Referent Reichs-Oberhandels-Gerichtsrath a. D. Dr. **Voigt** (Hamburg): Meine hochgeehrten Herren! Mein Referat wird im wesentlichen sich darauf beschränken können, daß ich in wenigen Zügen den Inhalt des gedruckten Gutachtens Ihnen vorführe. Es handelt sich darum, ob es im Interesse der bei dem Seeverkehr Betheiligten nothwendig ist, gewisse jetzt bestehende, den Befrachtern aufgelegte Beschränkungen der Haftpflicht der

Verfrachter für die Zukunft rechtlich unwirksam zu machen. Und dafür, daß dies geschehe, glaube ich mit guten Gründen auftreten zu können.

Es ist bekannt, daß der Rheder als Verfrachter verantwortlich ist für jeden Schaden, welcher den verladenen Gütern zustößt, mit alleiniger Ausnahme der Folgen solcher Zufälle, welchen mit Erfolg nicht begegnet werden kann. Das ist schon im Alterthum Rechtens gewesen und seitdem in allen Seerechten gültig geblieben. Auch unser Handelsgesetzuch hat sich dem vollständig angeschlossen. Vertragsmäßige Beschränkungen der Haftbarkeit der Rheder sind in der Praxis bis vor etwa 25 oder 30 Jahren nur in solchen Fällen vorgekommen, in welchen die Natur oder die Beschaffenheit der Frachtgüter dies besonders motivirte. Ich kann auf Grund einer ziemlich lebhaften seerechtlichen Praxis, welche ich während etwa zwei Jahrzehnten bis zum Jahre 1853 als Rechtsanwalt in Hamburg geführt habe, versichern, daß bis dahin nur Befreiungs-Clauseln der vorgedachten Art in Connossementen vorkamen. Dies hat sich später in einer für die Frachtgutinteressenten sehr bedenklichen Weise geändert.

Schon in den fünfziger Jahren nahm die Benutzung der Dampfschifffahrt für die Vermittelung des Passagier- und Frachtgutverkehrs sehr zu. Bald nachher kam ein bedeutender Theil derselben in die Hände der großen Rhederei-Compagnieen, die mit mächtigen kostbaren Schiffen nicht nur die europäischen Meere, sondern auch den Ozean befuhren und große Aufwendungen für diesen Betrieb zu machen hatten. Dieser Umstand veranlasste sie, in anderen Beziehungen ihre Stellung soweit wie thunlich günstiger zu gestalten. In dieser Richtung suchten sie sich von der den Befrachtern gegenüber bestehenden Haftbarkeit für Schäden an Frachtgütern frei zu machen. Die Concessionen, welche sie zu diesem Zwecke von den Befrachtern verlangten, nahmen immer größere Dimensionen an, so daß schließlich kaum eine gesetzliche Verbindlichkeit jenen gegenüber existirte, von welchen sie sich nicht losgesagt hätten. Insbesondere sind in dieser Richtung englische Rheder thätig gewesen. Sie haben sich der Gesellschaft für die Förderung des internationalen Rechts zu bedienen gewußt, um vor einigen Jahren ein Connossements-Formular der allgemeinen Benutzung empfehlen zu lassen, welches die Rheder außer Verantwortung für die tadellose Lieferung des Frachtgutes stellt und denselben mehrere andere sehr bedenkliche Concessionen macht. Jetzt wird fast allgemein dieses Connossements-Formular angewendet und zwar ohne daß die Befrachter in der Lage sind, sich der Bewilligung der ihnen abgeforderten Concessionen entziehen zu können. Dies hat die Folge gehabt, daß die Befrachter fast rechtlos geworden und vollkommen den Rhedern preisgegeben sind. In dem gedruckten Gutachten sind die Einzelheiten jener Concessionen zu-

Sache aufgenommen. Der Staatssecretär habe den nordamerikanischen Gesandten in London beauftragt, die Angelegenheit bei dem brittischen Cabinet zur Sprache zu bringen, und es werde denn auch zwischen beiden Regierungen über dieselbe verhandelt, auch das nöthige Material für die Beurtheilung desselben gesammelt.

Andere Nachrichten lauten in Uebereinstimmung mit dem vorgedachten Bericht dahin, daß die Angelegenheit in Verhandlung begriffen ist und die Rheder eine energische Opposition gegen die von der Kaufmannschaft gestellten Anträge erhoben haben. Ob die Regierung in England zu einer kräftigen Förderung der Sache sich entschließen wird, ist bei der dermaligen politischen Lage derselben einigermaßen zweifelhaft.

Jedenfalls ist, wenn dem jetzigen unleidlichen Uebelstande abgeholfen werden soll, nur von einem Akte der Gesetzgebung und zwar, da auf eine internationale Vereinigung über die Angelegenheit nicht zu rechnen ist, von dem Vorgehen der einzelnen Seestaaten Hülfe zu erwarten. Unter diesen Umständen bedarf die Frage der Beantwortung, welche auch im Gutachten behandelt worden ist, ob, wenn die deutsche Gesetzgebung mit einer die Autonomie der Rheder beschränkenden Verfügung — entsprechend derjenigen, welche das Eisenbahn-Frachtrecht betrifft — vorginge, hieraus für die Interessen des deutschen Handels erhebliche Nachtheile oder überhaupt Nachtheile sich ergeben würden. Jedenfalls könnten nur solche Nachtheile in Betracht kommen, welche schwerer ins Gewicht fielen, als die Vortheile, welche durch die Wiedereinführung der Verantwortlichkeit der Rheder für die Verschuldungen der Schiffsbesatzungen herbeigeführt werden würden. — In der That scheint kein anderes Bedenken erhoben werden zu können, als daß vielleicht ein Theil der Rheder versuchen würde, den Verkehr mit dem Lande aufzugeben, in welchem der Mißbrauch ihrer Autonomie beschränkt wäre. Dies wird indessen nicht zu fürchten sein, auch, wenn versucht, keine lange Dauer haben. Deutschland hat eine viel zu große Betheiligung am Welthandel, als daß solches Unternehmen mit Erfolg durchgeführt werden könnte.

Der auf Seite 156 formulirte Vorschlag zu einem gesetzlichen Erlaß scheint nach den dafür ausgeführten Gründen dringliche Empfehlung zu verdienen. Er beschränkt die Vertragsfreiheit der Rheder nicht weiter, als dies durch eine Berücksichtigung wichtiger Interessen des Verkehrs geboten ist und greift in das bestehende Seefrachtrecht nicht störend ein. Von großer Wichtigkeit ist der die Unwandelbarkeit der Beweislast betreffende Schlußsatz. Ohne denselben würde die neue Gesetzesbestimmung ihrer Wirksamkeit durch Vertrag mittelbar beraubt werden können.

Rechtsanwalt **Boyens** (Stettin): Ich bestätige, daß auch für den

Verkehr zwischen den englischen Häfen und Stettin allerdings große englische Rhedereien Formulare eingeführt haben, die diese Bestimmung enthalten, wie sie der Herr Referent erwähnt hat. In dem übrigen Verkehr, namentlich mit Segelschiffen, sind diese Connossements noch nicht eingeführt. Ich bin nun aber entgegen der Ansicht des Herrn Referenten nicht der Meinung, daß dieses Vorgehen der englischen Rheder ein Eingreifen unserer Gesetzgebung nothwendig macht. Der Herr Referent verkennt allerdings nicht, daß an und für sich die Vertragsfreiheit unangetastet bleiben muß. Der Satz, von welcher die Beweisführung des Herrn Referenten ausgeht, bedarf aber einer Einschränkung. Der Staat darf meiner Ansicht nach nur eingreifen, wenn eine unsittliche Ausbeutung des wirthschaftlich Schwächeren durch den wirthschaftlich Stärkeren vorliegt, eine Ausbeutung, die das Niveau der öffentlichen Moral geradezu herunterdrückt. Nehmen Sie als Beispiel die Wuchergesetze. Den Rhedern muß die Selbsthilfe bleiben. Der Staat darf sich nicht zum Richter in Streitigkeiten verschiedener wirthschaftlicher Verkehrsinteressen aufwerfen. Gehen wir von diesem Gesichtspunkte aus und sehen wir den vorliegenden Fall an, so kann meiner Ansicht nach von einer wirthschaftlichen Ausbeutung hier gar nicht die Rede sein. Es stehen sich wirthschaftlich gleiche Faktoren gegenüber, die Rheder auf der einen, die Ladungs-Interessenten auf der andern Seite. Wenn in amerikanischen Handelskammern, wie der Herr Referent erwähnt hat, Klage gegen die Rheder geführt ist, so mag das motivirt sein, aber ich bin der Meinung, wenn die Handelskammern und die Ladungs-Interessenten sich zusammenthun in so kräftiger Weise, wie die Rheder es gethan haben, so werden sie wohl in der Lage sein, ihren Interessen zum vollen Durchbruch zu verhelfen. Wenn man die ganze Entwickelung, welche das so genannte Receptum durchgemacht hat, verfolgt, so wird man finden, daß die Rheder allerdings nicht etwa nur in neuester Zeit, sondern schon von jeher bestrebt waren, die gesetzlichen Vorschriften für die Haftbarkeit einzuschränken. Die Connossements-Clauseln sind nicht erst durch den Dampfer-Verkehr hervorgerufen worden. Eine Masse Connossements-Clauseln war bei der Berathung des Handels-Gesetzbuches vorhanden und damals hat man es nicht für nöthig gehalten, einschränkende Bestimmungen in dieser Beziehung, wie sie für die Eisenbahnen gegeben sind, auch für den Seeverkehr zu erlassen. Es ist damals davon ausgegangen worden bei den Bestimmungen, die für die Haftbarkeit des Eisenbahn-Verkehrs gegeben worden sind, daß die Verhältnisse eben anders liegen, als beim Seeverkehr. Es liegt in der Natur der Sache, daß einer einzelnen Eisenbahn, die den einzigen Verkehrsweg zwischen zwei Städten oder Ländern bildet, nicht ohne Weiteres, wenn sie sehr erschwerende und ganz unbillige Tarif-Bestimmungen aufnimmt, eine andere Concurrenzbahn an die Seite treten kann. Es baut sich nicht so schnell eine Eisenbahn. Dagegen ist es beim Schiffsverkehr anders. Der Herr Referent spricht von einem factischen Monopol der großen Dampferlinien. So schlimm ist es mit dieser Sache nicht. Augenblicklich ist die Lage der Rhedereien keineswegs eine sehr blühende, auch in England ist die Lage eine so bedenkliche, daß die Rhedereien beschlossen haben, jedes vierte Schiff zur Zeit ruhen zu lassen, um die Concurenz selbst zu vermindern. Ebenso ist die Lage des Segelschiff-Verkehrs eine schlechte; es sind die Frachten auf das äußerste heruntergedrückt. Wenn es nun auch vorgekommen ist, daß etwas gestohlen wird, so ist das ein seltener Fall und wenn es vorgekommen ist, daß die Mannschaft einige Flaschen Sherry getrunken hat, so ist das bei den colossalen Mengen, die verladen werden, nicht sehr Großes. Es ist also der Gegenstand, um den es sich bei den Connossements-Bestimmungen handelt, kein so erheblicher, daß eine wesentliche Förderung oder Erschwerung des Verkehrs aus der Hebung oder dem Falle dieser Bestimmungen eintreten könnte. Es ist also auch diese ganze Frage keineswegs eine so wichtige und dringende, daß ein Staatsgesetz hier den Ladungs-Interessenten zu Hilfe kommen müßte. Das Wesentlichste aber bei der ganzen Sache ist das, daß auch, selbst wenn man an der Voraussetzung festhält, von der der Herr Referent ausgeht, die Voraussetzungen für ein Einschreiten der Gesetzgebung ganz und gar nicht vorhanden sind. Denn die Ladungs-Interessenten haben sich bereits geholfen und die Sache erledigt sich dadurch, daß alle diese Schäden auf die Versicherungs-Gesellschaften abgewälzt werden. Der Herr Referent hat erwähnt, daß die Rheder in der Lage seien, eine Versicherung zu nehmen, um auch für Schäden, die durch Verschulden ihrer Schiffsmannschaft entstehen, sich zu decken. Ebenso hat er erwähnt, daß die Ladungs-Interessenten in der Lage sind sich gegen diese Schäden zu versichern. Die Ladungs-Interessenten sind also in der Lage, geradeso gegen diese Gefahren, die durch Verschulden der Schiffsmannschaft dem Gute zugefügt werden, ihre Ladung zu versichern. Auch die englischen Versicherungs-Gesellschaften haben in dieser Beziehung einen Passus in ihre Policen aufgenommen, der dahin lautet: „Es solle dem Schiff erlaubt sein, andern Schiffen beizustehen und sie zu bugsiren, oder Bergungsdienste zum Schutz von Leben, Schiff und Eigenthum zu leisten;" und ferner: „die Versicherungs-Gesellschaft wolle haften für Betrug und Diebstahl des Capitäns und der Seeleute und alle anderen Gefahren, Verluste und Beschädigungen, die das Gut treffen und es solle auch dem Versicherten erlaubt sein, in Betreff des Verlustes von Gütern die Schiffsmannschaften und den Capitän als ihre Beauftragten anzusehen." Das ist die Versicherung gegen eine Connossements-Clausel, die dahin lautet, daß die Schiffsmannschaft und der Capitän nicht als Gehilfen des Rheders anzusehen seien, sondern als Gehilfen des Ladungs-Interessenten. Wenn also dieser ganze Schaden abgewendet werden kann durch eine Versicherung, so reducirt sich die ganze Sache auf die Frage: Soll der Rheder oder sollen die Ladungs-Betheiligten versichern?

Der Referent erwähnt selbst, daß die Prämien bei Normirung der Frachten in Betracht gezogen werden. Also wirthschaftlich stellt sich die Sache so: Trägt der Rheder die Prämie, so ist die Fracht höher, trägt der Ablader die Prämie, so ist die Fracht geringer. Wirthschaftlich und finanziell kommt das auf dasselbe hinaus. So ist also das Interesse der Ladungs-Interessenten ein minimales. Ladungs-Interessenten und Rheder sind gleichmäßig bemüht, diesen Schaden, der durch Verschulden der Mannschaft und des Capitäns entsteht, von sich auf die Versicherungs-Gesellschaft abzuwälzen.

Schließlich hat der Herr Referent noch einen Grund angeführt. Er ist der Meinung, daß die Disciplin auf dem Schiffe nicht so energisch gehandhabt würde, wenn die von ihm empfohlene Bestimmung nicht aufgestellt werde. Wenn wirklich hierin Schäden hervortreten würden, so könnte das einen Grund abgeben für die Gesetzgebung, einzuschreiten. Aber dafür ist Referent den Beweis schuldig geblieben. Wenn in der Ladung etwas Gutes zu essen und zu trinken ist, werden Schäden jederzeit vorkommen und sind solche immer vorgekommen. Die Mannschaft weiß nicht, mit welchen Clauseln ihr Capitän die Connossements-Clausel zeichnet.

Es ist daran festzuhalten, daß die Disciplin auf den Schiffen ungeheuer streng gehandhabt wird und ist auch zu berücksichtigen, daß, wenn wirklich die Rheder Leute, die sich schon etwas haben zu Schulden kommen lassen, behalten würden, oder ein Capitän diesen gegenüber nachlässig sein würde, immerhin nach dem Gesichtspunkte der Haftung aus der culpa in eligendo die Haftung der Rhederei eintreten würde. Denn diese Haftung ist noch immer nicht beseitigt.

Aus allen diesen Gründen empfehle ich, den Antrag des Herrn Referenten abzulehnen.

Präsident: Ich bemerke, daß sich bei der anfangs festgestellten Liste nach Vergleichung mit den übrigen Abtheilungen herausgestellt hat, daß Herr Dr. Heinsen bereits in einer anderen Abtheilung gewählt ist, und deshalb in unserer Liste wegfällt. Ich schlage vor, an seiner Stelle den Herrn Justizrath Häusler-Braunschweig zu setzen.

(Wird angenommen.)

Dr. **Voigt** (Hamburg): Es ist nicht richtig, daß durch die Einführung des Connossementsformulars nur die bei Dampfschiffgütern Betheiligten gefährdet werden; auch die Rheder der für die großen Fahrten verwendeten Segelschiffe bestehen durchgängig auf die darin ausgesprochenen Concessionen. Uebrigens wäre das Einschreiten der Gesetzgebung schon dann erforderlich, wenn der schädliche Zwang nur von Dampfschiffs-Rhedern geübt würde. Ebensowenig ist dem Einwande Bedeutung beizulegen, die Ladungsinteressenten könnten und müßten sich durch Versicherung gegen die durch dolus oder culpa der Schiffsleute ihnen gedrohete Nachtheile schützen. Weshalb sollen dieselben sich Kostenaufwendungen zur Ausgleichung von Schäden unterziehen, welche sie ordentlicher Weise nicht treffen dürften und die durch Sorgfalt der Rheder bei Auswahl der Schiffer und Schiffsofficiere und durch gehörig angeordnete Ueberwachung der Schiffsleute vermieden oder doch bedeutend vermindert werden können? Auch können die Ladungsinteressenten, wenn sie die Clausel bewilligen, nur zu einer erheblich erhöheten Prämie Versicherung erlangen. Und schließlich gehen doch die für solche Schäden zu zahlenden Gelder irgend Jemandem nutzlos verloren, den Ladungs-Interessenten, welche eine höhere Prämie bezahlen müssen, den Actionären der Assecuranzgesellschaften, oder den Consumenten, welchen die Waaren vertheuert werden.

Eine Hauptsache ist, daß in Folge des neu erstrebten Frachtrechts die Verluste an verschifften Gütern in hohem Grade vermehrt werden. Es ist grundlos, wenn behauptet wird, höchstens könnten kleine Mausereien an den verladenen Waaren, welche jetzt vorkämen, durch strengeres Festhalten an dem geltenden Recht verhindert werden. Durch Ruchlosigkeit oder Fahrlässigkeit bei dem Beladen und dem Verstauen und später bei der Entlöschung werden nicht selten schwere Schäden an Gütern verursacht. Eben so wenig fehlt es an Beispielen davon, daß Schiffer oder deren Vertreter durch Unaufmerksamkeit oder gröbere Verschuldung den Verlust ganzer Ladungen herbeiführen. Bleibt das Connossementsformular in voller Kraft, so sind solche Vorgänge für die Rheder unerheblich, für die Schiffsleute ohne bedenkliche Folgen.

Oberlandesgerichtsrath **Schröder** (Stettin): Mir ist aus einer längeren seerechtlichen Praxis auch bekannt, daß viele Klagen unter den Kaufleuten darüber bestehen, daß sie durch manche Connossements-Clauseln gedrückt werden; allein ehe sich der Juristentag entschließt, zu befürworten, daß die Gesetzgebung eintreten solle, müßte das Bedürfniß mehr nachgewiesen werden, als es bis jetzt der Fall ist. Auf eine Ausgleichung von Mißständen in dem Verhältnisse der Verfrachter und Empfänger thunlichst hinzuwirken, sind die Handelskammern die ersten berufenen Organe. Sie haben, soweit bekannt, bisher geschwiegen; hielten sie eine gesetzliche Regelung für nöthig, sie würden das Bedürfniß hiezu gewiß laut genug betonen. In der That liegt meines Wissens die Sache für die Kaufleute so schlimm nicht. Das Connossement wird erst nach der Abladung gezeichnet. Seiner Ausstellung geht in den Fällen, in welchen es sich nicht blos um Stückgutverladung, sondern um Dampferraum handelt, der Abschluß der Charterparty voraus. Es dürfte einem sorgfältigen Kaufmann noch immer möglich gewesen sein, zumal bei dem Drucke, der jetzt auf den Frachten ruht, den Verfrachter auch in Betreff von Connossements-Clauseln durch die Charterparty vertraglich zu vinculiren und zu Zugeständnissen zu nöthigen. Die Schiffsmakler, wegen ihrer Provisionen um das Zustandekommen der Frachtabschlüsse selbst bemüht, werden als die gewerblichen Vermittler zwischen Verfrachter und Befrachter auch in dieser Hinsicht den Interessen der Kaufleute wirksam dienen können.

Kurz meiner Meinung nach sollte der Juristentag mit der Befürwortung eines Spezialgesetzes warten, bis von betheiligter Seite das Bedürfnis näher nachgewiesen wird.

Bezüglich der weiteren Frage, betreffend das Verbot der Clausel „with liberty to sail without pilots", bin ich der Meinung, daß es gar nicht wünschenswerth wäre, daß diese Clausel nicht mehr freigegeben würde. Die Capitäne der Seedampfer sind gewöhnlich sehr fahrkundige Leute. Ein Schiff befindet sich unter dem Commando eines Capitäns, der das Fahrwasser genau kennt und die Tour oft wiederholt gemacht hat, mindestens ebensogut, als unter der Führung eines Lootsen. Mir sind Fälle zur Entscheidung vorgekommen, in denen bei Collisionen gerade der Lootse den Fehler gemacht hatte, während der Capitän dabei gestanden und ihn vergeblich gewarnt hatte, daß er anders steuern sollte.

Das ist auch ganz natürlich. Ein Capitän, der sein Schiff kennt, weiß, wie das Commando ausgeführt wird und nach der Eigenart seines Schiffes a u s g e f ü h r t w e r d e n k a n n. Er hat in dieser Hinsicht einen sichereren Blick, als der Lootse, der kurz vorher an Bord gekommen ist und das Schiff z. B. schon bezüglich seiner Fähigkeit, schnell zu pariren, nicht kennt.

In dieser Beziehung die Vertragsfreiheit zu beschränken und einem Dampferführer vorschreiben zu wollen, auch in wohlbekanntem Fahrwasser einen Lootsen nehmen zu m ü s s e n, würde ich für bedenklich halten. Ich muß mich deshalb gegen die Anträge des Herrn Referenten aussprechen.

Rechtsanwalt Dr. **Heinsen** (Hamburg): M. H.! Ich möchte mich den Anträgen des Herrn Referenten anschließen.

Es ist von den beiden Herren, die dagegen gesprochen haben, hervorgehoben worden, daß Kaufleute und Rheder sich in gleicher Lage befinden und man die Vertragsfreiheit nicht beschränken dürfe. Das ist aber eine reine Imagination. Wenn ich von Hamburg nach New-York Waaren verschicken will, so habe ich nur die Wahl zwischen der Hamburg-Amerikanischen Packetfahrt-Actiengesellschaft, dem Bremer Lloyd oder indirekt via England oder Havre. Wenn nun diese vier Schiffsgelegenheiten nicht anders verladen als unter den Connossementen, welche sie vorschreiben, so weiß ich nicht, wo eine fünfte Gelegenheit wäre. Ich muß mich also fügen, denn ich kann nicht etwa warten, bis ich ein Segelschiff finde, das überdies langsamere Fahrt hat. Der ordnungsmäßige Geschäftsbetrieb verpflichtet mich, die Ladung rasch hinüberzubringen; dies kann ich stets mit dem Dampfer in 14 Tagen thun, ich kann also nicht warten und keine andere Gelegenheit benutzen. Factisch besteht ein Monopol, gerade wie bei der Eisenbahn, und daher auch für den Staat Grund, einzugreifen. Es schließt sich aus, andere Schiffsgelegenheiten zu benutzen, als die großen Dampferlinien und daher existirt thatsächlich keine Vertragsfreiheit für den Waarenversender. Es handelt sich ferner nicht darum, ob eine Flasche Sherry vielleicht getrunken werde, oder um sonstige derartige Kleinigkeiten. Ich will Ihnen zur Illustration einen Fall erzählen, der in den letzten Jahren passirte und an's Reichsgericht gekommen ist.

Der Bremer Lloyd sollte eine werthvolle Ladung verschiffen. Dieselbe wurde eingeladen und die Schiffsluken auf der einen Seite waren offen geblieben. Der Capitän wie auch gegen seine Instruction der ihn vertretende erste Offizier waren abwesend. In Folge der eintretenden Ebbe legte sich das Schiff, lief durch die offen gelassenen Luken voll Wasser und versank; nach Wiederhebung erwies sich die Ladung so gut wie total verloren. Die betreffenden Ladungs-Interessenten nahmen den Lloyd wegen des durch offenbare Verschuldung der Besatzung entstandenen Schadens von circa Mk. 200,000 in Anspruch. Derselbe wurde aber unverantwortlich erklärt und zwar auf Grund einer solchen Connossements-Clausel, wie sie hier in Frage steht.*) Sie sehen also, m. H., daß es sich hierbei unter Umständen allerdings um ganz bedeutende Werthe handelt. Bei der Bestimmung betreffend den Lootsen handelt es sich nur um die Fälle, in welchen der Staat eine Verpflichtung auferlegte, Lootsen zu nehmen. Ist es nach dem Urtheil des Staates nothwendig, daß bestimmte Leute, die fahrkundig sind, die Leitung des Schiffs übernehmen, so erscheint es auch als eine Nachlässigkeit sich davon auszuschließen, die zu verhindern ist. Es ist wohl

*) Die Entscheidung des Reichsgerichts vom 16. Juni 1883 ist abgedruckt in der Sammlung Bd. XI. No. 21. (Die Erkenntnisse der Vorinstanzen in der Hanseat. Ger. Ztg. 1883, No. 59.)

richtig, daß Capitäne bisweilen, namentlich bei regelmäßiger Fahrt, selbst genügend Bescheid wissen, das ist aber ein zufälliger Umstand im einzelnen Fall, der den Staat vielleicht zu Ausnahmebestimmungen veranlassen kann, für uns aber handelt es sich hier um allgemeine prinzipielle Bestimmungen. Ich empfehle auch bezüglich dieses Punktes den Antrag des Hern Referenten.

Rechtsanwalt Dr. Keuling (Leipzig): Ich möchte die Ansicht vertreten, daß die Frage noch nicht spruchreif ist, daß wir im Augenblick uns weder dafür noch dagegen erklären können. Thatsächlich liegt ja gewiß die Sache so, daß innerhalb des Gebietes, innerhalb dessen die Clausel gebraucht wird, factisch ein Monopol der betreffenden Rheder besteht, namentlich für die regelmäßigen Dampferlinien und deshalb ist das, was ein Vorredner gesagt hat, daß die Schiffsmakler unter dem Druck der ungünstigen Lage es durchsetzen könnten, daß in die Chartrepartien die Bedingungen hineinkommen, die eben der einzelne Ablader verlangt, nicht richtig. Es handelt sich bei diesen Clauseln überhaupt nicht um die Befrachtung von Schiffen, sondern lediglich um Connossemente, die sich auf einzelne Stückladungen beziehen, die im regelmäßigen Dampferverkehr versendet werden. Und da kann ja wohl kein Zweifel sein, daß innerhalb dieses Gebietes die betreffenden Rheder ein Monopol haben, thatsächlich wenigstens, und zwar in der Weise, daß nur zwischen einigen Linien überhaupt eine Concurrenz bestehen kann.

Allein ich möchte doch andererseits hervorheben, daß wenn auch ein solches Monopol als thatsächlich bestehend anerkannt werden muß, doch die Lage dieser Gesellschaften eine andere ist, als die der Eisenbahnen. Diese besitzen nicht nur thatsächlich ein Monopol, sondern bei der Herstellung der Eisenbahn ist der Staat thätig, sei es, daß er die Bahn selbst baut, sei es, daß er den Bahnbau concessionirt. Es kommt auch keine Privatbahn zu Stande ohne Mitwirkung des Staates und ohne daß der Staat ihr die Möglichkeit der Herstellung dadurch schafft, daß er ihr das Expropriationsrecht giebt, ohne daß ein Theil der Staatshoheits-Rechte an die betreffende Privat-Gesellschaft überwiesen wird, so daß es thatsächlich derselbe Fall ist, als wenn der Staat selbst baut.

Im Gegensatz gerade zur Lage der Eisenbahnen ist die Lage der Dampfschifffahrts-Gesellschaften eine ganz andere. Sie nehmen vom Staate nichts in Anspruch. Der Staat leistet ihnen nichts, als was er eben überhaupt für den Schifffahrtsverkehr leistet: die Landungsbrücke und das Fahrwasser. Die einzelne Dampfschifffahrts-Gesellschaft empfängt vom Staat auch nicht das Geringste, wofür sie ihrerseits verpflichtet wäre, aus Gründen des öffentlichen Rechtes sich gewissen Bedingungen zu unterwerfen, die der Stact ihr dictiren könnte. Ich glaube, daß es sich hier in der That um

Dinge handelt, die dem freien Verkehr überlassen werden müssen, und wenn dieser dazu führt, daß thatsächlich ein Monopol besteht, so ist es auf diesem Gebiete nicht anders, wie auf anderen Gebieten. Auch wo nur ein gutes Wirthshaus existirt, muß man sich den Preisen unterwerfen, die der Wirth zu nehmen beliebt. (Heiterkeit.)

Auf der anderen Seite muß hervorgehoben werden, daß die Gesetzgebung keineswegs soweit gegangen ist, den Eisenbahnen zu verbieten, Bestimmungen vertragsmäßig aufzunehmen, wonach ihre Haftbarkeit beschränkt wird; sondern sie hat nur Bestimmungen getroffen, daß sie ihre Verantwortlichkeit nicht unter ein bestimmtes Maß herabdrücken können. Die Bahn muß den Normalsatz bezahlen; darüber hinaus haftet sie nicht. Aber es ist den Bahnen keineswegs genommen das Recht, ihre Verantwortlichkeit einzuschränken in der Weise, wie der Herr Referent es den Dampfschifffahrts-Gesellschaften gegenüber verlangt, indem er fordert, daß jene Connossements-Clausel überhaupt beseitigt wird. Ich sehe ferner nicht ein, warum eine solche Gesellschaft, zumal da sie vom Staate gar nichts erhält, als Landungsbrücke und Fahrwasser, warum der Rheder nicht sagen kann, ich leiste nichts anderes, als ich leisten kann: Ich organisire das Unternehmen und gegen die und die Frachtsätze gestatte ich Jedem, das Unternehmen zu benützen, in der Weise, daß der Transport, soweit ich ihn nicht beeinflussen kann, auf das eigene Risiko des Befrachters geschieht. Die Rheder können die Ablader nicht schützen und thatsächlich müssen derartige Vorkommnisse von dem Einen oder Andern getragen werden. Wenn die Gesellschaften sagen, wir wollen sie nicht tragen, die Ablader müssen das Risiko übernehmen, so finde ich nichts, was dagegen vom Standpunkt der Moral oder von irgend einem sonstigen Gesichtspunkte aus eingewendet werden könnte.

Es ist bereits hervorgehoben, daß die Frage thatsächlich sich so zuspitzt: Wer soll die Prämie für die Versicherung gegen dieses spezielle Risiko zahlen? Ich bin der Meinung, daß gerade der Ablader am zweckmäßigsten diese Versicherung zu nehmen hat und daß gerade er sich die relativ billigste Prämie verschaffen kann, während es der Rheder in dieser Weise nicht kann.

Die Ablader wissen genau, was abgeladen ist; sie schließen die Einzelverträge ab und es handelt sich nur darum, ob die Versicherung für das an sich doch von ihnen zu versichernde Frachtgut etwas weiter geht und zugleich auch dieses spezielle Risiko — Diebstahl und dergleichen — mit umfaßt. Die Güter und Werthe, die in Frage stehen, sind ja für die Rheder nicht so fest bestimmt, wie für den einzelnen Ablader. Der Ablader kann sagen, ich lade ab das, was so und so viel werth ist; die

Dampfschifffahrts-Gesellschaft steht vor einer Menge Collis, deren Inhalt sie nicht kennt, und ist gar nicht in der Lage, diese Güter alle im Einzelnen sachgemäß und billig zu versichern. So glaube ich, was die erste Clausel betrifft, daß manche Bedenken gegen den Referenten geltend zu machen sind.

Was den zweiten Punkt betrifft, so will ich im Anschluß an einen Vorredner auch noch darauf hinweisen: es handelt sich ja immer nur um Routen, die der betreffende Capitän ja regelmäßig fährt, so daß der Lootse meist überflüssig sein wird.

Präsident: Es liegt bezüglich des Lootsen kein Antrag vor; ich bitte also, sich auf den Antrag zu beschränken.

Redner: Ich bin also dafür, daß man die Frage noch offen läßt.

Rechtsanwalt Dr. **Wachtel** (Leipzig): Ich kann dem Vorredner darin nicht beistimmen, daß weder ein Bedürfniß noch ein Anlaß vorliege, die Frage jetzt schon zum Austrag zu bringen. Ich glaube sogar, daß es sehr rathsam sein wird, daß auf diesem Gebiete eine gesetzliche Regelung sogleich eintritt. Als Schriftführer des Vereins deutscher Spediteure kann ich aus meiner Erfahrung bestätigen, daß ein außerordentlicher Druck von Seiten der Versicherungs-Gesellschaften auf den Handels- und industriellen Stand geübt wird in Bezug auf Erlangung rationeller, nothwendiger Versicherungsbedingungen. Der Verkehr ist ein ganz anderer, umfangreicherer geworden und die alten Versicherungsbedingungen, die auf dem Gebiete der Seeversicherung vor 30 Jahren ausreichend sein mochten, sind jetzt nicht mehr ausreichend. Ich habe die Erfahrung, die Transportversicherungsgesellschaften, resp. die Bedingungen, welche diese zulassen, sind ohne Frage auch auf das Verhalten der Rheder von Einfluß; denn diese versichern nicht alle bei sich selbst. Und da eine Coalition der Versicherungs-Gesellschaften besteht, so ist es für den Ablader um so schwieriger, auch nur die einfachsten rationellen Versicherungsbedingungen von der einen oder andern Seite zu erlangen. Ich bin der Ansicht, den Antrag des Referenten anzunehmen.

Rechtsanwalt **Boyens** (Stettin): Der Herr Referent hat gemeint, ich hätte nur gesagt, die Frage spitze sich darauf zu, wer versichern solle. Ich erwidere, daß ich außerdem ausgeführt habe, daß, wenn der Rheder die Prämie bezahlt, er die Prämie offenbar auf die Fracht wirft, also die Fracht höher wird und umgekehrt, daß also die finanzielle Seite der Frage durch die Versicherung beseitigt wird. Ich bin also der Meinung, daß der Antrag des Referenten nur aus andern Gründen gestützt werden könne, wie es auch versucht worden ist, nämlich von dem Gesichtspunkt aus, daß durch diese Connossements-Clauseln der Indisciplin der Mannschaft Thür und Thor geöffnet würde.

Daß dies nicht der Fall ist, daß ein Bedürfnis bisher in dieser Beziehung nicht genügend hervorgetreten ist, ist bereits erwähnt. Wenn ein anderer Vorredner sagt, daß factisch ein Monopol sich darin zeige, daß zwischen Hamburg und anderen überseeischen Plätzen nur wenige Dampfer gehen, so ist darauf zu erwidern, daß der einzelne Kaufmann selbstverständlich nicht die Widerstandskraft gegenüber all den Rhedereien besitzt. Wenn ich aber auf die Selbsthilfe verweise, so meine ich, daß die Ladungs-Interessenten sich dahin vereinigen können, daß sie nur ihre Güter mit der Linie verladen wollen, welche auf die von ihnen gestellten Bedingungen eingeht. Herr Dr. Reuling aus Leipzig hat die Concurrenz der Dampfschifffahrts-Rhedereien mit der Concurrenz der Gastwirthe verglichen. Ich möchte erwähnen, daß die Gastwirthe nach dem römischen Recht in gewisser Beziehung mit den Schiffern zusammengeworfen wurden in Betreff der Bestimmungen des Receptums. Sie werden alle schon in Hotels gewesen sein, wo angeschlagen ist: „Es wird nicht für Sachen gehaftet, die nicht dem Wirthe in Verwahrung gegeben werden." Die Gastwirthe haben also auch durch allerlei Clauseln ihre Haftung aus dem Receptum beschränkt. Wir haben hier also denselben Vorgang wie bei der Rhederei. (Heiterkeit.)

Abstimmung.

Der **Präsident** verliest den Antrag:

> „Es empfiehlt sich, gesetzlich zu bestimmen, daß der Verfrachter zur See nicht befugt sei, die in Gemäßheit des Art. 607 des H.-G.-B. auf ihm ruhende Verantwortlichkeit für einen durch Verlust oder Beschädigung der Frachtgüter seit deren Empfangnahme bis zu deren Ablieferung entstandenen Schaden, insofern derselbe absichtlich oder durch Fahrlässigkeit von einer Person der Schiffsbesatzung verursacht sein sollte, auszuschließen oder zu beschränken, oder an der durch jenen Artikel ihm auferlegten Beweislast eine Aenderung herbeizuführen;
>
> und daß eine diesen Vorschriften entgegenstehende Vertragsbestimmung keine rechtliche Wirkung habe."

(Der Antrag wird mit großer Mehrheit angenommen und wird die Mittheilung an's Plenum durch den Herrn Referenten zur Kenntnißnahme beschlossen.)

Präsident: Wir kommen zur Frage über den Börsenspeculations-Verkehr.

Der Abtheilung liegt folgender Antrag des Referenten, Rechtsanwalt Dr. Heinsen aus Hamburg vor:

Der Juristentag erklärt:

Ein wirksamer Schutz gegen die beim Speculations-Verkehr in Zeitgeschäften vorkommenden Mißbräuche ist von einer im Wege der Gesetzgebung zu normirenden auf Handhabung einer straffen Disciplinargewalt abseiten der Börsenorgane gerichteten Börsenordnung nicht zu erwarten.

Es empfiehlt sich dagegen gesetzlich mit Strafe und eventuell dem Verlust der bürgerlichen Ehrenrechte zu bedrohen:

1. Wer öffentlich in Bekanntmachungen wissentlich falsche Thatsachen vorspiegelt oder wahre Thatsachen entstellt, um zur Betheiligung an einem Anlehen zu bestimmen.
2. Wer in betrügerischer Absicht auf Täuschung berechnete Mittel anwendet, um auf den Cours von Effecten oder den Marktpreis von Waaren einzuwirken.
3. Wer für oder mit öffentlich oder von Privaten Angestellten ohne Vorwissen ihrer Vorgesetzten oder Prinzipale Zeitkaufgeschäfte schließt.
4. Wer unter wissentlicher Benützung des Leichtsinns oder der Unerfahrenheit eines Anderen für oder mit demselben Zeitkaufgeschäfte schließt.

Präsident: Herr Gutachter Prof. Dr. Struck und erster Referent Herr Bankdirector Hecht sind verhindert zu erscheinen.

Ich gebe das Wort dem Referenten Herrn Dr. Heinsen.

Rechtsanwalt Dr. **Heinsen** (Hamburg): Ich habe den geehrten Herren vor Allem das Bedauern auszusprechen, daß mein Mitreferent am Erscheinen verhindert ist, der durch seine wissenschaftlichen Arbeiten wie durch seine praktische Erfahrung besonders befähigt sein würde, über die vorliegende Frage Ihnen zu referiren.

Sie müssen also nun mit meinem Referat schon sich begnügen.

Auf dem vorigen Juristentage wurde von Ihnen der Beschluß gefaßt, daß Differenzgeschäfte weder zu verbieten noch zu beschränken seien, davon ausgehend, daß die Speculation, auch wenn sie in Differenzgeschäften auftritt ein wesentliches Bedürfniß für den Handelsverkehr sei, damit dieser seine wirthschaftlichen Aufgaben lösen könne.

Es wurde aber auch nicht verkannt, daß der Speculations-Verkehr in Zeitkaufgeschäften auch mit Mißbräuchen verknüpft sei und daß dagegen eine Abhilfe wünschenswerth sei.

Damals war die Meinung, daß dies voraussichtlich durch eine Börsenordnung werde geschehen können.

Es hat in Folge dessen der damalige Beschluß den Zusatz erhalten, daß die ständige Deputation ersucht werde, die Frage der Beseitigung der vorkommenden Mißbräuche, insbesondere durch eine Börsenordnung, dem Juristentage wieder vorzulegen und Gutachten darüber einzuholen. Das ist geschehen und liegt ein Gutachten des Herrn Prof. Dr. Struck in Aachen uns heute vor.

Die mit dem Speculationsgeschäft verknüpften Mißbräuche aufzählend führt der Herr Gutachter an: Einmal bringe dieser Speculations-Verkehr die Gefahr einer Ueberfüllung mit sich, so daß weit mehr Capital und Arbeitskraft in diesem Verkehre engagirt würden, als nützlich und Bedürfnis sei. Ferner führe derselbe zur Förderung von Unternehmungen, welche qualitativ schlecht seien oder quantitativ das Maß der Leistungsfähigkeit des im Publikum vorhandenen Capitals überschritten, weil bei der Speculation es nur darauf ankomme, bei einer neuen Unternehmung den Coursgewinn zu machen; ob die Unternehmung gut oder schlecht sei u. s. w., sei einerlei. Bezüglich dieser Uebelstände bemerkt der Gutachter, daß dieselben derart seien, daß man sie gar nicht oder nur in geringem Grade beseitigen könne, da sie mit dem innersten Wesen dieses Erwerbszweiges zusammenhängen. Dagegen führt er an als Mißbräuche, die man beseitigen könne, die betrügerischen Manipulationen zu einer Coursveränderung, zunächst die Operationen, welche sich die Emittenten neuer Papiere zu Schulden kommen ließen, um den Cours in die Höhe zu treiben und dadurch die Papiere unter das Publikum zu bringen, wozu dann allerlei Manipulationen in's Werk gesetzt würden, welche den Cours fälschten, denen man also entgegenzutreten habe.

Daran schließt sich an das namentlich auch bei der Emission neuer Effecten vorkommende corner oder Schwänzemachen, wobei es darauf abgesehen ist, die Blankoverkäufer in die Lage zu versetzen, sich mit dem Empfangsberechtigten verständigen zu müssen, um ihrer Lieferungspflicht genügen zu können. Es liegt auf der Hand, daß dieser Mißbrauch bei alten Papieren weniger Anwendung findet, weil es seine Schwierigkeit hat, in den Besitz von soviel Effecten zu kommen, um den Markt beherrschen zu können. Anders dagegen bei neuen Papieren. Hier wird z. B. die Hälfte schon bei der Emission vorher festgelegt oder bei guten Freunden untergebracht, welche sie in den nächsten Wochen nicht verkaufen; in Folge dessen sind statt einer Million nur 500,000 im Markt und daher die Blankoverkäufer genöthigt, mit den Gründern und Käufern sich bestmöglich abzufinden, d. h. sie müssen um einen hohen Preis zurückkaufen. — Als weiteren eine Coursfälschung bezweckenden Mißbrauch führt das Gutachten an das rig upwards und rig downwards welches vorliegt, wenn einige Personen sich zusammenthun und Papiere kaufen, worauf sie durch weitere Nachfrage und durch Ausstreuen falscher Nachrichten den Cours treiben, um ihre Papiere mit Vortheil wieder abzusetzen, oder umgekehrt Papiere verkaufen, dann durch weiteres Ausbieten und falsche Nachrichten den Cours drücken, um sich billig eindecken zu können.

Schließlich hat der Herr Gutachter noch erwähnt, daß der hier in Frage stehende Verkehr eine demoralisirende Wirkung auf die speculirenden Personen habe, indem Leute, die gewöhnt sind, täglich ihre Existenz einzusetzen, in der Wahl der Mittel, um sich vielleicht vor dem Ruin zu schützen, sehr wenig wählerisch sein würden.

Gegenüber der Frage, wie den Mißbräuchen abzuhelfen sei, wirft der Gutachter zunächst einen Blick auf die bisherigen gesetzlichen Maßregeln, die, wie dies auch auf dem vorigen Juristentage constatirt wurde, sich alle vollständig wirkungslos erwiesen hätten. Von den Verboten des dealing before allotment wie von staatlichen Gesetzen gegen rigs und corner verspricht der Gutachter sich auch schon deshalb keinen praktischen Erfolg, weil die einzelnen Geschäfte nicht strafbar sein könnten, deren Zusammenhang und betrügerischer Charakter aber schwer nachweisbar sein werde. Der Gutachter erwartete dagegen eine Hülfe von einer angemessenen Börsenorganisation und hierfür knüpft er an an die Einrichtung der Londoner stock exchange. Diese ist ein geschlossener Privatverein, dessen Mitglieder theilweise Händler (dealer), theilweise Makler (broker) sind. Während letzte im eigenen Namen für fremde Rechnung Geschäfte abschließen, sollen erste, die Händler, nach der Darstellung des Gutachters, mit dem Publikum außerhalb der Börse nicht in Berührung kommen, sie proponirten Kauf- und Verkaufspreis, bereit zu beiden abzuschließen, und fänden in der Differenz die Vergütung für ihre vermittelnde Thätigkeit, ihre Hauptaufgabe bestehe darin, die Course so zu stellen, daß bei dem gleichen Coursstand das effective Angebot und die effective Nachfrage gleich seien. Der dealer der Londoner stock exchange engagire sich nicht wie der Speculant nur nach einer Seite, es gäbe keine Speculanten an der stock exchange. — Hierzu komme deren straffe Organisation mit strengen Disciplinarvorschriften. In Folge dessen sei die Güte der Persönlichkeiten an der Londoner Fondsbörse eine ganz andere als bei uns. Schon der Eintritt in die stock exchange sei an schwerwiegende Bedingungen geknüpft, die Eintretenden müssen 750 Pfund Sterling Caution stellen, sie müssen durch drei angesehene Persönlichkeiten empfohlen sein, eine Lehrzeit durchmachen; es ist ihnen verboten, sich an anderen Geschäften direct oder indirect zu betheiligen, sie dürfen keine anderen Geschäfte machen, als da an der Börse, und es erzeuge sich dadurch ein genossenschaftlicher Geist.

Nun gesteht der Herr Gutachter zu, die Verhältnisse der Londoner Börse seien so verschieden von den continentalen, deutschen Börsen, daß eine Uebertragung der Einrichtungen der Londoner stock exchange auf unsere Börsen ohne Weiteres nicht möglich sei.

Er sucht also Abhilfe darin, daß, bis sich ähnliche Institute bei uns herausgebildet haben, was mit der Zeit, wie er meint, kommen werde, nur die Makler zur Börse zugelassen werden. Er sagt: „die Makler der deutschen Börse rücken mehr und mehr in die Position der Händler der Londoner Börse, die hiesigen Commissionäre in die Position der dortigen Makler.“

Bis aber dies bei uns sich herausbilden könne sei es wünschenswerth, daß bestimmte, dies anbahnende Einrichtungen getroffen würden.

Er will, wie gesagt, den Besuch der Börse auf Makler beschränken, will diesen verbieten, andere Geschäfte zu betreiben, also er wünscht die Beschränkung derselben auf das Effectengeschäft. Er verlangt ferner eine Verpflichtung des Maklers, sich Gewißheit zu verschaffen, ob seine Kunden redlich zu Werke gehen; deshalb das Verbot des Auftretens für Gründer, Speculanten, Directoren von Actiengesellschaften und Emittenten von Anlehen, wenn Thatsachen vorliegen, die das Vorhandensein unlauterer Absichten oder die Anwendung unlauterer Mittel wahrscheinlich machen, namentlich wenn die Auftraggeber als Betrüger, Speculanten oder Gründer bereits entlarvt sind.

Ferner soll der Makler verpflichtet werden, durch Erkundigung und so weiter sich zu vergewissern, daß die Zahlungfähigkeit seines Kunden eine zweifellose sei und eine dem Betrage des möglichen Verlustes gleichkommende Deckung sich geben lassen.

Diese Verpflichtungen sollen durch harte Strafen und Ausschluß aus dem Verein sicher gestellt werden. Zudem soll eine Beschränkung der Zahl der Makler stattfinden, damit weniger Unfähige diesen Beruf erwählen und eine bessere Einnahme den Maklern gesichert werde, in Folge dessen diese weniger Neigung empfinden würden, sich zu unlautern Dingen herzugeben. Er verlangt ferner eine Trennung der Effectenbörse von der Waarenbörse.

Weniger in Betracht kommen hier die weiter verlangte Uebertragung der Börsenleitung an von den Mitgliedern gewählte Vorstände, Strafe für Verbreitung falscher Nachrichten, eine Gesetzgebung über Gründung von Actiengesellschaften u. s. w.

Dagegen ist das Verlangen des Gutachters hervorzuheben, daß die eintretenden Börsenmitglieder eine Summe, in einer früheren „Effectenbörse“ betitelten Schrift des Herrn Gutachters gibt er diese Summe auf

10—20,000 M. an, als Caution hinterlegen sollen, daselbst fordert er auch eine bestimmte Lehrzeit, es soll Niemand zugelassen werden, der nicht 3 Jahre schon im Geschäft gelernt habe.

Vorgängig aber, meint der Herr Gutachter, sei auch von dieser von ihm empfohlenen Einrichtung annoch abzusehen. Vor allem sei nöthig, daß der Staat sich erst bekannt mache mit der Börse. Der Staat weiß nichts davon und müßte sich erst orientiren. Zunächst müsse eine Fachcommission erwählt werden und durch solche der Staat eine gehörige Kenntniß zu erlangen suchen. Damit, meine Herren, werde ich ihnen den wesentlichen Inhalt des Gutachtens des Herrn Prof. Struck dargelegt haben. Dasselbe beschäftigt sich mit dem Speculations-Verkehr nur im Effectenhandel, während unsere Frage die bei Zeitkaufgeschäften vorkommenden Misbräuche ohne solche Beschränkung zum Gegenstande hat. Abgesehen von den dem Emissionsgeschäft eigenthümlichen Ausschreitungen, sind die betreffenden Misbräuche aber nicht auf das Fondsgeschäft beschränkt und die Ausführungen des Gutachtens daher allgemein anwendbar. Außer dem Gutachten ist neuerdings eine Schrift von einem Herrn Ehrenberg erschienen, der in wesentlichen Beziehungen zu ähnlichen Resultaten kommt. Der Verfasser dieser „Die Fonds-Speculation" betitelten Schrift fordert eine corporative Constitution der Börse mit Staatseinfluß, wodurch sich ein genossenschaftlicher Geist erzeugen werde.

Er betrachtet diese Organisation aber nicht, wie der Herr Gutachter, als Uebergangsform, sondern als Definitivum. Er erachtet es als Aufgabe, eine Purification der Börse zu bewirken und zu diesem Zwecke will er ähnliche Mittel wie der Gutachter in Anwendung bringen.

Meine Herren, meine Ansichten weichen von unserem Gutachten recht wesentlich ab.

Was die von dem Herrn Gutachter gerügte Ueberfüllung betrifft, dann die Förderung von Unternehmungen, welche qualitativ schlecht sind oder das Bedürfnis überschreiten, so läßt sich nicht verkennen, daß dergleichen im speculativen Geschäftsverkehr vorkommt, und respective durch ihn hervorgerufen wird.

Aber, m. H., es gehören in die Classe der Speculationsgeschäfte nicht bloß die Zeitkaufgeschäfte und die gerügten Uebelstände sind keineswegs spezifisch mit den Zeitkaufgeschäften verbunden, sondern sie haften als eine unvermeidliche Gefahr allgemein der Speculation an, das heißt jeder Thätigkeit und jedem Erwerb, welcher mit zukünftigen als günstig vorausgesetzten Umständen rechnet, die den Ausschlag geben sollen für den Erfolg der Thätigkeit.

Ich will etwas als Beispiel nehmen, das dem Zeitkaufgeschäfte ganz ferne liegt: das Baugeschäft.

Die Bauspeculanten bauen, ohne daß sie im Voraus eine bestimmte Verwendung haben, in der Hoffnung, das Haus werde sich gut verkaufen oder vermiethen, sie bauen in der Meinung, daß ein Bedürfnis für Häuser vorhanden sei. Ist das Bedürfnis und der durch Befriedigung desselben zu machende Gewinn überschätzt, erweist sich der Absatz zu guten Preisen schwierig, so tritt eine Ueberfüllung im Baugewerbe ein, es wird schlecht gebaut und mehr, als das Bedürfnis erheischt. Eben dieselben Folgen treten ein bei der in Zeitkaufgeschäften sich bewegenden Speculation, wenn sie sich in der ganz unähnlichen Thätigkeit des Baugeschäftes geltend macht. Mit der treibenden Kraft der Speculation haben diese beiden verschiedenartigen Thätigkeiten diese Folgen gemein und auch das, daß diese Speculation sich regelmäßig anknüpft und hervorgeht aus Umständen, die außerhalb der Machtsphäre des einzelnen Speculanten liegen. Wenn die allgemeinen Verhältnisse eine besondere Veranlassung dazu geben, entwickelt sich eine Speculation auf dem einen Gebiete wie auf dem anderen. Als nach dem französischen Kriege die Milliarden kamen, ging das Gründungsfieber los. Als in England eine Akte erlassen wurde, welche die Gründung von Banken erleichterte, sind die Banken wie Pilze aus der Erde geschossen. Wenn die Zollgesetzgebung eine Veränderung erleidet, zeigt sich dasselbe. Durch die veränderte Zollgesetzgebung veranlaßt, hat sich die Speculation in erhöhtem Maße der Anlegung von Zuckerfabriken zugewandt, und nun sind mehr da, als durch die Zollgesetzgebung Befriedigung finden.

Nach dem großen Brande in Hamburg war natürlich die Herstellung neuer Wohnungen erforderlich, es wurde dann aber das Doppelte, Dreifache des Bedürfnisses gebaut, die nachfolgende Calamität war unvermeidlich. Die Ueberfüllung, die Förderung von der Zahl oder der Qualität nach unbrauchbaren Unternehmungen sind Eigenthümlichkeiten, die mit der Speculation überhaupt und nicht mit der Erscheinungsform von Zeitgeschäften speziell verknüpft sind und deshalb sind dies Momente, die von unserer Frage ausscheiden.

Dahin rechne ich aber auch die von dem Gutachter gerügte demoralisirende Wirkung des Speculationsverkehrs. Diese Demoralisation folgt stets der Ueberfüllung. Eröffnet sich der Speculation ein Gewinn versprechendes Feld, so kommen zuerst die pecuniär und intellectuell hervorragenden Persönlichkeiten; diese machen gute Geschäfte, das wird von Anderen wahrgenommen, sie folgen, und bald kommen von allen Seiten weitere Nachfolger, kommen auch Unverständige; ich verweise als Beispiel immer auf das Baugeschäft als ein dem Zeitkaufgeschäfte ganz fremdes;

da kommen die Maurerpoliere, die nichts haben; auch sie wollen von der Gelegenheit, zu gewinnen, profitiren. Also auch die Demoralisirung gehört nicht hierher.

Dagegen glaube ich nicht, daß man auch die übrigen Umstände, welche der Herr Gutachter als mit dem Zeitkaufgeschäft verbundene Misbräuche anführt, in gleicher Weise abweisen kann. Sie gehören hierher, aber nur dann, wenn sie verknüpft sind und in Anwendung gebracht werden mit Manipulationen, die einen trügerischen Charakter an sich tragen.

So kann bei den Operationen, welche Emittenten von Anlehen machen, eine Manipulation zur Höhertreibung des Courses vorkommen, ohne daß es nöthig wäre, sie als verwerflich zu erachten.

Denken Sie sich, zur Herstellung eines gewissen Artikels solle eine Fabrik gegründet werden, es existirt aber schon eine derartige Fabrik am Platze. Diese hat ein Interesse, daß die andere nicht zu Stande kommt. Was thun die Leiter der alten Fabrik? Sie bieten, wenn die Actien für die neu zu gründende Fabrik zur Subscription aufgelegt werden, die Actien unter pari aus, um das Publikum von der Zeichnung abzuschrecken, sie verkaufen die erst zu emittirenden Actien in blanco unter pari. Gelingt es hierdurch, das Zustandekommen der Subscription und damit der Concurrenzfabrik zu verhindern, so ist der Zweck kostenlos erreicht, da die nicht emittirten Actien auch nicht zu liefern sind. Kommt die Unternehmung aber dennoch zu Stande, so erleiden die Leute einen Verlust um die Differenz ihres Verkaufspreises gegen die Preise, die sie nachher geben müssen, um sich in die Lage zu setzen, liefern zu können. Hier werden offenbar Manöver angewandt, um den Cours künstlich zu drücken, aber als aus dem berechtigten Triebe der Selbsterhaltung hervorgegangen, wird man sie nicht verbieten dürfen.

Nun kehren Sie den Fall um, und um den Leitern der älteren Fabrik, welche die neue Fabrik verhindern wollen, durch Ausbieten der zu emittirenden Actien unter pari entgegenzuwirken, schicken die Gründer des neuen Unternehmens Makler, lassen zeichnen und bieten Agio. Dagegen als Vertheidigung berechtigter Interessen wird man so wenig sagen können, wie im anderen vorerwähnten Falle.

Gesetzt einerseits, beide Fabriken können nicht neben einander existiren; während die eine bisher ganz gut bestand, ist es den Leitern der älteren Fabrik nicht zu verargen, wenn sie das ihnen unterstellte Geschäft dagegen schützen wollen, daß das Concurrenzunternehmen zu Stande komme und Beide zu Grunde gehen.

Aber andererseits können wir den Emittenten und Gründern, welche vielleicht mit vollem Rechte annehmen, daß beide Unternehmungen sehr wohl neben einander bestehen und prosperiren können, die jedenfalls ein formelles Recht haben, ohne Rücksicht auf Andere, ein Geschäft zu unternehmen und ihr Glück zu versuchen, nicht verdenken, wenn sie gegen die Manöver ihrer selbstsüchtigen Concurrenten durch gleichartige Manöver in entgegengesetzter Richtung sich vertheidigen.

Etwas anderes ist es, wenn sie sich betrügerischer Mittel bedienen, wenn sie z. B. in ihren Prospecten Aussichten eröffnen, zu denen gar kein Grund vorhanden ist. Dann würden diese Mittel verwerflich erscheinen, aber an und für sich wird man den Versuch, den Cours höher hinzustellen, um neue Papiere unterzubringen, nicht unerlaubt erachten.

Aehnlich verhält es sich bei dem corner und dem rig upwards und downwards. Auch hier kommt es lediglich darauf an, welcher Art die in Anwendung gebrachten Mittel sind. Wenn Gründer eine Million auslegen, aber einen großen Theil für sich behalten, so ist das gewiß verwerflich, denn das Publikum wird durch eine falsche Vorspiegelung in den Glauben versetzt, es sei eine Million im Markt, während in Wahrheit nicht so viel vorliegt.

Aber warum soll ich denn nicht versuchen können, auf den Cours einzuwirken, wenn ich nur erlaubte Mittel anwende, um den Vorrath, den ich habe, abzusetzen?

Ich will Ihnen wieder ein Beispiel vorführen: Hamburger Kaufleute geben brasilianischen Kaffeepflanzern vielfach Vorschuß. Geld können sie von diesen nicht wieder erhalten, sondern nur Kaffee, der Preis dieses ist gleichbedeutend mit dem Cours einer Geldrimesse. Gegenwärtig werden nun viele Differenzgeschäfte in Kaffee geschlossen, und, namentlich geht dies von Havre aus, haben diese Differenzgeschäfte die Richtung, den Preis niedrig zu stellen. Den Vorschußgebern ist das natürlich unangenehm, sie haben ein Interesse an einem hohen Preise und daran, den Preis hoch zu halten. Es verbinden sich nun mehrere derselben, die in gleicher Lage sind, und kaufen. Dabei kommen sie natürlich in den Besitz enormer Vorräthe, und es sind dies also Versuche, bei denen große Verluste herauskommen können, die aber gemacht werden zum Schutze eines ganz berechtigten Interesses. Man kann doch nicht bestreiten, daß das geschilderte Verfahren eine ganz statthafte Art und Weise ist, sein Interesse wahrzunehmen, überhaupt sich vor Verlust zu bewahren. Auch das Cornern und Riggen stellt sich sonach als unanfechtbar, sobald es nur nicht mit unlauteren Mitteln geschieht, wie denn auch unser Gutachter die Anwendung solcher, nämlich das Ausstreuen falscher Nachrichten, voraussetzt.

Das angeführte Beispiel zeigt zugleich, daß in einem in großen Quantitäten existirenden Artikel das Cornern und Riggen eine sehr schwierige und gefährliche Sache ist. Den Kaffeemarkt zu beherrschen, ist bei den leichten Verkehrsmitteln der Neuzeit sehr schwer. Zu den erlaubten Mitteln wird auch zu rechnen sein, wenn solche auf die hausse angewiesenen Kaffeehändler zur Beschränkung des Marktes und Werthsteigerung des in Deutschland lagernden Kaffees z. B. eine surtaxe d'entrepôt erstreben.

Warum sollen die Leute nicht in ihrem Interesse wünschen, daß Einrichtungen getroffen werden, die ihrem Geschäftsbetriebe zu Gute kommen?

Diese besprochenen Manöver sehen übrigens gefährlicher aus, selbst wenn sie mit trügerischen Mitteln gemacht werden, als sie in der That sind.

Der nicht besitzende Privatmann verkauft auch nichts. Der Nichtspeculant verkauft nur, was er hat, künstlich niedrige Preise bieten ihm nur Gelegenheit, billig einzukaufen; bei künstlich hohen Preisen wird er davon bleiben, zu kaufen. Andererseits der besitzende Privatmann, der bei niedrigen Preisen nicht zu verkaufen braucht, wird auch nicht verkaufen. Wer ein Papier als Anlage-Capital hat, läßt es liegen, so lange der Preis niedrig ist, wenn dagegen es durch solche Operationen besonders hoch geht, wird er es verkaufen und durch dieselben also profitiren.

Diese verschiedenen Operationen, glaube ich, dürften der Gesetzgebung nur wenig Veranlassung bieten, sich mit ihnen zu beschäftigen. Das große Publikum leidet an diesen begleitenden Misbräuchen nicht zu viel.

Ich glaube aber, es gibt noch einen anderen weit schlimmeren Uebelstand, und dem entgegenzutreten, besteht ein weit größeres Bedürfnis. Diesen sehe ich in der Verleitung unerfahrener Personen, die außer der Börse stehen, Zeitkaufgeschäfte zu machen.

Es sind mir und gewiß auch den anwesenden Herren viele Fälle bekannt, in welchen Leute aus dem Publikum verleitet wurden, Fondsdifferenzgeschäfte zu machen, die selbst nie auf diese Idee gekommen wären. Es sind mir manche Fälle vorgekommen, daß Frauenzimmern, Ladeninhabern von kleinen sogenannten Bankiers Lust gemacht wurde, Papiere zu kaufen. Dann wird ihnen vorgestellt, sie könnten noch mehr verdienen, wenn sie größere Posten kauften oder verkauften, auf den Einwand, nicht größere Quantitäten Papiere oder Geld zu besitzen, auch von solchen Geschäften nichts zu verstehen, beruhigt sie der Banquier: „das sei auch nicht nöthig, sie könnten in blanco kaufen, resp. verkaufen, er werde schon alles für sie thun." Sie gewinnen vielleicht auch etwas und das macht mehr Lust. Aber schließlich verlieren sie und verlieren auch das, was sie gehabt haben, und haben Schulden dazu.

Diese Operationen sind viel schlimmer als die, welche Personen an der Börse gegen einander machen. Der Speculant weiß das und kann sich schützen; dagegen diese unglücklichen Frauenzimmer, Portiers u. s. w. wissen sich nicht zu helfen gegen die kleinen sie bestimmenden Bankiers; sie werden verleitet und ruinirt. Dann gibt es noch eine Classe von Leuten, die Angestellten, bei denen eine Hülfe Bedürfnis ist.

Vielfach sind Kassirer durchgegangen mit Kassendefecten, was in den meisten Fällen auf verfehlte Fondsspeculationen zurückzuführen ist, und auch hier bin ich der Meinung, daß das ein Punkt ist, wo Abhülfe Noth thut.

Es ist klar, daß gegen diese letzterwähnten Uebelstände Börsenordnungen einen Schutz nicht gewähren können, aber auch gegen diese vorher besprochenen Misbräuche würde durch Börsenordnungen ein Schutz nicht zu erreichen sein.

Wenn wir unsere Börsenordnungen betrachten, so haben wir nur einige wenige Börsenordnungen, vor allem in Berlin, Breslau, Leipzig und Wien, welche eine hierher gehörige Bestimmung enthalten und zwar ist die einzige Bestimmung dieser Börsenordnungen die, daß diejenigen, welche schuldvoller Weise falsche Nachrichten verbreiten, von der Börse ausgeschlossen werden; daß dies nicht genügen kann, um den erwähnten Misbräuchen entgegenzutreten, kann wohl nicht zweifelhaft sein. Nun schlägt der Herr Gutachter vor, das Vorbild der stock exchange zu nehmen und ähnliche Einrichtungen bei uns zunächst wenigstens als Uebergang zu treffen.

Die stock exchange solle sich dadurch von den continentalen Börsen unterscheiden, daß sie der Speculanten ermangelt und daß eine außerordentlich strenge Disciplin besteht, die einen genossenschaftlichen Geist erzeugt.

M. H.! Wenn wir das erstreben sollen, daß wir keine Speculanten an der Börse mehr haben, und daß wir einen genossenschaftlichen Geist erzeugen, dann sind die Mittel schlechter als die Uebel.

Wir haben auf dem vorigen Juristentage gesehen, daß der Speculationsverkehr nöthig ist. Die Speculation ist die treibende Kraft der Geschäfte der Börse, die Börse ist der Brennpunkt des Handelsverkehrs.

Halten wir nun den Speculationsverkehr für nöthig, so dürfen wir ihn nicht von der Börse auf die Straße jagen. Was wäre damit auch gewonnen? Wenn wir keine Speculanten mehr an der Börse, statt dessen aber draußen haben, dann haben wir auch die Misbräuche des Speculationsverkehrs draußen. Der genossenschaftliche Geist aber bringt auch die Gefahr der Entwickelung eines Cliquen- und Kastengeistes und der Engherzigkeit mit sich. Und wenn jetzt schon die Börsenmoral nicht im besten Ruf steht, so fürchte ich, wenn die Börse eine geschlossene Corporation ist, daß dann das Mistrauen gegen die Börse noch wachsen wird. In England hat man das auch gefühlt. Da hat man im Gegensatze hierzu vorgeschlagen, um das vorhandene Mistrauen zu beseitigen, die stock exchange dem allgemeinen Publikum zugängig zu machen, und daß dies nicht eintrat, liegt lediglich daran, daß die stock exchange 2000 Mitglieder zählt und gar nicht mehr fassen kann.

Die Meinung unseres Gutachters, daß, um eine gute Organisation der Börse zu schaffen, man die Speculanten bei Seite schieben müsse, weil die Speculanten für sich arbeiten, gleichviel mit welchen Mitteln, ruht auf einer irrigen Voraussetzung, gegen welche ich die Börse in Schutz nehmen muß. Wenn wir die Börse respective das Börsenpublikum im Allgemeinen und in der Gesammtheit betrachten, so finden wir doch, daß dasselbe überall aus anständigen respectablen Leuten gebildet wird. Es sind auch schlechtere Elemente natürlich an der Börse, wie das bei einer so großen Vereinigung von Personen nicht wohl anders sein kann. Aber das ist doch stets die verschwindende Minderheit und in den die Angelegenheiten der Börse leitenden Vorstand kommen immer nur angesehene Leute, deren Renommé vollständig intakt ist, gegen die nicht das Geringste zu sagen ist. Wie schon erwähnt enthalten die Berliner-, Breslauer-, Leipziger- und Wiener Börsen-Ordnung die Vorschrift, daß die schuldvolle Verbreitung falscher Gerüchte verboten und mit dem Ausschluß bedroht ist. Die Tendenz und Absicht geht also ersichtlich darauf hin, dergleichen verwerfliche Mittel auszuschließen. Einen weiteren Beweis dafür liefert uns ein Fall, in welchem man der Speculation, weil man sie für das Publikum gefahrdrohend ansah, entgegengetreten ist. Im Jahre 1871 sind vom Börsenvorstande in Berlin die Amerikanischen Eisenbahnen nicht zur Notiz zugelassen worden, weil man erachtete, daß sie nicht auf einer guten Basis beruhten; das ist also ein Zeugnis für den sittlichen Ernst und guten Willen von der ersten deutschen Effectenbörse, und man sieht, daß der Standpunkt ihrer Leiter nicht ein solcher ist, wie er ihnen vom Verfasser des Gutachtens beigemessen werden muß, wenn er die Speculanten nicht aufkommen lassen will.

Sodann aber bin ich der Meinung, daß der Herr Gutachter mit seiner Ansicht, daß es an der Londoner stock exchange keine Speculanten gäbe, in einem großen Irrthum befangen ist. Die Dealers der stock exchange sind, wie dies auch Ehrenberg bemerkt, Speculanten vom reinsten Wasser, man mag sich nur einmal erkundigen nach dem Verkehr zwischen der Londoner und Pariser Börse, nach dem Umsatz, der regelmäßig zwischen beiden gemacht wird, um sich zu überzeugen, daß die Annahme des Gutachters nicht richtig ist.

Wenn der Herr Gutachter davon ausgeht, die Händler machen den Preis, es finde daher keine Speculation statt, so ist das entschieden falsch. Wie stark die Speculation ist, mag daraus hervorgehen, daß in dem Berichte der stock exchange commission von 1878 das Zeugnis sich findet, daß eine einzige Maklerfirma in London in jedem Liquidations-Termine durchschnittlich 750,000 Pfund Sterling zu reguliren hatte. Von diesen waren 700,000 Pfund speculativer Natur und nur 50,000 nicht. Man kann also sehen, daß das Speculiren an der Londoner Börse sehr an der Tagesordnung ist. Nun könnte ja allerdings eine Speculation stattfinden, ohne daß sie mit Auswüchsen verbunden wäre; daß dagegen die Disciplin und der genossenschaftliche Geist schützten.

Aber sehen wir nur, wie sich die Verhältnisse thatsächlich gestaltet haben. Die Jahresberichte der Londoner Börse wissen uns ganz regelmäßig von der „chief mania" eines Jahres zu erzählen. 1881 waren es Goldminen, 1882 waren es Electrische Beleuchtungs-Gesellschaften, welche die Hauptmanie des Jahres bildeten. Wenn die Disciplin vor den Auswüchsen der Speculation schützte, so wäre die Londoner Börse auch von großen Krisen verschont geblieben. Aber, m. H., man braucht nicht auf die Zeit der Bubbles (Wasserblasen) act und der John Bernards act zurückzugehen, obwohl damals bereits die stock exchange im Wesentlichen mit ihrer heutigen Organisation existirte, um sich zu überzeugen, daß das Gegentheil der Fall ist; werfen wir nur einmal auf die letzten 50—60 Jahre einen Blick:

In 1823—25 sind an der Londoner Börse im Ganzen 636 südamerikanische Bergwerksgesellschaften gegründet worden. Zwei Jahre später existirten von 636 Gesellschaften nur mehr 127. Eines dieser Bergwerke wurde getrieben von 70 Pfd. Strl. auf 1350 Pfd. Strl. also um 2000 Prozent. Das ist nicht im gewöhnlichen Laufe der Dinge möglich, sondern nur, wenn die Grenzen des Erlaubten überschreitende Mittel in Anwendung gebracht werden. Im Jahre 1836 wurden an der Londoner Börse 46 Eisenbahnen notirt, davon existirten 41 aber nur auf dem Papier, nur 5 erst in Wirklichkeit und in dem Berichte des board of trade von 1837 heißt es: „Es ist eine allgemein bekannte Thatsache, daß der Actienhandel zu großen betrügerischen Mißbräuchen Anlaß giebt."

Es besteht somit nicht nur eine große Speculation an der englischen Börse, sondern trotz der guten Disciplin ist diese dortige Speculation auch mit all den schlimmen Misbräuchen gepaart, welche der Ueberspeculation überall anhaften. Ein Gleiches beweisen die Krisen 1845, 1847, 1857, 1867.

So wurden im Jahre 1845 von 1149 Eisenbahngesellschaften Actien ausgegeben, der Coursrückgang bis zum Jahre 1850 stellte sich bei sieben Hauptbahnen auf 90 bis 237%.

Das sind die Verhältnisse, die nur durch ungewöhnliche Maßregeln herbeigeführt werden können. Aber, m. H., ich will Sie nicht durch Besprechung der weiteren Krisen ermüden, die alle ein gleiches Bild der Ueberspeculation und mit ihr verbundener verwerflicher Ausschreitungen zeigen. Liefern doch den besten Beweis hierfür die Commissionen von 1875 und 1878, welche eingesetzt wurden, weil man ganz außerordentliche Misbräuche wahrgenommen hatte und nach Mitteln forschte, denselben entgegenzutreten, sowohl die Thatsache der Einsetzung solcher Commissionen wie der Inhalt ihrer Berichte. So heißt es in dem Berichte der letzten von 1878, der Commission der stock exchange: In den letzten 20 bis 30 Jahren seien enorme Summen durch ungesunde Unternehmungen vorloren worden, deren Ursache, neben der Sucht hohe Interessen zu erlangen, die unehrenhaften Manipulationen der Gründer seien (dishonest contrivances of promotors); bei dem Handel vor Zutheilung würden künstliche in der That garnicht gemachte Preise hergestellt, um das Publikum anzulocken und zu täuschen, umgekehrt gute Unternehmungen durch Ausbieten mit Discont discreditirt; bei dem corner reservirten die Gründer sich oder ihren Freunden ein solches Quantum shares, daß die Verkäufer nicht liefern könnten und sich mit ihnen abfinden müßten; das Zeitgeschäft öffne ein weites Thor nicht nur dem legitimen Geschäft, sondern auch dem bloßen Spiel; erwiesener Maßen, durch Zeugen und die Acten des Bankerottgerichts, werde dies zu einem enormen Umfang an der Börse betrieben, sowohl von Mitgliedern wie von außerhalb derselben stehenden Personen durch die Makler, dabei kämen üble Practiken vor.

Die Organisation und Disciplin der stock exchange hat diese also nicht gegen die Auswüchse und Misbräuche im Speculationsverkehr schützen oder auch nur in größerem Maße als anderwärts bewahren können.

Es ist deshalb auch von der Commission vorgeschlagen worden, die Börse in eine Corporation unter staatlicher Controlle umzuwandeln, und daß dieser Vorschlag ein durchaus verfehlter ist, dafür beziehe ich mich auf unseren Gutachter selbst, der in seiner ersterwähnten Schrift durchaus zutreffend ausgeführt hat, daß der Staat viel weniger geeignet sei, eine Aufsicht über die Börsenmitglieder zu üben, als diese selbst. Mit Recht wird von ihm bemerkt: Der Staat sei weniger bereit vorkommende Misbräuche abzustellen, als der Börsenvorstand, denn er habe zu viel andere Dinge zu thun. Er sei auch nicht dazu befähigt, er könnte ja die Function nur durch Beamte ausüben, die ohne eigene Kenntnis immer den Vorständen folgen würden; oder wenn sie selbstständig eingreifen würden, dies thun würden ohne genügendes Verständnis. Als besonders wichtigen Punkt hebt er noch hervor, daß die Börsenpolitik, die abhängig ist vom Staate, abhängig würde von dessen jeweiliger allgemeiner Wirthschaftspolitik und dem Wechsel dieser unterworfen, die Entwickelung des Rechtszustandes der Börse jeder Stetigkeit beraubt werde.

Also wenn die Börse selbst sich nicht helfen und selbst sich nicht schützen kann, sogar bei einer so straffen Organisation wie die der Londoner Börse, so werden wir noch weniger erwarten können, auf diesem Wege etwas zu erreichen.

Ich will noch erwähnen, daß die öffentliche Meinung in England sich auch unbedingt dagegen erklärt hat und aus dem Vorschlage der Commission nichts geworden ist. Wir selbst haben ja auch schon Versuche und Erfahrungen in dieser Hinsicht gemacht. Bei Actiengesellschaften erforderte das Handelsgesetzbuch zum Schutze des Publicums gegen Ausbeutung Staatsgenehmigung. Das ist wieder aufgegeben worden, einfach deshalb, weil der Staat sich nicht die zu einer genügenden Prüfung und Beurtheilung erforderlichen Kenntnisse verschaffen kann und jene Bestimmung statt dem Publicum einen Schutz zu bieten, durch Einschläferung dessen eigener Aufmerksamkeit nur nachtheilig wirkte. Noch viel schwieriger zu beurtheilen ist der complizirte Verkehr in Speculationsgeschäften, um so mehr wird man auf diesem Gebiete auf directe Eingriffe des Staates verzichten müssen. Ebenso wirkungslos und ebenso nachtheilig wie bei den Actien-Gesellschaften würde sich die Controlle des Staates beim Börsenverkehr erweisen. Dagegen ist auch nicht auf die 1856 in Preußen erfolgte Nichtconcessionirung der dem credit mobilier nachgebildeten Banken als eine heilsame Maßregel zu verweisen. Der Staat soll selbstverständlich nicht verhindert sein, wenn er eine gewisse Art von Gründungen mit allgemeiner Gefahr verknüpft achtet, zu sagen: wir lassen solche Gründungen nicht zu; das ist aber etwas ganz Verschiedenes von der regelmäßigen Leitung oder Controlle und Beaufsichtigung des Börsenverkehrs. Noch viel weniger als den Zielen kann ich mich den Wegen zu denselben anschließen, die der Begutachter empfiehlt. Er bringt in Vorschlag Dinge, die nichts weniger besagen als: Verjagung der Kaufleute von der Börse und Beschränkung der Börsenmitgliedschaft auf Makler, welche ganz zünftlerisch eine Lehrzeit durchmachen, Caution stellen, auf Geschäfte in bestimmten Zweigen eingeschränkt werden sollen.

Ich glaube, meine geehrten Herren, daß solche Fragen, selbst wenn deren Lösung eine Wirkung versprechen könnte, außerhalb unseres heutigen Themas liegen.

Von der angeregten Expulsion der Kaufleute von der Börse ganz abgesehen, setzt die Frage, ob und wie die Börsen in Deutschland zu organisiren seien, weit umfänglichere Untersuchungen, als die hier zur Beantwortung stehende Frage veranlaßt, und zwar nach den verschiedensten das ganze Gebiet des Handelsverkehrs berührenden Richtungen voraus. Dafür wird allerdings von Erheblichkeit die Organisation des Maklerwesens sein, namentlich ob freie Vermittelung stattfinden soll oder Vermittelung nur durch bestimmte qualificirte Makler, eine Frage, mit welcher sich bereits der 7. Juristentag beschäftigte und welche von ihm zu Gunsten der freien Vermittelung beantwortet wurde; ferner ob eine Trennung der einzelnen Handelszweige einzutreten habe für die Händler, Vermittler, Hilfspersonen u. dergl. m. Aber auf alle derartige Fragen können wir heute nicht eingehen.

Es handelt sich heute nur darum, ob auf Grundlage der bestehenden Gesetzgebung und bei prinzipieller Festhaltung der Börse, wie sie heute existirt, als einer freien Vereinigung von Handeltreibenden zur Vermittelung von Geschäften, durch einige in die Börsenordnungen aufzunehmende, eine straffere Disciplinargewalt der Börsenorgane sichernde, Bestimmungen eine Behinderung der bei dem Speculationsverkehr in Zeitkäufen vorkommenden Mißbräuche erreicht werden kann; und wir haben um so weniger Veranlassung, auf diese Art von Vorschlägen des Herrn Gutachters einzugehen, da sie in Widerspruch stehen mit unserer bisherigen Rechtsentwicklung, mit unserem ganzen heutigen Rechtszustande.

Rund um uns her ist man bestrebt gewesen, den Kaufmannsstand von früheren zunftmäßigen Einrichtungen zu befreien, die Börsen von der staatlichen Einwirkung zu emancipiren, das Maklergewerbe frei zu geben; ich erinnere nur an das französische Gesetz vom Juli 1866 und das belgische vom Dezember 1867. Dasselbe geschah in Deutschland schon vor dem Handelsgesetzbuche und namentlich bei der Einführung desselben. So hob das preußische Einführungsgesetz die Bestimmungen der Statuten der verschiedenen kaufmännischen Corporationen auf, denen zufolge das kaufmännische Recht vom Beitritt zur Corporation abhängig gemacht war, und der Landtag verwarf einstimmig den Antrag der Regierung, wonach ein Zwangsbeitritt zur Corporation der Kaufleute stattfinden sollte, das Vereinsrecht ist durch die Verfassung speziell gewährleistet, zu beliebigen erlaubten Dingen können Preußen sich versammeln. Die Ausschließlichkeit des Vermittlungsrechtes der Makler ist mit Ausnahme vielleicht des Großherzogthum Hessen überall in Deutschland beseitigt. Schon vor der Reichsgewerbeordnung wurden in Bayern die Zünfte und Gilden aufgehoben, und die Reichsgewerbeordnung bestimmt im § 4 bekanntlich: Den Zünften und kaufmännischen Coporationen steht ein Recht, Andere vom Betriebe eines Gewerbes auszuschließen, nicht zu. Die Börsen aber sind überall in Deutschland allen, oder doch allen direkt oder indirekt am Handel betheiligten Personen zugängliche Versammlungen und wenn für die Errichtung von Börsen und für Börsenordnungen die Staatsgenehmigung vorbehalten ist, so hat dies lediglich einen polizeilichen Charakter. Das müßten wir alles wieder aufheben, um auf Bestimmungen zu kommen, wie sie vom Gutachter in Vorschlag gebracht worden. Davon kann doch keine Rede sein. Ich gelange hiernach zu einer verneinenden Beantwortung der uns heute beschäftigenden Frage und habe diese Verneinung nur etwas anders formulirt. Die Frage geht dahin: ob es im Wege der Gesetzgebung ausführbar sei, den schreiendsten Mißbräuchen des Speculationsverkehrs in Zeitkäufen durch Errichtung einer, eine straffe Disciplinargewalt sichernden, Börsenordnung entgegen zu wirken? Ich habe dagegen den Antrag gestellt, zu erklären:

> „Ein wirksamer Schutz gegen die beim Speculationsverkehr in Zeitgeschäften vorkommenden Mißbräuche ist von einer im Wege der Gesetzgebung zu normirenden auf Handhabung einer straffen Disciplinargewalt abseiten der Börsenorgane gerichteten Börsenordnung nicht zu erwarten."

Im Wesentlichen ist das nur eine Verneinung der gestellten Frage.

Ich möchte hiermit jedoch nicht schließen, sondern Ihnen einige Vorschläge unterbreiten, die, wie ich glaube, das zum wesentlichen Theil ersetzen werden, was bei der gestellten Frage durch Börsenordnungen erstrebt wurde. Diese meine Vorschläge empfehlen einige gesetzliche Bestimmungen, die berechnet sind, den Uebelständen, deren ich Eingangs Erwähnung gethan habe, entgegenzutreten. Was ich vorschlage ist nur in der von mir gewählten Verwendung neu, sonst sind es schon althergebrachte Dinge, und die Versammlung wird daher in der Lage sein, darüber zu discutiren, Diese Vorschläge gehen dahin:

Mit Strafen und eventuell dem Verlust der bürgerlichen Ehrenrechte ist zu bedrohen:

1. Wer öffentlich in Bekanntmachungen wissentlich falsche Thatsachen vorspiegelt oder wahre Thatsachen entstellt, um zur Betheiligung an einem Anlehen zu bestimmen.
2. Wer in betrügerischer Absicht auf Täuschung berechnete Mittel anwendet, um auf den Cours von Effecten oder den Marktpreis von Waaren einzuwirken.
3. Wer für oder mit öffentlich oder von Privaten Angestellten ohne Vorwissen ihrer Vorgesetzten oder Prinzipale Zeitkaufgeschäfte schließt.

4. Wer unter wissentlicher Benützung des Leichtsinns oder der Unerfahrenheit eines Anderen für oder mit demselben Zeitkaufgeschäfte schließt.

Also, wie Sie sehen, richten sich die beiden ersten Vorschläge gegen die Manöver von Emittenten und Speculanten, die beiden letzten auf den Schutz gewisser eines solchen bedürftig erscheinender Personen.

Man kann vielleicht daran denken, einzuwenden, das sei nur eine neue Auflage von gesetzlichen Maßregeln, die sich bisher alle unwirksam erwiesen haben. Darauf habe ich zu erwiedern: diese Vorschläge unterscheiden sich von den früheren Gesetzen dadurch, daß sie das Geschäft selbst und den Speculationsverkehr selbst unangefochten bestehen lassen und sich nur richten gegen einzelne bei demselben vorkommende ihm aber nicht wesentliche Misbräuche.

Die früheren Gesetze haben in verschiedener Weise Zeitkaufgeschäfte gänzlich oder für bestimmte Objecte oder unter bestimmten Voraussetzungen (a découvert, nach Absicht ꝛc.) allgemein verboten; solche Verbote mußten wirkungslos sein, denn Geschäfte, für welche im Verkehr ein Bedürfnis besteht, kann das Gesetz nicht hindern. Das Gesetz hat keine reelle Wirkung; dagegen besteht kein Bedürfnis, Geschäfte in fraudulöser Weise zu machen.

Wenn daher die gesetzlichen Bestimmungen nur gegen derartige Manipulationen gerichtet werden, so wird man nicht sagen können, daß dadurch der Verkehr beschränkt werde und deshalb auch nicht zu besorgen haben, daß das practische Leben über sie ohne Beachtung hinweggehen werde.

Die beiden ersten Bestimmungen, die ich proponirt habe, lehnen sich wörtlich an an eine Bestimmung des neuen Actiengesetzes, es ist nur gesetzt „Effecten" statt „Actien", sonst haben Sie genau dasselbe, was im § 249d dieses Gesetzes steht.

Ich will mich nicht darüber verbreiten, ob man sich große practische Wirksamkeit von diesen Bestimmungen wird versprechen dürfen. Die Erfahrung wird die Probe liefern.

Ich meine aber, wenn man Vorschriften, wie sie der Artikel 249d enthält, für den Actienverkehr trifft, so muß man dasselbe auch für den übrigen Verkehr, für Anlehen, für Waaren ꝛc. bestimmen. Auch bei verschiedenen Objecten muß die gleiche Handlungsweise mit gleichem Maß gemessen werden. Es ist denn doch bezüglich Möglichkeit und Gefährlichkeit unlauterer Manöver ganz dasselbe, wenn eine Gesellschaft nicht Actien, sondern Obligationen ausgeben will, ganz dasselbe, ob in betrügerischer Absicht der Cours von Actien oder der Marktpreis von Petroleum gefälscht wird.

Es scheint mir nur eine nothwendige Consequenz zu sein, daß man das im Artikel 249 d in Bezug auf Actien Vorgeschriebene auch ausdehnt auf Effecten und Waaren.

Der dritte Punkt meiner Vorschläge findet sein Vorbild in der rule 55 der Londoner stock exchange, ist übrigens auch schon in einem deutschen Gesetze enthalten. Ich verweise auf § 2 der Holsteinschen Maklerrolle von 1863.

Die vierte Bestimmung endlich lehnt sich an das Wuchergesetz an.

Wie gesagt, ich muß Ihnen überlassen, ob Sie auf meine speziellen Anträge eingehen wollen. Es scheint dem nichts entgegen zu stehen, und ich habe jedenfalls nicht unerwähnt lassen wollen, daß wir nicht hülflos sind, wenn wir das in der uns vorliegenden Frage in Aussicht genommene Schutzmittel gegen die Misbräuche des Speculationsverkehrs ablehnen, daß uns vielmehr noch andere Wege offen stehen, die zum Ziele führen und vielleicht besser zum Ziele führen können.

Handelt es sich doch um Verhältnisse, die im Wesentlichen auch außerhalb der Börse sich abspielen.

Präsident: Ehe ich zum weiteren Vortrage das Wort gebe, möchte ich in Erwägung, daß ja der größte Theil der Spezialvorschläge unseres Herrn Referenten vorher gar nicht bekannt war, auch denjenigen, die sie gekannt haben, jedenfalls nur ganz kurze Zeit vor der Sitzung, dem Herrn Referenten zu bedenken geben, daß ein solcher Vorschlag in so kurzer Zeit unmöglich vollständig zu würdigen ist, und seine Zustimmung erbitten, daß wir über den ersten Punkt abstimmen, die ferneren dagegen dahin ändern, daß wir die Frage, ob nicht gesetzlich mit Strafen und eventuellem Verlust der bürgerlichen Ehrenrechte zu bestrafen seien: 1., 2., 3., 4.; der Prüfung des Juristentags und der Gesetzgebung anheim geben.

Rechtsanwalt Dr. **Riesser** (Frankfurt a. M.): Meines Erachtens sind die Fragen, die spezialiter aufgeworfen wurden, vollkommen reif zur Abstimmung. (Bravo.)

Es scheint mir, daß Referent im heutigen Referate die nöthigen Anhaltspunkte gegeben hat, um abzustimmen, namentlich in Bezug auf die Punkte 1) und 2), welche Neues gar nicht enthalten.

Ich stimme dagegen jedenfalls dafür, Nummer 3 stilistisch zu ändern:

„Wer für solche Personen oder mit solchen Personen, welche öffentlich oder von Privaten angestellt sind, ohne Vorwissen rc."

Ferner möchte ich dem Herrn Referenten zu bedenken geben, — das führt allerdings etwas weiter, und ich weiß nicht, in welchem Sinne Referent das auffaßt — ob es sich nicht empfiehlt, nach der stilistischen Aenderung noch das Wort „wissentlich" beizufügen.

Auch für den Satz 4 könnte ich, so wie er dasteht, nicht stimmen, weil es da nur heißt:

„Wer ꝛc. Zeitkaufgeschäfte ꝛc."

Das geht entschieden zu weit. Ich bin aber gerne bereit, wenn Herr Referent mir den Sinn anders darstellen sollte, meine Meinung zurückzuziehen. Ich glaube auch, daß in No. 3 gleichfalls das Wort „wissentlich" einzusetzen wäre.

Hof- und Gerichtsadvocat Dr. **Kirpal** (Wien): Ich möchte mich vollkommen und uneingeschränkt der negativen Stellung des Referenten gegenüber dem Gutachten anschließen.

Wir finden in demselben eine durchaus einseitige „Anglomanie" und ich möchte behaupten, daß, wenn jemals einem „Dealer" der englischen stock exchange dieses Gutachten oder das diesem Gutachten zu Grunde liegende Werk zu Gesicht kommen würde, derselbe sich eines mitleidigen Lächelns nicht erwehren könnte über die naive Auffassung des Gutachtens.

Ich glaube, daß der Herr Gutachter auch bei einiger Erwägung dessen, was er über die Vorgänge in England thatsächlich mittheilt, selbst dazu hätte kommen müssen, daß der englische Dealer nicht nur Speculant, sondern geradezu der Speculant κατεξοχην ist. Ich glaube auch nicht, daß es sich nach dem Muster der englischen Börse empfehlen würde, den Bankier von der Börse auszuschließen.

Es scheint mir, daß der Gutachter bei der ganzen genossenschaftlichen Färbung, welche er der Börse geben will, die Grundlage der Börse ganz außer Acht läßt. Die Börse ist doch der Markt und der Grundsatz ist doch richtig, zum Markt solle Jeder, der ein Bedürfnis hat zu kaufen oder zu verkaufen, zugelassen werden.

Die englische Organisation hat gerade gewisse Zwischengewinne geschaffen für die brokers und dealers, deren diejenigen, welche die Geschäfte wirklich machen, längst müde und überdrüssig sind.

Bei der englischen Börse theilt sich 1. der broker und 2. der dealer in das Geschäft und es ist gar kein Zweifel zulässig, daß hiedurch die beiderseitigen Comittenten nicht am allerbesten bedient werden.

Ich glaube, daß durch die Zulassung eines jeden anständig gekleideten Menschen an der Börse, wie es in Paris üblich ist, gerade eine Controlle über die richtige Ausführung des aufgetragenen Geschäftes ermöglicht würde.

An jedem Börsentage findet eine große Coursvariation statt, und es ist nicht gleichgiltig, in welchem Momente ein Auftrag ausgeführt wird.

Die uncontrollirbare Ausführung ist gerade eine Benachtheiligung der soliden Elemente, an die der Herr Gutachter gar nicht gedacht zu haben scheint.

Aber abgesehen von der genossenschaftlichen Organisation, welche der Herr Gutachter zu proponiren scheint, ist die Art, mit welcher er unter anderem auch einen Schutz für die Contremine-Speculation in Anspruch nimmt, gerade von seinem Standpunkte aus unbegreiflich.

Derjenige Speculant, welcher in blanco verkauft, braucht doch wahrlich nicht unsere Berücksichtigung, derselbe beansprucht auch gar nicht unser Mitleid und unsere Berücksichtigung.

Ich weiß nicht ob die Contreminespeculation überhaupt sehr schätzungswerth ist.

Ich kann nicht behaupten, daß ich mich dafür begeistern würde, wenn, wie der Herr Berichterstatter ausführte, eine Fabrik eine Concurrenzfabrik dadurch aus dem Leben schafft, daß sie die Actien der Concurrenzfabrik in Blanco verkauft.

Ich muß sagen, daß ich dieses Mittel nicht für loyal halten möchte; wenn aber die Fabrik dies dennoch thut, so sehe ich doch wahrlich nicht ein, warum sie die Gesetzgebung davor wahren soll, wenn sie mit ihrer Contreminespeculation „eingezwickt" wird. Das mögen sich die Herren unter einander ausmachen und liquidiren.

Dort wo es sich um speculative Beziehungen der Handelsleute unter einander handelt, da möge sich die Gesetzgebung garnicht einmischen.

Aber wo diese Practiken in das große Publikum eindringen, da ist der Punkt, wo die Gesetzgebung einzugreifen hat, wie ich dies bereits gestern bei Gelegenheit der Debatte über den Checkverkehr auszuführen mir erlaubt habe.

Mit dem negativen Satze des Herrn Referenten stimme ich sonach vollständig überein, mit den positiven Anträgen, wie sie heute vorgelegt worden sind, kann ich mich nicht sofort einverstanden erklären und ich muß sagen, daß ich diese Vorschläge nach ein- oder zweimaligem Durchlesen anzunehmen nicht in der Lage bin. Ich würde Ihnen daher, da die Frage doch von Wichtigkeit ist, empfehlen, dem Herrn Präsidenten zuzustimmen und die positive Lösung nochmals dem Juristentag anheim zu stellen.

Insbesondere könnte ich mich nicht so ohne Weiteres über die Strafbestimmungen aussprechen.

Ich habe mich sehr gewundert, daß Herr Dr. Rießer heute so rasch für Strafbestimmungen sich entschlossen hat, nachdem er gestern sehr beweglich gegen jede Strafbestimmung eingetreten ist.

Herr Dr. Rießer hat übrigens schon hervorgehoben, daß im Punkt 3 „wissentlich" fehlt. Dieser Punkt würde eine legislatorische Unmöglichkeit sein, wenn wir nicht das Wort „wissentlich" einfügen. Deshalb würde ich beantragen, dem Herrn Präsidenten beizustimmen bezüglich der positiven Anträge, bezüglich des ersten Punktes dagegen den Antrag des Herrn Referenten befürworten.

Präsident: Der Herr Referent und die anderen Antragsteller sind einig darin, dem Punkte 3 die redactionelle andere Fassung zu Theil werden zu lassen:

„Wer mit Personen oder für Personen, welche öffentlich oder von Privaten angestellt sind, ohne Vorwissen ihrer Vorgesetzten oder Prinzipale Zeitkaufgeschäfte abschließt"

und den vierten Punkt redactionell dahin abzuändern:

„Wer unter wissentlicher Benutzung &c. für denselben oder mit demselben &c. abschließt."

Dann stellt der Herr Dr. Rießer den Antrag, in Nr. 3 einzuschalten „wer wissentlich" also:

„Wer wissentlich mit Personen oder für Personen &c.;" ferner „und eventuell mit Verlust der bürgerlichen Ehrenrechte"

am Eingange zu streichen. Ferner geht der Antrag unseres Wiener Freundes Kerpal dahin, den Eingang des 2. Satzes dahin zu ändern:

„der Juristentag oder die Abtheilung empfiehlt die Fragen 1, 2, 3, 4 der Prüfung des Juristentages und der Gesetzgebung."

Dr. **Kerpal** (Wien): Ich gestatte mir den Antrag: An das Wort des Dr. Rießer „wissentlich" anzuschließen: „in Kenntniß dieser ihrer Eigenschaft."

(Herr Referent Dr. Heinsen erklärt sich mit dieser Fassung einverstanden).

Präsident: Ich setze voraus, daß mit Zustimmung des Referenten der erste und zweite Absatz zur Abstimmung zusammenkommen.

Rechtsanwalt Dr. **Rosenthal** (München): Ich bin der Anschauung, daß die Frage im 2. Absatz des Antrags des Berichterstatters im großen und ganzen Punkte betrifft, welche schon lange Jahre die Juristenwelt und die öffentliche Meinung beschäftigt haben, so daß eine Möglichkeit besteht, uns heute definitiv schlüssig zu machen.

Ich bin aber auch der weiteren Anschauung, daß es sich wohl empfehlen würde, wenigstens über Satz 1 und 2 zusammen und über 3 und 4 gesondert abzustimmen, weil man mit Absatz 1, 2, vielleicht auch 3 einverstanden sein kann, ohne zu Ziffer 4 zuzustimmen.

1 und 2 sind begründet und dürften allgemeine Zustimmung finden.

Was die Position 3 anbelangt, so betrifft dieselbe einen Uebelstand, der schon vielfach berührt worden ist.

Für den 3. Punkt ist die gesetzliche Bestimmung ein dringendes Bedürfnis gegen die vielfach vorgekommenen Mißbräuche.

Aber eine redactionelle Aenderung ist noch nicht genügend. Es gehört noch die Bestimmung hinein: „für deren private Rechnung," um jedes Misverständnis auszuschließen.

Was den Absatz 4 anlangt, so glaube ich, daß er in der Fassung, wie er uns vorgeschlagen ist, als Strafbestimmnng unannehmbar ist.

Ich bin der Anschauung, daß die Worte „unter wissentlicher Benutzung des Leichtsinns und der Unerfahrenheit" in Zusammenhang mit Zeitkaufgeschäften nicht Gegenstand der Strafbestimmung sein können.

Der Berichterstatter hat die Analogie des Wuchergesetzes angerufen. Aber es ist ein wesentlicher Unterschied zwischen Abschluß eines Anlehens- und eines Zeitkaufgeschäftes. Ein Darlehensgeschäft ist mehr oder minder immer durch Nothwendigkeit hervorgerufen; eine solche Nothwendigkeit existirt für Zeitkaufgeschäfte nicht. Ich möchte behaupten, daß der Abschluß von Zeitkaufgeschäften für Private stets mehr oder minder ein Akt des Leichtsinns ist.

Ich behaupte, wer überhaupt derartige Geschäfte schließt, wer spielt um größere Summen, der begeht einen Akt des Leichtsinns, der zwar noch nicht moralisch zu verwerfen oder sträflich zu sein braucht, der aber mit dem Begriffe eines sorgfältigen Hausvaters sich nicht leicht vereinigen wird; weil der, wer solche Geschäfte schließt, immer mehr die Chancen des Gewinnes als die ungleich größeren des Verlustes vor Augen hat.

Wenn wir den Satz in dieser Fassung annehmen, so behaupte ich, daß Jeder, der eine Summe verloren hat, seinen Bankier beschuldigen könnte, er habe seinen „Leichtsinn" benutzt, und glaube, daß sich auch der Gerichtshof finden würde, der eine Verurtheilung aussprechen würde.

Ebenso kann ich mich mit dem Begriffe der Unerfahrenheit nicht einverstanden erklären.

Der Kunde wird entweder von seinem Bankier darauf aufmerksam gemacht: „Sie können diese Operation schon vornehmen, sie können ein paar hundert Mark verdienen, aber auch ein paar tausend Mark verlieren." Dann sagt er: „Ich will es wagen," und documentirt so seinen Leichtsinn. Oder der Bankier sagt es ihm nicht, dann kann er sagen, daß er unerfahren war. Unter diesen Umständen glaube ich, daß es zu weit gegangen wäre, so außerordentlich dehnbare Bestimmungen aufzunehmen, die noch dazu so schwere Strafbestimmungen enthalten.

Aeußerstenfalls glaube ich, daß mindestens noch ein Zusatz beigesetzt werden müßte, der sich gegen das übermäßige Börsenspiel von Privaten richtet. Das ist ja noch nicht so schlimm, und kann nicht Anlaß zu gesetzgeberischem Einschreiten bieten, wenn einer ein paar hundert Mark gewinnt oder verliert.

Der Hauptfehler ist der — und das ist auch in dem Gutachten, mit dem ich sonst nicht übereinstimme, hervorgehoben, — daß Private sich soweit einlassen, daß schließlich das Vermögen nicht einmal mehr zur Deckung der Differenzen hinreicht. Es müßte mindestens zu Ziffer 4 der Zusatz gemacht werden: „Wer unter zc. Zeitkaufgeschäfte „„in einem dessen Vermögensverhältnisse übersteigenden Umfange““ schließt.“

Primär würde ich den Antrag stellen, über 3 und 4 gesondert abzustimmen und Ziffer 4 abzulehnen.

Präsident: Den Antrag, über 3 und 4 gesondert abzustimmen, nehme ich als sachgemäß an.

Der Antrag, Nummer 4 abzulehnen, ist kein besonderer; nur etwaige Aenderungen würden Gegenstand eines besonderen Antrags sein können.

Rechtsanwalt Dr. **Rießer** (Frankfurt a. M.): M. H.! Ich muß gestehen, ich glaube, daß die Debatte uns die Richtigkeit der Bemerkung des Herrn Präsidenten gezeigt hat.

Ich bin meinerseits überzeugt worden, daß nach den verschiedenen vollkommen berechtigten Ausstellungen, die aus der Versammlung theils in stilistischer, theils in materieller Beziehung gemacht worden sind, wir doch genöthigt sind, dem Antrage unseres Herrn Präsidenten zu folgen.

Denn wenn, wie es in der Debatte vorgekommen ist, über Punkt 3 und 4 so ungemein wichtige Ammendementsvorschläge gemacht werden konnten, so ist das ein Zeichen, daß diese Frage noch nicht reif ist.

Meine frühere Bemerkung bezog sich nur wesentlich auf Punkt 1 und 2, da aber auch diese weittragender Natur sind, so wird die Versammlung wohl bezüglich aller Punkte jetzt dem Wunsche unseres Herrn Vorsitzenden zu entsprechen geneigt sein. Eventuell d. h., wenn die Abstimmung anders ausfällt, habe ich den Antrag gestellt, die Worte: „oder mit dem Verluste der bürgerlichen Ehrenrechte“ zu streichen. Das geht mir doch zu weit; denn diese Worte sind auf alle 4 Punkte ausgedehnt.

Die Bedrohung mit Strafe ist recht, aber die Androhung des Verlustes der bürgerlichen Ehrenrechte in allen diesen Fällen ist zu viel und würde ich für den Fall der Annahme den Antrag stellen, diese Worte zu streichen.

Dem Wiener Collegen erwidere ich, daß man selbstredend sehr wohl gegen Strafbestimmungen im Checkgesetz, d. h. gegen den gewöhnlichen Handel gerichtete, leicht durch civilrechtliche Normen ersetzbare Bestimmungen sein, und doch aufs Lebhafteste die heute vorgeschlagenen Strafbestimmungen befürworten kann, die sich gegen einfach betrügerische Manipulationen wenden sollen.

Rechtsanwalt Dr. **Reuling** (Leipzig): Ich muß mich für eine Vertagung der Frage aussprechen, weniger deswegen, weil ich einige stilistische

Bedenken habe. Unsere Aufgabe ist es, ein Programm aufzustellen und nicht gesetzgeberische Details zu regeln, so daß die stilistischen und redactionellen Bedenken mich weniger abhalten würden von der Annahme des Antrages. Es scheint mir in der That ein großes Verdienst des Berichterstatters zu sein, daß er eine präzise Formulirung zum erstenmale gesucht und mit Erfolg gefunden hat, wo die Grenze ist zwischen legitimem und illegitimem Speculationsverkehr.

Im Wesentlichen scheinen mir die Punkte 3 und 4 die Grenze — wenn auch nur annähernd — richtig zu ziehen. Die Vertagung scheint mir aber schon deshalb sehr wünschenswerth zu sein, weil unsere heutige Versammlung eine sehr kleine ist, und es wünschenswerth ist, daß dieselbe vor ein Forum kommt, wo der Juristentag in einer größeren Zahl tagt, als dies heute hier der Fall ist.

Herr **N. N.**: Ich stimme dafür, Nr. 4 abzulehnen.

Ich glaube, daß dadurch eine Strafbestimmung geschaffen wird, die entweder gar nicht angewendet werden kann, oder deren Anwendung eine sehr bedenkliche ist. Mehr oder minder ist jeder leichtsinnig, der an der Börse speculirt; der eine kann nur die Folgen besser vertragen. Aber wo die Grenze zwischen „leichtsinnig gehandelt“ und „nicht leichtsinnig gehandelt“ zu ziehen ist, das vermag ich nicht einzusehen, und das scheint mir eine äußerst bedenkliche Strafbestimmung zu sein, für die man sich nicht entscheiden kann.

Wenn Sie diese Strafbestimmung statuiren, dann muthen Sie dem Bankier zu, mit jedem Kunden, der aufs Comptoir kommt, ein Examinatorium vorzunehmen und zu fragen: „Was haben Sie für ein Vermögen?“ denn das Risiko muß er übernehmen, wenn er nicht vom Kunden später beschuldigt werden will, daß er unter wissentlicher Benutzung des Leichtsinns und der Unerfahrenheit Zeitkaufgeschäfte geschlossen habe; denn das Wort „wissentlich“ scheint mir kein genügender Grund zu sein.

Präsident: Wenn Niemand weiter sich zum Worte meldet, gebe ich das Schlußwort dem Herrn Berichterstatter.

Referent Dr. **Heinsen**: Meine Ausführungen haben im Allgemeinen eine zustimmende Aufnahme gefunden und ich brauche deshalb darauf nicht weiter zurückzukommen, sondern kann mich auf einige Bemerkungen zu den Ausstellungen beschränken, welche einzelne Punkte meiner speziellen Anträge betreffen.

Die Bestimmung über Verlust der bürgerlichen Ehrenrechte habe ich entnommen dem § 249d des Gesetzes, an welches ich mich bei Satz 1 und 2 meiner Anträge angelehnt habe. Die gleiche Bestimmung findet sich im Wuchergesetz, welches das Vorbild für Satz 4 bildet, es bleibt somit nur Nr. 3 meiner Anträge, die ich dem englischen Statut entnommen habe; für diese habe ich die fragliche Bestimmung gleichfalls aufgenommen, weil dieser Fall nicht minder gefährlich und strafwürdig erscheint, als derjenige von Nr. 4 und nöthigenfalls der Ausschluß aus der Börse erfolgen muß. Uebrigens soll ja von uns keine Entscheidung über das Strafmaß getroffen werden, auch nach meinen Vorschlägen würde ja der Gesetzgebung immer noch freistehen, wie sie die Strafe normiren will.

Ich meine aber, die Bestimmung: „eventuell mit dem Verlust der bürgerlichen Ehrenrechte" wird kein Bedenken haben können.

Es ist dann für Nr. 4 die Einschaltung beantragt worden: „für deren private Rechnung;" ich glaube, daß das nicht zutreffend oder doch überflüssig ist. Natürlich handelt es sich darum, daß die Geschäfte formell als solche erscheinen, die der betreffende Angestellte für sich selbst schließt. Sobald derselbe im Auftrage respective auf den Namen seines Prinzipals schließt, fällt das gar nicht unter die Bestimmung der Nr. 3. Die Nr. 4 meiner Anträge würde, m. H., nicht verbessert werden, wenn man hinzufügt: „in einem dessen Vermögensverhältnisse übersteigenden Umfang." Denn es würde dadurch nur ein neues sehr unsicheres Merkmal der Strafbarkeit in das Gesetz eingefügt. Anschließend an das Wuchergesetz heißt es in meiner Nr. 4: „wer in wissentlicher Benützung des Leichtsinns rc. abschließt," verfällt der Strafe, dem Richter wird es zu überlassen sein bei der Frage, ob Leichtsinn vorliegt, auch auf die Vermögensverhältnisse des Betreffenden gebührende Rücksicht zu nehmen.

Nachdem wegen Nr. 3 und 4 das Bedenken nicht genügender Vorbereitung der Versammlung geltend gemacht wurde, bestehe ich nicht darauf, daß über diese heute schon abgestimmt werde. Meint die Versammlung, daß sie besser einem späteren Juristentage zur weiteren Erwägung zu verstellen sind, so erkläre ich mich auch damit einverstanden. Die Punkte 1 und 2 aber, die nur eine Wiedergabe des Actiengesetzes sind, darüber glaube ich, werde man jedenfalls heute schon sich schlüssig machen können.

Präsident: Der Herr Referent nimmt für seine Punkte 3 und 4 den Antrag des Herrn Dr. Kerpal an: statt der definitiven Empfehlung einer Bedrohung mit Strafe nur dem Juristentag zu empfehlen, diese Bedrohung einer weiteren Prüfung zu unterziehen.

Ich schlage vor abzustimmen:

I. über den ganz getrennten Absatz 1;

II. für den Fall der Annahme des 2. Absatzes:

1. Darüber, ob dem Eingang desselben auch für die Nummern 1 und 2 die Fassung gegeben werden soll, daß sie nur der

Prüfung des künftigen Juristentages und der Gesetzgebung empfohlen werden.

2. Ob für den Fall der Annahme des Antrags 2 in den Eingangsworten die Worte „und eventuell mit dem Verlust der bürgerlichen Ehrenrechte" gestrichen werden sollen.

Je nach dem Ausfall dieser Abstimmung würde ich dann fragen, wird der Absatz 2, so wie er sich nach dem Ausfall dieser Abstimmung gestaltet hat, angenommen.

(Abstimmung.)

1. Absatz: „Ein wirksamer Schutz gegen die beim Speculationsverkehr 2c."

(Wird angenommen.)

Soll für den Theil der definitiven Annahme des Absatzes 2, seinen Nummern 1 und 2 die vom Herrn Referenten beantragte Fassung gegeben werden?

(Minderheit; wird nicht angenommen.)

Sollen die Worte: „und eventuell mit Verlust der bürgerlichen Ehrenrechte" gestrichen werden?

(Nein; es bleibt stehen!)

Wird die Einleitung des Absatz 2 angenommen in folgender Fassung: „Die Abtheilung empfiehlt dagegen die Frage, ob nicht gesetzlich mit Strafe und eventuell dem Verluste der bürgerlichen Ehrenrechte zu bedrohen sei?"

(Mehrheit, wird angenommen.)

Werden die Nummern 1 und 2 in der Fassung des Referenten angenommen?

(Mit Mehrheit angenommen.)

Wird auch die 3. Nummer in der Fassung angenommen, daß hinzugefügt wird: „Wer mit Personen oder für Personen 2c.?"

(Wird angenommen.)

Wird die 4. Nummer angenommen in der Fassung: „Wer unter wissentlicher Benutzung des Leichtsinns und der Unerfahrenheit eines Andern für denselben oder mit demselben Zeitkaufgeschäfte abschließt?"

(Wird angenommen.)

Der Gesammtbeschluß lautet also:

Der Juristentag erklärt:

Ein wirksamer Schutz gegen die beim Speculationsverkehr in Zeitkaufgeschäften vorkommenden Misbräuche ist von einer im Wege der Gesetzgebung zu normirenden, auf Handhabung einer straffen Disciplinargewalt abseiten der Börsenorgane gerichteten Börsenordnung nicht zu erwarten.

Die Abtheilung empfiehlt dagegen die Frage, ob nicht gesetzlich mit Strafe und eventuell dem Verlust der bürgerlichen Ehrenrechte zu bedrohen sei:

1. Wer öffentlich in Bekanntmachungen wissentlich falsche Thatsachen vorspiegelt oder wahre Thatsachen entstellt, um zur Betheiligung an einem Anlehen zu bestimmen;
2. wer in betrügerischer Absicht auf Täuschung berechnete Mittel anwendet, um auf den Cours von Effecten oder den Marktpreis von Waaren einzuwirken;
3. wer für Personen oder mit Personen, welche öffentlich oder von Privaten angestellt sind, in Kenntniß dieser ihrer Eigenschaft ohne Vorwissen ihrer Vorgesetzten oder Prinzipale Zeitkaufgeschäfte abschließt;
4. wer unter wissentlicher Benützung des Leichtsinns oder der Unerfahrenheit eines Anderen für denselben oder mit demselben Zeitkaufgeschäfte abschließt,

der Prüfung des Juristentages und der Gesetzgebung.

Damit ist diese Verhandlung geschlossen.

Auch hier würde ich empfehlen, daß zur Kenntnis des Plenums der Herr Referent das Referat im Plenum übernimmt.

(Referent übernimmt dasselbe.)

Ich habe nochmals darauf aufmerksam zu machen, daß die Vertrauensmänner morgen eine Stunde vor Beginn des Plenums erscheinen müssen; die Sitzung der Vertrauensmänner beginnt also morgen präcis 8 Uhr.

Schluß $^1/_2$1 Uhr.

Erste Sitzung der dritten Abtheilung am 11. September 1884.

(Beginn: Vormittags 10¼ Uhr.)

Landgerichts-Präsident **Bardeleben** (Berlin): Im Auftrage der ständigen Deputation eröffne ich die Sitzung der 3. Abtheilung und erlaube mir, Ihnen als Präsidenten vorzuschlagen den Herrn Oberstaatsanwalt v. Köstlin von Stuttgart. Wenn kein Widerspruch erfolgt, so nehme ich an, Sie sind mit dieser Wahl einverstanden, und ersuche den Herrn Ober-Staatsanwalt den Platz einzunehmen. (Bravo!)

Ober-Staatsanwalt **v. Köstlin**: M. H.! Ich danke Ihnen sehr für das Vertrauen, durch das ich wieder auf diesen Platz gerufen werde. Ich kann heute nur mit schmerzlicher Theilnahme des Mannes gedenken, welcher so viele Jahre den Vorsitz in dieser unserer 3. Abtheilung geführt hat und heute leider wieder durch seine Gesundheitsverhältnisse abgehalten ist, in unserer Mitte zu erscheinen, des Herrn Generalstaatsanwaltes Dr. von Schwarze in Dresden. Da ich weiß, mit welch inniger Theilnahme er unseren Verhandlungen folgt, so möchte ich anfragen, ob wir ihm nicht einen telegraphischen Gruß zusenden wollen. (Bravo. Allgemeine Zustimmung.)

Es ist nun meine Pflicht, zur Bildung des Bureaus zu schreiten, und erlaube ich mir, als Vice-Präsidenten den Herrn Senatspräsidenten von Stösser in Karlsruhe vorzuschlagen. Darf ich Ihre Zustimmung annehmen? (Rufe „Ja!")

So ersuche ich den Herrn Senatspräsidenten von Stösser seinen Platz einzunehmen.

Als Schriftführer möchte ich Ihnen in Vorschlag bringen: 1. unsern alten Freund Herrn Professor Dr. Rubo von Berlin, 2. Herrn Amtsrichter Emmerling von Kissingen. (Bravo.)

Ich bitte die Herren gefälligst Platz zu nehmen. (Es geschieht.)

M. H., die 3 Abtheilung hat drei Gegenstände zur Berathung überwiesen erhalten, die Ihnen unter Nr. 8, 9 und 10 der gedruckten Zusammenstellung vorliegen. Da der Referent über Frage 8, Herr Oberlandesgerichtsrath Thomsen, heute in der 1. Abtheilung in der Frage des Fruchterwerbes als Gutachter beschäftigt ist, und da die Frage der Berufung, welche als Ziffer 9 aufgeführt ist, heute bis zum Besuch des Hofkellers nicht ausgetragen werden kann, so erlaube ich mir vorzuschlagen, daß heute zunächst § 65 der Strafproceß-Ordnung zur Berathung gestellt, und falls dann noch Zeit zur Verfügung ist, in die Berathung der Compromißeide eingetreten wird. Wenn kein Widerspruch erfolgt, halte ich diesen Vorschlag für genehmigt. Da ich selbst das Referat über Punkt 10 zu erstatten habe, so bitte ich den Herrn Vice-Präsidenten das Präsidium zu übernehmen.

Vice-Präsident **von Stösser**: Ich danke Ihnen für das Vertrauen, das Sie mir geschenkt, und bitte den Herrn Präsidenten von Köstlin uns sein Referat zu erstatten.

Referent Oberstaatsanwalt **v. Köstlin**: Die Materie, über welche ich zu referiren die Ehre habe, hat schon in früheren Jahren den deutschen Juristentag beschäftigt. Auf der Tagesordnung des vierten Juristentags zu Mainz im Jahre 1863 stand der Antrag des Hof- und Gerichtsadvocaten Dr. Bardasch von Stanislau:

Der Juristentag wolle als seine Rechtsüberzeugung aussprechen:

1. daß im Strafprozesse die Beeidigung der Zeugen in der Regel nicht schon in der Voruntersuchung, sondern erst bei der Schluß- oder Hauptverhandlung nach erfolgter Abhör aller Belastungs- und Entlastungszeugen und nach den hierüber vorangegangenen Anträgen der Anklage und Vertheidigung über Beschluß des Spruchgerichts stattfinden darf,

2. daß ausnahmsweise bei jenen Zeugen, welche voraussichtlich in der Hauptverhandlung nicht erscheinen werden, die Beeidigung derselben zwar auch in der Voruntersuchung nach deren Abhör zulässig, daß jedoch eine Beeidigung der Zeugen in der Voruntersuchung der übrigen in der Hauptverhandlung abzuhörenden Zeugen nicht förderlich sei.

Berichterstatter über diesen Antrag in der dritten Abtheilung war der Generalstaatsanwalt Dr. v. Schwarze. Derselbe führte aus, daß die beantragten Grundsätze mit den Vorschriften der damaligen Kgl. Sächsischen Strafprozeßordnung und der dortigen Gerichtspraxis vollständig übereinstimmen und versicherte aus seiner langjährigen Erfahrung, daß dieselben sich durchaus bewährt haben. Bei der Discussion im Schooße der Abtheilung wurde erörtert, daß es sich nicht bloß um die bekanntlich in den deutschen Ländern damals verschiedenartig normirte Frage handle, ob und wann der Zeuge zu beeidigen sei, sondern daß noch manche andere Punkte in Betracht kommen, insbesondere, ob der Zeuge überhaupt nicht in der Voruntersuchung, sondern erst in der Hauptverhandlung, ob er in der Voruntersuchung ausnahmsweise nur bei Gefahr, daß er in der Hauptverhandlung nicht erscheine, beeidigt werden soll, endlich, ob die Beeidigung vor oder nach der Abhörung und letzteren Falls, ob sie erst am Schluß der ganzen Beweisaufnahme erfolgen soll. Bei dieser Tragweite und Vielgestaltigkeit der Frage einigte sich die Abtheilung zu dem Vorschlag, den Bardasch'schen Antrag der ständigen Deputation zur Veranlassung seiner Begutachtung und Vorlage für den nächsten Juristentag zu überweisen. Das Plenum stimmte dem Vorschlag der Abtheilung bei und die ständige Deputation veranlaßte zwei in den Verhandlungen des 5. Juristentages (zu Braunschweig 1864) abgedruckte Gutachten des Staatsanwalts Gareis in Pirna und des Landgerichtsraths Dr. Lißt zu Wien. Beide Gutachter sprachen sich dafür aus, daß die Beeidigung der Zeugen in der Regel nicht schon in der Voruntersuchung, sondern erst in der Hauptverhandlung erfolgen solle, daß aber ausnahmsweis die Beeidigung von Zeugen, welche voraussichtlich bei der Hauptverhandlung nicht erscheinen können, in der Voruntersuchung, und zwar nach deren Abhörung zulässig sei; bezüglich der Zeit der Beeidigung in der Hauptverhandlung weichen die Gutachten von einander ab: Gareis will dieselbe nach erfolgter Abhör zu dem von dem Vorsitzenden nach Anhörung des Staatswalts und Vertheidigers für geeignet erachteten Zeitpunkt, Liszt dagegen will sie vor der Vernehmung eintreten lassen.

Der Gegenstand kam auf dem 5. Juristentag nicht mehr zur Verhandlung.

Auf dem 6. Juristentag zu München im Jahre 1867 erstattete der Geh. Justizrath Prof. Dr. Abegg über denselben das Referat. Nach einer längeren eingehenden Debatte wurde von der — übrigens nicht überwiegenden — Mehrheit der 3. Abtheilung nach dem Antrag des Berichterstatters folgende Resolution beschlossen:

Der Juristentag spricht seine Ueberzeugung dahin aus:

1. daß das Wesen und der Charakter des öffentlich mündlichen Verfahrens es erfordere, die Beeidigung der Zeugen ohne

Unterschied der Belastungs- und Entlastungszeugen in der Hauptverhandlung vorzunehmen;

2. daß jedoch von diesem Grundsatz nothwendige Ausnahmen anzuerkennen seien, denen gemäß die Beeidigung nach richterlichem Ermessen auch schon in der Voruntersuchung erfolgen kann (z. B. wenn ein Zeuge im Begriff ist, auszuwandern, oder bei Personen wegen hohen Alters oder sonstiger Umstände, zu besorgen ist, daß sie später nicht in der Lage sein werden, ihre Aussagen zu machen);

3. daß die Beeidigung, in welcher Periode des Verfahrens sie auch stattfinde, mit dem Vernehmungsakte zu verbinden sei, und zwar, daß dieselbe in der Regel der Vernehmung der Zeugen vorausgehe.

Hiemit war der Gegenantrag des Staatsanwalts von Lauhn, die Beeidigung der Zeugen in der Voruntersuchung als Regel aufzustellen, und dieselbe nach der Vernehmung erfolgen zu lassen, erledigt; der weitere Antrag des Staatsanwalts v. Lauhn:

> daß ein bereits in der Voruntersuchung eidlich vernommener Zeuge seine später gemachte Aussage auf den geleisteten Eid nehmen könne und müsse, und daß nur ausnahmsweise und unter besonderen Umständen das Richter-Collegium die nochmalige Beeidigung des Zeugen beschließen könne,

wurde abgelehnt.

Die dritte Abtheilung legte ihre Beschlüsse dem Plenum des Juristentags zur Berathung und Beschlußfassung vor; das Plenum jedoch nahm dieselben unter Ablehnung der Berathung nur zur Kenntniß.

Uebereinstimmend mit dem Beschluß der dritten Abtheilung vom Jahre 1867 stellt sowohl die Deutsche als die Oesterreich'sche Strafprozeßordnung die Beeidigung der Zeugen in der Hauptverhandlung als Grundsatz auf. Weil aber, wenn in allen Fällen die Zeugen nur in der Hauptverhandlung beeidigt würden, oft zu besorgen wäre, daß dann die Beeidigung nicht mehr möglich wäre, oder daß die Zwecke des Vorverfahrens unter der verhältnißmäßig geringen Verläßlichkeit seiner Materialien leiden würden, sind in beiden Gesetzgebungen Ausnahmen von dem Grundsatz zugelassen. Der Entwurf der Deutschen Strafprozeßordnung wollte die Beeidigung der Zeugen im Vorverfahren, also sowohl in der Voruntersuchung als im vorbereitenden Verfahren zulassen, „wenn voraussichtlich der Zeuge am Erscheinen in der Hauptverhandlung verhindert sein, oder seine Ladung zu letzterer wegen großer Entfernung unterbleiben wird, oder wenn die Beeidigung als Mittel zur Herbeiführung einer wahrheitsgemäßen Aussage erforderlich erscheint."

Bei der Berathung in der Reichsjustizcommission war darüber, daß die Beeidigung in der Hauptverhandlung als Regel aufzustellen sei, kein Zweifel; dagegen gingen die Ansichten über die Frage, in wie weit Ausnahmen zu gestatten seien, auseinander und der Kreis der letzteren wurde für das vorbereitende Verfahren enger gezogen, als für die Voruntersuchung.

Der § 65 der Strafprozeßordnung, wie er sich auf Grund der wiederholten Berathungen der Commission gestaltet hat, läßt die Beeidigung der Zeugen

1. im vorbereitenden Verfahren nur zu,

a) „wenn Gefahr im Verzug obwaltet", also wenn z. B. wegen hohen Alters, Krankheit, schwerer Verletzung, bevorstehender Auswanderung des Zeugen der Verlust des Beweismittels zu befürchten stünde, oder wenn die Unterlassung der Beeidigung bewirken kann, daß die Ergreifung des Thäters unmöglich gemacht oder erschwert, daß die Spuren der That ververnichtet, daß Collusionen herbeigeführt werden;

b) „wenn die Beeidigung als Mittel zur Herbeiführung einer wahrheitsgemäßen Aussage über eine Thatsache, von welcher die Erhebung der öffentlichen Klage abhängig ist, erforderlich erscheint;"

also wenn zu befürchten ist, daß der Zeuge ohne das Zwangsmittel des Eides mit der Wahrheit zurückhalten, beziehungsweise sich zu einer Aenderung seiner Aussage bewegen lassen würde in Beziehung auf eine Thatsache, deren Feststellung für den unmittelbaren Zweck des vorbereitenden Verfahrens, namentlich für die Frage, ob eine strafbare That vorliege und gegen wen die Verfolgung zu richten, erforderlich erscheint, wenn also die fragliche Thatsache, deren Wahrheit vorausgesetzt, die Erhebung der öffentlichen Klage oder die Einstellung des Verfahrens begründen würde; und zwar werden hier auch die qualifizirenden Momente der strafbaren That in Betracht kommen.

Die Beeidigung des Zeugen im vorbereitenden Verfahren erfolgt durch den Amtsrichter auf Antrag des Staatsanwalts oder des Verdächtigen oder bei Gefahr im Verzug von Amtswegen; der Amtsrichter hat zu prüfen, ob die Eidesabnahme im einzelnen Falle gesetzlich zulässig ist; darüber, ob er der Ansicht des Staatsanwalts, daß von derselben die Erhebung der öffentlichen Klage abhängig sei, sich zu fügen, oder auch hier ein Prüfungsrecht habe, herrscht bekanntlich ein — wenigstens nach meiner Erfahrung ziemlich müssiger Streit; bei uns in Württemberg ist nicht bekannt, daß ein

Amtsrichter den Antrag der Staatsanwaltschaft auf Beeidigung bezüglich einer Thatsache, von welcher nach Ansicht der Staatsanwaltschaft die Erhebung der öffentlichen Klage abhängt, abgelehnt hätte;

2. für die Voruntersuchung ist der Kreis der Ausnahmsfälle, in welchen die Beeidigung der Zeugen vor der Hauptverhandlung statthaft ist, erweitert:

a) wie im vorbereitenden Verfahren dem Staatsanwalt, so ist in der Voruntersuchung dem Untersuchungsrichter zur Pflicht gemacht, Beweise, deren Verlust für die Hauptverhandlung zu befürchten steht, zu erheben; er hat also, wenn Gefahr im Verzug obwaltet, zur Beeidigung des Zeugen zu schreiten, wofern diese nicht schon im vorbereitenden Verfahren vorgenommen worden ist; sodann ist

b) dem Untersuchungsrichter (oder dem beauftragten Amtsrichter) die Beeidigung des Zeugen gestattet, „wenn derselbe voraussichtlich am Erscheinen in der Hauptverhandlung verhindert oder sein Erscheinen wegen großer Entfernung besonders erschwert sein wird," also einmal, wenn anzunehmen ist, daß wegen der beim Zeugen obwaltenden Verhältnisse eine rechtzeitige Auffindung und Ladung desselben nicht thunlich sein und daher die Verlesung seiner Aussage die mündliche Verhandlung werde ersetzen müssen, und dann selbst, wenn nur sein Erscheinen in der Hauptverhandlung besonders erschwert ist, also wegen einer mit der Wichtigkeit des Falls nicht im Verhältniß stehenden Belästigung des Zeugen, wobei auch unverhältnißmäßige Kosten in Betracht kommen mögen, — eine sehr dehnbare Bestimmung, von welcher der Richter um so leichter Gebrauch machen kann, da die Beeidigung des Zeugen nicht dessen Nichtladung zur nothwendigen Folge hat;

c) endlich kann der Untersuchungsrichter den Zeugen beeidigen, „wenn die Beeidigung als Mittel zur Herbeiführung einer wahrheitsgemäßen Aussage erforderlich erscheint," also wenn der Richter Zweifel an der Wahrhaftigkeit des Zeugen hat und anzunehmen ist, die Beeidigung werde ein Mittel sein, denselben zu einer wahrheitsgetreuen Aussage zu veranlassen; natürlich wird es sich hier um Feststellung einer für eine Entscheidung im Vorverfahren erheblichen Thatsache handeln.

3. Nach Abschluß des Vorverfahrens kann (§ 222) das Gericht, wenn dem Erscheinen eines Zeugen in der Hauptverhandlung für eine längere oder ungewisse Zeit Krankheit oder Gebrechlichkeit oder andere nicht zu beseitigende Hindernisse entgegenstehen, oder wenn dessen Erscheinen wegen großer Entfernung besonders erschwert ist, die eidliche Vernehmung des Zeugen durch einen beauftragten oder ersuchten Richter anordnen; der letztere hat nur die gesetzliche Zulässigkeit der Eidesabnahme an sich zu

prüfen, nicht aber, ob dieselbe nach den Umständen des einzelnen Falls, z. B. wegen Gefahr im Verzug gerechtfertigt sei.

4. Endlich kann nach § 200, wenn eine Voruntersuchung nicht stattgefunden hat, das Gericht, beziehungsweise der Amtsrichter „zu besserer Aufklärung der Sache" einzelne Beweiserhebungen anordnen; zu diesen gehört auch die Beeidigung von Zeugen, welche hier insbesondere dann vorzunehmen sein würde, wenn sie als das Mittel zur Herbeiführung einer wahrheitsgemäßen Aussage erforderlich erscheint.

5. Außerdem ist in dem Verfahren gegen Abwesende, wenn die Strafthat nicht blos mit Geldstrafe oder Einziehung bedroht und daher eine Hauptverhandlung ausgeschlossen ist, zur Sicherung der Beweise die eidliche Vernehmung der Zeugen vorgeschrieben (§ 328 Abs. 2); für die Fälle der Wiederaufnahme des Verfahrens ist dieselbe (§ 409) in das Ermessen des Gerichts gestellt.

Die deutsche Strafprozeßordnung hat, indem sie den Grundsatz der Beeidigung der Zeugen erst in der Hauptverhandlung aufstellte, den Gesetzgebungen Preußen's, Bayern's, Hessen's und Braunschweig's gegenüber, welche die Beeidigung der Zeugen regelmäßig schon im Vorverfahren eintreten ließen, für diese Länder eine Neuerung eingeführt, deren Zweckmäßigkeit inzwischen von Seiten der Theoretiker und Praktiker mancherlei Anfechtung zu erfahren hatte. Ich erlaube mir aus der über die Frage entstandenen umfangreichen Literatur die Abhandlung des Staatsanwalts Peterson in Goltdammers Archiv (Band 29) von 1881 und die Ausführungen des Professors John in seinem Commentar hervorzuheben.

Beide weisen darauf hin, daß das Vorverfahren durchaus nicht bloß eine Vorbereitung der Hauptverhandlung sei, daß vielmehr durch dasselbe das Beweismaterial für die Entscheidung beschafft werden solle, ob die Untersuchung einzustellen, oder das Hauptverfahren zu eröffnen, ob ein Beschuldigter überhaupt verdächtig sei; Verhaftung, Haussuchung, Beschlagnahme bereiten zwar, wenn diese Maßregeln zur Eröffnung des Hauptverfahrens führen, das letztere vor, aber die weitaus überwiegende Mehrzahl der Fälle des Vorverfahrens werde durch Einstellung beendigt; für die im Vorverfahren zu treffenden aufs tiefste in die persönliche Freiheit eingreifenden Entscheidungen, bei welchen eine eigentliche Beweiserhebung sich nicht entbehren lasse, gebreche es in vielen Fällen ohne das Zwangsmittel des Eides an der erforderlichen zuverlässigen Grundlage, da die Zeugen, wenn sie nicht beeidigt werden, aus den verschiedensten Motiven mit der Wahrheit zurückhalten oder mit Nichtwissen antworten oder ungenaue oder unwahre Aussagen machen, wegen deren weder sie noch diejenigen, welche etwa sie angestiftet, gestraft werden können; durch die Beschränkung der Zulässigkeit ihrer Beeidigung im Vorverfahren sei die Sorglosigkeit der Zeugen unzweifelhaft gestiegen, und daß es den Zeugen jetzt leichter gemacht werde, von ihren früheren unbeeidigten Angaben in der Hauptverhandlung abzuweichen, sei durchaus nicht als ein Vortheil anzusehen; leicht werde dadurch eine Geringschätzung der uneidlichen Vernehmung bewirkt und bis zur Hauptverhandlung finde eine Beeinflussung des nicht eidlich vernommenen Zeugen um so leichter statt. In Folge der hierdurch verminderten Sicherheit des Vorverfahrens sei die Garantie der persönlichen Freiheit geringer geworden — zum Nachtheil für den Unschuldigen, welcher auf Grund unbeeidigter Zeugenaussagen oft lange in Untersuchungshaft gehalten und den empfindlichsten Verletzungen seiner Ehre und Freiheit preisgegeben werde, andererseits zum Vortheil für den wirklich Schuldigen. Werde so die Rechtsordnung in Folge unwahrer unbeeidigter Zeugenaussagen durch grundlose Untersuchungshandlungen, durch nicht gerechtfertigte Eröffnung des Hauptverfahrens, wie durch nicht begründete Einstellung geschädigt, so stelle sich das Entbehren der beeidigten Zeugenaussagen im Vorverfahren als ein Uebel dar, gegenüber welchem die Herabdrückung des Eides durch dessen Wiederholung in der Hauptverhandlung von verschwindender Geringfügkeit zu sein scheine.

Allerdings habe, giebt Peterson zu, die Häufung von Beeidigungen etwas Bedenkliches und eine regelmäßige eidliche Vernehmung der Zeugen im Vorverfahren würde die Würde und Wichtigkeit des Eides unbedingt beeinträchtigen; nur solle die Beeidigung im Vorverfahren nicht bloß in ganz einzelnen Ausnahmsfällen zugelassen werden.

John will die Beeidigung von Zeugen, bei welchen jeder Zweifel an ihrer Wahrhaftigkeit überhaupt ausgeschlossen, deren Beeidigung daher auch in der Hauptverhandlung eine bloße Formalität sei, im Vorverfahren unterlassen, und sucht durch sachgemäße Auslegung der Anwendung des § 65 zu helfen, wobei er darauf hinweist, daß durch extensive Interpretation der Ausnahmen in § 65 eine Revision nicht begründet werde.

Peterson dagegen ist der Ansicht, daß diese Ausnahmen, wenn sie loyal ausgelegt werden, viel zu eng begrenzt seien, die Bedenken werden im Einzelnen erörtert, um den Nachweis zu liefern, daß mit einer allgemeinen theoretischen Regel nicht durchzukommen, sondern daß die Frage nach den Erfordernissen des einzelnen Falles zu ordnen sei; so kommt Peterson zu folgendem Vorschlag: „aus besonderen Gründen kann die Beeidigung der Zeugen schon vor der Hauptverhandlung stattfinden; ob solche Gründe vorliegen, wird in der Voruntersuchung dem Ermessen des Untersuchungsrichters, im vorbereitenden Verfahren dem Ermessen des die Vernehmung beantragenden Staatsanwalts und nach Erhebung der Anklage dem Ermessen der Strafkammer anheimgestellt, der Amtsrichter kann auch von Amtswegen oder auf Antrag des Amtsanwalts die eidliche Vernehmung bewirken."

Uns ist die Frage zur Berathung gestellt,

> ob eine Abänderung des § 65 der Str.-P.-Ord. dahin, daß die Beeidigung der Zeugen in der Regel bei der ersten Vernehmung erfolgen soll, nach den bisherigen Erfahrungen wünschenswerth erscheine.

Es liegen uns hierüber die werthvollen Gutachten des Landgerichts-Directors Philler aus Lüneburg und des Landgerichtsdirectors Dr. Wiesand aus Bautzen vor; der Erstere verneint, der Letztere bejaht die gestellte Frage.

Nach einer eingehenden Darlegung der früheren Verhandlungen des Juristentages und der Entstehungsgeschichte des § 65 St.-P.-O. erklärt Philler es für ein erfolgloses Unternehmen, wenn man den bei den gesetzgeberischen Vorarbeiten gar nicht discutirten Grundsatz, daß der Regel nach die Beeidigung der Zeugen in der Hauptverhandlung zu erfolgen habe, aus prinzipiellen Gründen bekämpfen wollte; auch liege eine diesfallsige Erörterung nicht innerhalb des Rahmens des Gutachtens, welches die in der Praxis bei Anwendung des § 65 gemachten Erfahrungen und die Frage, ob hiernach ein Aufgeben des Prinzips gerechtfertigt erscheine, behandeln solle. Philler, in seiner Stellung als früherer altpreußischer Jurist an die Beeidigung der Zeugen bei ihrer ersten Vernehmung gewöhnt, erklärt, daß er als Vorsitzender unter der Herrschaft der Strafprozeßordnung die Vorzüge der Beeidigung in der Hauptverhandlung kennen gelernt habe und ein Verlassen des jetzt geltenden Prinzips sehr beklagen würde. Als solche Vorzüge führt Philler an: der Vorsitzende sei, wenn er nicht schon durch das Lesen der im Vorverfahren beeidigten Zeugenaussagen ein Urtheil über die Schuldfrage habe gewinnen müssen, in der vortheilhaften Lage, durch ein objectives Verhör dem erkennenden Gericht ein unverfälschtes Bild des Thatbestandes zu verschaffen; die Hauptverhandlung sinke nicht zu einem mündlichen Schlußtableau auf Grund der spruchreifen Acten herab; die Gelegenheit, Widersprüche aufzuklären und zu berichtigen, werde nicht durch frühere Beeidigungen beeinträchtigt; man könne in dem jetzigen Vorverfahren sich auf die Vernehmung möglichst weniger Zeugen beschränken und brauche dieselben nicht über alle Einzelheiten zu vernehmen, wenn nur die Feststellung erzielt werde, daß der Angeschuldigte hinreichend verdächtig sei: so gewinne die Hauptverhandlung an Frische und komme zu der ihr nach dem Willen des Gesetzgebers gebührenden Bedeutung, sofern erst dann recht eigentlich die Beweisaufnahme zu einer unmittelbaren vor dem erkennenden Richter werde, und erst wenn das Verhör nicht durch die Acten beeinflußt werde, das Urtheil in Wahrheit als auf Grund einer mündlichen Verhandlung ergangen angesehen werden könne. Die von den Gegnern befürchteten Nachtheile, insbesondere, daß durch das Fehlen der Beeidigung der Zeugen dem Vorverfahren die sichere Grundlage entzogen werde, sind nach Philler's Erfahrung nicht eingetreten. Er glaubt, daß die früher anders gewöhnten Practiker sich mit dem jetzt herrschenden Prinzip leichter befreunden könnten, wenn nicht von vorn herein jeder unbeeidigten Aussage Mißtrauen entgegengebracht würde; es spreche doch keine Vermuthung dafür, daß, wer vor Gericht eine uneidliche Aussage macht, die Unwahrheit sage, und da die Zeugen wissen, daß sie später in der Hauptverhandlung ihre Aussage werden beeidigen müssen, so sei anzunehmen, daß sie in der Regel diesem Eid entsprechend ihr erstes Zeugnis ablegen; erforderlichen Falls möge sie der Richter hierauf und auf die Strafe der Begünstigung hinweisen, wirkliche Widersprüche zwischen den Aussagen des Vorverfahrens und der Hauptverhandlung werden zu den Seltenheiten gehören; Abweichungen erklären sich oft damit, daß im Protokoll nicht die eigenen Worte des Zeugen wiedergegeben sind, vielleicht auch, daß er nicht richtig verstanden wurde.

Philler glaubt, daß die zugelassenen Ausnahmen der Beeidigung das practische Bedürfnis vollständig decken, jedenfalls bei der Voruntersuchung, bei welcher die Beeidigung zur Herbeiführung einer wahrheitsgemäßen Aussage so generell gestattet sei, daß damit fast überall eine Beeidigung sich erreichen lasse; nach seiner Erfahrung machen übrigens die Untersuchungsrichter hievon keinen übermäßigen und unnöthigen Gebrauch. Größere Schwierigkeiten biete scheinbar das vorbereitende Verfahren; aber nach der wörtlichen Auslegung des § 65 St.-P.-O. sei — abgesehen von dem Fall der großen Ortsentfernung — ein eigentlicher Unterschied hinsichtlich der Zulassung der Beeidigung zwischen vorbereitendem Verfahren und Voruntersuchung nicht vorhanden: eine Thatsache, von welcher die Erhebung der öffentlichen Klage abhängig, sei jede mittelbar oder unmittelbar für die Ermittelung der Schuld oder Unschuld des Beschuldigten erhebliche Thatsache, und eine solch' erhebliche Thatsache werde auch für die Beeidigung in der Voruntersuchung vorausgesetzt. Philler nimmt daher an, daß an sich auch im vorbereitenden Verfahren die Beeidigung eines Zeugen ebenso wie in der Voruntersuchung erreichbar sei. Differenzen zwischen Staatsanwalt und Amtsrichter über die Nothwendigkeit der Beeidigung eines Zeugen sind Philler in seiner Praxis nicht bekannt geworden; bei zu enger Auslegung des Gesetzes können Conflikte freilich nicht ausbleiben; als eine solche bezeichnet Philler die Auslegung Kronecker's in Goltdammer's Archiv Bd. 29, welcher den zweiten Ausnahmefall der Beeidigung des Zeugen im vorbereitenden Verfahren nur dann als vorhanden annehme, wenn zu besorgen sei, daß der Zeuge ohne Beeidigung nicht die Wahrheit sagen werde. Es seien, führt Philler hiegegen aus, noch andere Fälle denkbar, in denen die Beeidigung des Zeugen nicht zu vermeiden sei; sie erscheine schon dann statthaft, wenn Zweifel an der Richtigkeit einer Aussage entstehen, z. B. wenn der Angabe eines unbescholtenen Beschuldigten nur die Aussage Eines Zeugen entgegenstehe; hier könne von der Vermuthung, daß der Zeuge die Wahrheit gesagt, nicht mehr die Rede sein, und um eine sichere Grundlage und sich eine Ueberzeugung zu verschaffen, die er ohne Beeidigung nicht erhielte, müsse der Richter zu dieser seine Zuflucht nehmen.

Philler ist der Ansicht, daß, wenn die Grenzen der zulässigen Beeidigung im vorbereitenden Verfahren nicht zu enge gezogen werden, etwaige Klagen der Staatsanwaltschaft, daß ihre Thätigkeit lahm gelegt werde, schwinden müssen: je länger je mehr werde die Gewöhnung zu der Erkenntnis führen, daß es für das Vorverfahren der Regel nach völlig genüge, wenn die uneidliche Aussage vorläufig so verwerthet werde, als sei sie beschworen.

Philler wendet sich schließlich noch gegen einzelne Ausführungen in dem früher erwähnten Aufsatz von Peterson; es würde jedoch zu weit führen, wollte ich ihm hier folgen. Als Ergebnis spricht Philler aus, daß, wenn nicht andere besser begründete Klagen als die bisher gehörten zu Tage treten werden, die ihm zur Begutachtung vorgelegte Frage verneint werden müsse.

Das Gutachten des Landgerichtsdirectors Dr. Wiesand dagegen befürwortet die Rückkehr zu dem in Preußen bis zum 1. October 1879 in Geltung gewesenen Prinzip; Wiesand ist der Meinung, daß, wenn jetzt aus Preußen und Bayern Klagen über den dermaligen Zustand laut werden, nicht etwa bloß die Vorliebe für die frühere Partikulargesetzgebung durchbreche, sondern daß tiefere Gründe vorliegen, wie denn auch in Sachsen, wo der Grundsatz der Nichtbeeidiguug der Zeugen im Vorverfahren seit 1856 gilt, von Richtern und Rechtsanwälten mehr und mehr eine Aenderung gewünscht werde.

Das von der Staatsanwaltschaft mit Vorliebe gepflegte Scrutinialverfahren, — wird in dem Gutachten geltend gemacht — habe sich zu einer Prozedur entwickelt, die von jeder Form absehe; da die Voruntersuchung nur für Schwurgerichtssachen unumgänglich sei, so fuße in mindestens $^5/_6$ der landgerichtlichen Straffachen die Anklage auf formlosen Erhebungen, Berichten der Gensdarmerie, Bemerkungen des Staatsanwalts und seiner Gehülfen, bei umfangreicheren Sachen und bei Haftsachen allerdings auch auf Protokollen, — einem Material, welches nicht die wünschenswerthe Gewähr der Gründlichkeit und Verläßlichkeit darbiete. Dieser allein durch den § 65 St.-P.-O. ermöglichte Zustand sei kein glücklicher: das Gericht, welches über die Eröffnung des Hauptverfahrens zu beschließen habe, müsse sich bis auf Weiteres an das Bild halten, das jene formlosen Erhebungen erzeugen, von der Befugniß des § 200 St.-P.-O. werde in den seltensten Fällen Gebrauch gemacht; der ideell schön gedachte Grundsatz des § 158 Abs. 2 St.-P.-O. werde practisch sich immer undurchführbar zeigen, die Führung der Anklage als Schwerpunkt der Thätigkeit des Staatsanwalts werde auch den übrigen Berufshandlungen desselben den Stempel einer vielfach unbewußten und völlig entschuldbaren Einseitigkeit aufdrücken; auch in Fällen, wo Voruntersuchung geführt wurde, zeigen sich manchmal schädliche Einwirkungen der ersten Befragung der Zeugen durch den Staatsanwalt: da vom Untersuchungsrichter der Zeuge nicht beeidigt werde, so halte er eine Berichtigung seiner Aussage nicht nöthig und die Wahrheit komme erst in der Hauptverhandlung zu Tage.

Daß das Anklageverfahren der Strafprozeßordnung in seiner Wirkung weit hinter der wohlwollenden Absicht des Gesetzgebers zurückbleibe, sei eine offenkundige Thatsache; zum Theil trage hieran die Einrichtung besonderer Anklagekammern die Schuld, zum Theil die bloß schriftliche Zufertigung der Anklageschrift an den Angeschuldigten, während dieser durch einen Richter über seine Einwendungen und Entlastungsbeweise befragt werden sollte. Aber auch, wenn hier gebessert würde, so würde der aus zuverlässigem Material von ruhiger und unparteiischer Hand errichtete Unterbau fehlen, für welchen man eidliche Zeugenaussagen nicht entbehren könne; um den der Ermittelung der Wahrheit schädlichen Einflüssen auf die Zeugen entgegenzuwirken, gebe es kein anderes Mittel, als den Zeugeneid, und zwar müsse dieses Läuterungsmittel, da unmittelbar nach einer Strafthat oder der Entstehung eines Verdachts die Wahrheit am intensivsten getrübt werde, gleich am Anfang angewendet werden; es sei ein Postulat der Gerechtigkeit, daß für die wichtigen Entscheidungen im Vorverfahren zuverlässige Beweise beschafft werden, und wenn der Staat die Pflicht habe, durch den Strafprozeß dunkle Vorgänge aufzuhellen, so sei nicht abzusehen, warum er die hiefür zu Gebot stehenden besten Mittel nicht prinzipiell von Anfang an zur Geltung bringen solle.

Die früheren Erfahrungen in Preußen und Bayern, wie noch jetzt in England und Frankreich sprechen dagegen, daß durch die Beeidigung der Zeugen bei ihrer ersten Vernehmung die Unmittelbarkeit des Beweises in der Hauptverhandlung geschädigt werde.

Das Wesen der letzteren erblickt Wiesand in dem Zusammenschluß aller Beweise zur. Erzeugung eines Gesammtbilds, während das Vorverfahren aus einer Reihe zeitlich und räumlich getrennter Beweiserhebungen bestehe. — Nicht sowohl daran, daß die Zeugen in der Hauptverhandlung schwören, haben die Parteien ein Interesse, als vielmehr daran, daß Zeugenaussagen vorgeführt werden, denen durch den Eid die größtmögliche Garantie der Richtigkeit aufgeprägt sei.

Wiesand wendet sich hierauf gegen die nochmalige Beeidigung in der Hauptverhandlung, welche er für überflüssig und schädlich erklärt, sofern dadurch die für die Endentscheidung nur als Ein Ganzes in Betracht kommende Zeugenaussage in zwei Theile gespalten, eine zwecklose Häufung der Eide und überdies der Uebelstand herbeigeführt werde, daß man bei Abweichungen von der früheren Aussage einem Falscheid gegenüber stehe.

Dem Vorschlag John's, durch möglichst extensive Interpretation des § 65 St.-P.-O. zu helfen, vermag Wiesand nicht zuzustimmen: allerdings brauche der gesetzliche Grund der Ausnahme nicht thatsächlich motivirt zu werden, aber da der Wille des Gesetzgebers klar sei, daß nur, wenn thatsächliche Anhaltspunkte zum Mißtrauen gegen den Zeugen vorhanden seien, der Zeugeneid schon vor der Hauptverhandlung gefordert werden könne, vertrage es sich nicht mit der Gewissenhaftigkeit des Richters, zur Regel zu machen, was Ausnahme sein solle.

Wenn man zugebe, daß die Erhebungen im Vorverfahren nicht bloße Informationen der Anklagebehörde, sondern Beschaffung von Beweisen für alle Maßregeln und Entscheidungen bis zur Hauptverhandlung seien, so dürfe man sich auch der Nothwendigkeit nicht verschließen, daß von Anfang an das wirksamste Mittel für die Läuterung der Zeugenaussagen verwerthet werde. Auch wenn hiedurch die Hauptverhandlung etwas an Frische verlieren sollte, wäre dies immer noch das kleinere Uebel; die Sachen würden besser vorbereitet zur Hauptverhandlung kommen und überraschende Wendungen, — auch Verurtheilungen Unschuldiger seltener werden.

Wiesand hält die Einrichtung eines Voruntersuchungsamts bei jedem Landgericht für die nothwendige Consequenz einer Abänderung des § 65 St.-P.-O.; eine solche Behörde würde das gesammte Vorverfahren einheitlicher, präziser und schneller erledigen, und wäre organisatorisch der Vorläufer der mündlichen Voruntersuchung und der Betrauung des Untersuchungsrichters mit der Erlassung des Beschlusses über Eröffnung des Hauptverfahrens — ein Ziel, welches als der harmonische Abschluß der Reformbewegung vom schriftlichen Inquisitionsprozeß zum mündlichen Anklageprozeß unverrückt im Auge behalten werden müsse.

Wenn ich nun meine Ansicht darüber aussprechen soll, meine Herren, ob der Grundsatz des § 65 der St.-P.-O., daß die Beeidigung der Zeugen erst in der Hauptverhandlung zu erfolgen hat, verlassen werden soll, so glaube ich, da es sich so, wie die Frage gestellt ist, um die in den letzten Jahren gemachten Erfahrungen handelt, zunächst über die mir näher bekannten Erfahrungen in meinem Heimathland Württemberg berichten zu sollen. Die württemberg'sche Strafprozeßordnung, welche vom 1. Februar 1869 bis 30. September 1879 in Kraft war, bestimmte:

„in der Voruntersuchung soll die Vernehmung des Zeugen keine eidliche sein; nur wenn zu befürchten ist, daß der Zeuge vor dem erkennenden Gericht nicht wird erscheinen können, kann die Beeidigung schon in der Voruntersuchung eintreten; das Gleiche kann in allen höheren Straffällen mit Genehmigung der Raths- und Anklagekammer geschehen, wenn der Zeuge gegründeten Anlaß zu der Vermuthung gibt, daß er mit der Wahrheit zurückhalte."

Weiter bestimmte das Gesetz die nochmalige Beeidigung der in der Voruntersuchung schon beeideten Zeugen in der Hauptverhandlung, ließ dabei jedoch ausnahmsweise eine Erinnerung an den geleisteten Eid nach Beschluß des Gerichts zu. In schöffengerichtlichen Strafsachen fand eine Beeidigung der Zeugen nur statt, wenn sie von der Staatsanwaltschaft verlangt wurde, oder das Gericht sie geboten fand.

Ich kann bezeugen, daß diese gesetzlichen Bestimmungen während ihres zehnjährigen Bestehens sich bei uns erprobt haben, daß ihre Handhabung den Zwecken der Strafrechtspflege genügte und daß durch dieselben, indem sie die Anwendung des Zeugeneides beschränkten, die Heiligkeit des Eides gehoben wurde.

Durch die Vorschriften der deutschen Strafprozeßordnung ist unserer früheren Particulargesetzgebung gegenüber der Kreis der Fälle, in welchen im Vorverfahren der Zeuge beeidigt werden kann, erweitert worden. Dafür, daß diese Beeidigung zur Regel gemacht werde, hat sich bei uns noch keine sachkundige Stimme erhoben, und ich freue mich, daß nach dem Gutachten des Landgerichtsdirectors Philler die Erfahrungen in Hannover hiemit übereinstimmen.

Im Prinzip bekenne ich mich zu dem Grundsatz, wie er schon im Jahre 1867 von unserer Abtheilung aufgestellt wurde. Sie werden nicht verlangen, daß ich im Einzelnen auf die Gründe und Gegengründe eingehe; diese sind Ihnen ja wohl bekannt und in den vorliegenden Gutachten erörtert; ich erlaube mir nur kurz zu resumiren: Wesen und Charakter des öffentlich mündlichen Verfahrens, der Grundsatz der Unmittelbarkeit verlangen, daß die Beweisaufnahme, die eigentliche Beweiserhebung vor dem erkennenden Gerichte stattfinde, während das Vorverfahren die Beweise zu sammeln hat, um darnach beurtheilen zu können, ob eine bestimmte Person hinlänglich verdächtig erscheint, ob nach Lage der Sache Verweisung zur Hauptverhandlung oder Einstellung zu beschließen ist. Wesentlich kommt sodann in Betracht, daß, wenn die Beeidigung der Zeugen im Vorverfahren als Regel aufgestellt würde, eine Menge von Eiden abgenommen werden müßte, welche sich schließlich als überflüssig erweisen; und wollte man nach dem Grundsatz unserer Strafprozeßordnung alsdann die im Vorverfahren beeidigten Zeugen in der Hauptverhandlung wiederholt beeidigen, so würde sich eine für die Bedeutung dieses richtigen Beweismittels höchst bedenkliche Häufung von Eiden ergeben; wollte man sich aber in der Hauptverhandlung dann mit einer bloßen Erinnerung oder Berufung auf den im Vorverfahren geleisteten Eid begnügen, so würde die Feierlichkeit und Wirkung der Hauptverhandlung beeinträchtigt.

Niemand wird verkennen, daß Ausnahmen von dem Grundsatze erforderlich sind; soweit es sich um Gefahr im Verzug und um Sicherung des Beweismittels handelt, besteht kein Streit; hier wird die Bestimmung unserer Strafprozeßordnung sowohl für die Voruntersuchung als für das vorbereitende Verfahren ausreichen. Dagegen scheint mir der Widerstreit der Meinungen hauptsächlich dadurch begründet, daß die Gegner der Bestimmung in § 65 annehmen, es sei für die Fälle, in welchen die Beeidigung der Zeugen als Mittel zur Herbeiführung einer wahrheitsgemäßen Aussage im Vorverfahren anzuwenden ist, im Interesse der Zwecke des Strafverfahrens und der Rechtsordnung überhaupt vom Gesetz nicht gehörig gesorgt. Nach meiner Meinung wäre hier manche Schwierigkeit beseitigt, wenn seiner Zeit die Bestimmung des Entwurfs Gesetz geworden wäre; aber bei dem klaren Wortlaute des Gesetzes und dem Gange der Verhandlungen in der Reichstagscommission, von welcher zuerst der Zeugeneid zur Ermittelung der Wahrheit aus dem vorbereitenden Verfahren ganz entfernt, dann die jetzt im § 65 enthaltene Bestimmung angenommen wurde, glaube ich mit dem Gutachter Philler, daß von dieser Ausnahmebestimmung des Gesetzes Anwendung zu machen ist, sobald von einem Zeugen zu vermuthen ist, daß er mit der Wahrheit zurückhält, wofern von der wahrheitsgetreuen Aussage desselben die Feststellung abhängig ist, ob und wie eine strafbare That geschehen und wer der Thäter ist; denn ohne diese Feststellung kann weder die öffentliche Klage erhoben, noch die Einstellung verfügt werden. Wird diese Frage vom Staatsanwalt und Amtsrichter, wie in der Voruntersuchung vom Untersuchungsrichter, gewissenhaft geprüft, so wird es an einer genügenden Grundlage auch für die weiteren im Vorverfahren zu ertheilenden Entscheidungen nicht fehlen.

Immer wird es auf das pflicht- und sachgemäße Ermessen der handelnden richterlichen und staatsanwaltlichen Personen, auf deren harmonisches Zusammenwirken ankommen, und nach meinem Dafürhalten wird die Behandlung der Strafsachen eine viel sorgfältigere sein, wenn dieselben gehalten sind, die Zeugen und deren Aussagen gründlich zu prüfen und hiernach die Frage ihrer Beeidigung zu entscheiden, als wenn sie durch die als allgemeine Regel vorgeschriebene Beeidigung versucht würden, ohne Weiteres die eidlichen Aussagen der Zeugen als Wahrheit anzunehmen.

Im Allgemeinen stimme ich dem Satze Abegg's bei: nicht der Eid bürgt mir für den Mann, sondern der Mann für den Eid; und weiter kann ich — Gott sei Dank! — aus meiner Erfahrung bestätigen, daß Abweichungen der in der Hauptverhandlung beeidigten Zeugen von ihren früheren Aussagen bei uns zu den Seltenheiten gehören. Die Untersuchungen wegen Meineids, über deren Vermehrung auch bei uns geklagt wird, betreffen zu großem Theil Falscheide, welche in Civilprozessen oder in Strafsachen wegen Ehrenkränkung und Körperletzung vor den Schöffengerichten — also bei der ersten Vernehmung geschworen worden sind.

Schließlich will ich noch anführen, daß, wenn die Beeidigung der Zeugen im Vorverfahren zur Regel gemacht würde, wohl auch die Abfassung artikulirter Protokolle die Folge wäre, womit die Hauptverhandlung zu einer Recapitulation des früher Verhandelten herabsänke; und weiter, daß die Mängel des vorbereitenden Verfahrens, über welche geklagt wird, mir zu großem Theile weniger in der Sache, als in den Personen zu liegen scheinen.

So weit meine Erfahrung, die mir auch anderwärts mehrfach bestätigt worden ist, reicht, stelle ich an die Abtheilung den Antrag:

> dieselbe wolle ihre Ansicht dahin aussprechen, es sei nach den bisherigen Erfahrungen eine Abänderung des § 65 der St.=P.=O. dahin, daß die Beeidigung der Zeugen in der Regel bei der ersten Vernehmung erfolgen soll, bei sachgemäßer, gewissenhafter Anwendung des Gesetzes nicht angezeigt.

Vice=Präsident **v. Stösser**: Bevor wir in die Discussion des dankenswerthen Vortrages des Herrn v. Köstlin eingehen, erlaube ich mir, Sie daran zu erinnern, daß es zweckmäßig ist und der bisherigen Uebung entspricht, wenn diejenigen Herren, welche das Wort ergreifen wollen, sich bei dem Herrn Schriftführer melden, damit ihre Namen in das Protokoll eingetragen werden können. Ich erlaube mir die Anfrage, ob es mehreren Herren wünschenswerth erscheint, daß der Wortlaut des § 65 vorgelesen wird. Der Inhalt ist selbstverständlich jedem Mitglied bekannt, aber der eine oder der andere Herr könnte Werth darauf legen, daß ihm nochmals der Wortlaut ins Gedächtniß gerufen wird. (Beistimmende Zurufe.)

(Der Vorsitzende Verliest § 65 der Strafprozeß-Ordnung.)

Auf die Anfrage, die gestellt ist: „erscheint eine Abänderung des § 65 der Strafprozeß-Ordnung dahin, daß die Beeidigung in der Regel bei der ersten Vernehmung erfolgen soll, nach den bisherigen Erfahrungen wünschenswerth?“ haben Sie den Antrag des Herrn Referenten vernommen, der dahin geht, diese Frage sei zu verneinen. Was die Reihenfolge der geehrten Redner anlangt, so werde ich mich nach der bisherigen Uebung richten und gebe das Wort zunächst Herrn Landgerichtspräsidenten Bardeleben.

Landgerichtspräsident **Bardeleben** (Berlin): M. H.! Ich stehe auf dem entgegengesetzten Standpunkt gegenüber dem Herrn Referenten. — Gestatten Sie mir zunächst in Anknüpfung an seine Ausführungen recapituliren zu dürfen, daß die 3. Abtheilung des 6. deutschen Juristentages, der seiner Zeit in München tagte, nicht nur diese Frage, sondern gleichzeitig die damit zusammenhängende Frage bezüglich des promissorischen Eides erörtert hat. Ganz von demselben Gesichtspunkte der Zusammengehörigkeit der §§ 61 und 65 der deutschen Strafprozeßordnung war ein Mitglied Ihrer ständigen Commission geleitet, welches zugleich mit dem § 65 die Frage, ob sich der Voreid in der Praxis bewährt habe, Ihrer erneuten Erörterung und Entscheidung unterbreitet wissen wollte. Indeß hat die ständige Deputation in ihrer Mehrheit die gewünschte Verbindung abgelehnt und so haben wir uns hier ausschließlich mit der Bestimmung des § 65 der Strafprozeßordnung zu beschäftigen.

Dann bleibt zu constatiren, daß die Mehrheit, welche sich in München seiner Zeit dafür entschied, daß die Vereidigung der Zeugen im Vorverfahren prinzipiell nicht erfolgen dürfe, eine überaus geringe war, daß aber das Plenum des Münchener Juristentages, an welches die Abtheilung diese Frage verwiesen, mit überwiegender Majorität die Entscheidung als inoportun abgelehnt hat.

Als demnächst bei der Berathung der Reichsjustizgesetze diese Frage zur Erörterung stand, adoptirte die Majorität der Commission die theoretischen Gründe dahin: das Prinzip der Unmittelbarkeit und Mündlichkeit führe zwingend dazu, daß die Vereidigung im Hauptverfahren erfolgen müsse. Vergeblich opponirten dagegen Autoritäten, wie unser verehrter Präsident Gneist. Es wurde von der Minderheit der Commission der Versuch gemacht, wenigstens dann eine Vereidigung im Vorverfahren anzuordnen, wenn es sich um eine Verhaftung handle. Vergeblich; die Commission beharrte in ihrer Mehrheit beim Prinzip, das Plenum des Reichstages schloß sich an, und § 65 wurde Gesetz.

Und nun liegt uns die Frage vor: Hat sich in einer fünfjährigen Praxis diese gesetzliche Bestimmung bewährt?

Jeder von uns wird also bei der Entscheidung, ob Ja, ob Nein, auf seine eigenen practischen Erfahrungen, unabhängig um die Consequenzen der Theorie, zurückgreifen müssen, und da bin ich zunächst, da ich nicht Criminalist bin, zu der Erklärung gezwungen, daß meine Erfahrungen größtentheils nur indirekte sind, daß ich aber auf Grund dieser, so zu sagen indirekten Erfahrungen hiermit constatiren kann, wie bei meinen Collegen in Berlin, die mit Strafsachen befaßt sind, etwa 40 beim Landgericht, 20 beim Amtsgericht und 30 Beamten der Staatsanwaltschaft, also bei etwa 90 Collegen, die in der täglichen Ausübung der Praxis in der Reichshauptstadt stehen, fast ausnahmslos die Ueberzeugung besteht, daß der promissorische Eid ein Fehlgriff, und § 65 der Strafprozeß-Ordnung geändert werden müsse. Aber nicht nur die Praxis, schon der Herr Referent hat auseinandergesetzt, daß seit Emanation der Reichsgesetze mancher Theoretiker, darunter Autoritäten wie John, sich unbedingt gegen die Bestimmung des § 65 ausgesprochen haben. John sagt in seinem Commentar wahrlich mit Recht: der § 65 der Str.-P.-Ord. sei ein Schutz für die Schuldigen, ein schwerer Angriff gegen die Unschuldigen, gegen deren Ehre und Freiheit.

Und nun gestatten Sie mir, meine Herren, Ihnen zur Illustrirung des John'schen Ausspruchs einige Fälle aus der Praxis mittheilen zu dürfen, in denen es zum Theil lediglich dem Zufall zu danken ist, daß der Schuldige unter dem Schutze des § 65 nicht straffrei ausgegangen ist.

Dem Staatsanwalt wird die Anzeige gemacht, daß der Cassirer eines Creditvereins eine Unterschlagung begangen habe. Er veranlaßt die Vernehmung des Directors dieses Vereins, eines Mannes, der über jedes Bedenken bezüglich seiner Ehrenhaftigkeit erhaben ist und dieser sagt im Vorverfahren aus: das bezüglich des Cassirers coursirende Gerücht sei falsch. Es hätte sich eine Buchdifferenz von 900 Mk. herausgestellt, die inzwischen aufgeklärt worden, im übrigen stimme der Cassen-Inhalt vollständig. Der Staatsanwalt reponirt die Acten. — Zufällig, in einer Privatgesellschaft, hört er, daß jener Cassirer vom Creditverein entlassen, ja flüchtig geworden sei, und daß jene Aussage des Directors unwahr sein müsse. Daraufhin veranlaßt der Staatsanwalt die eidliche Vernehmung des Directors, und was stellt sich nun heraus? Der Mann muß zugeben, daß die Unterschlagungen des Cassirers die Summe von 19000 Mk. betrügen, und befragt, wie er im Vorverfahren eine unwahre Aussage habe machen können, sagt er: lediglich deshalb, weil der wohlhabende Vater des Cassirers sich bereit erklärt habe, diese Summe zu decken, unter der ausdrücklichen Bedingung, daß von einer strafrichterlichen Verfolgung des Sohnes abgesehen werde; er habe diese Aussage damals gemacht, wissend, daß er nicht vereidigt werde.

Ein zweiter Fall ist der: Es handelte sich um ein Sittlichkeitsverbrechen. Ein Mädchen war als Hauptbelastungszeugin benannt, und im Vorverfahren vernommen, sagte sie: sie habe absolut Nichts von der That gesehen. Da will es jener Zufall, der im ersten Falle schon mitgespielt hat, daß der Vertheidiger wegen eines Nebenpunktes diese Zeugin zum Hauptverfahren laden läßt und nun sagt sie im Hauptverfahren unter Eideszwang, daß sie von Anfang bis Ende den Akt der Nothzucht mit angesehen habe. Gefragt, wie es komme, daß sie das nicht schon im Vorverfahren angegeben, erwidert sie: ja ich wollte nicht vor den Geschworenen erscheinen; ich wußte, daß ich nicht beeidigt werde und ich wollte in der schmutzigen Sache vor dem Schwurgerichte nicht auftreten. M. H., wieder nur ein Zufall!

Und nun ein weiterer Fall, der vor dem Schwurgerichte des Landgerichts I. in Berlin in öffentlicher Verhandlung vor etwa 1½ Jahren gespielt hat. Es handelte sich um das schwere Verbrechen des Gattengiftmordes. Im Vorverfahren war der Sohn vernommen und hatte ausgesagt, daß das eheliche Verhältniß zwischen seinem Vater und seiner verlebten Mutter ein sehr unglückliches gewesen sei; gleichzeitig wurde das Mädchen, das beim Tode der Frau im Dienste gewesen, vernommen, und sie bestätigte nicht nur dies, sondern sagte auch aus: ihr Dienstherr habe weißes Pulver zur Vertilgung von Ratten gehabt. Dieses Pulver hätte da und da gestanden, und sie erinnere sich genau, daß ihr Dienstherr wiederholt von diesem Pulver genommen habe; er sei eine Stunde etwa vor dem Tode der Frau mit einer kleinen Flasche, in der sich eine weiße Flüssigkeit befunden habe, aus dem Zimmer in die Küche gekommen, um die Flasche auszuspülen, beim Ausspülen seien seine Stiefel bespritzt worden; sie selbst habe am nächsten Tage die Stiefel zu reinigen gehabt und dabei habe sie auf denselben einzelne Tropfen einer weißen Flüssigkeit vermischt mit Körnern gesehen. Meine Herren, daß diese Person eine wichtige Zeugin für die Anklage war, liegt auf der Hand. Im Hauptverfahren aber beeidigt, nahm nicht nur der Sohn, sondern auch dieses Dienstmädchen Alles zurück und trotz aller möglichen Vorhalte des Staatsanwalts und Vorsitzenden widerrief sie vollständig ihre im Vorverfahren gemachte Aussage, ja sie wurde in einem Punkte Entlastungszeugin und die Freisprechung des Angeschuldigten erfolgte. Unmittelbar darauf wurde diese Zeugin verhaftet und einige Monate später stand sie an derselben Stelle vor dem Schwurgerichte als Angeklagte. Dort räumte sie ein, daß

Alles, was sie im Vorverfahren gesagt hätte, die volle Wahrheit gewesen sei; sie wäre von dem Sohne und der Wirthschafterin des früheren Angeklagten zur Unwahrheit verleitet worden; diese hätten auf sie eingewirkt und ihr vorgesagt: „Alles was Du im Vorverfahren angegeben hast, gilt nicht, denn Du hast nicht geschworen." Nun, m. H., wir können freilich nicht wissen, welches Resultat der Wahrspruch der Geschworenen gewesen wäre, wenn das Mädchen bei ihrer ersten wahren Aussage geblieben wäre, aber das, meine Herren, werden Sie doch mit mir als der größten Wahrscheinlichkeit entsprechend annehmen, hätte die Vereidigung des Mädchens im Vorverfahren stattgefunden, jene Verführungsversuche, die die Unglückliche ins Zuchthaus gebracht, hätten nicht so leicht Boden fassen können und den Geschworenen lag ein beeidigtes Zeugniß vor. Ich meine nicht zu viel zu sagen, in diesem Falle liegt die höchste Wahrscheinlichkeit vor, daß durch die unterlassene Vereidigung im Vorverfahren ein wirklich Schuldiger der gerechten Strafe entzogen ist.

Abgesehen von diesen 3 drastischen Fällen, machen die Berliner Strafrichter, ich sage nicht zu viel, täglich die Erfahrung, daß die Aussagen der Zeugen im Vorverfahren, völlig abweichend von den Aussagen im Hauptverfahren unter Eideszwang, und dann, auf den Widerspruch aufmerksam gemacht, die stets gleichlautende Erklärung finden: ich brauche ja nicht zu schwören!

Nun, meine Herren, wollen Sie diesen Thatsachen gegenüber nicht mit mir anerkennen, daß Johns Behauptung:

> der § 65 der Strafprozeßordnung bildet einen Schutz für die Schuldigen,

in der Praxis seine Bestätigung findet?

Wollen Sie die Strafverfolgung wirklich, wie Ihnen nachgewiesen, vom Zufall abhängig wissen?

Und nun die Kehrseite, um weiter mit John zu sprechen:

> Durch die Bestimmung des § 65 ist der Nichtschuldige um eines Prinzips willen den empfindlichsten Verletzungen seiner Ehre und Freiheit preisgegeben.

Nun, meine Herren, lehrt denn nicht die tägliche Erfahrung bei allen deutschen Strafgerichten die sehr erhebliche Zunahme von Freisprechungen, und zwar nicht allein auf Grund eines non liquet, sondern Personen, deren Unschuld in der Hauptverhandlung ganz klar gestellt wird, sind nach den gethätigten Vorverhandlungen mit vollem Recht auf die Anklagebank gewiesen. Ist das nicht eine schwere Schädigung der Ehre? Nennen Sie das Rechtsschutz? Wenn in 3 Jahren vom Berliner Schwurgericht von 255 Personen, die wegen Meineids angeklagt wurden, 150 Freisprechungen erfolgt sind, so liegt der Grund eines großen Bruchtheils dieser Freisprechungen nicht etwa in einem mangelhaften Vorverfahren, sondern in der schwerwiegenden Bestimmung des § 65. Im Civilprozeß ist eine Entscheidung von einem Eide abhängig gemacht, der Eid wird geleistet, oder die Entscheidung gründet sich auf eine Zeugenaussage. Nun läuft der Unterliegende unter dem Eindruck des Vermögensverlustes zur Staatsanwaltschaft und denunzirt wegen Meineides; die benannten Zeugen werden vernommen und nach ihren im Vorverfahren gemachten Aussagen liegt das Verbrechen so klar zu Tage, daß die Verhaftung des Schwörenden und die Erhebung der Anklage erfolgen muß. Und wie gestaltet sich das Bild in der Hauptverhandlung? Der Staatsanwalt stellt den Antrag auf Freisprechung, weil jene in der Vorverhandlung unbeeidigt gemachten Aussagen unter Eideszwang in den Hauptpunkten sich als unrichtig herausstellen.

Der Unschuldige saß wochenlang in Untersuchungshaft und der Makel, wegen Meineids auf der Anklagebank gesessen zu haben, schädigt dauernd seine Ehre und kann seine ganze Existenz untergraben. M. H.! Ich versichere Sie, solche Fälle bietet die Praxis leider nicht selten.

Verweisen Sie uns nicht auf die Ausnahmen, welche der § 65 zuläßt; ich stehe in dieser Beziehung durchaus auf dem Standpunkt unseres zweiten Gutachters, des Herrn Landgerichtsdirektors Wiesand, dessen klares und überzeugendes Gutachten ich Ihrer Beachtung nicht genug empfehlen kann:

> es verträgt sich nicht mit der Gewissenhaftigkeit des Richters, das zur Regel zu machen, was Ausnahme sein soll.

Nein, meine Herren, wirken Sie durch Ihre Entscheidung mit dahin, daß die jetzige Ausnahme Regel werde, indem Sie, wie ich hiermit beantrage, die uns gestellte Frage dahin beantworten:

> Der deutsche Juristentag hält auf Grund der bisherigen Erfahrungen eine Aenderung des § 65 der Strafprozeßordnung dahin gehend, daß die Beeidigung der Zeugen der Regel nach bei der ersten Vernehmung erfolge, für geboten.

Professor Dr. **Hiller** (Czernowitz): Ich muß trotz der formvollendeten und klaren Auseinandersetzungen des Herrn Vorredners gleichwohl den Standpunkt des Herrn Referenten festhalten und glaube, daß die wirklich interessanten und eclatanten Fälle, welche uns der geehrte Herr Vorredner mitgetheilt hat, die auf prinzipielle Gründe und practische Erwägungen sich gründenden Sätze des Herrn Referenten nicht zu erschüttern vermögen. Ich möchte nur — und das ist der eigentliche Zweck, weswegen ich ums Wort gebeten habe — auf den Standpunkt der Gesetzgebung und die Erfahrungen der Praxis bezüglich dieser Frage in unserm Nachbarlande Oesterreich verweisen. Obwohl Theoretiker, Lehrer an einer

Hochschule, habe ich doch in meiner Stellung stets lebhafte Fühlung mit der Praxis behalten und kann sohin als ein Wohlinformirter davon sprechen. Die österreichische Gesetzgebung enthält in der Eidesfrage ganz homogene Bestimmungen, wie die deutsche Reichsstrafprozeßordnung und diese Bestimmungen haben sich seit dem Bestande der österreichischen Strafprozeßordnung vom Jahre 1873, bekanntlich einem hervorragenden und der deutschen Reichsstrafprozeßordnung zum mindesten ebenbürtigen legislativen Werke, in der österreichischen Praxis auch bewährt, wenigstens im Ganzen und Großen. Es ist erwähnenswerth, daß meines Wissens in der österreichischen Rechtsliteratur, welche der Praxis und der Gesetzesauslegung viel Beachtung schenkt, kaum ein Wunsch nach einer Abänderung der Beeidigung, deren Vornahme in der Hauptverhandlung auch bei uns in Oesterreich die Regel bildet, geäußert worden ist. M. H.! Es ist auch aus formellen Gründen geboten, bei solchen Anlässen die österreichische Gesetzgebung immer heranzuziehen und auch in diesem Sinne, wie dies auf früheren Juristentagen immer Sitte gewesen, das freund-nachbarliche Verhältnis aufrecht zu erhalten. Ich bitte Sie, die Erfahrungen der Praxis in Österreich auch zu Gunsten des im Deutschen Reich festzuhaltenden Standpunktes in Erwägung zu ziehen und sich durch die wirklich imponirenden und eclatanten Einzelfälle, wie sie der Herr Vorredner aus der Praxis anführte, nicht beirren zu lassen und nicht zu rütteln an dem Prinzip unserer Gesetzgebung über die Beeidigung, das sich in zwei großen Staaten seit Jahren bewährt hat. Uebrigens beweisen die Fälle aus der Praxis, welche uns mitgetheilt worden sind, etwas ganz anderes, als sie beweisen sollten. Sie beweisen eine Lücke in dem deutschen Reichsstrafgesetzbuch, in Folge deren die unbeeidete Aussage vor Gericht straflos ausgeht. Das so oft als veraltet bezeichnete österreichische Strafgesetzbuch von 1852 kennt eine Straflosigkeit der unwahren Aussagen, auch wenn der Vernommene nicht beeidigt war, durchaus nicht, sondern stellt sie rücksichtlich der Bestrafung dem Meineid an die Seite. Vielleicht nimmt ein künftiger Juristentag Anlaß, mit der Ausfüllung dieser Lücke im Reichsstrafgesetzbuch, und zwar im Sinne der geltenden österreichischen Gesetzgebung, sich zu beschäftigen. Endlich, meine Herren, rüttelt der Gegenantrag auch wieder an dem ja so mannigfach — wie denn auch nothwendig — modifizirten Prinzip der Unmittelbarkeit und Mündlichkeit; ich meine, man soll keine weitere Einschränkung desselben ins Auge fassen, wo es nicht absolut Noth thut und das ist ja hier nicht der Fall. Retten wir also auch gegen diese Anfechtung das Prinzip, zumal wir ja die geltend gemachten Misstände auf andere Weise beseitigen können.

Landgerichtspräsident v. **Kunowski** (Bielefeld): Nach meiner Ansicht

— etwas spezieller, als es die Anklageformel besagt, dem Angeklagten schon vor der Beweisaufnahme die ihm zur Last gelegten Thatsachen vorzuhalten, ihm zu sagen: Sie sind beschuldigt, bei dieser Gelegenheit so und so gehandelt zu haben, es ist das gegen Sie vorgebracht worden. Was sagen Sie dazu? — Und hierbei wird der Vorsitzende allerdings hin und wieder schon jetzt in der Lage sein, obenhin gewisse, bereits abgegebene Zeugenaussagen zu berühren; allein sein Verfahren wird auch bei diesem Stadium kein irgendwie wesentlich anderes deshalb sein, weil einzelne Zeugenaussagen bereits beeidet sind.

Ich glaube mich also bei diesem ersten Punkte dahin erklären zu sollen, daß der Vorsitzende in der Unbefangenheit seiner Auffassung und seines Verfahrens durchaus nicht beeinträchtigt wird, auch wenn die in dem Vorverfahren vom Richter vernommenen Zeugen in der Regel auch in demselben beeidigt werden.

Der zweite Punkt ist nach meiner Ansicht einer besonders sorgfältigen Erwägung werth. Es handelt sich darum, ob die Zeugen frischer und unbefangener auftreten und aussagen in der Hauptverhandlung, welche doch die Hauptsache ist, wenn sie, obwohl in dem Vorverfahren bereits richterlich vernommen, doch dabei nicht beeidigt worden sind.

Man kann die Zeugen wohl in drei Kategorien theilen; entweder ist ein Zeuge ganz zuverlässig und zugleich intelligent, oder der Zeuge ist gewissenhaft und zuverlässig, aber weniger intelligent, und endlich drittens giebt es Zeugen, die von vornherein unzuverlässig sind und die Neigung haben, die Sache zu färben oder geradezu falsch auszusagen. Ich betrachte zunächst den ersten Fall, also den zuverlässigen und zugleich intelligenten Zeugen. Dieser wird, wenn er bereits früher vom Richter vernommen worden ist und seine Aussage nun auch in der Hauptverhandlung machen und beeidigen soll, die wesentlichen ihm bekannten Thatsachen in der Regel ebenso wie in dem Vorverfahren auch in der Hauptverhandlung darstellen, mag er nun früher beeidigt sein oder nicht. Er wird durch den vorher geleisteten Eid in der Regel in keiner Weise verwirrt oder sonst beeinflußt werden. Es versteht sich natürlich von selbst, daß die mündliche Hauptverhandlung mehrfach neue adminiculirende Momente ergeben wird, bezüglich deren er von Neuem befragt werden wird. Ich vermag indessen nicht einzusehen, daß die Beeidigung im Vorverfahren für ihn irgend ein Hinderniß sein sollte, um, nachdem er vorher mehr summarisch vernommen ist, sich nun unbefangen in etwas ausführlicherer Weise auszulassen.

Was die zweite Gruppe von Zeugen, die zwar zuverlässigen aber weniger intelligenten betrifft, so wird, wie ich glaube, eine eidliche und darum oft etwas eingehendere und eindringlichere Vernehmung vor dem Einzelrichter zu einer klaren Aussage desselben in der Hauptverhandlung eher beitragen, als derselben entgegenstehen; eine ruhige Information vor dem Einzelrichter kann bei ihm in manchen Fällen besser dazu dienen, ihm von vornherein klar zu machen, um was es sich handelt, als die mitunter aufregende, verwirrende Verhandlung vor der Oeffentlichkeit, und so eine richtige Grundlage seiner Aussagen schaffen.

Wenn ich endlich auf die unzuverlässigen Zeugen übergehe, so muß ich sagen, daß sogar ein sehr wesentlicher Moment dafür spricht, diese alsbald zu beeidigen, sobald sie das erste Mal von dem Richter vernommen werden.

Wie gestaltet sich die Sache, wenn unzuverlässige Zeugen, wie sie Herr Landgerichtspräsident Bardeleben in drastischen Beispielen vorgeführt hat, im Vorverfahren unvereidigt vernommen worden sind?

Nachdem das Protokoll abgeschlossen ist und wenn sie einige Wochen später zur mündlichen Verhandlung geladen werden, so ist das eben dann eine abgeschlossene Thatsache, sie tragen das Bewußtsein von dem, was sie gesagt haben, recht wohl in sich, und sie wissen, daß der Richter diese einmal abgegebene Aussage kennt. Haben sie nun in dem Vorverfahren, ihrer Meinung, sei es zu Gunsten oder zu Ungunsten des Angeklagten, folgend, etwas Unrichtiges ausgesagt oder die wahre Sachlage gefärbt, entweder, weil sie wußten, sie würden jetzt nicht vereidigt werden, und es für sie ungewiß war, ob es überhaupt zu einer Hauptverhandlung komme, ob eine förmliche Anklage nicht vielleicht gerade durch ihre Aussage verhindert würde, oder weil sie in jenem Termine sich vorbehielten, sich etwas mehr der Wahrheit zu nähern, falls es am Schlusse des Termins zum Eide käme, so sind sie nunmehr, wenn das zusammenhängende, deutliche, fertige Protokoll über die unwahre oder halb wahre Aussage schwarz auf weiß vorliegt und ihnen vorgehalten wird, in einer gewissen Weise gebunden; sie fühlen sich moralisch gebunden, an dem einmal, immerhin leichtsinnig Gesagten, aber doch einmal deutlich Gesagten, möglichst festzuhalten, um sich nicht zu compromittiren: genug, sie werden eine erhebliche Scheu haben, von ihrer früheren Aussage abzuweichen, um so mehr, wenn sie eben moralisch nicht sehr zuverlässig sind; ein Theil vielleicht auch deshalb, weil sie sich nun doch einbilden, in gewisser Weise strafbar geworden zu sein.

Erheblich anders dagegen gestaltet sich gerade bei solchen Zeugen die Sache, wenn ihnen bei ihrer ersten richterlichen Vernehmung auch der volle Ernst derselben entgegentritt, die ernste Vorhaltung, daß diese ihre Aussage jetzt alsbald zu beeidigen ist, und daher deshalb jetzt so einzurichten ist, daß sie mit gutem Gewissen beschworen werden kann. Diejenigen Zeugen wenigstens, welche nicht die feste Absicht haben, einen Meineid zu schwören, werden dann oft schon in diesem Stadium zu einer wahrheitsgemäßeren Aussage sich herbeilassen, und sie sind dann später im Gegentheil eher zu Gunsten der Wahrheit bereits etwas vinculirt; und es ist mit ihrer Aussage für die Sache selbst eine etwas mehr sichere Grundlage gewonnen.

Wenn ich endlich den dritten Einwand würdige, so wäre ich meinerseits der Letzte, der dazu beitragen möchte, die Heiligkeit des Eides zu untergraben. Indessen glaube ich, daß dieser Punkt überschätzt wird. Die Zahl der Zeugeneide, welche zu schwören wären, wenn bereits im Vorverfahren denjenigen, welche vom Richter als Zeugen vernommen werden, in der Regel auch der Eid abgenommen würde, dürfte keine so erheblich größere sein. Man muß erwägen, daß meistens Vorerhebungen polizeilicher Natur schon vorausgegangen sind, also gewöhnlich nur solche Personen im Vorverfahren richterlich vernommen werden, die etwas zur Sache Relevantes wissen. Wenn nun dann ferner zwei Drittel von denjenigen, welche im Vorverfahren vernommen worden sind, auch in der Hauptverhandlung vernommen werden, ist das eine so erhebliche Beeinträchtigung der Heiligkeit des Eides, wenn dieselben in der Hauptverhandlung nochmals beeidigt werden?

Faßt man dies Alles zusammen, so kommt man hiernach zu dem Resultate, daß das Prinzip der Mündlichkeit und Unmittelbarkeit der Verhandlung durch die Beeidigung im Vorverfahren auf keine Weise beeinträchtigt wird, daß die Gewinnung eines frischen und möglichst wahrheitsgetreuen Eindrucks von der fraglichen Thatverhandlung durch diese Vorbeeidigung nicht beeinträchtigt wird; sonach also wäre diese Frage keine prinzipielle, sondern eine mehr practische. Ist es aber eine practische, so muß ich mich meinerseits dahin erklären, daß im Gegentheil, nach dem Gesagten, die Vorbeeidigung zur Gewinnung eines klaren Bildes in der Hauptverhandlung eher förderlich sein wird, und daß es von Vortheil sein wird, wenn man zum Ausgangspunkt für die Anklage und für die Information des Vorsitzenden zuverlässigere Zeugenaussagen hat. Und um das noch zu erwähnen, ist es denn — wie schon vorher mit Recht berührt worden ist — von so geringem Belang, wenn durch diese mehr sichere Grundlage hin und wieder auch die Erhebung einer Anklage vermieden wird, wenn dadurch hin und wieder erreicht wird, daß Personen, bezüglich deren ein Irrthum, eine falsche Auffassung obgewaltet hat, oder ohne eine eidliche Zeugenvernehmung obgewaltet haben würde, nicht erst gezwungen werden würden, vor die Anklagebank zu treten, und wenn andererseits auch in manchen Fällen nicht eine viel längere Zeit hindurch die Schuld eines Angeklagten im Ungewissen bliebe, sondern die Entscheidung, die Verurtheilung viel schneller der That auf dem Fuß folgen könnte. Nach all diesem muß ich mich der Auffassung des Herrn Präsidenten Bardeleben anschließen und muß die Frage bejahen.

Rechtsanwalt **Jacobi**: Ich bitte dasjenige, was ich anführen möchte, um zur Verneinung der gestellten Fragen zu gelangen, nur anzusehen als Supplement der Ausführungen der Vorredner und zwar als Ergänzung vom Standpunkt des Vertheidigers, weil der letztere noch nicht zum speziellen Ausdruck gelangt ist. Die Frage nach den Consequenzen und dem Prinzip der Mündlichkeit ist in der That nicht durchgreifend. Das Richtige besteht darin, das Prinzip überhaupt nicht in seiner äußersten Consequenz zu verfolgen, sondern an der Hand des practischen Bedürfnisses die Prinzipien zu modifiziren, wo es eben nöthig ist. Ob das Verfahren mündlich und öffentlich sein soll, ob es in eine Hauptverhandlung und in ein Vorverfahren sich theilt, ist Nebensache. Derartige abstracte Gründe können keinen Anhaltspunkt für die Beantwortung der gegenwärtigen Frage abgeben. In einem einzelnen Falle kann die Hauptverhandlung den Ausschlag geben, in einem anderen das Vorverfahren. Das hängt von den Umständen ab. Worin besteht aber das Interesse des Angeklagten? Es besteht darin, wie einer der Herren Vorredner sagte, daß die Belastungszeugen nicht im Voraus durch ihren Eid auf eine bestimmte Aussage festgenagelt werden, ehe dem Angeklagten Gelegenheit geboten ist, dieser Aussage entgegenzutreten und in seiner Vertheidigung dieser Aussage gegenüber sein Interesse wahrzunehmen. Die Klage reduzirt sich für den Angeklagten — und das ist von meinem Standpunkt aus der Hauptinteressent — darauf:

Hat in dem jetzigen Verfahren der Angeklagte in der Voruntersuchung Gelegenheit sein Interesse wahrzunehmen, dann steht der Vereidigung, wenn der Angeklagte und sein Vertheidiger gehört worden sind, nichts entgegen. Hat er aber diese Gelegenheit nicht, — und das ist ohne Zweifel nach der bestehenden Prozeßordnung der Fall — so sind die Vereidigungen im Vorverfahren auf ein Minimum zu reduziren, weil sonst die Vertheidigung im Hauptverfahren brach gelegt wird. Weiter kommt noch in Betracht, daß thatsächlich, — wie wohlwollend auch die Intentionen der Gesetzgeber sein mögen — die Strafkammer dem Antrage des Angeklagten auf Eröffnung der Voruntersuchung fast niemals stattgiebt; ganz abgesehen von der durch die Verhaftung geschaffenen Zwangslage, die den Angeklagten von Anträgen, welche eine Verzögerung zur Folge haben, ohnehin möglichst absehen läßt. Das Resultat ist:

Bei der jetzigen Gesetzgebung ist das Vorverfahren ein solches, worin der Angeklagte keine Gelegenheit hat, sein Vertheidigungsrecht bei Vernehmung der Anklage-Zeugen wahrzunehmen und aus diesem Grunde muß man der bestehenden Gesetzgebung gegenüber vorliegende Frage verneinen.

Professor Dr. **Rubo** (Berlin): Nach den eingehenden Vorträgen, insbesondere dem erleuchteten Referate, möchte ich mir nur wenige Worte gestatten. Bereits von meinem alten Rechtslehrer Mittermaier habe ich es gehört, daß der Name Hauptverhandlung kein zufälliger ist. Die badische Gesetzgebung weist nach, daß er mit Vorbedacht gewählt wurde; um deren Aufgabe richtig zu bezeichnen, ist der Name „Schlußverhandlung" absichtlich abgelehnt worden. Eine Schlußverhandlung läge dann vor, wenn in der Voruntersuchung alles Material bereits festgestellt, insbesondere auch die Zeugenvereidigung bereits vorgenommen wäre und es nunmehr gelte, auf Grund dieses, zuvor Festgestellten das Endurtheil zu fällen. Eine Hauptverhandlung dagegen ist diejenige Verhandlung, in welcher vor dem erkennenden Gerichte selbst dasjenige überhaupt erst festgestellt wird, was ausschließlich für die Entscheidung seitens des erkennenden Gerichts maßgebend sein darf. Und gerade weil wir eine Hauptverhandlung haben sollen und haben wollen, bitte ich Sie, dem Antrag des Herrn Referenten gütigst beizutreten.

Eine Abänderung nach Maßgabe lediglich meiner Erfahrungen vermag ich nicht zu befürworten, weil, wie ich offen angeben will, Erfahrungen mir nicht zur Seite stehen. Aus den uns gewordenen Mittheilungen berühre ich nur den Giftmordfall, welchen Herr Präsident Bardeleben mitzutheilen die Güte hatte, aber gerade in Ansehung dieses Falles erlaube ich mir, ausdrücklich und ganz besonders darauf hinzuweisen, daß das Dienstmädchen in der Hauptverhandlung beeidigt die Unwahrheit, in der Voruntersuchung unbeeidigt die Wahrheit angegeben hat. Die Unwahrheit wurde also auf Beeidigung hin ausgesagt und wenn ich das in Betracht ziehe und weiter nicht außer Acht lasse, daß eine Verleitung durch den Sohn auch schon in der Voruntersuchung hätte stattfinden können, so bleibt mir nur übrig zu sagen: der Umstand, daß der Zeuge beeidigt wird, ist bei einem schuldhaften Zeugen keine Garantie für Wahrheit; bei einem ehrenhaften Mann bildet der Umstand, daß seine Beeidigung ausgesetzt wird, kein Hinderniß für die Möglichkeit, doch von ihm die Wahrheit zu erhalten.

Das andere Beispiel mit dem Procuristen wage ich an und für sich nicht anzugreifen. Aber der Satz „exempla docent" müßte in Wahrheit dahin gewandelt werden: „exempla non docent."

Ich wende mich nun mit wenigstens einem Worte gegen das von

Herrn Dr. Hiller Gesagte, daß eine Lücke im Strafgesetzbuche darum bestehe, weil die unbeeidigte Aussage des Zeugen, wenn falsch, nicht unter Strafe gestellt sei. Aus den Sitzungen der vom Bundesrath eingesetzten Commission zur Revidirung des Strafprozeß-Entwurfs von 1869 vermag ich Ihnen mitzutheilen, daß die einschlägige Frage seitens des Herrn Generalstaatsanwalts Dr. v. Schwarze mit Rücksicht auf den sächsischen Civilprozeß in Anregung gebracht worden ist. Begründungsweise bemerkte derselbe nämlich, daß im Königreich Sachsen bei Prozessen bis zu 50 Thlr. = 150 Rmk. auch die unbeeidigten Zeugenaussagen Beweiskraft hätten: und mit Rücksicht hierauf bat er um Aufnahme einer solchen Strafbestimmung, wie sie gegenwärtig Herr Dr. Hiller vermißt. Indeß der Vorsitzende der Commission, der Justizminister Dr. Leonhard, sel. Andenkens! rieth von einer solchen Bestimmung ab, er verwies den Herrn Generalstaatsanwalt an sein engeres Vaterland, um dort eine Abänderung und Ergänzung zu erzielen. Diese Ergänzung bestand in einer vom König Johann octroyirten Verordnung, nachweislich deren auch unbeeidigte falsche Zeugen-Aussagen mit Strafe bedroht wurden.

Vom Bundeskanzleramt erging hiergegen Einspruch, weil die Verordnung eine Materie behandle, welche Gegenstand des deutschen Strafgesetzbuches sei. Das Ministerium Sachsens erklärte die Verordnung für rechtsgiltig. Die Materie des Strafgesetzbuches sei der Eid, die Materie der Verordnung sei der Nichteid. Weiteres remonstriren half nicht. Die Verordnung wurde aber ohne Weiteres zurückgenommen, als der sächsische oberste Gerichtshof erklärte, sie bestehe nicht zu Recht, da eine im deutschen Strafgesetzbuch behandelte Materie auch Materie der Verordnung sei. Ich bitte nunmehr zu erwägen, ob die Fortlassung der Bestimmung ein Fehler sei oder nicht. Ich habe noch eine weitere Bitte. Von Herrn Präsidenten Bardeleben ist in sehr eingehender Weise mitgetheilt worden, wie ein Mitglied der ständigen Deputation den Antrag gestellt habe, die Frage wegen Abänderung der Bestimmung, daß die Zeugen bereits vor und nicht erst nach der Aussage zu beeidigen seien, zur Discussion zu bringen. Es ist leider die Frage uns nicht übertragen worden. Ich möchte nun anregen, ob nicht die 3. Abtheilung des Juristentages das Recht habe, dem Plenum mitzutheilen, daß sie dennoch diese Frage zur Discussion gebracht hat. — Sie ist in Wissenschaft und Praxis so geklärt, daß es einer eingehenden Erörterung nicht mehr bedürfte. Ich darf nur hinzufügen, daß selbst Vertheidiger des promissorischen Eides behaupten, daß nicht bei einer falschen Aussage an und für sich, sondern erst dann ein Meineid vorliege, wenn nach Verlesung des Protokolls der Zeuge erkläre: Ja, das ist meine wahrheitsgemäße Aussage. Wenn das die Vertheidiger des promissorischen Eides selbst annehmen, so haben sie dadurch selbst den promissorischenEid in seinem Wesen und seiner Bedeutung zu einem assertorischen Eide gestaltet, und das Sachgemäße dieses letzteren offenbart. Recht sehr möchte ich sie bitten, die moralische Kraft des deutschen Juristentages für die Herrschaft des assertorischen Eides einzusetzen und den Antrag anzunehmen:

> Die 3. Abtheilung möge sich dafür aussprechen, daß eine Abänderung des § 60 der Str.-Pr.-Ord. dahin wünschenswerth sei, daß die Beeidigung erst nach der Vernehmung stattfinde.

Ich glaube, die Geschäftsordnung giebt uns die Möglichkeit, daß wir auch darüber abstimmen.

Vorsitzender v. **Stösser**: Ich erlaube mir darauf aufmerksam zu machen, daß noch drei Redner eingezeichnet sind, nämlich Herr Reichsanwalt Stenglein, Herr Advokat Dr. Gössen und Herr Prof. Dr. Gneist und überdies die verehrten Herren der Abtheilung in Kenntniß zu setzen, daß um $^{1}/_{2}$1 Uhr noch eine andere Sache zur Verhandlung kommen soll.

Was zunächst den Antrag des Herrn Dr. Rubo betrifft, so steht er nicht auf der Tagesordnung; hiernach handelt es sich jetzt um die Frage 10 (Abänderung des § 65 der Strafprozeßordnung), nicht aber um die von Herrn Dr. Rubo aufgeworfene.

Ich für meine Person habe Bedenken, die Discussion hierüber mit jener über den § 65 eintreten zu lassen; außerdem wäre es aber auch der Erwägung des nachherigen Vorsitzenden anheim zu geben, ob die jetzt erst angeregte Frage heute noch und überhaupt noch auf diesem Juristentag zur Erörterung kommen soll. Ich ertheile Herrn Reichsanwalt Stenglein bezüglich der auf die Tagesordnung gestellten Frage das Wort.

Reichsanwalt **Stenglein**: Die Bemerkung des Herrn Präsidenten erspart mir zur Geschäftsordnung zu sprechen, um auszuführen, daß über einen Antrag, worüber kein Bericht erstattet ist und der nicht auf der Tagesordnung steht, eine Discussion unzulässig ist. — Zur Sache einige wenige Bemerkungen.

M. H.! Es hat Herr Dr. Rubo soeben deducirt, daß ein Beispiel, welches Herr Bardeleben Ihnen vorgeführt hat, nur beweise, daß der Eid ein höchst unzuverlässiges Beglaubigungsmittel ist. — Die vorgeführte Thatsache hat leider nicht entschieden dagegen gesprochen. Der Standpunkt unserer Prozeßordnung ist ein idealer. Sie steht auf dem Standpunkt, daß, abgesehen von einigen Ausnahmefällen, jeder Zeuge beeidigt werden muß und daß nur demjenigen Zeugen geglaubt werden darf, d. h. daß nur der Zeuge ein prozessualisch unanfechtbarer ist, der vor oder nach der Vernehmung beeidigt wurde. Liegt nun nicht ein gewisser logischer Widerspruch darin, daß man in der Hauptverhandlung nur dem Zeugen glauben darf, der beeidigt ist, wenn man nicht eine durch Revision anfechtbare Handlung begehen will, und daß vor der Hauptverhandlung jeder Zeuge, auch der nicht beeidigte, ein vollständig glaubwürdiger ist, so daß auf seine Aussage hin sehr wichtige prozessuale Schritte geschehen, wie Verhaftungen und Eröffnung des Hauptverfahrens. Diese Folgen sind wichtig genug, um ein vollständig glaubwürdiges Zeugniß zu Grunde zu legen, und wenn die Prozeß-Ordnung von dem Gesichtspunkt ausgeht, daß nur der beeidigte Zeuge ein vollkommen glaubwürdiger ist, so müsse man, scheint mir, consequenter Weise darauf bestehen, daß auch im Vorverfahren die Zeugen nur beeidet vernommen werden.

Eine zweite Bemerkung ist folgende: Es wurde das Prinzip der Mündlichkeit und Unmittelbarkeit angeführt, um gegen die Ansichten des Herrn Präsidenten Bardeleben zu sprechen. Diese Prinzipien sind aber gar nicht in Rede. Der Beweis soll in dem einen wie in dem andern Fall unmittelbar und mündlich vorgeführt werden. Es ist eine rein formelle Frage, wann die Beeidigung stattzufinden hat und dabei ist doch wahrhaftig das Prinzip der Mündlichkeit und Unmittelbarkeit nicht berührt. Was würde geschehen, wenn die Beeidigung im Vorverfahren regelmäßig zulässig wäre und die Gesetzgebung würde bestimmen, daß die Beeidigung nicht in der Verhandlung wiederholt wird, sondern nur eine Rückerinnerung daran stattfinden solle? Der Zeuge würde in der Hauptverhandlung erklären: ich bin vereidigt worden; ich versichere auf diesen meinen Eid hin, — bei der Nachbeeidigung — daß ich die Wahrheit gesagt habe bei der Vorbeeidigung; ich verspreche auf diesen Eid hin, daß ich die Wahrheit sagen werde. Diese beiden Alternative scheinen mir das Prinzip der Unmittelbarkeit und Mündlichkeit zu wahren und ich möchte die Frage stellen, ob eine solche Betheuerung nicht mehr Eindruck machen würde, als die nur zu häufig gesprochene Formel, welche der Zeuge vielleicht manchmal nicht versteht.

Als dritter Gesichtspunkt wurde das Stichwort erwähnt: man soll den Zeugen nicht auf seine eigene Aussage festnageln.

Mir schwebt hierbei nur eine zunächst nicht sehr einfache Classification der Zeugen vor. Ich kenne nur zwei Arten derselben: die gewissenhaften und die nichtgewissenhaften. — Wenn ein gewissenhafter Zeuge ausgesagt hat und in der Zwischenzeit sich überzeugt, daß er sich dennoch geirrt habe, so wird er sagen, er habe sich inzwischen von seinem Irrthum überzeugt, er sei auf diese oder jene Weise belehrt worden und er berichtige deshalb seine Aussage; ob er einen Eid abgelegt hat oder nicht, wird nicht in die Waagschale fallen. Er würde in die Klasse der nichtgewissenhaften Zeugen gehören, wenn er sich durch den Eid festgenagelt hielte und deshalb sagen würde, er bleibe bei seiner früheren Angabe.

Der nicht gewissenhafte Zeuge aber, der ist für uns ein ganz unberechenbares Object. Wir wissen nicht, wie weit sich seine Nichtgewissenhaftigkeit erstreckt, und es wäre die Frage, ob ein solcher Zeuge nicht noch etwas mehr bei der Wahrheit festgehalten würde, wenn er bereits bei der ersten Aussage beeidigt und dadurch festgenagelt wird. Erkennt man ihn als nicht gewissenhaft, so ist er mit oder ohne Eid ein vollständig unglaubwürdiger Zeuge.

Vor Allem scheint mir festzustehen, daß, wenn nur durch den Eid eine Ueberzeugung sich bilden kann, man den Prozeß nicht in zwei Stadien theilen dürfe, in eines, in welchem der Hauptbeweis materiell als ein fluctuirender nicht feststeht und in ein zweites, in dem man erst wirklichen Beweis erhält. Deshalb erkläre ich mich für den Antrag des Herrn Präsidenten von Bardeleben.

Advocat Dr. **Gössen**: Es hat sich bereits eine Stimme aus Oesterreich dafür geltend gemacht, es liege ein zwingender Grund nicht vor, die Bestimmung des § 65 abzuändern.

Erlauben Sie, daß eine zweite Stimme aus Oesterreich und zwar die eines Practikers, ihre Erfahrung dahin verwerthet, daß ein solcher Grund nicht gegeben ist.

Ich nehme den Standpunkt eines Advokaten und Vertheidigers ein und bemerke, daß von allen jenen Einwendungen, welche gegen den § 65 gemacht worden sind, mir von hervorragender Bedeutung der Einwand erscheint, es könne Jemand auf Grund unbeeidigter Aussagen, polizeilich im formlosen Verfahren niedergelegter Anzeigen hin beschuldigt, verhaftet und prozessirt werden. Dieser Einwand ist hochwichtig, wird aber gelähmt sowohl in der österreichischen wie in der deutschen Str.-Pr.-Ord.

In Oesterreich finden wir nämlich den Kreis jener Fälle, in welchen im Vorverfahren eine Beeidigung einzutreten hat, erweitert. Wir finden in der dortigen Strafprozeßordnung ausdrücklich die Bestimmung, daß eine solche Beeidigung einzutreten hat über Verlangen des Beschuldigten. Es ist dem Beschuldigten das Recht gewährt, zu verlangen, daß der Zeuge, der gegen ihn ausgesagt hat, beeidigt werde, damit der Richter in die Lage komme, eben die Beeidigung vorzunehmen und auf Grund des Eides die Aussagen zu würdigen. — Es würde also die Frage herantreten, ob nicht in dem deutschen Strafprozeß diese Ausnahmsbestimmung aufzunehmen sei, daß — um speziell vom Parteistandpunkt, vom Standpunkt des Beschuldigten zu sprechen — diesem anheim gegeben werde, die Beeidigung der Zeugen, die gegen ihn aussagen, zu verlangen, damit auf

Grund solcher beeidigter Aussagen die Anklage erhoben oder das Verfahren eingestellt werde.

Es scheint mir aber auch in der deutschen St.-Pr.-Ord. ein Mittel dafür gegeben und es kommt nur auf die Art und Weise der Praxis, es kommt nur auf das harmonische Zusammenwirken des Staatsanwalts und Untersuchungsrichters an — um mich der Worte des Herrn Referenten zu bedienen. — In der österreichischen St.-P.-Ord. § 3 ist der Grundsatz ausgesprochen, daß der Richter verpflichtet ist, sowohl die belastenden als auch die entlastenden Momente zu sammeln, und ich glaube, daß der Richter, der in die Lage kommt, auf Grund der Erhebungen Zweifel in die Aussagen zu setzen, auch im Sinn des § 122 sich dafür auszusprechen hat, daß ein Ausnahmsfall gegeben ist für die Beeidigung zur Herbeiführung einer wahrheitsgemäßen Aussage.

Ich finde also, um mich kurz zu fassen, daß nicht nöthig ist, daß an dem Grundsatz der Beeidigung im Hauptverfahren gerüttelt werde. Ich finde, daß wir Advokaten, die den Beschuldigten zu vertreten haben, sicher gestellt sind vom Standpunkt der Partei aus durch die Bestimmung in der österreichischen St.-P.-Ord., daß der Angeklagte das Recht hat, die Beeidigung zu verlangen und daß wir gesichert sind gegen eine Anklage, die ungerechtfertigt erscheinen möchte dadurch, daß der Richter in die Lage kommt, zu erwägen, ob er nicht zum Schutze der Wahrheit, mag es zum Schutze des zu Prozessirenden, der Anklage oder des zu Prozessirenden sein, die Beeidigung zu wählen und deshalb möchte ich Sie bitten, festzuhalten an dem Grundsatz der St.-P.-Ord., daß die Beeidigung regelmäßig in der Hauptverhandlung zu erfolgen hat, weil für die Ausnahmsfälle durch die Ausnahmsbestimmung des § 122 und noch mehr in der österreichischen St.-P.-Ord. hinreichend Garantie geschaffen ist, so daß nicht gesagt werden kann, es könne mir nichts dir nichts eine Anklage erhoben werden.

Prof. Dr. **Gneist**: Ich möchte aus den Berathungen der Reichstags-Gesetzgebungs-Commission noch Einiges mittheilen.

Es wurde dort ein großes Gewicht darauf gelegt, daß wenn das Publicum weiß, in der Voruntersuchung werde in der Regel nicht beeidigt, die Voruntersuchungsrichter schlimme Erfahrungen machen würden.

Sie bekommen keine zuverlässigen Zeugenaussagen, sobald die Leute wissen, sie werden nicht beeidigt. Im Falle, wo Familienfehden oder Bauernparteiungen im Spiel sind, bekommen sie sogar massenhafte Lügen, sobald das Publicum weiß, hier ist kein wirklicher Ernst im Zeugenverhör. Sodann hat man ein großes Gewicht auf den Eid gelegt, um den Verhaftungsbefehl zu begründen. Zur Verhaftung sollte man womöglich nicht auf unbeeidigte Aussagen und bloß polizeiliche Erhebungen hin vorschreiten.

Auch die Bestätigung der Verhaftung durch den Richter wird zur Formalität, wo nichts weiter als polizeiliche Erhebungen und unbeeidete Aussagen vorliegen.

Soll Ordnung in das Vorverfahren hineinkommen, so müssen Voruntersuchungsrichter, Staatsanwälte und Polizei sich gewöhnen, persönlich zusammenzuwirken; die Polizeistationen werden in Verbindung zu bringen sein mit dem Untersuchungsrichter, unter Anderem auch zu dem Zweck, um über die Persönlichkeit unbekannter, bedenklich aussehender Zeugen rasche Informationen zu gewinnen. Dann werden die Umstände zeitig hervortreten, wo wir gerechte Bedenken tragen, einen unsicheren Zeugen zu beeidigen.

Die jetzige Strafprozeßordnung läßt indessen ein Arbitrium so weit offen, daß ein einsichtiger Richter damit auskommen kann. Die Beeidigung als Regel in die Voruntersuchung einzuführen, kann meines Erachtens bis zur gründlichen Reform des Vorverfahrens verschoben werden. Aber, m. H., zu sagen, es soll keine Beeidigung in der Voruntersuchung stattfinden, das widerspricht den Erfahrungen aller Gesetzgebungen.

Die Uebelstände unseres Vorverfahrens, die auch diesen Antrag veranlaßt haben, liegen in der Auseinanderreißung des Verfahrens, in welcher Polizei, Staatsanwaltschaft und Untersuchungsrichter nach älterer Weise neben einander agiren und decretiren, anstatt im Gerichtslokal präsent in einem mündlichen Vorverfahren zusammenzuwirken. Erst damit kann sich die Voruntersuchung vereinfachen und damit die jetzige Ueberlastung aller Betheiligten sich mindern. Ich denke, bis zu solcher weitergehenden Reform wollen wir erst in der Praxis weitere Erfahrungen sammeln, ehe wir Einzelheiten wie diese, ändern!

Referent v. **Köstlin**: Ich glaube in die Materie der Sache, in die Gründe für und wider, wie sie von verschiedenen der Herren vertreten worden sind, nicht weiter eingehen zu dürfen.

Ich setzte schon in meinem Vortrag voraus, daß die verehrten Herren alle mit dem Thema wohl bekannt sind, und ich möchte anführen, daß wohl eine concise und interessante Darstellung der Gründe für und gegen hier gegeben worden ist, daß aber im Zusammenhalt mit dem, was Alles in der Literatur erschienen ist, ich neue Gesichtspunkte nicht entnehmen konnte.

Wie ich mir am Anfang vorzutragen erlaubte, handelt es sich heute um die practische Erfahrung, wie sie seit dem nahezu fünfjährigen Bestand der St.-P.-Ord. gemacht wurde.

Ich habe meine Erfahrung dahin ausgesprochen, daß ich nicht glaube, daß bei sachgemäßer und gewissenhafter Anwendung des § 65, insbesondere der Ausnahmebestimmung eine solche Abänderung, wie sie vom Herrn Collegen Bardeleben vorgeschlagen worden ist, erforderlich erscheine. Und ich glaube auch nach all dem Gehörten an dieser meiner Erfahrung festhalten zu dürfen und beharre deshalb auf meinem Antrag.

Vorsitzender: Wir schreiten zur Abstimmung. Es liegen drei Anträge vor, von Herrn Prof. Rubo zu § 60.

v. Köstlin: Ueber den Antrag Rubo habe ich nicht gesprochen, weil ich darüber nicht Berichterstatter bin.

Vorsitzender **von Stösser**: Herr Rubo hat soeben seinen Antrag zurückgezogen. Dann liegen noch zwei Anträge vor; der eine des Herrn Referenten, welcher die aufgeworfene Frage verneint und der andere des Herrn Bardeleben, der sie einfach bejaht. — Es liegen eigentlich nicht einmal zwei Anträge vor, sondern bloß eine positive und eine negative Fassung, so daß es durchaus einerlei ist, welcher zuerst zur Abstimmung kommt. Der Antrag des Herrn Bardeleben beruht auf einer Ausführung gegen die Ausführung des Herrn Referenten und ich erlaube mir deshalb vorzuschlagen, zuerst stimmen wir über den Antrag des Herrn Referenten ab. Ist das geschehen und würde dabei derselbe abgelehnt werden, so kann aus formellen Gründen festgestellt werden, daß demnach der Antrag des Herrn Präsidenten Bardeleben angenommen worden ist. Sind Sie damit einverstanden?

(Ja, Ja.)

Ich verlese noch einmal den Antrag des Herrn Referenten Köstlin. Dieser geht dahin:

> „Nach den bisherigen Erfahrungen erscheint eine Abänderung des Grundsatzes des § 65 der Strafprozeßordnung dahin, daß die Beeidigung der Zeugen in der Regel bei der ersten Vernehmung erfolgen soll, bei sachgemäßer gewissenhafter Anwendung der Bestimmungen dieses Paragraphen nicht angezeigt."

Ich bitte diejenigen Herren, welche sich für diesen Antrag erklären, sich zu erheben.

Vorsitzender: Das ist entschieden die Mehrheit.

(Es wird noch Zählung vorgenommen, welche 28 Stimmen für den Antrag des Herrn Referenten und 12 dagegen ergiebt.)

Vorsitzender: Nach § 6 Absatz 3 der Satzungen haben wir noch zu bestimmen, ob diese Erklärung der 3. Abtheilung dem Plenum einfach mitgetheilt oder ob etwa eine Erörterung und Beschlußfassung im Plenum stattfinden soll.

Ich möchte einfache Mittheilung an das Plenum vorschlagen. Sind Sie damit einverstanden?

(Allseitige Zustimmung.)

Es wird ferner unser verehrter Herr Referent v. Köstlin zu bitten sein, den Vortrag im Plenum zu übernehmen. Sind Sie auch damit einverstanden?

(Ja, ja.)

Nun bitte ich, noch etwas auszuharren, indem unser geehrter Herr Vorsitzender noch zwei wichtige Fragen, nämlich die Wahl der Vertrauensmänner und die Bestimmung der Tagesordnung für morgen vorzubringen hat.

Präsident v. Köstlin: Die dritte Abtheilung hat für die Versammlung der Vertrauensmänner, welche übermorgen für die Wahl der ständigen Deputation stattfinden wird, 10 Mitglieder abzuordnen. Es ist bis jetzt Regel gewesen, daß die Abtheilung neun Herrn bestimmte und der Vorsitzende als der zehnte einzutreten hat.

Vielleicht erlauben Sie, daß ich Ihnen morgen beim Beginn unserer Sitzung eine Liste zur Genehmigung vorlege.

(Zustimmung.)

Die heutige Sitzung wird wohl nicht so verlängert werden, um noch einen zweiten Gegenstand, den Compromißeid, auf die Tagesordnung zu setzen. Es ist aber morgen umsomehr ein präzises Zusammentreten erforderlich, als die Frage der Berufung längere Zeit in Anspruch nehmen und es passend sein wird, daß wir die Frage des Compromißeides gleichfalls abmachen. Ich gebe anheim, ob wir nicht schon um ½9 Uhr beginnen wollen, um die nöthige Zeit zu erübrigen. Doch werde ich soeben aufmerksam gemacht, daß vielleicht heute noch mancher Herr eintrifft und der morgigen Sitzung beiwohnen will, der sich dabei auf die gedruckte Tagesordnung verläßt.

Wir wollen deshalb pünktlich um 9 Uhr und zwar zunächst mit der Frage wegen des Compromißeides beginnen.

(Schluß 1 Uhr.)

Zweite Sitzung der dritten Abtheilung am 12. September 1884.

(Beginn: Vormittags 9 Uhr.)

Vorsitzender Oberstaatsanwalt v. **Köstlin**: M. H.! Wir werden in unserer Arbeitszeit sehr gedrängt sein. Zunächst haben wir unsere Vertrauensmänner zu wählen und nach dem gestrigen Vorschlag erlaube ich mir folgende in unserer Abtheilung befindliche Mitglieder zu nennen: Die Herren Landgerichtspräsident Bardeleben Berlin, Amtsrichter Emmerling Kissingen, Prof. Hiller Czernowitz, Rechtsanwalt Jacobi Berlin, Landgerichtsrath Kirchgeßner Würzburg, Prof. Rubo Berlin, Reichsanwalt Stenglein Leipzig, Oberamtsrichter Süpfle Heidelberg, Reichsgerichtsrath Wieland Leipzig. Zu diesen neun würde nach dem seitherigen Brauch noch meine Wenigkeit als Vorsitzender der Abtheilung hinzutreten, womit die Zahl 10 erfüllt ist. Darf ich diesen Vorschlag von geehrter Versammlung als genehmigt ansehen?

(Ja!)

Wir schreiten zum Gegenstande unserer Tagesordnung; zunächst zu Ziffer 9:

„Ist die Bestimmung des § 153 des Str.-G.-B. dahin abzuändern, daß die Strafandrohung sich auf alle von einer zuständigen Behörde erhobenen Eide erstreckt?"

Ich ertheile dem Herrn Oberlandesgerichtsrath Thomsen das Wort und ersuche ihn das Referat zu erstatten

Oberlandesgerichtsrath **Thomsen**: M. H.! Der § 153 des Reichsstrafgesetzbuches lautet:

> „Wer einen ihm zugeschobenen, zurückgeschobenen oder auferlegten Eid wissentlich falsch schwört, wird mit Zuchthaus bis zu 10 Jahren bestraft."

Unser Thema geht dahin, ob die Bestimmung des Paragraphen so zu fassen, daß alle von zuständigen Behörden erhobenen Eide unter diesen Paragraphen fallen sollen. Es hat bekanntlich der 3. Straffenat des Reichsgerichts in einer Entscheidung vom 8. Oktober 1881 den sogenannten „Compromißeid" von diesem Paragraphen ausgeschlossen und für straflos erklärt. Diese Entscheidung hat in Juristenkreisen lebhaftes Aufsehen erregt und es ist die Befürchtung ausgesprochen worden, je nach der Auffassung von dem Sinne und der Tragweite des Urtheils, daß die Strafbarkeit der falschen Eide künftig auf die gerichtlich-prozessualen Eide beschränkt und die Straflosigkeit aller anderen proclamirt werde, oder da doch die falschen Vergleichs-Eide straflos bleiben würden, Alles gegen das Gesetz.

Zunächst hat der Nestor unserer Criminalisten, Generalstaatsanwalt v. Schwarze, in einer gewichtigen und geharnischten Kritik im Gerichtssaale die Richtigkeit der reichsgerichtlichen Entscheidung bestritten, nach ihm Prof. Fuchs in Goltdammer's Archiv. So hat denn auch unsere ständige Deputation diese Frage auf die Tagesordnung gesetzt, um einen Ausspruch des deutschen Juristentages herbeizuführen.

Da die uns vorliegenden gründlichen Gutachten im Wesentlichen dahin übereinstimmen, daß der § 153 lediglich die Privateide ausschließe und alle vor einer zuständigen Behörde geleisteten Eide treffe, die reichsgerichtliche Entscheidung unrichtig sei: so kann ich den Inhalt aller Gutachten im Referate im Allgemeinen zusammenfassen.

Ich will hier gleich vorweg nehmen, daß ich vollkommen auf dem Standpunkte des Reichsgerichts stehe und den Gutachten und Abhandlungen, die bisher in der Literatur erschienen sind, entschieden entgegentreten muß.

Die Gutachten stützen sich besonders auf die Entwickelungsgeschichte des Paragraphen. Wenn man auch mit Recht hervorgehoben hat, daß das deutsche Strafgesetzbuch ein aus sich selbst zu erklärendes, abgeschlossenes Werk sei, so sind wir doch in zweifelhaften, streitigen Fällen nicht nur berechtigt, sondern auch verpflichtet, auf die Entstehung, auf die Quellen des Gesetzes zurückzugehen. Wir müssen also hier auf das preußische Strafgesetzbuch, auf das preußische Recht zurückgehen.

Nach dem allgemeinen Landrecht war in Preußen die Strafbarkeit lediglich auf gerichtlich-prozessuale Eide beschränkt. Als man nun zur Ausarbeitung eines neuen Strafgesetzbuches in den Jahren 1828/29 schritt, da wurde entschieden, daß diese Beschränkung als ungerechtfertigt wegfallen müsse, da nach der damaligen Verfassung in Preußen auch andere Behörden befugt waren, in Rechtsstreitigkeiten eine Entscheidung abzugeben und Eide zu fordern. Der erste Entwurf verlangte daher Leistung vor einer Staatsbehörde und ließ dabei auch die Beschränkung auf die prozessualen Eide aus dem Grunde fallen, weil es außer den prozessualen Eiden auch noch andere, assertorische Eide gebe. Der folgende Entwurf von 1830 kehrte wieder zur Beschränkung auf die gerichtlich-prozessualen Eide zurück, weil das Grundprinzip der Strafbarkeit nicht in der Verletzung der Religion liege, sondern in der Verletzung des staatlichen Rechtes auf Wahrheit.

Die Entwürfe von 1833 und 1836 gingen aber wieder dahin, daß alle falschen Eide, auch die falschen Privateide strafbar sein sollten und dies eben aus dem angedeuteten Grunde, weil die Verletzung des religiösen Momentes im Eide das leitende Prinzip sein müsse.

Dann wurde wiederum die Sache geändert und wurde zurückgekehrt zu der schon früher einmal aufgestellten Formel: „alle vor einer öffentlichen Behörde geleisteten Eide."

So blieb es auch in den späteren Entwürfen, namentlich im Entwurf vom Jahre 1847, welcher dem ständischen Ausschuß vorgelegt wurde. In diesem ständischen Ausschuß trat nun ein Bedenken hervor, welches von Seiten eines rheinischen Deputirten hervorgehoben wurde. Die Strafbestimmungen über den Meineid waren nämlich im Entwurfe in einem Paragraphen enthalten und so war die Alternative der Parteieide neben die der Zeugeneide gestellt. Im Rheinischen Strafrecht waren beide Formeln getrennt in besonderen Paragraphen abgehandelt. Auch die Redaction des preußischen Gesetzbuches sollte dahin geführt werden, die Eide von einander zu trennen. Ausdrücklich wurde dieser Antrag als lediglich die redactionelle Fassung bezielend erklärt, verändert sollte aber nicht werden der Inhalt der Formel: „vor einer öffentlichen Behörde geschworene Eide."

Der Regierungscommissar sagte auch die Erwägung der beantragten Fassungs-Aenderung zu und fügte bei, daß man im Wesentlichen auf dem Standpunkte des Rheinischen Rechts stände, wo nicht sowohl die Verletzung der Religion, als vielmehr die Verletzung des staatlichen Rechtes auf Wahrheit als Prinzip der Strafbarkeit gelte. Die Bestimmungen über den Meineid sind demgemäß getrennt und im Entwurf von 1850 in zwei besondere Paragraphen gebracht für Parteieid und Zeugeneid. Aber die Redaction beschränkte sich nicht dem Antrage entsprechend auf diese formelle Trennung, sondern änderte auch den Wortlaut für den Parteieid und zwar so, wie es in unserem entscheidenden Paragraphen jetzt ersichtlich ist: daß von der allgemeinen Formel „vor einer staatlichen Behörde geschworenen Eide“ die Bestimmung speziell beschränkt wurde auf dreierlei Kategorien, nämlich den zugeschobenen, den zurückgeschobenen und den auferlegten Eid. In dieser Fassung ist dann der Paragraph von den preußischen Ständen angenommen worden. Eine besondere Aufklärung über diese Aenderung des Wortlauts des Paragraphen findet sich nicht in den ständischen Verhandlungen.

Als unser deutsches Strafgesetzbuch an diesen Paragraphen herantrat, da ist auch weiter hierin nichts geändert worden. In den Motiven findet sich die allgemeine Bemerkung, daß die Bestimmungen über Meineid mit den preußischen Bestimmungen im Wesentlichen übereinstimmen. In der Bundescommission wurde allerdings hervorgehoben, daß die Gleichstellung des gerichtlichen Eides mit dem Eide vor Administrativbehörden Bedenken habe, und in dieser Weise die Gleichstellung bemängelt, während man aber in der Commission der Ansicht war, daß eine Unterscheidung der besonderen Eideskategorien überall verwerflich sei. Es wurde in dieser Beziehung im betreffenden Paragraphen eben nichts geändert.

Im Reichstage selbst ist darüber nicht debattirt worden. In der Commission sind zwei Amendements gestellt. Das Eine beabsichtigte, wiederum zurückzukehren zur alten Beschränkung auf gerichtlich-prozessuale Eide. Dieses Amendement wurde abgelehnt. Auf der andern Seite wurde ein zweites Amendement gestellt auf Rückkehr zur früheren allgemeinen Formel: Eid vor einer zur Abnahme zuständigen Behörde — wie aus einer Rede des Abgeordneten Wagner im Reichstage hervorgeht. — Bei diesem Antrage wurde ausdrücklich bemerkt, daß er beabsichtige, den Compromißeid zu treffen, wie auch die sämmtlichen Eide, welche vor Verwaltungsbehörden geschworen werden. Auch dieses Amendement wurde abgelehnt. Gründe für die Ablehnung beider Amendements sind mir nicht bekannt geworden. So ist also der preußische Paragraph zum deutschen Gesetze erhoben worden, wörtlich so, wie er im preußischen Gesetzbuche gestanden.

Das ist der kurze Umriß der Entstehungsgeschichte unseres Paragraphen. Die Gutachten und Abhandlungen deduciren hauptsächlich aus der Entwickelungsgeschichte dieses Paragraphen, daß derselbe alle Privateide ausschließen, aber auch nur diese, dagegen alle vor öffentlichen Behörden geschworenen Eide umfassen solle. Die Gutachten gehen zunächst darauf, daß ja in den früheren Entwürfen die Formel stände: „vor einer Behörde geschworenen Eide.“ Danach sei speziell bestimmt, daß alle Eide vor Behörden überhaupt unter das Gesetz fallen sollen. Nur eine Fassungs-

Aenderung sei beantragt worden mit Rücksicht auf die Trennung der Partei- und Zeugen-Eide. Eine materielle Aenderung sei nirgends beabsichtigt worden, daher müsse der neue gewählte Wortlaut denselben Sinn haben, wie der alte Wortlaut „vor einer Behörde geschworene Eide." Die Gutachten führen dann bezüglich der Ausdrücke „zugeschobener, zurückgeschobener, auferlegter Eid" aus, der letztere Ausdruck insbesondere sei kein juristisch-technischer und im allgemeinen sprachlichen Sinne aufzufassen. Demzufolge dürfe deducirt werden, unter „auferlegtem Eide" seien zu verstehen alle Eide, welche überhaupt vor einer öffentlichen, zuständigen Behörde geschworen werden.

Sodann beruft man sich auf die preußische Judicatur. Das ehemalige preußische Obertribunal hat bekanntlich ein Präjudiz gefaßt, welches der in Preußen bestehenden Judicatur zu Grunde gelegt ist, vom 9. Juli 1855. Dies Präjudiz erklärt den § 125 des preußischen Strafgesetzbuches für überall anwendbar, wo ein von der zuständigen Behörde in der vorgeschriebenen Form rechtmäßig abgenommener Eid falsch geschworen worden sei. Damit soll für die preußische Judicatur festgestellt sein, daß alle vor einer zuständigen Behörde geschworenen falschen Eide strafbar seien. Nun deduciren die Abhandlungen und Gutachten, daß die deutsche Gesetzgebung die preußische Interpretation ja gekannt und nunmehr also mit der wörtlichen Aufnahme des preußischen § 125 auch die Auslegung der preußischen Judicatur für das deutsche Strafgesetzbuch gebilligt habe.

Ferner berufen sich die Gutachten auf die Particulargesetze, die zur Zeit der Emanation des deutschen Strafgesetzbuches existirten. Diese erklärten sämmtlich allerdings, mit Ausnahme des badischen und württembergischen, die vor einer zuständigen Behörde überhaupt geschworenen Eide, also auch die vor einer Administrativ-Behörde geschworenen Eide für strafbar. Nur das badische und württembergische Gesetzbuch beschränkten die Strafbarkeit, wie früher das Allgemeine preußische Landrecht, auf gerichtlich prozessuale Eide. Nun wird gefolgert: wenn der deutsche Strafgesetzgeber die in den meisten deutschen Strafgesetzbüchern enthaltene Ausdehnung auf einen sowohl vor Gericht als auch vor Administrativ-Behörden geschworenen Eid hätte ändern oder die Strafbarkeit auf gerichtliche Eide beschränken wollen, so würde er dieses zum Ausdruck gebracht haben.

Sodann urgirt man, daß der § 126 im preußischen Strafgesetzbuch ebenfalls, aber mit einer Aenderung, ins deutsche Strafgesetzbuch übertragen worden ist. Der preußische § 126 bezog sich auf den Zeugeneid und erklärte nur den in einer Civilsache geschworenen Zeugeneid für strafbar. Die deutsche Legislatur ging davon ab, indem sie erklärte, auch die Zeugeneide, welche vor den zuständigen Verwaltungsbehörden geschworen werden, müßten unter den § fallen, und mit dieser Aenderung, also „vor einer zur Abnahme von Eiden zuständigen Behörde geschworen", ging die Bestimmung in den deutschen § 154 über. Daraus wird eben gefolgert: was von Zeugeneiden gelte, gelte auch von Parteieiden.

Ebenso urgirt man, daß der § 156 alle falschen eidesstattlichen Versicherungen vor einer zuständigen Behörde mit Strafe bedrohe, daher auch alle vor einer zuständigen Behörde falsch geschworenen Eide als das plus strafbar sein müßten.

Weiter beruft man sich auch auf das mehr und mehr in neuerer Zeit laut gewordene Bedürfnis, daß den Verwaltungsbehörden Rechtsstreitigkeiten zur Entscheidung überwiesen werden und sie die Befugnis zur Abnahme von Eiden erhalten. Es sei nur eine nothwendige Consequenz, auch die Verletzung solcher Eide mit Strafe zu belegen. Endlich wird nachdrücklich geltend gemacht, daß das rechtliche und religiöse Volksbewußtsein aufs tiefste verletzt werde, wenn irgend welche vor öffentlichen Behörden geschworene Meineide straflos blieben.

Dies sind im Wesentlichen die Gründe, aus welchen die Gutachten und Abhandlungen die Bedeutung des § 153 ableiten.

Soll ich nunmehr als Referent über diesen Punkt mein eigenes Votum abgeben, so habe ich schon vorweg bemerkt, daß ich von der Ansicht der Abhandlungen und Gutachten abweiche und dem Reichsgericht beitrete. Ich erlaube mir, folgende Sätze an die Spitze zu stellen:

Negativ: 1. der § 153 beschränkt sich nicht auf gerichtliche oder gerichtlichprozessuale Parteieide;

2. aber der § 153 trifft auch nicht jeden vor einer zuständigen Behörde geschworenen Parteieid.

Positiv: 3. Strafbar ist der vor einer zuständigen, gerichtlichen oder administrativen Behörde falsch geleistete Parteieid stets dann, aber auch nur dann, wenn dieser Eid ein in einem prozessualischen Verfahren zugeschobener oder zurückgeschobener ist, sowie wenn er durch Gesetz oder durch eine zur Auferlegung berechtigte Behörde auferlegt ist, d. h. wenn die Pflicht der Partei zur Eidesleistung unmittelbar durch das Gesetz oder durch den Ausspruch einer zur Auferlegung der Pflicht berechtigten Behörde begründet wird.

Zunächst nun muß ich bemerken, daß unsere Aufgabe sich theilt erstens in eine kritische, nämlich Auslegung des Gesetzes sowohl als des reichsgerichtlichen Urtheils, zweitens in die legislatorische.

Das reichsgerichtliche Urtheil geht nun davon aus, daß der bisherigen Praxis, der § 153 habe nur die Absicht, die Privateide auszuschließen, und der § 153 gebe hiezu nur Beispiele, nicht beizutreten sei, daß vielmehr die drei Kategorien des Paragraph vollkommen erschöpfend, also nur die Eide strafbar seien, welche unter eine der drei Kategorien fallen. Dieser letztere Satz ist allerdings bestritten, ich sollte aber meinen, ein solcher Streit dürfte eigentlich gar nicht angeregt werden. Außer dem § 153 gibt es keine Gesetzesbestimmung über die Strafbarkeit des Partei-Meineides, etwaige Analogieen begründen keine Strafbarkeit, daher kann der Parteieid nur strafbar sein, wenn er unter den Begriff des § 153 gehört, unter eine der in diesem Paragraph für strafbar erklärten Eideskategorien fällt. Also das darf ich wohl voraussetzen, daß die Frage für uns dahin geht für die Auslegung und Anwendung des Gesetzes, was der Begriff des § 153 bedeute, sodann ob und in wie weit ein spezieller Eid unter den Begriff der im § 153 aufgeführten drei Kategorien falle. Ueber die Bedeutung eines zugeschobenen oder zurückgeschobenen Eides wird wohl Keiner im Zweifel sein; das Entscheidende liegt beim Ausdruck „auferlegt".

Mit Recht führen die Gutachten aus, daß dieser Ausdruck „auferlegt" kein juristisch-technischer sei. Das Reichsgericht sagt in seinen Gründen allgemein, diese drei Ausdrücke hätten eine juristisch-technische Bedeutung. In diesem Punkte halte ich die Einwände für vollkommen gerechtfertigt, welche man gegen das Reichsgericht macht. Der Ausdruck „auferlegt" ist kein juristisch-technischer. Es klingt allerdings etwas verführerisch, diesen Ausdruck „auferlegter Eid" für einen technischen zu erklären, da er ein vom Richter bei unvollständigem Beweisergebnis von Amtswegen auferlegter, ein Ergänzungs- oder Reinigungs-Eid sei. Eine solche Bedeutung würde man als eine technische bezeichnen können. Diese Bedeutung des Ausdrucks „auferlegter Eid" ist aber nie eine geltende geworden, ist keineswegs im Gesetze anerkannt.

So nannten diejenigen deutschen Particulargesetze, welche die Strafbarkeit auf gerichtlich prozessuale Eide beschränkten, entweder neben dem „zugeschobenen" den „vom Richter auferlegten oder von den Gerichten abgeforderten Eid"; oder neben dem „freiwilligen" den „nothwendigen", einen Ausdruck, den auch speziell die preußische Gesetzgebung gebrauchte.

Zur Zeit, wo das preußische Strafgesetzbuch erlassen wurde, hatte man gesetzlich nicht den technischen Ausdruck „auferlegter" Eid, sondern man sprach sowohl beim zugeschobenen als auch beim amtlich auferlegten Eid prozessualisch von „auferlegtem" Eid.

So muß ich also der Bekämpfung der reichsgerichtlichen Gründe dahin vollkommen beitreten, daß der Ausdruck „auferlegter" Eid kein technischer sei. Und in dieser Abweisung eines technischen Sinnes gehe ich noch weiter als die drei Gutachten, welche für das Gebiet unsrer deutschen Civilprozeßordnung, so weit diese entscheide, den Ausdruck „auferlegter"

Eid als technischen anerkennen wollen. Unsere Civilprozßordnung gebraucht allerdings den Ausdruck „auferlegt" beim richterlichen Notheid mehrmals, aber wenn sie diesen richterlichen Eid irgendwie technisch benennen will, so spricht sie stets, und das geschieht öfter, von dem „richterlichen" Eid und niemals von dem „auferlegten" Eid. Die C.-P.-Ord. gebraucht das Wort „auferlegt" genau so mehrmals beim zugeschobenen und zurückgeschobenen Eide wie beim richterlichen.

Der Ausdruck „auferlegter Eid" kommt als ein technischer weder in den frühern noch in den jetzigen Prozeßgesetzen vor, höchstens vielleicht einmal sporadisch.

Also der Ausdruck „auferlegter Eid" ist im sprachlichen Sinne zu nehmen. Welcher Sinn ist nun als der richtige zu bezeichnen? Nach der sprachlichen Bedeutung kann etwas „auferlegen" nur eine höhere Autorität, also wo es sich um rechtliche Verhältnisse handelt, das Gesetz oder eine Behörde, die vom Staate zur Auferlegung für berechtigt erklärt ist. Das Moment der Nöthigung, des gesetzmäßigen Zwanges ist das Entscheidende bei Auferlegung des Eides, der rechtliche Grund, die causa der Pflicht zur Eidesleistung, nicht die Art und Weise der Ableistung. In der Eides-Pflicht, nicht im Ableistungs-Modus liegt das entscheidende Kriterium.

Man wird mir nun entgegenhalten, daß die Gesetzesbestimmung „vor einer Behörde geschworenen Eide" in früheren preußischen Gesetzentwürfen gebraucht wurde, und daß ja die jetzige Fassungs-Aenderung eben nur denselben Sinn haben solle, wie die alte Formel. Ferner wird man mir entgegenhalten die preußische Judicatur.

Ich glaube aber, wenn man näher darauf eingeht, wird sich der Anschein, der gegen mich spricht, ganz verlieren. Die Agitation, welche sich in der preußischen Gesetzgebung kundgiebt gegen die Beschränkung auf gerichtlich-prozessuale Eide, bezog sich regelmäßig nur auf den Unterschied zwischen den Gerichten und den Verwaltungsbehörden, auf die Gleichstellung der Verwaltungsbehörden mit den Gerichten. Jener Ausdruck „vor einer Behörde geschworen" hatte gar keinen Bezug auf diejenigen Eide, welche nicht hinsichtlich der Eidespflicht auf einem Gesetze oder auf einem Ausspruch der berechtigten Behörde beruhen, namentlich keinen Bezug auf die freiwillig vereinbarten Eide. In den legislatorischen Verhandlungen wird ausdrücklich mehrfach hervorgehoben, daß die Ausdehnung auf alle Behörden bezweckt werde. Der Ableistungs-Modus als solcher wird nicht etwa als entscheidendes Kriterium hingestellt. Im Gegentheil sind die in den Motiven zu den verschiedenen Entwürfen oftmals nahmhaft gemachten Eidesarten stets nur solche, zu welchen entweder das

Gesetz unmittelbar verpflichtet oder welche abzufordern eine Behörde für berechtigt erklärt ist. So wird bei der Formel „vor einer gerichtlichen Behörde geleistet“ (Preuß. Entw. 1830) ausdrücklich erklärt, daß damit eben die in Folge eines gesetzlich vorgeschriebenen Verfahrens abgenommenen resp. die zur Ermittelung der Wahrheit angeordneten Eide bezeichnet seien. Offenbar sollten danach die Compromißeide ausgeschlossen sein, selbst wenn sie „vor Gericht geleistet“ worden, also unter den Wortlaut der Formel fielen. Die Auferlegung resp. die Pflicht sollte das Entscheidende sein. Was hier bei der Formel „vor einem Gerichte“ gesagt ist, muß bei der Formel „vor einer Behörde“ entsprechende Anwendung finden.

Daher nehme ich an, daß die preußische Legislatur auch nur einen restrictiven Sinn mit der frühern Formel verbunden, nicht so sehr den Leistungsmodus, sondern die Pflicht als Kriterium gemeint hat.

Sie haben gehört, welches Präjudiz vom Obertribunal erlassen ist. Die Zusammenfassung der Elemente des Begriffs: zuständige Behörde, in der vorgeschriebenen Form, rechtmäßig abgenommen, ist so cumulirt und so verklausulirt, daß man dabei Allerlei denken, Manches darin finden kann. Jedenfalls ist der wahre Sinn dieser Formel nur aus der Veranlassung und Begründung des Präjudizes zu erklären. Danach muß ich, entgegen den Gutachten und Abhandlungen, die Behauptung aussprechen, daß das Obertribunal die vorhin von mir als richtig aufgestellte Auffassung unseres Paragraphen vollkommen theilt nnd ich darin mich lediglich dem Obertribunal angeschlossen habe. Das Plenar-Präjudiz tritt einer früheren Entscheidung der Ersten Abtheilung des Straffenats bei. Diese Entscheidung betraf den Fall, daß in Gemäßheit der landesherrlich bestätigten Statuten einer Versicherungsgesellschaft der Schaden durch den Versicherten vor einer Commission unter Zuziehung eines Richters zu beschwören war und beschworen wurde. Der Streit drehte auch hier sich wesentlich um die Beschränkung auf gerichtlich prozessuale Eide, der Generalstaatsanwalt führte dabei aus, und ich eigne mir dies Alles nur an, es gebe einen auferlegten Eid überhaupt nur in dem Sinne, daß die Verpflichtung, ihn abzuleisten, insoweit vorhanden sei, als im Falle der Verweigerung gewisse Rechtsvortheile nicht erlangt resp. gewisse Rechtsnachtheile nicht abgewandt werden. Daß diese Verpflichtung durch eine Behörde, gerichtliche oder nichtgerichtliche, ausgesprochen werde, sei nicht erforderlich, es genüge auch die unmittelbar aus einer bindenden Vorschrift hervorgehende Verpflichtung zur Leistung. In Uebereinstimmung mit diesen Ausführungen hat das Obertribunal denn das Präjudiz gefaßt und in der Begründung ausdrücklich ausgesprochen, daß unter auferlegtem Eide auch ein Eid mitbegriffen sein muß, welchen ein landesherrliches Statut zur Feststellung einer Privatforderung dem Versicherten auferlegt und welchen derselbe dann auf dem vorgeschriebenen Wege vor der dazu privilegirten Behörde abzuleisten resp. abgeleistet hat, daß der § 125 überhaupt auf solche Eide zu beziehen sei, deren Ableistung von der berechtigten Behörde gefordert werde. Als begriffliches Kriterium für „auferlegten" Eid wird danach also nur die gesetzliche causa der Pflicht aufgestellt. Die Leistung vor einer Behörde bleibt als ebenfalls nothwendige, aber stillschweigende Voraussetzung, als ein subintelligendum, im Hintergrunde. Wenn man bis jetzt allgemein dem Präjudize die Bedeutung beigelegt hat, daß alle vor einer zuständigen Behörde geleisteten Eide, also auch die privatim vereinbarten Eide, zufolge solcher Leistungsart strafbar seien, so muß ich dies als eine misverständliche Auffassung des Präjudizes bezeichnen, wozu freilich in der nicht sehr glücklichen Formulirung wohl Veranlassung genug liegen mag. In Gemäßheit dieser Auffassung sowohl des Gesetzes als auch des Präjudizes hat der deutsche Gesetzgeber den preußischen § 125 herübergenommen.

Dem Allen gegenüber wird eine etwaige Incongruenz des § 153 mit anderen Paragraphen nicht schwer ins Gewicht fallen können. Incongruenzen haben wir mehr im St.-G.-B. Uebrigens darf ich kurz nebenbei bemerken, daß ich meinerseits eine erhebliche Incongruenz hier gar nicht anerkennen kann, indem ich glaube, die betr. §§ 154, 156 müssen in einem ähnlichen restrictiven Sinne aufgefaßt werden, wie die Formel: „vor einer (zuständigen) Behörde" in den früheren preußischen Entwürfen.

Man hat sodann sehr viel sich darauf berufen, daß in allen falschen Eidesleistungen eine tiefe Verletzung des rechtlichen und religiösen Gefühls liege und man hat gemeint, daß die Gesetzgebung aus dieser Rücksicht eben einen ausdehnenden Sinn in den § 153 hineingelegt wissen wollte. Es ist aber ein eigenes Ding mit dem Volksbewußtsein, wenn man es einmal heranziehen will zur Interpretation oder für die Nothwendigkeit eines Gesetzes, und ich will nur daran erinnern, daß das römische Recht überhaupt jeden Parteieid für straflos erklärte, als eine reine Privatsache, daß auch das alte germanische Recht die Bestrafung des Eides der beleidigten Gottheit überließ, daß ferner die Carolina nur gerichtliche Eide kannte, daß in Preußen allgemein bis zur Emanation des preußischen Strafgesetzbuchs nicht blos alle falschen Privateide straflos waren, sondern auch die vor einer Administrativbehörde falsch geschworenen Eide, ähnlich wie in Baden und Württemberg bis zum Erlaß des D. St.-G.-B. Also kann man von einer Verletzung des rechtlichen und religiösen Gefühls nur in einem sehr beschränkten Sinne reden, aber keinesfalls in dem Maße, um den § 153 daraus zu interpretiren, resp. seine Ausdehnung zu motiviren.

Die Gerichte in Deutschland haben sich nach Emanation des deutschen Strafgesetzbuches folgendermaßen ausgesprochen: Ein Urtheil (Dresden) erklärt den Compromißeid für „auferlegt," weil der Richter nach sächsischem Rechte eine Prüfung vornehmen müsse. Ein anderes Urtheil (Stuttgart) hat aber die entgegengesetzte Ansicht ausgesprochen, daß unter „auferlegtem" Eid ein Compromißeid nicht zu verstehen sei. Ein drittes Urtheil, welches mit Rücksicht auf seine Gründe als hierher gehörig betrachtet werden kann, hat der II. Strafsenat des Reichsgerichts erlassen. Dies Urtheil hat einen vor der nordamerikanischen Gesandtschaft in Berlin abgeleisteten falschen Eid (Versicherung an Eidesstatt) für strafbar erklärt und in den Gründen heißt es: einen Eid auferlegen könne nur eine Behörde, welche vom Staate dazu autorisirt sei; und die Gesandtschaft sei berechtigt gewesen, diesen Eid zu fordern. Also wir sehen, daß eben das, was ich bisher ausgeführt habe, für das Entscheidende erklärt wird, nämlich: daß die Gesandschaft befugt war, den Eid zu fordern. Daß sie auch befugt war, den Eid vor sich abschwören zu lassen, resp. der Ableistungsmodus wird als selbstverständlich vorausgesetzt.

Nun kommt unser fragliches Reichsgerichtsurtheil! Dieses erklärt direct den Compromißeid für straflos. Es geht bei seiner Deduction von der allgemeinen Voraussetzung aus, daß die 3 Gruppen: „zugeschobener, zurückgeschobener und auferlegter Eid" eine juristisch-technische Bedeutung haben. Daß dies mit Recht angegriffen wird, habe ich mir gleich im Anfange erlaubt zu erwähnen; der Ausdruck ist also sprachlich aufzufassen. Weiter deducirt das Reichsgericht: ob einer der unter § 153 fallenden Eide vorliege, könne nur aus der zeitweis bestehenden Gesetzgebung eruirt werden. Dies ist sehr lebhaft angegriffen worden und zwar deswegen, weil das Reichsgericht deducirt, diese Frage sei hier nach der deutschen Civilprozeßordnung zu beurtheilen. Ich glaube, dieser Punkt ist wohl der Hauptanlaß gewesen zu der Bekämpfung des reichsgerichtlichen Urtheils. Man hat es nämlich so verstanden, als ob das Reichsgericht sagen wolle, die strafrechtliche Begriffsbestimmung vom auferlegten Eid sei nach der deutschen Civilprozeßordnung zu deuten und nur nach der deutschen Civil-Prozeßordnung. Wäre dies ausgesprochen im Urtheil, so würden wir allerdings der Ansicht sein müssen, daß dann der Angriff gegen dasselbe nicht stark genug hätte sein können. Auf gerichtlich prozessuale Eide, auf das Gebiet der deutschen Civilprozeßordnung kann der § 153 keinesfalls beschränkt werden. Eine solche Beschränkung wird aber im Urtheil überall nicht ausgesprochen, wie auch das Hagemann'sche Gutachten ganz richtig annimmt. Das Urtheil sagt nur, daß die strafrechtlichen Ausdrücke als technisch nach der Civilprozeßordnung zu deuten seien, soweit und nur soweit eine derselben unterworfene bürgerliche Rechtsstreitigkeit in Frage stehe, nicht sagt es, daß das Strafgesetz aus der Civilprozeßordnung oder gar allein daraus zu erklären sei. Nun kommt das Urtheil zum entscheidenden Punkte, zum Begriff des auferlegten Eides. Dieser wird im Sinne des § 153 definirt und zwar dahin, daß darunter zu verstehen sei jeder Eid, den die Behörde kraft Gesetzes fordert oder abschwören läßt. Also aus dem Strafgesetzbuch, nicht etwa aus der Civilprozeßordnung wird die Definition entnommen. Ob aber in concreto eine Behörde kraft Gesetzes einen Eid fordern darf oder kraft Gesetzes abschwören läßt, diese Frage muß, wie das Urtheil mit Recht annimmt, aus den jeweils d. h. zur Zeit der That bestehenden anderen Gesetzen, Reichsgesetzen oder Particular-Gesetzen bestimmt werden, durch welche die betreffende Materie geregelt wird. Ganz entsprechend dem Präjudiz des preußischen Obertribunals verlegt also das Reichsgericht den Schwerpunkt in die causa der Eidespflicht, welche entweder in dem Ausspruch einer dazu berechtigten Behörde oder unmittelbar im Gesetze begründet ist. Dabei wird ganz allgemein von einer Behörde, nicht etwa nur von einer gerichtlichen gesprochen, also der Eid vor Verwaltungsbehörden mit betroffen. Unter den so definirten Begriff des auferlegten Eides kann aber ein freiwillig vereinbarter Eid, ein ex contractu begründeter Compromißeid, nicht subsumirt werden. Die Entscheidung des Reichsgerichts entspricht also meinem Ermessen vollkommen der Entstehungsgeschichte und dem sprachlichen Sinne des § 153, nicht minder der Ansicht des preußischen Obertribunals.

Was nun die legislatorische Seite unserer Aufgabe betrifft, so wird in sämmtlichen Gutachten und Abhandluugen, mit Ausnahme des Stöckel-schen Gutachtens, die Ansicht ausgesprochen, daß eine Aenderung unseres Paragraphen zur Zeit nicht erforderlich sei, weil die Gefahr mit Rücksicht auf eine zu erhoffende Umkehr des Reichsgerichts nicht allzu groß sei, oder weil die Umgestaltung einzelner Vorschriften rechtspolitische Bedenken in sich trage, oder weil man besser thue, in anderer Weise auf Verminderung der Compromißeide hinzuwirken, oder weil eventuell eine betreffende gesetzliche Anderung mehr in die Civilprozeßordnung gehöre. Das Stöckel'sche Gutachten freilich hält die Gefährdung der Rechtspflege für groß genug, um die fragliche Aenderung des Str.-G.-B. zu motiviren.

Von dem in meinem Referate als richtig hingestellten Standpunkte aus bedarf es wohl keiner weiteren Erörterung, daß jede Aenderung des § 153 in der angeregten Weise nicht nur nicht empfehlenswerth, sondern geradezu verkehrt erscheint. Nur für den Fall, daß wirklich im Reichs-Gerichts-Urtheile die Ausschließung aller nicht gerichtlich prozessualen Eide gemeint wäre und denn auch künftig im gleichen Sinne erkannt werden sollte, könnte und würde eine Aenderung nothwendig werden. Insofern, aber auch nur insofern will ich mich dazu verstehen, die Clausel „zur Zeit“ in meinen Antrag mit aufzunehmen.

Zum Schluß noch eine Bemerkung. Daß die Compromißeide an und für sich keine Begünstigung verdienen, ist ziemlich allgemein anerkannt, auch im Bundesrath, wo ein bereits von Sachsen gestellter Antrag auf Abänderung des § 153 keinen Anklang gefunden hat. Soll nun ein legislatorisches Einschreiten erfolgen, so möchte ich dafür den richtigen Platz im künftigen deutschen Civilgesetzbuche sehen, und würde dort mit Freuden einen Paragraphen begrüßen, der alle auf einen Eid gestellten Privat-Vereinbarungen, resp. alle Compromißeide für rechtsunwirksam erklärt.

Auf Grund der von mir vorgetragenen Ausführungen und Erwägungen bitte ich Sie nun, m. H., folgenden Antrag anzunehmen:

> Es liegt zur Zeit ein legislatorisches Bedürfniß nicht vor, den § 153 dahin abzuändern, daß die Strafdrohung sich auf alle von einer zuständigen Behörde erhobenen Eide erstrecke.

Präsident v. **Köstlin**: Diejenigen Herren, welche das Wort zum Gegenstand ergreifen wollen, ersuche ich sich zu melden. Wenn Niemand das Wort begehrt, können wir sofort zur Abstimmung schreiten. Der Antrag des Hrn. Referenten lautet:

> „Zur Zeit liegt ein legislatorisches Bedürfniß nicht vor, den § 153 des deutschen Strafgesetzbuches dahin abzuändern, daß die Strafandrohung sich auf alle von einer zuständigen Behörde erhobenen Eide erstrecke.“

Wer dafür ist wolle sich erheben (Geschieht).

Der Antrag ist mit einer fast an vollständige Einstimmigkeit grenzenden Majorität angenommen.

Es wird wohl die Meinung der Abtheilung sein, daß wir den soeben gefaßten Beschluß dem Plenum zur Kenntnisnahme mittheilen und den Herrn Berichterstatter ersuchen, das Ergebnis unserer Berathung dem Plenum kurz mitzutheilen. (Zustimmung.)

Somit ist dieser Punkt unserer Tagesordnung erledigt und wir können zum nächsten Punkt übergehen, **betreffend die Berufung in Strafsachen.**

Es liegen folgende Anträge vor:

1. des Reichsanwalt Stenglein:

Der deutsche Juristentag wolle beschließen:

> Die Einführung des Rechtsmittels gegen Urtheile der landgerichtlichen Strafkammern als erkennende Gerichte I. Instanz ist

als ein Bedürfnis der Rechtsprechung nicht anzuerkennen, vielmehr ist eine Abhilfe der Mängel, welche sich bezüglich der Feststellung der Schuldfrage in dem Verfahren vor den Strafkammern gezeigt haben, durch eine Revision der Strafprozeßordnung in der Richtung größerer Sicherung des Entlastungsbeweises zu suchen.

2. des Privatdocenten Amtsrichter Dr. Harburger:

Der deutsche Juristentag wolle als seine Ueberzeugung aussprechen:

Die Einführung der Berufung zum Oberlandesgerichte gegen die erstinstanzlichen Urtheile der landgerichtlichen Strafkammern, wenigstens hinsichtlich der Schuldfrage, ist dringend zu wünschen.

Bevor indeß in die Discussion eingetreten wird, muß ich noch mittheilen, daß der Oberstaatsanwalt Dr. von Schwarze in Dresden seinen Dank für das gestern abgesendete Telegramm der III. Abtheilung telegraphisch ausgesprochen hat.

Reichsanwalt **Stenglein**: Für Einführung der Berufung gegen die Urtheile der Strafkammern in erster Instanz scheint die Analogie des Civilprozesses zu sprechen, der die Berufung zuläßt; aber dies geschieht zu ganz verschiedenen Zwecken und unter sehr verschiedenen Verhältnissen.

Dagegen scheint mir eine andere Analogie sehr nahe zu liegen — nämlich das Verfahren der Schwurgerichte. Niemals ist mir zu Ohren gekommen, daß für den Prozeß vor dem Schwurgerichte die Berufung gefordert wird; ich verschließe die Augen nicht dagegen, daß größtentheils deshalb an Berufung gegen die schwurgerichtlichen Urtheile nicht gedacht wird, weil hergebrachter Maßen Berufung nicht zulässig ist und dies ohne Kritik als eine Art von Axiom hingenommen wird, daß dies aber kein Argument dafür ist, daß die Berufung gegen schwurgerichtliche Urtheile nicht auch am Platze wäre. Ich erinnere auch nicht daran, daß es gewisse Schwierigkeiten mit sich bringen würde, im schwurgerichtlichen Prozeß die Berufung zuzulassen, nachdem der Wahrspruch der Geschworenen ohne Begründung abgegeben wird. Aber auch dieser Punkt, glaube ich, ist nicht durchschlagend.

Die Berufung ist in unserem auf Mündlichkeit und Unmittelbarkeit aufgebauten Prozeß nicht eine Prüfung des ersten Urtheils, nicht eine Prüfung, ob der Erstrichter richtig prozedirt hat und richtig zu seiner Ueberzeugung gekommen ist und diese logisch von ihm motivirt wurde. Bei Berufung in einem auf Mündlichkeit und Unmittelbarkeit aufgebauten Prozeß müßte die zweite Aburtheilung ebenso, wie die erste, auf einer unmittelbaren und direkten Beweisführung basiren, also gegenüber der ersten Instanz vollständig selbständig dastehen. Der Beweis wäre auf das Ergebnis der zweiten Verhandlung zu stützen.

Damit ist aber bewiesen, daß das Referat über die erste Verhandlung, das Verlesen der dort erhobenen Beweise ein völlig ungenügendes Material für das Berufungsurtheil ist.

Ich erkläre mir den Mangel der Berufung bei den schwurgerichtlichen Urtheilen aus einem andern Grunde, nämlich dadurch, daß die schwurgerichtlichen Urtheile viel besser vorbereitet sind, als diejenigen der Landgerichte. In allen schwurgerichtlichen Sachen ist eine Voruntersuchung nothwendig, sie wird mit großer Sorgfalt geführt, es wird sobald als möglich ein Vertheidiger thätig, liegen ja doch beim Schwurgerichte so schwere Fälle vor, daß der Vertheidiger Grund hat, mit allem Fleiße seines Amtes zu walten.

Hier findet also eine sehr vollständige Vorbereitung des Urtheils statt und deshalb ist hier kein Bedürfnis vorhanden, eine 2. Instanz einzuführen. Möglich und durchführbar wäre es im Prinzip ebensogut und ebenso schlecht wie bei den Landgerichten.

Wenn nun das beim Schwurgerichte der Fall ist, warum sollte das nicht auch beim Landgerichte, das mit ausschließlich rechtsgelehrten Richtern besetzt ist, der Fall sein können. Ich glaube, es besteht die Möglichkeit, auch die vor das Landgericht gelangenden Sachen so vorzubereiten, daß eine Berufung entbehrlich ist.

Würde in der Berufung eine Sicherheit für die richtige materielle Begründung des Endurtheils liegen, so würde ich bereitwilligst zustimmen, mag die Berufung auch gegen das Prinzip verstoßen. Allein ist es denn überhaupt möglich und denkbar, daß man durch eine 2. Instanz Garantieen schafft, welche subjektiv und objektiv ein besseres Urtheil garantiren als die erste Instanz?

Ich habe in allen Instanzen mitgewirkt und habe gefunden, daß ein Unterschied nicht sei. Die Frage, ob jemand subjektiv befähigt ist, mit Sicherheit ein Strafurtheil zu fällen, handelt sich darum, hat der Mann Menschenkenntnis genug, um in die Seele des Verbrechers hinabsteigen zu können und zu beurtheilen, ob dieser wirklich den verbrecherischen Entschluß gefaßt und ausgeführt habe; hat er aber diese Menschenkenntnis, so macht ein Jahrzehnt mehr oder weniger keinen Unterschied, und ich wüßte nicht, weshalb in subjektiver Hinsicht ein Oberlandesgerichtsrath mehr Garantieen bieten sollte als ein Landgerichtsrath. Die Chancen des Irrthums sind bei beiden die gleichen.

Gehen wir nun auf das objektive Moment über, dann tritt uns die legislatorische Erscheinung entgegen, daß noch keine Gesetzgebung es unternommen hat, dem Berufungsrichter die vollständige Reproduction des Beweismaterials einzuräumen, welches in der ersten Instanz geboten war.

daß der Angeklagte erst durch die erste Verhandlung erfährt, wie die Anklage liegt, welches Beweismaterial vorhanden ist.

Wenn man mir beweisen kann, daß dieser Punkt auf eine andere Weise nicht zu erledigen ist, dann hat die Berufung ihre Berechtigung. Es handelt sich also um die Sicherung des Entlastungsbeweises und diese Frage wurde schon von der Justizcommission des Reichstags vielfach discutirt, und dieselbe hat geglaubt, eine Reihe von Garantieen für die Sicherheit und Richtigkeit des Urtheils gegeben zu haben. Es ist das das Gebot der Voruntersuchung in Sachen der reichsgerichtlichen Competenz und den Schwurgerichtsfällen, in welchen überall und zu allen Zeiten eine Voruntersuchung geführt wurde. Außerdem ist sie nur höchst bedingt zugelassen und ich glaube nicht, daß deren Gebrauch in einem solchen Maße stattfindet, als vielleicht gerade wünschenswerth ist.

Ausgeschlossen sind die Richter, die in einem früheren Stadium des Verfahrens zu thun hatten.

Man hat auf die Revision ein bedeutendes Gewicht gelegt, allein dieselbe hat sich ziemlich unvollkommen gestaltet, sodann auf die Wiederaufnahme des Verfahrens, die, wie ich glaube, ein ganz unzulängliches Rechtsmittel ist.

Könnte man nun nicht auf einem andern Wege weitere Garantieen schaffen, um damit die Berufung abzuschneiden?

Man könnte dies erreichen dadurch, daß man die Voruntersuchung weiter ausdehnte, daß der Angeklagte über den Sinn und Umfang der Beweisaufnahme besser informirt würde durch Verlesung und Belehrung über die Anklage, und im Verhör hierüber.

Wenn man etwa das Verfahren einführen würde, wie es früher bei den Schwurgerichten bestand, das sog. Präsidialverhör, so würde dem jetzigen Verfahren wesentlich genützt werden, der Entlastungsbeweis würde sicherer als jetzt gesammelt werden können, wo nur der § 244 eine Bestimmung enthält, die einigermaßen dahin wirkt, daß der Entlastungsbeweis nicht allzu sehr beschränkt werden kann.

Geholfen könnte auch werden durch die Ausdehnung der Vertheidigung in den Fällen, in denen die Vertheidigung nach unserem Prozeßgesetz nicht nothwendig ist, und in denen der Entlastungsbeweis nur sehr flüchtig vorbereitet wird.

Ich erkenne an, daß das jetzige Verfahren mangelhaft ist, und daß das Verlangen nach einer Verbesserung begreiflich ist. Allein wenn in früheren Zeiten in der Berufung ein schlechtes Rechtsmittel gefunden wurde, welches für den mündlichen und unmittelbaren Prozeß nicht paßt, und wenn durch die Berufung eine Garantie für ein besseres und sicheres

Urtheil nicht zu gewinnen ist, ja, daß sie rechtlich sehr erhebliche Nachtheile mit sich bringt, so müssen die Nachtheile auf einem anderen Wege als durch die Einführung der Berufung gehoben werden. Ich verhalte mich deshalb zu dem von Herrn Dr. Harburger gestellten Antrage entschieden verneinend.

Privatdocent Amtsrichter Dr. **Harburger** (München): Hochgeehrte Versammlung! Gegenüber dem beredten Vortrage meines Herrn Vorredners wird es mir Schwierigkeiten bereiten, meinen entgegengesetzten Antrag zu vertheidigen. Ich hoffe jedoch, daß es mir gelingen wird, in der einen oder anderen Beziehung nachzuweisen, daß die Sache doch nicht ganz so günstig liegt, wie sie mein geehrter Herr Vorredner dargestellt hat. Dies umsomehr, als der Herr Vorredner selbst zugegeben hat, daß unsere Strafprozeßordnung reformbedürftig ist, daß Misstände hervorgetreten sind, welche auch ihm die Einführung der Berufung als wünschenswerth erscheinen ließen, wenn er nicht glauben würde, daß durch andere Mittel geholfen werden könne.

Vor Allem darf ich wohl darauf hinweisen, daß selbst die Gegner der Berufung als einen Fehler des dermaligen Strafverfahrens und seiner Durchführung in der Praxis die Mangelhaftigkeit der Protokolle, wie der Urtheilsmotivirung anführen. Diese Mangelhaftigkeit nun führt nicht nur zu allerlei Unzuträglichkeiten, die sich unter Umständen auch bei der Revisionsprüfung zeigen, sie hat noch eine weitere Bedeutung; sie erschwert selbst die immer als Panacee gepriesene Wiederaufnahme des Verfahrens. Wenn das erstrichterliche Protokoll oder Urtheil über die Ergebnisse der Verhandlung in thatsächlicher Beziehung verhältnismäßig nur mangelhafte Constatirungen enthält, dann gibt es eine große Schwierigkeit, wenn es Angesichts eines Wiederaufnahmegesuches gilt, zu prüfen, ob überhaupt ein neues Beweismaterial vorliegt, das eine mildere Beurtheilung des Angeklagten mit sich bringen könnte. In noch höherem Grade macht sich dies geltend bei Prüfung der Frage, ob das neue Material in Ansehung des früher vorgelegenen auch wesentliche Bedeutung besitze. Und wenn in diesen beiden Richtungen die sichere Grundlage fehlt, dann ist sie auch für die Wiederaufnahme des Verfahrens gänzlich entrückt.

Nun wird man mir entgegen halten, es sind ja bis jetzt trotzdem ziemlich viele Fälle von Wiederaufnahme vorgekommen und darauf verweise man gerade vielfach zur Empfehlung der Berufung.

M. H.! Ich erwiedere darauf mit der Gegenfrage: Wie groß würde erst die Zahl der Wiederaufnahmsgesuche und der wirklichen Wiederaufnahmen des Verfahrens sein, wenn im ersten Verfahren die Constatirungen noch vollständiger wären als jetzt? Und wenn wir diesen Gedanken nur einigermaßen weiter verfolgen, dann tritt uns klar vor Augen, wie ungenügend das gegenwärtige Rechtsmittelsystem ist; dann läßt sich erst überblicken, welche Zahl von Wiederaufnahmen bei Vorhandensein der Berufung bei wiederholter Prüfung der Schuldfrage zu ersparen wäre.

Zieht man erst gar in Betracht, daß der Angeklagte im landgerichtlichen Verfahren, wenn er ohne Vertheidiger erscheint, fast niemals weiß, welches Belastungsmaterial gegen ihn vorliegt, und daß er in Folge dessen auch nicht bemessen kann, in Bezug auf was und wie er seinen Entlastungsbeweis vorzubereiten hat, so läßt sich ermessen, daß die Verhandlung oft nur ein einseitig gefärbtes Bild von der Sache ergiebt, das aber trotzdem die endgültige Grundlage der Beurtheilung des Falles bildet. Besonders gefördert wird dieser beklagenswerthe Zustand durch die ebenfalls von den Gegnern der Berufung zugegebene Abneigung der Gerichte gegen die Eröffnung einer Voruntersuchung und insbesondere gegen Beweisanträge, die erst in der mündlichen Verhandlung gestellt werden und eine Vertagung mit sich bringen. Eine genügende Abhilfe ermöglicht auch nicht das Recht der unmittelbaren Ladung, welches dem Angeklagten vom Gesetze eingeräumt ist. Der Angeklagte kennt häufig dieses Recht nicht, und selbst wenn dies der Fall ist, ist es oftmals — abgesehen von der bereits erwähnten, häufigen Unkenntnis der Actenlage — für ihn illusorisch, da er die Ladung von Entlastungszeugen nur schwer veranlassen kann, wenn er die nöthigen Mittel zur Erlegung der ihm nach § 219 St.P.O. obliegenden Gebührenvorschüsse nicht besitzt.

Auch die Beigebung eines Vertheidigers schützt den Angeklagten nicht immer vor einer ungenügenden Vorbereitung der Hauptverhandlung. Abgesehn nämlich davon, daß in den Fällen, die nicht zu jenen der nothwendigen Vertheidigung gehören, sehr häufig von den Angeklagten ein Vertheidiger überhaupt nicht zugezogen wird, so erfolgt die wirkliche Wahl eines solchen oft erst so kurz vor dem Verhandlungstermine, daß das Entlastungsmaterial nicht mehr aufgesucht, geschweige denn beigebracht werden kann.

Dazu kommt noch, daß zur Kostenersparung vielfach die Gepflogenheit besteht, daß die nothwendige Vertheidigung in der Vorbereitungspraxis befindlichen jungen Juristen übertragen wird. Bei aller Anerkennung der Gewissenhaftigkeit und des Eifers, mit welchen sich die jungen Herren dieser Aufgabe unterziehen, kann man sich doch nicht verhehlen, daß ihnen noch so manche Erfahrung auf dem Gebiete des Criminalrechts fehlt und die Gefahr vorhanden ist, daß sie in schwierigeren Fällen ihrer Aufgabe nicht ganz gewachsen sind. Darum ist auch von der empfohlenen Ausdehnung der nothwendigen Vertheidigung nicht viel zu erwarten.

Nun gebe ich gerne zu, daß in der That verschiedene Bedenken gegen die Berufung bestehen und diese lassen sich auch wohl motiviren, insbesondere ausgehend von der schönen Theorie der Mündlichkeit und Unmittelbarkeit des Verfahrens. Aber mit diesem Prinzip ist es in unserer Strafprozeßgesetzgebung nicht so weit her, als man gewöhnlich annimmt und behauptet. Ich erinnere Sie nur an die bestehende Berufung gegen die Urtheile der Schöffengerichte; durch diese ist das Prinzip ganz und gar durchbrochen und doch hat Niemand die Abschaffung derselben befürwortet. Eine weitere Prinzipwidrigkeit ist gegeben in der Wiederaufnahme des Verfahrens, für die einzig das in den Acten befindliche Material, also lediglich eine schriftliche Grundlage maßgebend und entscheidend ist. Ich erinnere außerdem noch an die §§ 222 und 250 unserer Strafprozeßordnung, nach welchen es angeht, daß unter gewissen Umständen die Aussagen von Zeugen, die in der Voruntersuchung vernommen worden sind, in der Hauptverhandlung verlesen werden dürfen, also wiederum eine theilweise Durchbrechung des Prinzips der Mündlichkeit.

Unter solchen Umständen ist es schwierig einzusehen, warum wir in der partiellen Abweichung von dem Prinzipe der Mündlichkeit einen Grund gegen die Zulassung der Berufung sehen sollen.

Es wird nun zwar häufig betont, daß auch mit einer Wiederholung der Vernehmung der Zeugen es nicht vermieden werden könne, daß der Instanzrichter schlechter informirt sei als der Erstrichter, weil der Zeuge besonders auch durch die Eindrücke beeinflußt werde, welche in der ersten Verhandlung auf ihn einwirken.

Was aber die Frage anlangt, ob sich hier nicht ein kleines Heilmittel schaffen ließe, so möchte ich hinweisen auf eine in neuerer Zeit vielfach verbreitete Kunst, welche es ermöglicht, diese Schwäche des Berufungsverfahrens größtentheils zu beseitigen; ich meine die Stenographie. Durch Anwendung der Stenographie sind wir in der Lage, ganz und gar zu constatiren, was in der mündlichen Verhandlung vorgekommen ist. Dazu kommt noch, daß dann in den Urtheilsgründen ergänzend dargethan werden könnte, welchen persönlichen Eindruck der Zeuge selbst gemacht hat, so daß durch das Zusammenwirken von stenographischer Aufzeichnung und Urtheil ein ziemlich vollständiges Bild der Verhandlung entstehen könnte.

Wir hätten dann aber auch die Möglichkeit, die Aussagen der Zeugen in der zweiten Instanz genau zu controliren und nöthigenfalls den Zeugen Vorhalte zu machen, wenn sich eine Abweichung von ihren früheren Angaben zeigen würde. So dürfte die Gefahr, daß die Zeugen nicht bloß ihre eigenen Wahrnehmungen bekunden, auch für ihre wiederholte Vernehmung im Berufungsverfahren nicht größer sein, als in der ersten Instanz, in deren Hauptverhandlung sie auch häufig erst nach schon einmal erfolgter Vernehmung zu deponiren haben.

Des Weiteren wird nicht selten darauf hingewiesen, daß die Berufung eine Verlängerung der Untersuchungshaft mit sich bringe, also für den Angeklagten einen positiven Nachtheil involvire. Dem gegenüber glaube ich immer, daß es besser ist, in zweiter Instanz nach längerer Untersuchungshaft freigesprochen zu werden, oder doch wenigstens freigesprochen werden zu können, als in erster Instanz, zwar mit kürzerer Untersuchungshaft, verurtheilt zu werden ohne jede Möglichkeit einer Remedur. Die Kürzung der Untersuchungshaft nach einer erstinstanziellen Verurtheilung würde so nur auf Kosten der Ehre des Angeklagten erfolgen.

Den ferneren Einwand, den man immer hört, daß durch das Berufungsverfahren die Kosten der Strafverfolgung größer werden, kann ich noch weniger als anerkennenswerth und maßgebend erachten. Denn die Kostenfrage darf, wenn es sich darum handelt Recht zu sprechen und gerechte Urtheile zu schaffen, sicher nicht in Betracht kommen.

Noch will ich bemerken, daß auch mit einer Vermehrung der Kategorieen obligatorischer Voruntersuchung oder mit einer Ausdehnung der Vorschrift des § 199 der Strafprozeßordnung durch Einfügung einer obligatorischen Belehrung des Angeklagten nicht Alles gethan ist. Ich habe in dieser Richtung eine analoge Bestimmung des früheren bayerischen schwurgerichtlichen Verfahrens, das sogenannte Präsidialverhör, aus eigener Erfahrung kennen gelernt, während ich als junger Jurist Schwurgerichtspräsidenten bei solchen als Secretär diente; es war der Hauptsache nach eine bloße Formalität, wie jetzt die Ausführung des § 199.

Nun wird auch auf die Wiederaufnahme des Verfahrens und auf die Revision hingewiesen. Die Wiederaufnahme des Verfahrens, die nur möglich ist, wenn neues Beweismaterial vorhanden ist, kann die Berufung nicht ersetzen, weil die Voraussetzungen für die Wiederaufnahme ganz andere sind. Bei der Wiederaufnahme muß ein Beweismaterial vorhanden sein, von dessen Benutzung zu erwarten steht, daß in der That eine ganz entschiedene Aenderung gegenüber der bisherigen Betrachtung des Falles sich ergiebt. Anders bei der Berufung; da genügt es oft, irgend ein Moment hervorzuheben, ohne daß von demselben von vornherein geradezu eine durchschlagende Wirkung zu erwarten sein müßte.

Der Werth der Wiederaufnahme kann übrigens manchmal bedeutend dadurch beeinträchtigt werden, daß der Vorsitzende das, was in der Verhandlung vorgebracht wurde, nicht genügend fixiren ließ und dasjenige Gericht, welches über die Wiederaufnahme zu entscheiden hat, läuft solchen Falles, besonders wenn die Besetzung eine andere ist, als sie in der Hauptverhandlung war, Gefahr, entweder zu nachsichtig oder aber zu streng zu sein.

Wenn man aber die Revision wegen Beschränkung der Vertheidigung ausdehnen will, so muß ich sagen: wenn die Revision in der Weise ausgedehnt werden soll, daß das Revisionsgericht auch angerufen werden können soll, wenn Beweisanträge mit Unrecht als unerheblich abgelehnt wurden, so würde das im Effecte doch nur eine beschränkte Einführung der Berufung und es darum besser sein, auf die Beschränkung zu verzichten.

Die anderen Reformprojecte an Stelle der Berufung, welche vom Herrn Vorredner erwähnt worden sind, sind mit Recht von ihm selbst als hinfällig bezeichnet worden.

Ich komme nun noch zu den Gründen, welche geradezu für die Berufung sprechen. Vor Allem dürfte zu bedenken sein, daß das Prozeß-Recht eine eminent practische Disciplin ist, bei welcher es weniger auf ganz strenge Folgerichtigkeit ihrer einzelnen Sätze, als auf practische Zweckmäßigkeit derselben ankommt. Darum darf man sich auch nicht dazu verleiten lassen, eine bessere Einrichtung, die sich durch vieljährige Prüfung als practisch erwiesen, nicht einzuführen, weil dieselbe ein theoretisches Prinzip durchbricht, oder diesem mehr oder minder widerspricht; von diesem Standpunkt aus sollte man darum gegen die Berufung nicht sprechen. Die Berufung bietet nun aber in der That ein Mittel, um verschiedene der erwähnten Mängel unseres gegenwärtigen Strafverfahrens, sei es direct, sei es indirect, zu beseitigen. In einer weiteren Beziehung glaube ich dem Herrn Vorredner ebenfalls widersprechen zu müssen, nämlich hinsichtlich der Analogie mit dem Civilprozesse. Ich gebe zu, daß für beide Verfahrensarten die Stoffe verschieden sind; aber wir dürfen doch sagen, daß wir im Civilprozesse das Prinzip der Mündlichkeit und der Unmittelbarkeit durchgeführt haben und trotzdem dieses Prinzip durch die Berufung ohne Schaden durchbrochen werden konnte.

Das kann nun wohl ebenso gut im Strafprozesse geschehen.

Wenn man endlich — was ich ja auch begrüße — darauf ausgeht, den unschuldig Verurtheilten einen gesetzlichen Entschädigungsanspruch zu verleihen, so sollte man die Gelegenheit nicht unbenützt lassen, zu einer Einrichtung zu gelangen, die es ermöglicht, manche Verurtheilungen Unschuldiger zu vermeiden; ich erachte dies als nothwendige Consequenz jener Bewegung.

Sollen nun, um auf den letzten Punkt zu kommen, die Berufungen vor eigenen landgerichtlichen Berufungskammern oder sollen sie vor dem Oberlandesgerichte verhandelt werden?

Offenbar ist es einfacher und zweckmäßiger, daß dies vor dem Oberlandesgericht geschieht; ich halte es für zweckmäßiger, als daß es vor dem gleichen Gerichte geschieht, da es immer eigenthümlich ist, wenn Mitglieder desselben Collegiums darüber entscheiden sollen, ob nicht ein Theil ihrer engeren Collegen als Erstrichter irrthümlich geurtheilt hat.

Ich habe die Anschauung, daß das Oberlandesgericht am besten berufen ist, dieses zu thun, schon aus dem Grunde, weil es, ohne der Collegialität zu schaden, sich mehr erlauben kann.

Was ferner die Frage anbelangt, ob die Berufung nur bezüglich der Schuld- oder auch bezüglich der Straf-Frage einzuführen sei, so habe ich durch die Formulirung meines Antrages bereits angedeutet, daß ich mich begnüge, wenn für die Schuldfrage die Berufung eingeführt wird.

In dieser letzteren Richtung halte ich sie auch thatsächlich für gut bei Würdigung eines Indicienbeweises, da es bei solchen oft darauf ankommt, das thatsächliche Material ohne Voreingenommenheit einer nochmaligen Würdigung zu unterziehen, um ein richtiges Urtheil zu erzielen.

Mit Rücksicht auf die zu Tage getretenen Misstände, sowie die Unmöglichkeit, dieselben auf anderem Wege zu beseitigen, mit Rücksicht ferner auf die eben angedeuteten positiven Gründe glaube ich berechtigt zu sein, den Antrag zu stellen:

Der deutsche Juristentag wolle als seine Ueberzeugung aussprechen:

„Die Einführung der Berufung zum Oberlandesgerichte gegen die erstinstanzlichen Urtheile der landgerichtlichen Strafkammern, wenigstens hinsichtlich der Schuldfrage, ist dringend zu wünschen.“

Rechtsanwalt Dr. **Jacobi** (Berlin): Ich werde mir erlauben, am Schluß meines Vortrages einen selbstständigen Antrag zu stellen.

M. H., mit Rücksicht auf das wichtige Interesse, welches hier vorliegt, werden Sie gestatten, daß ich von meinem Standpunkt aus die Sache etwas genauer erörtere.

Herr Reichsanwalt Stenglein hat ja zum Theil bereits die Einwendungen gewürdigt, die vorgebracht zu werden pflegen gegen die Einführung der Berufung im Strafverfahren, ich glaube, es wird genügen, diese mit einigen Worten zu berühren und auf ihren wahren Werth zurückzuführen. Wir können von sicheren, practischen Erfahrungen seit 1879 sprechen, wenn ich sage, daß durch Einführung der Berufung in den bestehenden Mängeln Abhilfe geschaffen wird.

Durch die Berufung wird insoweit Abhilfe geschaffen als dieselbe geeignet ist, das Belastungs- aber auch das Entlastungsmaterial besser vorzuführen, es kann dann wenigstens in zweiter Instanz eine genaue Uebersicht gewonnen werden.

Man hat längst eingesehen, daß im Allgemeinen unsere Strafprozeßordnung an verschiedenen Mängeln krankt.

Man sagt zwar, daß die Berufung unverträglich sei mit den Prinzipien unseres Prozesses, mit der Mündlichkeit und Oeffentlichkeit. Es ist aber schon erörtert worden, daß es sich hier um eine brennende Frage handelt und daß derartig theoretische Gesichtspunkte practischen Rücksichten weichen müssen. Es ist schon mit Recht darauf hingewiesen worden, daß wir im Civilprozesse, unbeschadet dieser Prinzipien, die Berufung haben und daß sie im Strafverfahren ebenso gut ermöglicht werden kann und ermöglicht wird. Findet man sie ja doch neben dem Prinzip der Mündlichkeit und Unmittelbarkeit gegen die nach hunderttausenden zählenden Urtheile der Schöffengerichte zulässig. Nur in den schwersten Fällen, wo es sich um die Existenz des Angeklagten handelt, wird das Rechtsmittel der Berufung nicht gefordert, sondern für entbehrlich erachtet. Denn — sagt man — wir haben in diesen wichtigen Fällen die schriftlichen Verhöre der Voruntersuchung. Aber in Strafkammersachen, wo die Voruntersuchung nicht obligatorisch ist, wird die Vorbereitung und Sammlung des Entlastungsbeweises dadurch unmöglich gemacht oder mindestens erschwert, daß die Voruntersuchung überwiegend im Interesse der Anklage stattfindet, Anträge der Angeklagten auf Voruntersuchung fast stets abgelehnt werden.

Ich erlaube mir in dieser Beziehung auf die Criminalstatistik Bezug zu nehmen. Die Zahlen sprechen hier.

Es sind nach der amtlichen Preußischen Statistik von Angeklagten Anträge auf Voruntersuchung im Vertheidigungs-Interesse gestellt worden

im Jahre 1880: 1189, davon abgelehnt 980,
„ „ 1881: 1082 „ „ 920,
„ „ 1882: 901 „ „ 880.

Also die Anträge nehmen ab, die Abweisungen verhältnißmäßig zu, ganz natürlich, wenn Jedermann sich sagt, voraussichtlich werden die Anträge doch abgewiesen.

Also ich sage, der angebliche Widerspruch mit den Prinzipien der Mündlichkeit ist schon dadurch widerlegt und die Nothwendigkeit schon dadurch nachgewiesen, daß die Berufung gegen die Urtheile der Schöffengerichte existirt und dadurch in einer großen Klasse dieser Sachen von der Berufung Gebrauch gemacht wird.

Dem Angeklagten ist ferner auch das Recht benommen, eine Beweisaufnahme zum ewigen Gedächtniß zu veranlassen. Er ist also umsomehr auf die Berufung hingewiesen; zumal da es jetzt immer, wie die obigen Zahlen zeigen, fraglich ist, ob der beantragte Entlastungsbeweis für erheblich erachtet wird?

Eine fernere Gefahr ist folgende. Es ist Sache der Verwaltung, für die öffentliche Sicherheit zu sorgen und wie außerordentlich zahlreich die sehr gemischte Gesellschaft der Verdächtigen ist, das ist bekannt.

Dieser Gesellschaft gegenüber sucht der Staat nach dem Prinzip der Nothwehr für die Sicherheit zu sorgen durch die Unschädlichmachung der Verbrecher.

Während also die Theoretiker ein summarisches Verfahren aus wissenschaftlichen Gründen zu rechtfertigen suchen, verlangt es die Staatsverwaltung aus practischen Rücksichten der Verantwortlichkeit für die öffentliche Sicherheit. Gerade deshalb aber ist, gegenüber dieser Uebermacht des Sicherheits-Interesses, um dem Prinzip der materiellen Gerechtigkeit zu entsprechen, die Einführung der Berufung als ordentliches Rechtsmittel umsomehr nothwendig. Weil aber den Meisten die Möglichkeit ganz fern liegt, daß sie der strafrechtlichen Garantieen auch für ihre eigene Person einmal bedürfen könnten, so gelingt es ihnen nicht, sich in die Lage des Angeklagten zu versetzen. Daher liegt es ihnen nahe, zu sagen: im Strafprozeß brauchen wir kein ordentliches Rechtsmittel. — Die Sache liegt aber in Wirklichkeit eher umgekehrt. Im Civilprozesse stehen beide Parteien gleich und können vollkommen frei ihr Recht wahren, nicht aber in allen Fällen im Strafprozesse, namentlich nicht im Falle der Untersuchungshaft. Garantieen, welche vielleicht allenfalls im Civilprozesse als überflüssig erscheinen könnten, sind es sicherlich nicht im Strafprozesse; da ist das Rechtsmittel der Berufung unentbehrlich.

Nach meiner innersten Ueberzeugung muß man, um in dieser Frage entscheiden zu können, sich erst in die Lage eines Angeklagten versetzen. Erst dann ist man im Stande zu sagen, ob dieses ordentliche Rechtsmittel entbehrlich sei. Will man überhaupt Vergleichungen anstellen zwischen dem Civil- und Strafverfahren, so sage ich: die Berufung ist viel weniger im Strafverfahren entbehrlich, als im Civilverfahren.

Das sind Gründe, die meiner Ansicht nach entscheidend sind für die Einführung der Berufung im Strafverfahren. Ich fasse sie in folgenden Punkten zusammen: Es ist die wesentliche Verschiedenheit des Strafverfahrens von dem Civilprozessualen, da es im ersteren unbedingt auf das thatsächliche, auf das materiell Wahre ankommt und die Feststellung desselben aber viel schwieriger ist; sodann daß im Strafverfahren der Anklagebeweis fast stets viel stärker und vollständiger vertreten ist als der Entlastungsbeweis. Umsomehr ist es unbedingt erforderlich, daß das in erster Instanz gesammelte Beweismaterial einer unbefangenen Prüfung in der 2. Instanz unterstellt werden könne, wenn anders das Prinzip der freien Beweiswürdigung zur entsprechenden Anwendung gelangen soll. Es lehrt uns nämlich die tägliche Erfahrung, daß bei einem Indicienbeweis nicht sowohl die Verdachtsgründe, als auch ein ungeeignetes Benehmen des Angeklagten zur Verurtheilung führen können; ferner die Entscheidungen über die Erheblichkeit des Entlastungsbeweises oft höchst bedenklich sind. Mit dem einfachen Satze: „Es ist unzulässig dies zu beweisen, weil es unerheblich ist." (Rufe: Schluß! Schluß!)

Da die Herren den Schluß wünschen, so werde ich mir nur noch erlauben, meinen Antrag zu verlesen. Ich behalte mir vor, noch einmal das Wort zu ergreifen, um die Nothwendigkeit der Controle der erstinstanzlichen Urtheile zu begründen.

Ich habe in meinem Antrage diesen Punkt in den Vordergrund gestellt und ich bitte diesem Motive zuzustimmen. Ich will jetzt nicht näher darauf eingehen, wodurch die Wiederaufnahme des Verfahrens als außerordentlicher Behelf sich unterscheidet von dem ordentlichen Rechtsmittel der Berufung. — (Rufe: Schluß!)

Sie werden vielleicht so freundlich sein einen Augenblick zu verziehen, damit ich Ihnen sagen kann, in welcher Weise sich mein Antrag dem Stengleins anschließt.

Professor **Hiller** zur Geschäftsordnung: Ich werde Ihre Geduld nicht lange in Anspruch nehmen. Zunächst möchte ich mir aber erlauben, eine Frage zur Geschäftsordnung zu stellen: ob das Sprechen während der Debatte nicht etwa an eine Zeit geknüpft werden soll?

Präsident: Es ist nicht möglich, daß wir zum Schlusse kommen, wenn wir nicht kurze Sprecher haben. Es handelt sich heute nicht darum, das Institut der Berufung einzuführen. Ich halte es für das beste, noch einen Feind der Berufung zu hören und dann ein Mitglied eines Gerichtshofes, das die ganze Zeit über die Berufungen abgeurtheilt hat und nach meiner Ansicht die meiste Erfahrung besitzt.

Professor **Hiller**: Ich bitte eine Zeit zu fixiren, über welche die Redner während der Debatte nicht hinausgehen sollen.

Präsident: In ähnlichen Fällen, wo der Vorsitzende nicht zum Ziele gelangen konnte, ist eine Zeit von 10 Minuten für den Redner beliebt worden. Ich glaube diese Zeit genügt, um die Erfahrungen mitzutheilen und wir könnten so möglichst viele Redner hören.

Professor Dr. **Rubo**: Beschränkung in der Zeit dürfte nicht das richtige Mittel sein, ich bin gegen den Antrag.

Präsident: M. H.! Für diese Tagesordnung muß die Zeit des Vortrages nach meiner Ansicht beschränkt werden; ich will daher zunächst abstimmen lassen, indem ich sage, wer dafür ist, daß die Zeit des Vortrages beschränkt werde, der möge sich erheben.

(Es erhebt sich die überwiegende Mehrheit.)

Als Zeitraum sind festgestellt 10 Minuten, wer dagegen ist erhebe sich.

(Erhebt sich Niemand.)

Also das ist Beschluß der Abtheilung und somit ertheile ich, um die Debatte zum Schluß zu bringen, Herrn Professor Hiller das Wort.

Professor **Hiller**: M. H.! Als Theoretiker stand ich immer auf Seite der Gegner der Berufung und erst die von hochachtbarer, practischer Seite vorgebrachten Bedenken haben mich eine Zeit lang schwankend gemacht. Doch muß ich heute gestehen, daß die Ausführungen des Herrn Stenglein mich auch rücksichtlich jener Bedenken wieder vollständig beruhigt haben und ich darf wohl annehmen, daß sie ebenso auch Ihre Billigung gefunden haben.

Der prinzipielle Punkt der Frage: die Unvereinbarkeit der Berufung mit dem Prinzip der Mündlichkeit und Unmittelbarkeit ist bereits genügend gewürdigt worden. Würde aber das Haupt- und Endziel jedes Rechtsverfahrens, die möglichst gerechte Verwirklichung des Strafrechtes **ohne** Berufung gleichwohl nicht zu erreichen sein, so müßte sie eingeführt werden, trotz aller prinzipieller Bedenken gegen dieselbe. Daß dies aber nicht der Fall, hat Herr Stenglein, meine ich, zur Genüge bewiesen!

Es wurde in der gestrigen Debatte über den Zeitpunkt der Beeidigung im Strafverfahren bereits von mir betont und durch die Abstimmung auch anerkannt, daß es absolut nicht nöthig sei, in das Prinzip der Unmittelbarkeit und Mündlichkeit eine Bresche zu schießen. Dies trifft m. E. auch hier wieder zu, und ich bekenne offen, daß ich die Einführung der Berufung, obwohl manche Practiker so lebhaft dafür eintreten, als einen Rückschritt ansehe.

Ich muß gestehen, ich hatte einmal die Idee, einen Compromiß-Antrag zu stellen, nämlich die Berufung gegen das **Strafausmaß** einzuführen, wie es in Oesterreich auf Grund der Strafprozeßordnung von 1873 besteht. Die Berufung hat sich in Oesterreich practisch sehr wohl bewährt. Ich fand jedoch schon im Privatgespräche, daß für eine Berufung in diesem Sinne eine Propaganda bei den Herren Collegen aus dem deutschen Reiche kaum Boden gewinnen würde und will es deshalb gar nicht wagen, einen diesbezüglichen Antrag zu stellen, sondern etwa nur die Frage anregen.

So erübrigt mir nur, Ihnen den Antrag des Herrn Referenten nochmals wärmstens zur Annahme zu empfehlen.

Rechtsanwalt **Munckel** (Berlin): M. H., in einem Punkte, wenn ich richtig gehört habe, sind alle Redner eins und werden alle eins sein, daß es für hinlänglich nothwendig erachtet ist, Mittel zu schaffen, durch welche in den Sachen, welche nach unserem Strafprozesse dem Angeklagten zum Nachtheile gereichen, Abhilfe geschaffen wird.

Ich nehme diesen Vorschlag dankend an, und bin gewiß, daß dieser Vorschlag nach oben seine Wirkung nicht verfehlen wird.

Als man die Berufung abschaffte im Reiche, hielt man weitere Schutzmittel, als die jetzt gegebenen nicht für nothwendig. Herr Reichsanwalt Stenglein sagte charakteristisch, auch die vorhandenen stehen meistens nur auf dem Papier (Sehr richtig!) und so lange wir die Berufung nicht haben, werden auch die neuen Hilfsmittel, die uns der geehrte Herr versprochen hat, eben auch nur auf dem Papier stehen. Man wird eine erhebliche Vermehrung der Geschäfte haben bei Einführung der Berufung, aber auch eine Vergrößerung der Sicherheit der Rechtspflege und wenn man einwendet, man solle die erste Instanz bezüglich der richtigen Anwendung des Rechtes nicht unter Controle stellen, so halte ich Ihnen das Reichsgericht entgegen, das ja auch berufen ist zu prüfen, ob rechtliche Fehler vorhanden sind. Nun meint Herr Reichsanwalt Stenglein, wenn sie ihm eine Gewähr für richtige Rechtsprechung gebe, da würde er für Einführung der Berufung stimmen. Ja m. H., die Gerichte sprechen Recht, aber die Vollkommenheit erreichen sie nicht. Die Berufung soll eine Ergänzung der Unvollkommenheit schaffen, aber nicht die Vollkommenheit gewährleisten. Auch unser höchster Gerichtshof nähert sich wohl der Vollkomenheit, erreicht hat er sie bisher noch nicht.

Das Rechtsmittel der Berufung soll das thatsächlich Bedeutsame controliren, wie die Revision das rechtlich Bedeutsame controlirt, darum ist, so wie das Rechtsmittel der Revision, so auch das der Berufung nothwendig. Entbehrlich wird die Berufung nicht dadurch, daß in der ersten Instanz allerlei auf dem Papier stehende Vorbeugungs-Maßregeln getroffen sind, es gilt der Satz:

„Ein anderes Antlitz zeigt die vollbrachte, als die zu vollbringende That.“

Wenn ein neues mündliches, formloses Verfahren eingeführt wird, dann kommt es auf Motivirung und Protocollirung in 1. Instanz überhaupt nicht mehr an, das ganze Verfahren beginnt von vorn: so pflegen die Gegner einzuwenden.

Ja, m. H., die Acten werden nicht verbrannt; so wie die Acten der Voruntersuchung bei der Hauptverhandlung, so hat man die Motive des Erstrichters vor sich bei der Berufung; und diese Acten und Motive sind von historischem Werthe; ich habe mir bisher immer sagen lassen, um zu wissen, daß ein Ding ist, muß man wissen, wie es geworden ist.

Meine Herren, die Urtheilenden im Strafprozeß sind alle sehr gelehrte, vielleicht sehr intelligente Juristen, obwohl manche glauben, daß die längere Beschäftigung dieser Art der juristischen Intelligenz nicht förderlich zu sein pflege. Ich will das meinerseits nicht behaupten, aber es sind eben auch Menschen, welche irren können und irren.

Nun sagt man ferner, das Prinzip der Mündlichkeit und Unmittelbarkeit des Verfahrens verträgt sich nicht mit der Berufung. Ist es mir doch, als habe ich geträumt und rühmen hören von einem Wunderwerke, von der Civilprozeßordnung, welche Mündlicheit und Unmittelbarkeit zum reinsten Ausdruck bringt; und dennoch verträgt sich dort das Institut der Berufung mit jenem Prinzip.

Nun ist doch der Angeklagte in der zweiten Instanz besser vorbereitet als in der ersten Instanz und nur dann, wenn sich etwas Abweichendes nicht ergiebt, wird die zweite Instanz das erste Urtheil ohne Weiteres bestätigen.

Habe ich schon 10 Minuten gesprochen? (Nein!)

Aber, meine Herren, in wie vielen Fällen geschieht das? Wenn die thatsächliche Feststellung der ersten Instanz ungeschickt ist, dann kann, so lange das Urtheil vollkommen thatsächlich und unanfechtbar ist, von der zweiten Instanz mit Unbefangenheit dasselbe nicht geprüft werden.

Und solcher Fälle, in denen eine Prüfung der zweiten Instanz nöthig ist, giebt es viele.

Präsident: Es sind 10 Minuten.

Rechtsanwalt **Munckel**: Dann komme ich zum Schlusse: Ich schließe mich dem Antrage des Herrn Dr. Harburger an mit der einen Modification und bitte das als Amendement zu betrachten, nämlich die Worte „wenigstens hinsichtlich der Schuldfrage" zu streichen, denn ich wünsche nicht, daß der Appellationsrichter in die verhältnismäßig unvollkommene Stellung der Geschworenen herabgedrückt werde und anstatt über Schuld und Strafe nur über die Schuld urtheilen solle, urtheilen dürfe. Bei den Schöffengerichten sind zwei Laien unter den Richtern, bei dem Berufungsgericht lauter Juristen, nun soll man den Appellationsrichter, wenn er auch nicht größer ist, als der in 1. Instanz, doch auch nicht kleiner machen; hat er sich mit der Sache überhaupt zu befassen, so muß er ein vollständiges Urtheil sich bilden, und für die Strafthat, die er feststellt, auch selbst die angemessene Strafe finden.

Reichsgerichtsrath **Wielandt**: Ich möchte mit derselben Bescheidenheit wie Herr Landgerichtspräsident Bardeleben meine Erfahrungen mittheilen. Ich gehöre, m. H., seit Beginn der Thätigkeit des Reichsgerichtes, also seit nahezu fünf Jahren, dem ersten Straffenate des Reichsgerichts an, einem Senate, dessen Rechtsprechung eine Reihe von Ländern mit Rechtsverhältnissen der verschiedensten Art umfaßt, und habe in dieser Stellung bei etwa 5000 Strafurtheilen als Richter mitgewirkt. Ich glaube

Ihnen aus den Erfahrungen hiebei nicht vorenthalten zu sollen, daß wir in manchen Fällen Bedenken gegen die Richtigkeit der thatsächlichen Feststellung hatten. Diese Bedenken betrafen sowohl Fälle, wo die Entscheidung zu Ungunsten des Angeklagten vorging, als solche, wo sie gegen den Antrag der Staatsanwaltschaft erfolgte. Sie betrafen übrigens meistens Fälle auf dem Gebiet der Beleidigung. Im Ganzen aber habe ich nach meinen Erfahrungen bei dem Reichsgericht ein Bedürfnis nach einer Aenderung der Gesetzgebung bezüglich der Berufung nicht empfunden.

Ich bin hierin mit dem Herrn Referenten Stenglein einverstanden. Mir scheint insbesondere die Zeit der Geltung des Gesetzes zu einer Aenderung noch zu kurz.

Schlechte Gesetze freilich verdienen keine lange Dauer.

Daß übrigens das Gesetz mit der Beschränkung der Berufung nicht schlecht ist, kann ich aus der badischen Praxis bestätigen, ich habe dort 15 Jahre unter dem System der Nicht-Berufung als Richter gewirkt.

Ein Hauptmoment ist Folgendes, und Sie erlauben, daß ich es von dieser Stelle ausspreche, meine Collegen vom Reichsgericht stimmen mit mir überein: sehr häufig werden die Beweise nicht in der wünschenswerthen Ausdehnung erhoben.

Schon die Staatsanwaltschaft sollte öfters die Vorerhebungen ausdehnen; besonders aber werden die Beweise in der Hauptverhandlung sehr oft zu dürftig erhoben und Anträge auf weitere Beweiserhebungen abgelehnt. Ich komme hiebei auf die Frage einer Aenderung der Bestimmungen der Strafprozeßordnung über die Beweiserhebung, die von großer Wichtigkeit ist und von dem Herrn Ref. Stenglein nur gestreift wurde, während mir die übrigen von ihm vorgeschlagenen Maßregeln nicht von Belang scheinen, insbesondere die Belehrung über den Sinn der Anklage schablonenhaft ausfallen wird. Wenn es gelingen würde, die Bestimmungen der Strafprozeßordnung über die Beweiserhebung im § 243—245 in der Richtung der Sicherung einer umfänglicheren Erhebung der Beweise zu ändern, würde den meisten Klagen abgeholfen. Ich schließe mich dem Antrag des Herrn Reichsanwalts Stenglein an.

Professor Dr. Rubo: M. H., ich will mich für den Antrag Munckel mit einer kleinen Modification aussprechen.

Die Frage wegen Wiedereinführung der Berufung ist noch niemals meines Wissens vom Standpunkt des Staatsanwaltes als Anklägers geltend gemacht worden, sondern nur vom Standpunkt des Angeklagten, als Verurtheilten. Die Berufung ist für den Angeklagten das, auch im alten Inquisitions-Prozesse, demselben zugestandene Recht der weiteren Vertheidigung. Ein Recht zur weiteren Verfolgung braucht dem Ankläger nicht gegeben zu werden. Dieser hat das Recht, erst nach vollständiger Vorbereitung die Anklage zu erheben und das Hauptverfahren herbeizuführen, wo hingegen der Angeklagte oftmals erst durch das Urtheil erfährt, worum es sich überhaupt handelt.

Was die Schuldfrage anbelangt, so trete ich dem Antrage Munckel bei, weil der Satz heut zu Tage gilt, daß Beweisregeln nicht mehr gelten.

Zur Verurtheilung führt die sog. moralische Ueberzeugung, rücksichtlich derer ich nur hinzufügen kann, daß sie, als Grundlage für Urtheile aufgefaßt, das Unmoralischeste ist, was es überhaupt geben kann: denn die sog. moralische Ueberzeugung hat mit einer Ueberzeugung gar nichts gemein! Und wenn nun der sog. moralischen Ueberzeugung ein auf „Schuldig" lautendes Urtheil entsprungen ist, sollen wir da jemanden darin beschränken, daß er einem höheren Gerichte die Sache zur Prüfung darüber vorlege, ob nicht etwa eine mildere sog. moralische Ueberzeugung Platz greifen könne?

Das Recht der weiteren Vertheidigung gebührt dem Angeklagten schon darum, weil der Satz des Criminalrechtes „in zweifelhaften Dingen das Mildere" ein in sich tief begründeter ist. Findet der Berufungsrichter — und die Möglichkeit dessen ist zumeist nicht ausgeschlossen! — daß eine mildere Auffassung in thatsächlicher oder rechtlicher Hinsicht gerechtfertigt sei, als die Auffassung des ersten Richters gewesen: dann muß jene mildere Auffassung die maßgebende werden.

Und gerade darum erscheint denn auch eine Berufung zum Nachtheile des Angeklagten verwerflich. Denn bei härterer Ansicht des Berufungs-Richters besteht wegen der Verschiedenheit in den Auffassungen zweier staatlichen Gerichte jedenfalls ein Zweifel: und beim Vorhandensein desselben muß die mildere, hier also die erstrichterliche Auffassung maßgebend sein und somit — bleiben!

Aber auch in Ansehung des Strafmaßes halte ich die Berufung zu Gunsten des Angeklagten für geboten.

M. H.! wir wissen ja heut zu Tage noch gar nicht einmal, warum überhaupt gestraft wird: und zur Widerlegung des hie und da geübten Kopfschüttelns werde ich Ihnen folgende, mehr als hochbelehrende Thatsache mittheilen.

In unserem mehr als 370 Paragraphen enthaltenden Reichsstrafgesetzbuche finden sich, mit Ausnahme sehr weniger Fälle, nur relativ bestimmte, also derartige Strafandrohungen, daß mehrere verschiedene Strafen angedroht sind und der Richter Eine aus derselben im Verurtheilungsfalle auszuwählen hat. Um die gerade im einzelnen einschlägigen Falle verwirkte Strafe auswählen zu können, muß der Richter wissen, warum gestraft werde, nach Maßgabe wovon die Strafe abgemessen werden soll.

Bereits bei Aufstellung des ersten Entwurfs wurde es darum angeregt, eine Bestimmung über die Gründe der Bestrafung behufs Abmessung der Strafen bei relativ bestimmten Strafgesetzen aufzunehmen. Der Redacteur des ersten Entwurfes, der jetzige preußische Justizminister Dr. Friedberg, lehnte aber die Aufnahme einer solchen Bestimmung mit dem Bemerken ab, daß man überhaupt nicht wisse, warum gestraft werde. Strafe sei alles: Strafe bezwecke Abschreckung, Strafe bezwecke Besserung, Strafe sei Rache und noch vieles Andere! Aus Mangel einer Kenntniß, warum gestraft werde, kam keinerlei Bestimmung darüber in unser paragraphenreiches Strafgesetzbuch, nach welchen Grundsätzen bei relativen Strafgesetzen die Strafe abzumessen sei, und nun frage ich Sie, meine Herren! die Sie zuvor mit dem Kopfe geschüttelt, wissen Sie es wirklich, warum gestraft wird und kennen Sie somit die zur Handhabung der relativ bestimmten Strafandrohungen etwa als maßgebend zutreffenden gesetzgeberischen Lehren? Ich glaube: nein!

Und bei dieser, durch das Gesetz selbst geschaffenen, jedenfalls nicht vorgebeugten Willkürlichkeit in der Strafabmessung halte ich eine Berufung auch in Ansehung des Strafmaßes auf das Dringendste geboten: und zwar wegen des „in rebus dubiis criminalibus sententia mitior“ — wie schon zuvor ausgeführt — nur zu Gunsten des Angeklagten.

So bitte ich Sie denn, den Antrag Munckel mit folgender Einschränkung anzunehmen:

> „Die Einführung der Berufung an das Oberlandesgericht gegen die erstinstanzlichen Urtheile der landgerichtlichen Strafkammern, und zwar zu Gunsten des Angeklagten, ist dringend zu wünschen.“

M. H., der Antrag Stenglein empfiehlt als Ersatz der Berufung eine größere Sicherung des Entlastungsbeweises; dies genügt nicht, wie Ihnen folgender, aus eigener Erfahrung mir bekannter Fall darthun wird.

Zwei Kaufleute sind wegen verschiedener Depot-Unterschlagungen angeklagt worden. Sie werden beschuldigt, Effecten im Auftrage Anderer für diese angekauft, demnächst ohne Genehmigung der letzteren widerrechtlich verkauft und den Erlös für sich verwandt zu haben. Nach Einsicht der Geschäftsbücher erklärt der Bücherrevisor als Sachverständiger, daß in den Büchern, und zwar bei den Verkaufsnotizen, die Nummern der einzelnen Effecten angegeben seien. Das Gericht, eine Strafkammer, erkennt darauf, daß die Angeklagten der Unterschlagung schuldig seien. Begründet wurde das auf Strafe lautende Urtheil dadurch, daß das Gericht erklärte: es seien die gekauften Papiere in das Eigenthum der Auftraggeber dadurch übergegangen, daß die Angeklagten bei den Einkaufsnotizen die Nummern der einzelnen Effecten in die Bücher eingetragen hätten. Bei dem späteren Verkaufe hätten die Angeklagten mithin fremde Sachen veräußert. Ausdrücklich wurde erläuternd hinzugefügt, daß der Eigenthumsübergang auf die Auftraggeber nur durch die vermittels Nummern-Angabe bei der Einkaufsnotiz erfolgte Spezialisirung der Effecten geschehen sei.

Wegen der gerichtsseitig misverständlichen Erfassung der Aussage des Bücherrevisors und dabei gerichtsseitig vorgekommenen Verwechselung von Verkaufsnotiz mit Einkaufsnotiz wurde Revision an das Reichsgericht eingelegt. Dieses wies die Revision in den meisten Fällen zurück, indem es die Feststellung, daß Einkaufsnotizen vorliegen, als thatsächliche nicht würdigen durfte. In einzelnen Fällen war aber der Wortlaut der thatsächlichen Feststellung ein zweifelhafter. Für diese Fälle hob das Reichsgericht die erstrichterliche Entscheidung mit dem Hinzufügen auf, daß, wenn nur Verkaufsnotizen vorliegen, ein Eigenthumsübergang auf die Auftraggeber nicht erfolgt sei.

Bei der erneuten Verhandlung erklärte der Bücherrevisor, daß nur Verkaufs-, nicht aber auch Einkaufsnotizen in den Büchern sich fänden, und und daß er dies schon in der früheren Verhandlung erklärt habe. Soweit die Beweisaufnahme vermittels der Bücher geschah, erfolgte nunmehr, aber nur in den zur Aufhebung gelangten Fällen, Freisprechung. Die rücksichtlich der nicht zur Aufhebung gelangten Fälle stattgefundene Verurtheilung zu Strafe war rechtskräftig geworden und die Abbüßung der Strafe geschieht gerade jetzt noch.

So erweist sich denn der Antrag des Herrn Stenglein als durchaus unzureichend.

Nehmen Sie den von mir empfohlenen Antrag an!

Professor Dr. **Gneist**: Wir haben 30 Jahre in Preußen eine Berufung über die Schuldfrage bei mündlichem Verfahren gehabt und hunderte von uns haben als Berufungsrichter gesessen. Aber die Erfahrung haben damals mit mir meine Collegen gemacht, daß die Aufgabe des Berufungsrichters, auf Grund der schriftlichen Urtheilsgründe 1. Instanz zum zweiten Male über die Schuldfrage abzustimmen, eine im höchsten Grade peinliche, ja unleidliche ist. Wir wissen von wem diese Gründe redigirt werden, von wem bei großen Gerichten und von wem und in welcher Eile bei kleinen. Die best motivirten Gründe sind oft nur scheinbar; man sagt eben nichts über die schwachen Stellen des Beweises. Diese schriftliche Fassung ist in der Regel wenig zuverlässig und immer unvollständig.

Sollen wir nun in 2. Instanz auf Grund einer theilweis neuen Beweisaufnahme abändern? Die ältere Erfahrung war, daß eine neue Beweisaufnahme in zweiter Instanz verhältnismäßig selten war. Die Hauptbeweise wurden auch dann meistens nicht wiederholt und kamen folgeweise nicht zur gebührenden Geltung neben den neuen Beweisen. Verhältnismäßig geringe Momente geben dann nicht selten den Ausschlag.

Wollten wir die ganze Beweisaufnahme wiederholen, so erhielten wir in der Regel eine verblaßte, weniger gute Beweisaufnahme als in erster Instanz. Die Verhältnisse sind nach Verlauf von Monaten verwischt; die Zeugen vermengen dasjenige, was sie in erster Instanz gehört haben, mit den eigenen Wahrnehmungen. Wir appelliren an einen judex deterius informatum.

Ich habe im Laufe der heutigen Verhandlung nur einen älteren Collegen getroffen, der dabei bleibt: „Es ist doch gut gegangen mit der Berufung." Er hat mir dann aber gestanden, er habe freilich nicht als Richter gesessen in Berufungssachen, sondern er urtheile im Allgemeinen nur nach dem günstigen Eindruck, den die Berufung gemacht habe.

Im Publikum denkt man meistens nur an eine Berufung zu Gunsten des Angeklagten. Erfährt man dann, daß es zweiseitig sein soll, daß man auch dem Staatsanwalt die Berufung geben will, so spalten sich alsbald die Meinungen, und reichlich die Hälfte der Antragsteller würde auf die Berufung dann lieber verzichten.

Das damalige Gesetz war ein Nothbehelf, weil man mit dem Dreimänner-Collegium ungünstige Erfahrungen gemacht hatte, besonders beim Uebergewicht des Vorsitzenden, aber die Fünfmänner-Collegien der Berufungsinstanz machte das Resultat nicht besser.

Ebenso veruneinigt man sich darüber, ob die Berufung an eine andere Kammer des Landgerichts oder ob sie an das Oberlandesgericht gehen soll. Geht sie an eine andere Kammer des Landgerichts, so fehlt es im Grunde an der nothwendigen höheren Autorität. Geht sie an das Oberlandesgericht, so entsteht eine sachwidrige Erschwerung der Beweisaufnahmen bis auf Entfernungen von 20 Meilen.

Ebenso veruneinigt man sich über die Zahl der Richter. Sollen in erster Instanz fünf in zweiter sieben Richter sitzen, so ist nicht abzusehen, woher ein solches Richterpersonal kommen sollte. Sollen in zweiter Instanz fünf in erster Instanz drei Richter sitzen, so fallen wir zurück in die schwersten Gebrechen der vorangegangenen Zustände.

Denn ein Schuldspruch durch ein Dreimänner-Collegium mit zwei gegen eine Stimme ist die wenigst zuverlässige Besetzung des Gerichts für die Gewissensfrage der Schuld! Besser ist immer noch der Einzelrichter, der ein volles Bewußtsein seiner Verantwortlichkeit mitbringt und während der Verhandlung bewahrt. So angemessen die Dreimänner-Collegien in Civilsachen erscheinen, so schlecht ist das Andenken an ihre Schuldsprüche in Preußen.

Um diese schweren Gebrechen unserer älteren Gerichtsverfassung zu überwinden hat die neue Gesetzgebung alle möglichen Garantien des Schuldspruchs in der ersten Instanz concentrirt, hat die ständigen Gerichtscollegien wiederhergestellt, hat das Gericht mit fünf Richtern besetzt, zum Schuldspruch vier Stimmen verlangt, das Vorverfahren sorgfältiger gestaltet und erweitert.

Wenn dennoch in diesem Vorverfahren (mehr noch durch die Fehler einer Routine-Praxis als durch die Mangelhaftigkeit des Gesetzes) fühlbare Lücken bleiben, so ist es sehr natürlich, daß zunächst die Defensoren, welche die Sache nicht genügend vorbereitet finden, oder welche sich nicht genügend vorbereitet haben, eine weitere Instanz wünschen, weil erst durch den Urtheilsspruch die Fehler der Instruction sichtbar werden. Und ebenso leicht können sie die Zustimmung der Juristen finden, die niemals als Berufungsrichter in Strafsachen gesessen haben, welche die Frage nach dem Civilprozeß beurtheilen und nach dem nächsten bekannten Hülfsmittel zu greifen geneigt sind.

Allein ich halte diese rückläufige Bewegung für aussichtslos. Mit der Wiederherstellung der Dreimänner- und der Fünfmänner-Collegien restauriren sie nur zwei sehr unzuverlässige Formationen, welche zusammen noch keine brauchbare ausmachen. Sie setzen das Gericht erster Instanz wieder gewissermaßen zu einer Versuchsstation herab. Das Hauptverfahren soll aber keine Versuchsstation sein! sondern im Geist des heute fortgeschrittenen Prozesses alle Garantieen eines gerechten Spruches in sich vereinigen. Die Versuchsstation muß vielmehr im Vorverfahren liegen. Wir werden nur vorwärts kommen, wenn wir in allen Straffällen der Mittelgerichte ein mündliches Vorverfahren in summarischer Verhandlung vor dem Untersuchungsrichter einführen, in welchem Staatsanwalt, Angeschuldigter und Defensor persönlich verhandeln und die Resultate kurz protokollirt werden. Ich bitte daher dem Antrag Stenglein zuzustimmen.

(Zustimmung.)

Rechtsanwalt **Beckh** (Nürnberg): M. H.! Dasjenige, was von den Gegnern gebracht wurde, scheint mir, wenn ich es zusammenfasse, nur eine Summe von Utilitätsgründen zu sein, keinerlei Gründe, welche auf einem Prinzip fußen.

Wir dagegen gehen von einem andern Prinzipe aus und auf Grund dessen erachten wir uns berechtigt zu fordern, daß einem schweren Uebelstande abgeholfen werde.

Wir alle wissen, daß in unserer Reichsgesetzgebung leider ein fiskalischer Zug durch fast alle neueren Gesetze geht, und auch die Rede des geehrten Herrn Vorredners bewegte sich in dieser Richtung, die vom Standpunkte des Juristen aus doch entschieden zu verwerfen ist. Für uns kann der fiskalische Nutzen kein entscheidendes Moment sein, uns, den Juristentag, berührt nur die Frage, ob im Volke ein Bedürfnis vorhanden ist nach Wiedereinführung der Berufung und ob wir einen entschiedenen Verlust erlitten haben durch den Wegfall derselben oder nicht; und diese Frage müssen wir eben bejahen.

Dem Herrn Reichsgerichtsrath Wielandt, der uns keineswegs im Dunkeln darüber ließ, wie die Urtheile erster Instanz oft geschöpft werden, bin ich sehr dankbar.

Das Reichsgericht bedauert sonach, oft nicht anders vorgehen zu können, weil die Sache in faktischer Beziehung vom Erstrichter unabänderlich festgestellt ist, und manchmal geschieht dies von der Strafkammer gerade deshalb mit besonderer Vorliebe zum Schaden des Rechtes. Ist etwas so festgenagelt, selbst wenn es der Wirklichkeit nicht entspricht, so kann daran im Revisionswege nichts mehr geändert werden, und das ist dem Rechte ein Schlag ins Gesicht.

Herr Reichsanwalt Stenglein hat zugegeben, daß in der Praxis sich viele Bedenken gegen das jetzige Verfahren ergeben haben und er hat angedeutet, wie etwa ein neues Gesetzgebungswerk beschaffen sein soll.

Mit solchen Aenderungen ist uns aber sehr wenig geholfen. Da erlaube ich mir auch meine Erfahrungen, da ich in der Criminalpraxis viel beschäftigt bin, bekannt zu geben, besonders in der Wiederaufnahme des Verfahrens. Wenn es nun so wäre, wie uns heute gesagt wurde, dann wäre es ja überhaupt nicht so schlimm, in der Praxis aber sieht man, daß das Meiste nur auf dem Papiere steht.

Ich habe in der Zeitung des deutschen Anwaltsvereins einen Fall mitgetheilt, in welchem ich als Vertheidiger die Acten nach Schluß der Voruntersuchung einsehen wollte. Auf meine Frage wurde mir eröffnet, daß die Acten beim Staatsanwalte seien, sie müßten erst erholt werden.

Der Staatsanwalt verweigerte nun die Einsichtnahme, ich wandte mich mit förmlicher Eingabe an die Strafkammer, und nun erklärte diese, gestützt auf einen Commentar des Professer John in Göttingen: da der Staatsanwalt die Acten habe, könne das Gericht sie nicht an sich nehmen! Ich mußte Beschwerde zum Oberlandesgerichte ergreifen, dieses wies meine Beschwerde ab und so erfolgte der Beschluß auf Eröffnung des Hauptverfahrens, ehe ich zu einer Acteneinsicht gelangt war!!

Ist das der Sinn und Geist des Gesetzes?

Ich habe mich in meiner Beschwerde auf die Worte des hier anwesenden Herrn Professor Dr. Gneist in der Justizcommission des Reichstages berufen, daß nach geschlossener Voruntersuchung die Acteneinsicht gewährt werden müsse, sie wurde mir aber nicht gewährt.

Ein anderer Fall! In einer Strafsache wegen erschwerter Körperverletzung hatte meine Partei es dahin gebracht, durch Zeugen nachträglich nachweisen zu können, daß eine Waffe absolut nicht gebraucht worden sei, wie angenommen worden war. Der Antrag auf Wiederaufnahme des Verfahrens wurde trotzdem abgewiesen. Ich ergriff Beschwerde zum Oberlandesgerichte, aber auch dieses gestattete die Wiederaufnahme nicht, mit der Motivirung, es sei höchst wahrscheinlich, daß, auch wenn eine Waffe nicht gebraucht worden, eine Strafe von gleicher Höhe doch ausgesprochen worden wäre, und sei daher auf die Wiederaufnahme des Verfahrens nicht einzugehen!

Das sind Fälle aus der Praxis, sie liegen gedruckt und geschrieben vor, es ist keine Phantasie, es steht auf dem Papier.

Von Herrn Reichsgerichtsrath Wieland ist auch anerkannt worden, daß große Mängel sich gezeigt haben, die einem gewissen nothwendigen Zwange in der Prozeßordnung entspringen, so insbesondere das schnelle durchführen der Verhandlungen, ich erlaube mir den Ausdruck „durchpeitschen" zu gebrauchen.

Man hat früher gesagt, jetzt, wo die 5 Richter sitzen, wird die Sache in einer ganz anderen Weise behandelt werden, man hat viel mehr Garantieen, aber wenn ein Vertheidiger einmal länger die Zeugen befragt oder plaidirt, wird oft die Uhr angesehen und der Kopf gedreht. Ich habe keine Besserung gegen früher gefunden, im Gegentheil! Hiergegen kann aber auch die Autorität des Reichsgerichtes nichts helfen.

Herr Reichsanwalt Stenglein hat uns auch nichts durchschlagendes für seinen Standpunkt sagen können. Ich glaube, daß auch sein Einwand, daß man gegen zweitinstanzielle Urtheile dasselbe einwenden könne, was man gegen erstinstanzielle einwende, nicht maßgebend ist, weil eben das Bessere der Feind des Guten ist. Herr Reichsgerichtsrath Wieland hat angedeutet, daß man am Ende auch die Oberberufung an's Reichsgericht anstreben wolle, so weit wollen wir gewiß nicht gehen, nur die Berufung gegen Urtheile der Strafkammern wollen wir eingeführt sehen.

Es war kein Bedürfnis, die Berufung abzuschaffen, es war diese Abschaffung ein theoretisch — juristischer Fehler, und wenn das Volksbewußtsein die Wiedereinführung verlangt, dann ist es Aufgabe des Juristentags, sich dafür auszusprechen. Erst gestern wurde in einer andern Abtheilung hervorgehoben, daß man in England erst dann zur Codificirung schreite, wenn ein unabweisliches Bedürfnis sich kundgebe, und dort gerade wurde erst in jüngster Zeit von der Gesetzgebung die Berufung eingeführt, also muß sich das Bedürfnis auch dort mit Macht gezeigt haben.

(Glocke des Präsidenten.)

Ich bitte noch dasjenige, was Herr College Munckel gesagt hat, recht zu beherzigen und unsere Erfahrungen gelten zu lassen.

Landgerichtspräsident **Bardeleben** (Berlin): Es war durchaus nicht meine Absicht, m. H., in dieser Frage zu sprechen, aber die Angriffe des Herrn Rechtsanwalts Munckel zwingen mich zur Abwehr, also der Noth gehorchend, nicht dem eigenen Triebe.

Die von Herrn Munckel beliebte Charakterisirung der geistigen Potenz der Mitglieder der Strafkammern glaube ich für alle deutschen Landgerichte zurückweisen zu müssen, wenn er aber speziell in nicht miszuverstehender Weise auf die berliner Richter zu exemplificiren beliebte, so weiß ich meinerseits nach längerer Bekanntschaft, daß ihm zwar jede Absicht, diese seine ihm ja zum Theil auch befreundeten Collegen zu beleidigen, fern gelegen, andererseits aber ist es zur Vermeidung von Misverständnissen für mich Ehrenpflicht, hier vor Ihnen, meine Herren, öffentlich zu erklären, daß meine Collegen, welche in Berlin als Mitglieder der Strafkammern fungiren, in ihrem Wissen und Können den Mitgliedern der Civilkammern vollkommen gleichwerthig sind, daß die Munckel'sche Charakteristik auf keinen von ihnen paßt, und daß ich jeden Angriff auf diese tüchtigen und pflichttreuen Männer auf das Entschiedenste zurückweise.

Der preußische Herr Justizminister hat schon vor Jahren Anweisung ertheilt, daß zu den Strafkammern jüngere, tüchtige Richter herangezogen werden — das ist geschehen, bezüglich ihrer sagt Herr Munckel: sie haben eben das Examen gemacht, aber ihnen fehlt die Erfahrung, sie kennen die Pandekten, aber nicht die Praxis; — die alten Richter aber sind nach Munckel: lebendige Formulare, verknöcherte Menschen.

Nun möchte ich ihn bitten, bezüglich der Mitglieder der Strafkammern mir zu sagen, mit welchem Lebensalter nach seiner Auffassung die pubertas aufhört und der marasmus senilis beginnt, die Jungen sind ihm zu jung, die Alten zu alt, es bliebe so etwa das Alter zwischen 40 und 50 Jahren.

Dies nur zur Abwehr, wie ich wiederhole, zur Vermeidung jeder Misdeutung bezüglich des Werthes und der Tüchtigkeit der berliner Straf-Richter.

Kurz zur Sache übergehend, kann ich Sie nicht dringend genug bitten nicht fort und fort nur lediglich für die Interessen der Angeklagten einzutreten; unsere sozialen Zustände bedingen es in der That, daß nicht dem Verbrecher Hinterthüren geöffnet werden, sondern daß jeder Schuldige die

Schwere des Gesetzes fühlt. Die Stellung des Angeklagten im Rahmen der Strafprozeßordnung ist gegen früher eine überaus günstige. Mir sind die Worte in Erinnerung, die ein mir nah befreundeter Staatsanwalt nach Emanation der Prozeßordnung zu mir sagte: Nach der neuen Strafprozeßordnung ist eigentlich der Angeklagte der einzig anständige Mensch, ihr Richter seid suspekt und wir Staatsanwälte gehören auf die Anklagebank. Dies war Uebertreibung und im Scherz gesagt, aber ein Körnlein Wahrheit steckt darin.

Und nun, meine Herren, wenn Sie sich für die Einführung der Berufung erklären sollten, dann muß solche ebensowohl für den Angeklagten, wie für die Staatsanwaltschaft gegeben werden, denn dahin sind wir doch alle einig: der Schuldige muß bestraft werden und das Endziel jeden Gesetzes ist das Finden der Wahrheit, und dabei hat Jeder von uns, Richter, Staatsanwalt und Rechtsanwalt mitzuwirken.

Ich halte die Sache nicht für spruchreif und empfehle für den Antrag meines Freundes Stenglein zu stimmen.

Rechtsanwalt **Munckel**: Ich würde das Wort nicht ergriffen haben, aber was ich gesprochen haben soll, ist in einer Weise verstanden worden, viel böser als ich meinte, so daß ich aussprechen muß: es hat mir unbedingt ferne gelegen, die Herren Richter oder irgend ein Richtercollegium beleidigen zu wollen. Es thut mir leid, wenn das in meinen Worten gelegen hat, aber wenn ich behauptet habe, daß lang anhaltende Beschäftigung bei einem Strafgerichte der juridischen Intelligenz nicht förderlich sein soll, so ich darf ich mich berufen selbst auf die Autorität des preußischen Herrn Justizministers, der sich in ähnlicher Weise geäußert hat.

Ich will nur kurz das eine sagen, ich will von der Berufung die Controle der Urtheile, die uns jetzt fehlt und ohne welche alle anderen Hilfsmittel, die uns geboten werden, nichts nutzen können.

Und dann, meine Herren, am meisten liegt allerdings daran, daß dem Angeklagten seine Rechte gewahrt werden, denn er ist der am meisten Gefährdete. Man hört sehr oft Klagen über ungerechte Verurtheilungen, aber Klagen über ungerechtfertigte Freisprechungen kommen sehr selten vor und dann spreche ich es doch aus, daß das Recht weniger darunter leidet, wenn einmal ein Schuldiger frei ausgeht, als dann, wenn ein Unschuldiger verurtheilt wird. Sie wissen, die Rechtsparömie sagt ganz ebenso. Bei der Tüchtigkeit unserer Staatsanwaltschaft gelingt es dem Schuldigen überaus selten durchzukommen.

Wenn ich Sie bitte, dem Antrage Rubo beizutreten und als Prinzip auszusprechen, daß die Berufung, wenn sie gegeben wird, nur dem Angeklagten gegeben werden soll, die Regel sei — wie es bei uns in Preußen der Fall war zur Zeit des schriftlichen Inquisitionsverfahrens — so ist das erst gleiches Recht für Alle.

Der Staatsanwalt hat eine ganz andere Stellung und muß sie haben und soll sie behalten, als der Angeklagte und es ist nicht abzusehen, daß sich etwa diese Parteien in der ersten Instanz jemals gleich gegenüber stehen, so daß der Angeklagte, wenn er allein die Berufung hat, dem Staatsanwalt gegenüber im Vortheil wäre.

Herr Reichsanwalt Stenglein hat uns bewiesen, daß auch die Urtheile in 2. Instanz nicht unbedingt zuverlässig sind, nun kann ich daraus schließen, daß sie ausreichen, Zweifel an der Richtigkeit des 1. Urtheils zu begründen, niemals aber die Gewißheit seiner Unrichtigkeit. Im zweifelhaften Falle aber, in dubio soll man pro reo urtheilen.

Ist der Angeklagte schon in 1. Instanz freigesprochen worden, so kann die Ueberzeugung seiner Schuld nicht mehr hergestellt werden, ist er verurtheilt, so ist ein Zweifel an der Schuld noch möglich; darum kann nicht der Staatsanwalt Berufung einlegen, wohl aber der Angeklagte.

Präsident: Die Reihe der Redner ist erschöpft, ich schließe die Debatte und gebe dem Referenten zu den Schlußausführungen das Wort.

Reichsanwalt **Stenglein**: M. H.! Einige Bemerkungen erlauben Sie mir. Es hat der Herr Correferent und Herr Jacobi von dem weiten Prinzip der Unmittelbarkeit und Mündlichkeit gesprochen. Ich weiß nicht, wie weit die juristischen Erfahrungen des Herrn Jacobi zurückreichen, aber das weiß ich, als man zu diesem Prinzipe kam, hielt man die Mündlichkeit und Unmittelbarkeit der Beweisführung für ein solches Palladium eines richtigen Urtheils, daß man, soweit menschenmöglich daran festhielt, das Ideal zu erreichen.

Wenn man uns aber heute stenographische Berichte als genügend für die Ueberzeugung des Berufungsrichters vorführt, so hat man sich, ganz abgesehen von den vorkommenden Fehlern und Sinnlosigkeiten stenographischer Berichte, schon sehr weit von dem Prinzip der Mündlichkeit und Unmittelbarkeit entfernt.

M. H., wir sollen über etwas abstimmen, von dem wir heute gar nicht wissen, was es ist, und wenn wir mit einer Abstimmung für die Berufung Erfolg haben sollten, so müßten wir uns sagen, wir verlangen eine Berufung, aber wir wissen nicht, was für eine? Es genügt nicht, Berufung zu verlangen, es muß vor Allem gesagt werden, was darunter zu verstehen sei. Diese nothwendige Frage nach der speziellen Gestaltung der verlangten Berufung hat keiner der Befürworter beantwortet.

Herr Dr. Jacobi hat gewünscht, daß man, wenn man die Berufung einführen wolle, die Theorie an die Spitze stellen solle, sie sei aus theoretischen und practischen Gründen erwünscht.

Herr Dr. Beckh hat eine Reihe von Rechtsfällen erzählt und gesagt, daß die Berufung der einzige Hort der Rechtspflege sei.

Herr Munckel sagt, ich habe die zweite Instanz für unzuverlässiger erklärt und deshalb könne man nicht die Berufung des Staatsanwaltes zulassen. Ich habe nicht gesagt, die zweite Instanz ist unzuverlässiger, ich habe nichts gesagt, als: die zweite ist nicht verlässiger als die erste. Das ist etwas ganz Anderes.

Die Quintessenz seiner Ausführungen ist die, daß die Richter erster Instanz zu jung sind. Ich zweifle, ob der richtige Modus einer Berufung augenblicklich gefunden werden kann.

Außerdem, sagt Munckel, garantiren die vorgeschlagenen Mittel durchaus nicht die Rechtsprechung und ohne die Berufung ist diese nicht garantirt. Munckel sagt, mit der Berufung nähern wir uns der Vollkommenheit, das kann ebenso gut prinzipiell auf einem andern Wege geschehen. Wenn er beweist, daß das nicht der Fall ist, würde ich beistimmen. Der Vertheidiger kann den Druck ebenso in erster Instanz, wie in der zweiten ausüben, aber wir müssen andere Beweise haben, daß die zweite Instanz besser urtheilt, als die erste und deshalb bitte ich Sie, nehmen Sie meinen Antrag an.

Präsident: Herr Rechtsanwalt Beckh hat um das Wort gebeten zu einer thatsächlichen Berichtigung.

Rechtsanwalt **Beckh**: Herr Reichsanwalt Stenglein wünscht die Berufungen vor einem und demselben Gerichte. Er ist seit langen Jahren aus Bayern fort und kennt nicht die Bestimmung für Beschwerdegerichte — für sämmtliche ist das Oberlandesgericht München zuständig, das soll doch wohl mit der Berufung nicht auch geschehen.

(Rufe: Abstimmung.)

Präsident: Ich gebe dem zweiten Referenten das Schlußwort.

(Rufe: Abstimmung.)

Referent verzichtet.

Präsident: Nachdem der Herr Referent verzichtet hat, schreiten wir zur Abstimmung.

Es liegt auf der einen Seite eine Reihe von Anträgen für Einführung der Berufung, auf der andern Seite der Antrag des Referenten Stenglein vor.

(Der Vorsitzende verliest die Anträge.)

Wenn der Antrag Stenglein angenommen wird, so fallen damit alle Gegenanträge; ich glaube also auf Ihre Zustimmung rechnen zu dürfen, wenn ich den Antrag Stenglein zuerst zur Abstimmung bringe.

(Richtig!)

Dann bitte ich diejenigen Herren, welche für diesen Antrag Stenglein sind, sich zu erheben.

Die entschiedene Majorität ist gegen den Antrag.

Wir kommen zu den Gegenanträgen.

Jacobi: Zur Vereinfachung der Abstimmung ziehe ich meinen Antrag zu Gunsten des Munckel'schen zurück.

Präsident: Zuerst wollen wir über den Antrag Rubo's abstimmen. Dieser lautet: (Verliest den formulirten Antrag.)

(Die Minderheit stimmt dafür.)

Nun zum Antrage Munckel's, welcher lautet:

„Die Einführung der Berufung zum Oberlandesgericht gegen die erstinstanzlichen Urtheile der landgerichtlichen Strafkammern ist dringend zu wünschen."

Da das Aufstehen und Sitzenbleiben die Abstimmung schwierig macht, so wollen die Herren, welche für den Antrag sind, rechts, die andern links gehen.

Der Antrag Munckel's hat die entschiedene Majorität.

Nun fragt es sich, ob der Beschluß in dem Plenum zur Kenntnißnahme oder zur Beschlußfassung gebracht werden soll.

Nach Lage der Sache werden wir gut thun, dieselbe im Plenum zur Berathung zu bringen.

Wer von den Herren dafür ist, stelle sich rechts, wer bloß für Kenntnißnahme ist, links.

Die entschiedene Majorität ist für Berathung im Plenum.

Dabei werden die beiden Referenten den Bericht übernehmen. Einverstanden.

(Schluß der Sitzung um 1½ Uhr.)

Zweite Plenarsitzung

des

Siebenzehnten deutschen Juristentages

im

Saale der „Schrannenhalle" zu Würzburg

am 13. September 1884.

(Beginn: Vormittags $9^1/_2$ Uhr.)

Präsident Professor Dr. **Gneist**: Ich erlaube mir die 2. Plenarsitzung des 17. deutschen Juristentages zu eröffnen und ertheile zunächst das Wort dem Herrn Professor Dr. Eck zur Berichterstattung für die Frage, betreffend den Fruchterwerb.

Professor Dr. **Eck**: Meine Herren! Die erste Abtheilung hat in ihrer Sitzung vom 11. September über die Frage berathen, ob bezüglich des Fruchterwerbes in das künftige deutsche Gesetzbuch die Grundsätze des deutschen oder des römischen Rechtes aufzunehmen seien. Der Berathung lagen die beiden Gutachten zu Grunde, die erstattet worden sind von Herrn Professor Dr. Mayer aus Straßburg und Herrn Landgerichtsrath Thomsen aus Stettin.

Sowohl in den Gutachten als auch in den Vorträgen der Abtheilung ist zunächst der Gegensatz constatirt worden, welcher in der Lehre vom Fruchterwerb zwischen dem deutschen und dem römischen Reche besteht und der sich auf zwei Punkte zurückführen läßt. Erstens nämlich giebt das deutsche Recht, wie bekannt, die Früchte als verdientes Gut dem Produzenten zum Eigenthum, es befolgt das sog. Productionsprinzip, während das römische Recht die Früchte als Theil der Muttersache ansieht und daher dem Eigenthum desjenigen unterwirft, der an der Muttersache Eigenthum oder dingliches Nutzungsrecht hat. Dieß heißt dann wohl Substantialprinzip. Zum Weiteren — und hier ist der andere Punkt, worin der Gegensatz hervortritt — läßt das deutsche Recht das Eigenthum des Produzenten an der Frucht schon im Stadium der Pendenz beginnen, während das römische Recht zum Erwerb der Frucht Separation derselben, oder sogar einen Perceptionsakt des Berechtigten fordert.

Es haben nun aber weder die Herren Gutachter noch die Referenten sich dafür aussprechen können, einfach das eine oder das andere dieser beiden Systeme in das künftige deutsche Gesetzbuch zu übernehmen, sondern sie haben durchweg gewisse Modificationen des gemeinen Rechtes vorschlagen zu müssen geglaubt, Modificationen, die freilich zum Theil schon in den neueren Gesetzbüchern vorgezeichnet sind. Diesen Vorschlägen ist denn auch in der Discussion bei weitem mehr Zustimmung als Widerspruch zu Theil geworden.

Am meisten Einstimmigkeit herrscht zunächst darüber, daß man als Grundlage des Fruchterwerbes anzusehen habe nicht die Thatsache der Production, sondern wie im Römischen Recht das Eigenthum oder ein dingliches Nutzungsrecht an der Muttersache.

Nur wurde freilich ein solches dingliches Recht nicht bloß für den Usufructuar und Emphyteuta, sondern abweichend vom römischen Rechte auch für den Pächter postulirt. Ferner ist auch darüber kaum gestritten worden, daß der Fruchterwerb nicht erst wie im römischen Recht an einen besonderen Perceptionsakt gebunden werden solle, sondern vielmehr ipsa lege zu erfolgen habe. Denn das Erfordernis eines besonderen Perceptionsaktes, wie es das römische Recht aufstellt, ist für unser heutiges Rechtsbewußtsein ohne rechten inneren Grund und führt in praxi nur zu leicht dazu, daß in Wahrheit der Fruchterwerb für den Nutzungsberechtigten verkümmert und illusorisch gemacht wird.

Dagegen wurde sehr lebhaft gestritten, ob auch in dem Punkte das römische Recht zu ändern sei, daß der Nutzungsberechtigte das Eigenthum an den Früchten beginnen solle nicht erst mit der Separation, sondern schon im Stadium ihrer Pendenz erwerben soll, von dem Zeitpunkte an, wo sie in äußerlich sichtbarer Gestalt an der Muttersache, mit der sie noch cohäriren, hervortreten — eine Neuerung, die bekanntlich das preußische Landrecht, einem deutschrechtlichen Triebe folgend, bereits eingeführt hat.

Dagegen wurde geltend gemacht, daß der natürliche Zusammenhang zwischen der Muttersache und den hängenden Früchten die Annahme eines Sondereigenthums an den Letzteren ausschließe, und nur wenn man die Entstehung des Fruchteigenthums an den Moment der Separation knüpfe, damit ein fester Zeitpunkt gegeben sei, während das äußere Hervortreten der Frucht an der Muttersache ein unbestimmtes Kriterium bilde. Es wurden auch die Schwierigkeiten hervorgehoben, die sich ergeben müssen, wenn man aus dem Nutzungsrecht ein besonderes Eigenthum an der stehenden Frucht hervorgehen läßt, das auf Dritte übertragen oder verpfändet werden kann und das dann, wenn vor der Aberndtung der Früchte das Nutzungsrecht selbst erlischt, zu einer Collision zwischen den Rechten an der Muttersache und dem Recht an den hängenden Früchten führen muß.

Trotz dieser nicht zu verkennenden Bedenken hat sich eine große Majorität dafür entschieden, das Eigenthum an den Früchten schon im Stadium der Pendenz beginnen zu lassen, in dem Augenblicke, wo die Boden- und Baumfrüchte in äußerlich sichtbarer Gestalt an der Muttersache hervortreten.

Ausschlaggebend war die Erwägung, daß die Verkehrsanschauung auch die hängenden Früchte als selbständige Sachen betrachtet, daß der Fruchtberechtigte nur dann vollkommen sicher gestellt ist gegen Verfügungen des Grundeigenthümers über die Früchte und gegen Schuldexecutionen, welche die Gläubiger des Eigenthümers in die Früchte vollstrecken lassen können, wenn man dem Nutzungsberechtigten geradezu Eigenthum an den hängenden und stehenden Früchten zuschreibt.

Endlich fiel namentlich entscheidend in die Wagschaale, daß dieses Sondereigenthum an den Früchten bereits vom preußischen Landrecht acceptirt worden ist und daß, wenn nach der Civilprozeßordnung stehende Früchte gepfändet und veräußert und durch Zuschlag in das Eigenthum des Erwerbers übertragen werden können, damit bereits die Bahn gebrochen ist, deren Weiterverfolgung nothwendig hinführt zum Prinzip einer sachenrechtlichen Selbständigkeit der hängenden Frucht.

Aus diesen Gründen ist der Beschluß hervorgegangen, der sich in der heutigen Tagesordnung abgedruckt findet und es war eben mein Auftrag, diesen Beschluß hier mit einigen Worten zu begründen und zu erläutern.

Präsident: Ich danke dem Herrn Referenten für seinen uns mitgetheilten Bericht und wir kommen nun zur zweiten Frage, die da lautet: Empfiehlt sich eine gesetzgeberische Regelung des Checkverkehrs?

Ich ersuche den Herrn Referenten Reichsgerichtsrath Dreyer, uns seinen Bericht zu erstatten.

Reichsgerichtsrath **Dreyer**: M. H.! Ueber die Frage: Empfiehlt sich eine gesetzgeberische Regelung des Checkverkehrs, liegen zwei Gutachten vor. — Das eine von Herrn Geh. Oberfinanzrath Koch bejaht, das andere von Herrn Prof Dr. Behrend verneint dieselbe, fügt jedoch als selbstverständlich bei, daß in späterer Zeit bei Revision des allgemeinen deutschen Handelsgesetzbuches der Checkverkehr zu regeln sei.

Dieser letzteren Meinung schloß sich der Referent der zweiten Abtheilung an und stellte den entsprechenden Antrag.

Von anderer Seite, namentlich von Geheimrath v. Wilmowski wurde der Antrag gestellt, die Frage sei zu bejahen. Bei der Debatte ging man von der Anschauung aus, daß weder reichs- noch landrechtlich die Materie genügend geregelt sei. Reichsrechtlich sei nur eine Bestimmung darüber enthalten, nämlich im § 24 des Wechselstempelsteuergesetzes, worin die Steuerfreiheit garantirt sei. Im Particularrecht seien die Bestimmungen über den Checkverkehr verschieden.

Zweierlei wurde jedoch für die Verneinung der Frage geltend gemacht. Einmal daß der Werth der reichsrechtlichen Bestimmung nicht zu unterschätzen sei, weil die Steuerfreiheit, wegen welcher hauptsächlich die gesetzgeberische Regelung gewünscht wird, dort garantirt sei und daß der § 24 im Wesentlichen die Erfordernisse enthalte, welche für den Check im kaufmännischen Verkehr gefordert werden. Sodann, daß der Checkverkehr für den lokalen Verkehr bestimmt, mithin die Verschiedenheit der Particularrechte nicht, wenigstens nicht erheblich störend sei.

Zwei Gründe wurden für die Bejahung geltend gemacht. Einmal der Hinweis auf den Vorgang der anderen Staaten. Aber auch die anderen Staaten, namentlich England sind erst mit der Gesetzgebung vorangegangen, nachdem dem Checkverkehr eine gewisse Tradition vorausgegangen war, sodann haben die andern Staaten mit Ausnahme von Frankreich den Checkverkehr nicht durch Spezialgesetze, sondern durch allgemeine Gesetze, in Verbindung mit dem Handels- oder Obligationenrechte, geregelt.

Zweitens der Beschluß des deutschen Handelstages vom 15. Dez. 1882. Dieser Beschluß ist aber nicht einstimmig, sondern im Widerspruch mit Bremen und Hamburg erlassen worden. Der Checkverkehr, behauptete man weiter, habe an Umfang gewonnen, man erachte es als wirthschaftliches Bedürfnis, daß der Checkverkehr überall Eingang finde, und daß demnach auch die Verhältnisse des Checks gesetzlich geregelt werden, weil ohne diese gesetzliche Regelung der Richter bei den häufig hierüber vorkommenden Prozessen jeder Grundlage entbehre. Was nun die Streitigkeiten betrifft, so wurde von verschiedenen Mitgliedern auf Grund eigener Erfahrungen constatirt, daß der Check selten zu Prozessen Anlaß gebe, dem wurde freilich von anderer Seite widersprochen.

Es wurde sodann für Bejahung der Frage auf den Unterschied zwischen dem Geschäftsverkehr der deutschen und englischen Banquiers hingewiesen.

Dieser Unterschied bestehe darin, daß der deutsche hauptsächlich Speculationsgeschäfte treibe. Auch über den Inhalt eines zu erlassenden Gesetzes wurde gesprochen; jedoch nur in der Richtung, um zu ermessen, ob der Inhalt, der zu erwarten ist, die Erlassung eines Gesetzes wünschenswerth machen müsse. Aber auch darüber gingen die Meinungen auseinander. Einige der Herren legen Gewicht auf die Erlassung eines Gesetzes, weil sie hoffen, daß Strafbestimmungen in dasselbe aufgenommen würden, von anderer Seite wurde gerade hervorgehoben, daß der Handelsstand vor neuen Strafbestimmungen Scheu trage und die Ausdehnung der Strafbestimmungen auf den Check dazu beitragen würde, die Popularität des Checks zu vermindern.

Immerhin wurde nochmals hervorgehoben, der Verkehr empfinde das Bedürfnis eines Gesetzes und dieses Bedürfnis sei für die Entscheidung der Frage maßgebend.

Mit einer Stimme Mehrheit wurde sodann der Beschluß gefaßt:

„Es empfiehlt sich eine gesetzgeberische Regelung des Checkverkehrs."

Hof- und Gerichts-Advocat Dr. **Jaques** (Wien): Meine Herren! Der Abtheilung lag die Frage vor, wie weit hat der Arbeitgeber für das Verschulden seiner Arbeiter zu haften und in der doppelten Richtung, daß es sich sowohl um das contractliche als auch um das außercontractliche Verschulden handeln solle. Die Erörterung der Frage wurde wesentlich dadurch erleichtert, daß drei ausgezeichnete Gutachten vorlagen: das eine, welches eine umfassende Uebersicht der derzeitigen Gesetzgebung gibt, von Reichsgerichtsrath Dr. Dreyer, welcher überwiegend den französischen und englisch-amerikanischen Standpunkt betont, nicht ohne auch Kritik an demselben zu üben. Das zweite von Herrn Prof. Meyer in Straßburg, welcher, auf dem Boden des französischen Rechts stehend, zugleich eine wesentliche Erweiterung des bestehenden Gesetzes in Betreff der Haftpflicht empfiehlt.

Endlich das dritte von Herrn Prof. Leonhard in Halle, welcher im Wesen die Prinzipien des gemeinen Rechts vertritt und zugleich anerkennt, daß gewisse Verschärfungen auf einzelnen Gebieten der Spezialgesetzgebung nicht zu verwerfen seien.

Was nun den ersten Theil der Frage betrifft, der Bezug hat auf das contractliche Verschulden, so trat das erfreuliche Resultat zu Tage, daß sowohl in Bezug auf die Bedürfnisse des practischen Lebens als auf die Ergebnisse der Theorie Uebereinstimmung auf den verschiedensten Seiten bestehe. Auf Seite der römisch-rechtlichen Theorie, welche in erster Linie durch Herrn Prof. Enneccerus aus Marburg und mit ihm durch eine Reihe anderer von der Abtheilung mit lebhaftem Interesse begleiteter Redner vertreten wurde, ging man, sich anschließend an die neueren Forschungen, auf dem Gebiete des Obligationenrechts (insbesondere von Hartmann) davon aus, die obligatorische Verpflichtung bestehe darin, daß der obligatorisch Verpflichtete einzustehen habe für die Befriedigung eines Interesses des obligatorisch Berechtigten. Daran reiht sich die weitere Betrachtung, daß, wenn der obligatorisch Verpflichtete mit seiner eigenen Diligenz gegenüber dem obligatorisch Berechtigten für dessen Befriedigung einzustehen habe, derselbe, wenn er sich für eine fremde Leistung obligire, auch die fremde Diligenz schulde, demnach für ihren Abgang hafte.

Aber auch ohne die Frage in dieser spezifisch romanistischen Form darzustellen, wurde von anderer Seite, und zwar von mehreren Seiten hervorgehoben, daß, wenn der Arbeitgeber als conductor operis gegenüber dem locator eintritt, er sich denn doch wohl verbindlich macht, sich bereit und befähigt erklärt, das opus, um das es sich in dem Vertrage handelt, vertragsmäßig correct herzustellen. Es sei ja doch eine rein interne Angelegenheit des Arbeitgebers, ob er die Herstellung des Werkes allein ausführt und allein auszuführen vermag, oder ob er dazu die Kräfte anderer Leute, also im gegebenen Falle Arbeitskräfte in Anspruch nimmt. Klar sei es ferner, daß zwischen den Arbeitern und dem Besteller des Werkes gar kein wie immer beschaffenes Rechtsverhältniß besteht, daß der Arbeiter nicht etwa als Bevollmächtigter des Arbeitgebers und nicht etwa zu irgend einer Rechtsthätigkeit gegenüber dem Besteller des Werkes bestimmt ist, sondern, daß er sich lediglich in einem internen Verhältnisse befindet als ausführendes Werkzeug gegenüber seinem Arbeitgeber, um das Werk mit herstellen zu helfen, zu dessen Herstellung sich der conductor operis gegenüber dem locator durch den Vertrag verpflichtet hat. Darin trat die Ueberzeugung der gesammten Abtheilung zu Tage und sie äußerte sich auch weiter darin, daß, wenn auch von einzelnen Seiten in Bezug auf die Formulirung, die das Oberhandelsgericht und das Reichsgericht ihren dießbezüglichen Entscheidungen gegeben hatten, einzelne Bedenken vorgebracht wurden, doch in dieser Judicatur eine völlig zutreffende Auffassung des Rechtsverhältnisses vollständig und einstimmig anerkannt wurde. So ergab sich der einstimmige Beschluß der Abtheilung, welcher in der Tagesordnung gedruckt erscheint, wonach der Juristentag seine Ueberzeugung dahin aussprechen möge:

> „In obligatorischen Verhältnissen haftet der Arbeitgeber für jedes von seinen Arbeitern in Ausführung der ihnen übertragenen Verrichtungen begangene Verschulden."

Es liegt in diesem Satze das Gewicht sowohl auf den Worten: „für jedes Verschulden", als auch auf den Worten: „in Ausführung der ihnen übertragenen Verrichtungen". Denn das Eine bezeichnet den Umfang, das Andere die Begrenzung, innerhalb deren allein der Satz als richtig von Seiten der Abtheilung anerkannt wurde. — Der 2. Theil der Frage besteht in dem Problem, in wie weit der Arbeitgeber außer-

des Bestandes unserer Vereinigung zusammenfällt, gelänge, eine glückliche Lösung herbeizuführen. Ich habe diesfalls also nur den Wunsch zu referiren, daß die Frage unter Einholung neuer Gutachten auf die Tagesordnung des nächsten Juristentages gesetzt werden möge. (Beifall.)

Reichsoberhandelsgerichtsrath Dr. **Voigt** (Hamburg): M. H.! Die Verhandlungen der zweiten Abtheilung, welche auf die dem Seerecht angehörende Frage No. 5 gerichtet gewesen sind, haben das Resultat der Zustimmung zu dem Ergebnisse gehabt, zu welchem das gedruckte Gutachten gelangt ist. Nur wenige Bedenken sind gegen dasselbe erhoben worden. Es wird hier genügen, den Gegenstand selbst kurz zu berühren und jener Bedenken Erwähnung zu thun.

In allen Kreisen, welche dem Seeverkehr nahe stehen, ist es bekannt, daß schon seit längerer Zeit, anfänglich einige, bald viele Rheder, besonders Dampfschiffs-Rheder, darauf hingewirkt haben, sich von der Haftbarkeit für die tadellose Erfüllung der Frachtcontracte, welche das geltende Recht ihnen auflegt, durch die Ausbedingung von Vertrags-Clauseln, welche in die Connossemente aufzunehmen seien, weitmöglichst frei zu machen. Im Jahre 1882 ist hieraus eine allgemeine Maßregel dadurch geworden, daß die vereinigten englischen Rheder, die in jenem Jahre in Liverpool versammelte „Gesellschaft für die Förderung des internationalen Rechts" dazu zu bestimmen vermocht haben, sich für die Beseitigung jener Haftbarkeit auszusprechen, und ein Connossements-Formular zur allgemeinen Anwendung zu empfehlen, welches den Rhedern umfängliche Concessionen mannigfaltiger Art macht, und sie insbesondere von den durch das in alle modernen Seerechte aufgenommenem Rezeptum ihnen aufgelegten Verbindlichkeiten entbindet. Eine Folge hiervon ist es gewesen, daß die vorgedachten Bestrebungen der Rheder auf allen Frachtrouten allgemein in Wirksamkeit gesetzt worden sind, und die Befrachter sich jetzt genöthigt sehen, wenn sie ihre Güter befördert haben wollen, die Connossements-Clauseln zu bewilligen, wie sehr auch die ihnen unentbehrlichen, durch das Gesetz zugesicherten Rechte durch dieselben beeinträchtigt werden. Die Ueberzeugung, daß diesem Mißzustand abgeholfen werden müsse, ist bei den Befrachtern, sowie überhaupt bei denjenigen, welche bei der vollständigen und schadenfreien Lieferung der Frachtgüter seitens der Schiffer interessirt sind, allgemein geworden. In Deutschland ist man bisher über die Aeußerungen von Klagen wegen des drückenden Zustandes nicht hinausgegangen, in Nord-Amerika haben sich die New-Yorker Handelskammern und die Vorsteher der Kornbörse, nachdem die von ihnen erhobenen Beschwerden von dem Vorstande des Rheder-Vereins, weil die Rheder Herren der Situation seien, entschieden zurückgewiesen worden waren, an die Regierung gewendet, und diese hat die Angelegenheit aufgenommen und an den Congreß gebracht, auch sich mit der englischen Regierung der Angelegenheit halber in Beziehung gesetzt; aber sowohl in Nord-Amerika als in England ist die Sache noch in Verhandlung.

Bei der Aufrechthaltung der Prinzipien des Receptums ist der Handelsstand und mittelbar das Gemeinwohl wesentlich interessirt. Durch dieselbe werden die Rheder zur Sorgfalt bei der Auswahl der Schiffer und Schiffsoffiziere und zu deren pflichtmäßiger Ueberwachung veranlaßt, die Schiffer und Schiffsleute darauf hingeführt, daß aus ihren widerrechtlichen und fahrlässigen Handlungen für die Rheder, ihre Prinzipale, Schadensersatzpflicht entstehe, und daß in zweiter Linie sie den Rhedern gegenüber würden büßen müssen. Fällt die Verantwortlichkeit der Rheder hinweg, so kann es nicht ausbleiben, daß bei Schiffern und Schiffsvolk Sorglosigkeit überhand nimmt, und selbst schlimmere Vorkommnisse sich zutragen. Vernichtung oder Beschädigung von Frachtgütern durch Nachlässigkeit der Schiffsleute bei der Behandlung, dem Einladen, Stauen und Löschen, sind denn auch durchaus nicht selten; auch Klagen über Beraubungen verschiffter Waaren kommen vor. Die Schiffer sind meistens achtbare Männer, allein auch bei ihnen kommen Ausnahmen vor und jedenfalls ist es auch in Betreff ihrer sehr bedenklich, das Bewußtsein aufzuheben, daß für ihr pflichtwidriges oder nachlässiges Verhalten der Rheder verantwortlich sei. Versehen der Schiffer haben überdies bei Weitem schlimmere Folgen als rechtswidrige oder fahrlässige Handlungen der Schiffsleute, welche meistens nur einzelne Güter betreffen. Durch sie können die Gesammtheit von Schiff und Ladung und selbst Menschenleben gefährdet werden. Wie manche verderbliche Collision würde bei Sorgfalt der Schiffsführer vermieden worden sein.

Werden so erhebliche Interessen bei der fraglichen Angelegenheit gefährdet, so ist ein Einschreiten der Gesetzgebung zur Aufrechthaltung des den Ladungsinteressenten durch das geltende Recht zugesicherten Schutzes dann erforderlich, wenn kein anderes Mittel der Remedur vorhanden ist.

In der Abtheilungsverhandlung ist eingewendet worden, daß die Befrachter durch Verweigerung wenigstens der besonders drohenden Clauseln die Rheder zur Aufgebung derselben nöthigen könnten. Hierauf ist mit Grund entgegnet worden, daß die Rheder in allen bedeutenden Seeplätzen wirklich Herren der Situation sind, daß die einzelnen Verlader erfolglos gegen die Clauseln sich gesträubt haben, und selbst gemeinsame bei den Rhedern gethane Schritte des New-Yorker Handelsstandes wirkungslos geblieben sind In der That befinden sich die Rheder im Besitz eines factischen Monopols.

Die Bemerkung, es seien vornehmlich nur die Dampfschiffsrheder, von welchen die Nöthigung der Befrachter zu den bedenklichen Concessionen ausgehe, die Beförderung der Güter in Segelschiffen bliebe dagegen unverkümmert, wurde dadurch erledigt, daß, abgesehen von dem dieser Behauptung entgegenstehenden Thatbestand darin, wenn es sich damit so, wie angegeben, verhalten sollte, kein Grund liegen würde, von einem gesetzlichen Einschreiten abzusehen. Denn auf manchen Frachtrouten habe die Dampfschiffahrt die Segelschiffahrt fast verdrängt und ihre Benutzung auf derselben sei unentbehrlich; außerdem aber würde schon die große Zahl der Dampfschiffsrheder, welche auf die Benutzung der Clausel bestehen, die Remedur durch Gesetz nothwendig machen.

Ein weiterer Einwand ist auf die für die Ladungsinteressenten bestehende Möglichkeit der Versicherungsnahme gestützt worden. Man wies darauf hin, die Ladungsinteressenten pflegten ihre Güter versichern zu lassen, würden auch schon jetzt wegen der durch Unredlichkeit und Fahrlässigkeit der Schiffsbesatzung entstandenen Verluste von den Versicherern schadlos gehalten; zwar müßten sie den letzteren dagegen die ihnen an die Rheder zustehenden Schadensersatzansprüche cediren, und wenn sie sich von dieser Pflicht frei machen wollten, eine etwas höhere Prämie zahlen, allein mit diesem verhältnißmäßig unbedeutenden Opfer sei dann auch dem Uebel abgeholfen; kämen die Rheder in die Lage, wegen der ihnen aus der Verantwortlichkeit für die Schiffsleute entstehenden Nachtheile Versicherung nehmen zu müssen, so würden sie die dafür zu verwendenden Mehrkosten den Ladungsinteressenten bei Veranschlagung der Fracht zur Last bringen. Diesem Argumente wurde dadurch begegnet, es komme auf die Möglichkeit der Versicherungsnahme gar nicht an, sondern auf die Aufrechthaltung eines pflichtmäßigen und sorgfältigen Verhaltens der bei dem Gütertransport Betheiligten, ferner auf die Verminderung der Verluste an den verladenen Gütern und selbst an wichtigeren Interessen. Auch bleibe bei dem Einwande unberücksichtigt, daß es nicht gleichgiltig sei, ob die Versicherer größeren Schaden zu vergüten hätten, als bei regulairem Verfahren zu vergüten sein würde.

Schließlich müßten die Actionäre der Versicherungsgesellschaften das Mehr der Schäden tragen.

Gegen die im Gutachten ausgeführte Unbedenklichkeit des Einschreitens der Gesetzgebung, weil etwa merkantilische Nachtheile zu besorgen sein möchten, ist in der Abtheilung kein Einwand erhoben worden.

Nach dem Allen glaube ich der Versammlung den im Gutachten formulirten Vorschlag Seite 156 der Gutachten der Versammlung zur Annahme empfehlen zu dürfen.

Ueber den die Beweislast betreffenden Schlußsatz desselben bemerke ich noch, daß ohne denselben die Ungiltigerklärung und die Beseitigung des Receptums wirkungslos sein würde.

Nach dem geltenden Recht liegt dem Rheder im Schadensfalle die Verbindlichkeit ob, seinerseits nachzuweisen, daß der Verlust oder die Beschädigung des Frachtgutes durch höhere Gewalt oder Mangelhaftigkeit entstanden seien; haftete zwar derselbe für Schaden durch Schuld der Besatzung, aber müßte der Ladungsinteressent dieselbe beweisen, so würde dieser fast immer ohne Ersatz bleiben. Denn selten oder nie würde er im Stande sein, einen bestimmten Schuldigen oder auch nur die Art der Schuld zu erweisen.

Rechtsanwalt Dr. **Heinsen** (Hamburg): Meine Herren! Der letzte Juristentag hat dem diesjährigen die Frage übermacht:

> „Ist es im Wege der Gesetzgebung ausführbar, den schreiendsten Misbräuchen des Speculationsverkehrs in Zeitkäufen durch Aufrichtung einer Börsenordnung entgegen zu wirken, welche die Handhabung einer strafferen Disciplinargewalt von Seiten der Börse und ihrer Organe sichert, und in welcher Weise?"

Es liegt darüber ein Gutachten vor, welches von Herrn Professor Struck in Aachen verfaßt ist und welches zunächst die Misbräuche, die beim Speculationsverkehr in Zeitkäufen vorkommen, bespricht, darin bestehend, daß eine Ueberfüllung des Geschäfts hervorgerufen würde, daß er mehr Arbeitskräfte verbrauche, als zur Befriedigung des Bedürfnisses nothwendig seien und wünschenswerth ist, daß ferner dadurch Unternehmungen gefördert würden, welche nothwendig als verfehlt anzusehen seien, oder welche quantitativ über das Maß dessen hinausgehen, wofür Geld und Bedürfnis vorhanden sei.

Diese Uebelstände, meint der Herr Gutachter, seien solche, welche das innerste Wesen dieses Erwerbszweiges treffen, und deshalb ertragen werden müßten. Dagegen gebe es weitere Misbräuche, gegen welche einzuschreiten sei, die aber eigentlich der Speculation nicht zur Last fielen, sondern eigentlich Operationen der Emittenten neuer Papiere seien, um dieselben unter das Publikum zu bringen; anders sei dies bei dem Auf- oder Niedertreiben der Course unter Verbreitung falscher Nachrichten und bei dem sogenannten Schwänzemachen. Auch noch als ein Nachtheil dieses Speculationsverkehrs in Zeitgeschäften ist die demoralisirende Wirkung derselben geltend gemacht worden, indem die Leute, die gewohnt sind, täglich ihre Existenz zu wagen, dann auch mit der Zeit jedenfalls nicht blöde sein werden in der Wahl ihrer Mittel und bei leichtfertigem Betrieb leichter geneigt sein werden, auf Abwege zu gehen. Um diesen Uebelständen abzuhelfen, glaubt Gutachter sich nicht an die Gesetzgebung wenden zu dürfen, weil in diesem wie im vorigen Jahrhundert schon verschiedene

Versuche gemacht worden sind, die sich alle als vollständig effektlos erwiesen haben.

Er meint aber, daß für die Abhilfe uns ein Vorbild in der Londoner stock exchange gegeben sei. Dieselbe besteht aus zwei Classen von Personen, einerseits den dealers (Händlern), andererseits den brokers (Maklern).

Er meint nun, die dealers unterscheiden sich von unseren deutschen Händlern sehr wesentlich dadurch, daß sie keine Speculanten seien. Es werde von ihnen ein Preis gemacht und dann müßten sie immer ein bestimmtes Quantum nehmen oder geben und seien beim speculativen Leben nicht interessirt.

Es komme hinzu eine straffere Organisation der stock exchange. Dies zeige sich schon darin, daß die Zulassung zum Verein und damit das Recht des Besuches der Börse und des Abschlusses von Geschäften daselbst an eine Reihe von schwerwiegenden Bedingungen geknüpft ist, welche gewisse Garantieen für den geschäftlichen Verkehr geben und den Verein in den Stand setzen sollen, den Collegen in der Art und Weise seiner wirthschaftlichen Thätigkeit zu controlliren.

Es verkennt zwar der Herr Gutachter nicht, daß diese Einrichtung eine ganz andere ist als bei uns und sehr schwer auf unsere Verhältnisse übertragen werden könne, wiewohl er glaubt, daß wir mit der Zeit auch dahin kommen würden, denn unsere Makler nähmen mehr und mehr die Stellung der englischen dealers ein. Seines Erachtens sollte aber denselben verboten werden, neben ihrem Effektengeschäft noch bankiermäßige Operationen zu betreiben, oder an dem Verkehr irgend einer anderen Börse Theil zu nehmen. Das Verbreiten falscher Nachrichten sollte mit Strafe bedroht, die Zulassung zu den Versammlungen erschwert werden durch Forderung einer Lehrzeit und Hinterlegung großer Summen als Kaution in einem Betrage bis zu 20,000 M. Einen bestimmten Antrag hat der Gutachter nicht gestellt, sondern er hat uns blos die Wege gezeigt, auf welchen man zu dem gewünschten Resultate kommen könne.

In verschiedenen wesentlichen Beziehungen stimmt Ihr Berichterstatter mit dem Gutachter überein, durchaus aber nicht damit, daß dieser die Einführung von Corporationen mit genossenschaftlichem Geist und der englischen Einrichtungen bei uns verlangt.

Der Berichterstatter anerkannte mit dem Herrn Gutachter, daß der Speculationsverkehr in Zeitkäufen die Gefahr der Ueberfüllung und Beförderung schlechter Unternehmungen mit sich bringe.

Er meinte aber, daß das nicht spezifisch dem Speculationsverkehr in Zeitkäufen anhafte, sondern, daß das eben eine Eigenschaft respective Folge sei, die nothwendig mit der Speculation verbunden sei, die sich ebenso geltend mache bei anderen Gewerben, ganz abgesehen vom Zeitkaufgeschäfte, z. B. beim Baugewerbe.

Referent meinte deshalb, daß dieser Punkt gänzlich aus der Frage auszuscheiden sei und nur noch das sogenannte Schwänzemachen und Courstreiben in Erwägung kommen könne, aber daß auch diese Thätigkeit an und für sich durchaus nicht verwerflich sei, vorausgesetzt, daß die betreffenden Speculanten sich nicht betrügerische Manipulationen zu Schulden kommen ließen.

An und für sich könne man gar nichts dagegen sagen, wenn z. B. die Inhaber einer Fabrik eine Concurrenzfabrik verhindern wollten, und zu diesem Zweck, wenn die Actien der neu zu gründenden Fabrik zur Subscription aufgelegt werden, diese in blanco unter pari verkaufen, um das Publikum von der Zeichnung abzuschrecken.

Eben so wenig sei dagegen ein Einwand zu erheben, wenn Hamburger Kaufleute, welche brasilianischen Kaffeepflanzern Vorschüsse gegeben, die sie nur in Kaffee wieder erhalten könnten, sich verbinden und kaufen, um den durch eine Baissespeculation gedrückten Preis hoch zu halten.

Das seien Versuche, bei denen große Verluste herauskommen könnten, die aber zum Schutze ganz berechtigter Interessen gemacht, als unanfechtbare Handlungen erscheinen, wenn sie nur nicht verbunden seien mit betrügerischen Maßregeln. Als Misstand von großer Bedeutung erschien Ihrem Referenten dagegen zweierlei: einmal die Verleitung unerfahrener Personen, Zeitkäufe zu machen, durch die kleinen sogenannten Bankiers, in Folge dessen sie ihr mühsam erworbenes Vermögen verspeculiren und schließlich Bankerott machen, und eine zweite Erfahrung, die wir leider sehr häufig gemacht haben, nämlich die, daß Angestellte, namentlich Kassenbeamte, die Kassen angegriffen haben, und dies meistens auf verfehlte Speculationen zurückzuführen sei. Gegen diese Uebelstände würde jedoch eine Börsenordnung zu einem Schutze nicht hinreichen.

Referent meinte, daß man auch die Speculanten nicht von der Börse vertreiben dürfe und daß nicht auf einen genossenschaftlichen Geist hinzuwirken sei.

Er machte geltend, daß die Speculation auf dem vorigen Juristentage als unentbehrlich anerkannt worden sei, und wenn das der Fall sei, so dürfe man den Speculationsverkehr auch vom Mittelpunkte des Handelsverkehrs, der Börse, nicht scheiden.

Uebrigens würde das auch nichts helfen, dann würden die Speculanten anderwärts ihre Thätigkeit entwickeln und noch weniger controllirbar sein.

scheidung, wenn richtig verstanden, in keiner Weise, wie man befürchtet hat, die vor einer Verwaltungsbehörde falsch geschworenen Eide überall ausschließe, sondern im Gegentheil ausspreche, diese Eide, wenn sie gesetzmäßig auferlegt seien, gehörten auch unter den § 153. Gegen diese Ausführungen ist in der Abtheilung kein Widerspruch erhoben worden, und so wurde der Beschluß gefaßt:

„Zur Zeit liegt ein legislatorisches Bedürfnis nicht vor, den § 153 des deutschen Strafgesetzbuches dahin abzuändern, daß die Strafandrohung sich auf alle vor einer zuständigen Behörde erhobenen Eide erstrecke."

Präsident: Wir wollen kurz die Frage 10 erledigen:

„Erscheint eine Abänderung des § 65 der Strafprozeßordnung dahin, daß die Beeidigung in der Regel bei der ersten Vernehmung erfolgen soll, wünschenswerth?"

Herr Oberstaatsanwalt v. Köstlin wird darüber referiren.

Oberstaatsanwalt **v. Köstlin**: Die Frage 10 lautet, ob es nach den Erfahrungen der letzten 5 Jahre wünschenswerth sei, daß die Beeidigung der Zeugen in der Regel bei der ersten Vernehmung erfolgen soll, also im Vorverfahren. Es war dies früher Grundsatz in Preußen, Bayern, Hessen, in den anderen deutschen Staaten war die Beeidigung in der Hauptverhandlung die Regel. Im Entwurf der deutschen Strafprozeßordnung war kein Unterschied gemacht zwischen Voruntersuchung und vorbereitendem Verfahren, während in der Reichstagscommission das vorbereitende Verfahren zuerst ganz des Hilfsmittels des Eides beraubt werden sollte und dann eine Einschränkung beliebt wurde gegenüber der Voruntersuchung. So ist unser § 65 entstanden, der Ihnen Allen wohlbekannt ist.

Ich erlaubte mir als Berichterstatter daran zu erinnern, daß der Grundsatz dieses Paragraphen schon früher auf dem Juristentag debattirt und zu München in der 3. Abtheilung per majora angenommen war, welche damals aussprach, von diesem Grundsatz seien die nach dem Ermessen des Richters nothwendigen Ausnahmen zu machen. Es fragt sich nun: Sind die Ausnahmen, welche das Gesetz statuirt, genügend oder sind sie ungenügend. Darüber haben wir zwei Gutachten, das eine von Herrn Landgerichtsdirector Philler zu Lüneburg, das andere von Herrn Landgerichtsdirector Wiesand in Bautzen. Herr Wiesand erklärt das gegenwärtige Vorverfahren für ein ganz trauriges, formloses, sofern auch auf die schlechteste Gendarmeriemeldung und dergleichen die Voruntersuchung oder das vorbereitende Verfahren eröffnet werde und die Entscheidungen, die in diesem Vorverfahren zu treffen seien, der nothwendigen Grundlage entbehren. Er bejaht die gestellte Frage, während Herr

Philler erklärt: Nach einer Auslegung des Gesetzes, wie sie ihm statthaft erscheine und nach den Erfahrungen, welche er, ein alter preußischer Jurist, der früher die Beeidigung im Vorverfahren gewohnt gewesen sei, in Hannover gemacht habe, verneine er die Frage. Der Berichterstatter in der 3. Abtheilung trat dieser letzteren Ausführung nach den Erfahrungen, welche er selbst gemacht und die er aus Südwestdeutschland mitgetheilt erhalten hat, bei und stellte den Antrag, wie er jetzt als Beschluß Ihnen vorliegt. Derselbe wurde von der überwiegenden Mehrheit der Abtheilung gefaßt und damit ein entgegengesetzter Antrag verneint. Der von uns gefaßte Beschluß lautet:

„Nach den bisherigen Erfahrungen erscheint eine Abänderung des Grundsatzes des § 65 der Strafprozeßordnung dahin, daß die Beeidigung der Zeugen in der Regel bei der ersten Vernehmung erfolgen soll, bei sachgemäßer gewissenhafter Anwendung der Bestimmungen dieses Paragraphen nicht angezeigt."

Präsident Dr. **Gneist**: Wir kommen zu der letzten Frage. Wir haben uns schlüssig zu machen über die Berufungsfrage in Strafsachen. Unsere Zeit ist sehr gemessen und das Thema hängt eng zusammen mit dem ganzen Verfahren. Wir laufen Gefahr, daß 1 oder 2 Redner, welche eingehend die Sache behandeln, unsere Zeit ganz in Anspruch nehmen. Die 3. Abtheilung hat sich deshalb entschlossen, zu dem bewährten Modus zu greifen, jedem Redner 10 Minuten zu gewähren, damit möglichst viele Herren zum Worte kommen. Es hat sich in der Abtheilung gezeigt, daß es möglich ist, die Argumente so zu punktiren, so daß wir auf diese Weise eine Mehrheit von Stimmen zu hören bekommen. Wenn sich kein Widerspruch erhebt, so nehme ich ihre Zustimmung an und werde bei den einzelnen Rednern diese Gepflogenheit einhalten. (Bravo!) Von selbst versteht sich, daß der Referent hiervon nicht betroffen wird.

Amtsrichter und Privatdocent Dr. **Harburger** (München): Hochgeehrte Versammlung! Ehe ich daran gehe mich der ehrenvollen Aufgabe zu unterziehen, welche mir von Seiten Ihrer dritten Abtheilung zu Theil geworden ist, möchte ich mir eine persönliche Vorbemerkung erlauben. In Folge eines Versehens des Bureaus bin ich in der Tagesordnung für heute als Rechtsanwalt bezeichnet worden. Dies zu berichtigen habe ich sowohl persönliche als sachliche Gründe; persönliche, weil zufällig zwei Mitglieder meines Namens in der Münchener Anwaltschaft vorhanden sind und ich natürlich mit denselben nicht verwechselt werden möchte. Der sachliche Grund aber ist der, daß vielleicht verschiedene meiner folgenden Ausführungen von manchen Herren anders aufgenommen werden, wenn sie wissen, daß sie ein Mitglied des Richterstandes und des Lehrstandes, einen

Amtsrichter und Privatdocenten vor sich haben, als wenn sie in mir einen Anwalt sähen. Nach dieser Vorbemerkung will ich mir erlauben, auf die Sache selbst einzugehen. Es ist den Herren bekannt, daß über die Frage, ob gegen die erstinstanzlichen Urtheile der landgerichtlichen Strafkammern eine Berufung zu wünschen sei, zwei entgegenstehende Anträge vorgelegen haben. Der erste von Herrn Reichsanwalt Stenglein lautet dahin, „daß ein Bedürfnis zur Einführung dieser Berufung nicht vorliege, daß vielmehr die zu Tage getretenen Mängel unseres Strafverfahrens durch anderweitige Reformirung der Strafprozeßordnung beseitigt werden können."

Dem gegenüber stand der von mir proponirte Antrag, dahin lautend: „es möge der Juristentag als seine Ueberzeugung aussprechen, daß die Einführung der Berufung gegen die erstinstanzlichen Urtheile der landgerichtlichen Strafkammern, wenigstens hinsichtlich der Schuldfrage, dringend zu wünschen sei." In der gestrigen Versammlung der 3. Abtheilung sind diesem meinem Antrage lediglich einzelne Modifikationen beigefügt worden und mit einer solchen ist er auch zum Beschluß der Versammlung erhoben worden.

Diese Modifikationen bestanden darin, daß Herr Rechtsanwalt Munckel beantragte, die Worte „wenigstens hinsichtlich der Schuldfrage" zu streichen, und diesem die Berufung ausdehnenden Antrage des Rechtsanwalts Munckel hat auch die 3. Abtheilung stattgegeben.

Ein Antrag des Herrn Professor Dr. Rubo, welcher bezweckte auszusprechen, „es solle die Berufung nur zu Gunsten des Angeklagten und nicht auch zu Ungunsten desselben zugelassen werden," wurde abgelehnt und demgemäß mein Antrag angenommen lediglich mit Weglassung der Worte „wenigstens hinsichlich der Schuldfrage".

Weitere Anträge, seitens des Herrn Rechtsanwalts Dr. Jacobi, sprechen sich in der Hauptsache auch für die Einführung der Berufung aus, nur mit dem Unterschiede, daß noch Motive für die Empfehlung der Berufung beigefügt waren.

Herr Rechtsanwalt Dr. Jacobi hat dann auch vor der Abstimmung über seine Anträge dieselben als im Prinzipe mit den übrigen übereinstimmend zurückgezogen.

Es ist nun vor Allem zu constatiren und geht auch aus dem Antrage des Herrn Reichsanwalt Stenglein hervor, daß allenthalben in der Literatur sowohl als auch bei den Practikern, unter deren bedeutendste Vertreter gewiß auch Herr Reichsanwalt Stenglein zu rechnen ist, kein Zweifel darüber besteht, daß Misstände im gegenwärtigen deutschen Strafprozesse zu verzeichnen sind, deren Beseitigung im Interesse einer ordentlichen Rechtspflege absolut nothwendig ist. Ich will davon Abstand nehmen, Ihnen aus den mir zu Händen befindlichen Materialien die von mir aufgezeichneten

10 Puncte vorzuführen. Ich beschränke mich auf die am meisten zu Tage getretenen Misstände.

Es wurde anerkannt, daß die Vertheidigung nicht in der Weise eingerichtet sei, daß in der That eine Sicherung des Entlastungsbeweises für die Hauptverhandlung entschieden gegeben ist, daß im landgerichtlichen Strafverfahren Vertheidiger sehr häufig, wenn überhaupt ein solcher beigezogen wird, erst spät beigezogen werden, meistens erst dann, wenn schon die Hauptverhandlung vor der landgerichtlichen Strafkammer bevorsteht und der Vertheidiger zu wenig Zeit mehr übrig hat, um zu seiner Information Material aufzusuchen.

Das Material, welches von der Staatsanwaltschaft gesammelt worden ist, ist oft nicht genügend, um ihn über die Sachlage nach allen Seiten zu instruiren und andererseits ist dann nicht mehr die Zeit vorhanden, damit er unter Unterstützung des Angeklagten den Entlastungsbeweis entsprechend vorbereiten könnte.

Ferner wurde hervorgehoben, daß die Beschaffung von Entlastungsbeweisen für den Angeklagten erschwert ist, weil er, wenn er von der direkten Ladung der Entlastungszeugen Gebrauch machen will, gezwungen werden kann, den entsprechenden Vorschuß zu erlegen, den zu erlegen er vielleicht nicht in der Lage ist.

In diesem Falle macht nun allerdings unter Umständen der Vorsitzende von seinem Rechte, von Amtswegen solche Ladungen zu veranlassen, Gebrauch. Der Angeklagte hängt aber dann vom Vorsitzenden ab, und wenn dieser z. B. der Ansicht ist, daß die Zeit nicht reiche, oder daß die nöthige Begründung zur Vertagung nicht gegeben sei, so ist der Angeklagte mit seinem Entlastungsbeweise ausgeschlossen.

Ebenso wurde betont, daß die Richter häufig keine besondere Geneigtheit zeigen zur Genehmigung von Anträgen, die zur Sicherung des Entlastungsbeweises führen sollen, daß insbesondere gerade in der Hauptverhandlung, in welcher der Angeklagte oft erst zur Einsicht in seine Lage kommt, eine Vertagung ungern gesehen wird und daß von den schön auf dem Papiere stehenden einschlägigen Paragraphen des Gesetzes im Allgemeinen wenig Gebrauch gemacht wird.

Desgleichen wurde hervorgehoben, daß die Constatirungen im Protokolle wie insbesondere auch die Urtheilsmotivirungen sehr häufig sehr mangelhaft sind und daß infolge dessen die spätere Möglichkeit einer Wiederaufnahme des Verfahrens, auf welche so oft verwiesen wird als ein Heilmittel gegen die vorkommenden Irrthümer, bedeutend geschwächt ist.

Nach den Voraussetzungen für die Wiederaufnahme des Verfahrens, die ich selbstverständlich als bekannt annehmen darf, muß ja vor Allem der ziemliche Nachweis erbracht sein, daß neue und durchschlagende Beweisgründe vorgeführt werden sollen.

Wie kann aber der Vergleich und die Zusammenstellung mit der Vorverhandlung stattfinden, wenn nicht nur die Urtheilsmotive hinsichtlich der thatsächlichen Ergebnisse sehr mangelhaft sind, sondern auch das, was den Beweisgegenstand in der ersten Verhandlung gebildet hat, nicht oder wenigstens nicht genau fixirt worden ist?

Aus diesen Gründen hat man es allenthalben als nothwendig gefunden, irgendwelche Vorschläge zu machen, um die Mängel, die nach der eigenen Ueberzeugung der Gegner der Berufung unserem Strafverfahren anhaften, zu verbessern, — ein Umstand, der auch darüber jeden Zweifel beseitigen muß, ob es jetzt schon, nach erst fünfjähriger Geltung des Gesetzes, an der Zeit sei, unsere Frage zu discutiren.

In dieser Beziehung ist nun eine Reihe Vorschläge anzuführen.

Ich kann Abstand nehmen von einer näheren Beleuchtung der sogenannten sechs Garantieen, welche von der Reichstags-Justizcommission als ein reichlicher Ersatz für die Berufung erklärt worden sind.

Ich kann mich in dieser Hinsicht einfach darauf berufen, daß mein Gegner und Correferent Herr Reichsanwalt Stenglein gestern selbst anerkannt hat, daß dieselben in der Hauptsache illusorisch sind, auf dem Papiere stehen und eine wirkliche practische Bedeutung nicht haben, und daß er selbst in Folge dessen neue Vorschläge zur Verbesserung vorzutragen sich veranlaßt gesehen hat.

Es wurde so vorgeschlagen, die Vorschrift der nothwendigen Vertheidigung auszudehnen entweder auf alle landgerichtlichen Fälle, oder wenigstens auf diejenigen landgerichtlichen Fälle, bei welchen eine Gefängnißstrafe von mehr als einem Jahr in Frage kommen könnte.

Allein es ist stark zu bezweifeln, daß auf diese Weise eine bessere Vorbereitung des Entlastungsbeweises zu erzielen wäre.

Die Zahl der landgerichtlichen Strafsachen ist so groß, daß es schwer sein dürfte, die solchen Falles nöthige Zahl von Vertheidigern in vollgenügender Qualität aufzutreiben. Man kann wohl sagen, daß zur Zeit in der Hauptsache nur für die Fälle der nothwendigen Vertheidigung solche beigegeben werden.

Sehen wir nun, aus welchem Personal die Vertreter der nothwendigen Vertheidigung bei uns in der Regel recrutirt werden. Es sind in der Regel die in der ersten Vorbereitungspraxis befindlichen jungen Juristen. Unbeschadet des Pflichteifers und der Gewissenhaftigkeit, mit dem die jungen Herren ins Feuer gehen, fehlt nun aber doch einem großen Theil die Möglichkeit, die Schwierigkeit mancher Fälle zu erkennen und, insbesondere bei verwickeltem Indicienbeweis, von vorne herein zu überblicken, wie sie den Entlastungsbeweis und die Sammlung des Materials einzurichten und vorzubereiten haben.

Ob ein solcher Vertheidiger beigegeben ist oder nicht, mag in gar manchen Fällen für die Interessen des Angeklagten im Resultate gleichgiltig sein.

Wenn allerdings regelmäßig die gereifteren Herren zugegen wären, dann glaube ich, daß es etwas besser wäre, obwohl ich auch nachher noch Gründe vorzuführen die Ehre haben werde dafür, daß auch die Erweiterung der nothwendigen Vertheidigung nicht helfen kann. Uebrigens ist, da den Anwälten nach dem Gesetze die Gebühren für die Vertheidigung aus der Staatskasse zu zahlen sind, auch nicht zu erwarten, daß von der dermaligen Uebung auch nur in der Weise abgewichen werde, daß vorzugsweise Anwälte zugezogen würden. Schon deshalb, glaube ich, kann den bisherigen Uebelständen durch Ausdehnung der nothwendigen Vertheidigung nicht abgeholfen werden.

Ein anderes vorgeschlagenes Hilfsmittel ging dahin, man solle statt der gegenwärtigen sogenannten Defensionalfrist einen förmlichen Defensional-Termin einführen, wenigstens in der Weise, daß der Angeklagte von einem Richter des Collegiums über die Tragweite der Anschuldigung belehrt und so in den Stand gesetzt würde, mit Hülfe eines Rechtskundigen leichter seinen Entlastungsbeweis vorzubereiten. Das wäre ja auch recht schön und gut und es würde vielleicht bei Schaffung und richtiger Durchführung dieser Vorschrift das Material auch besser vorbereitet werden können als bisher. Allein es ist schon die Realisirung des viel bescheideneren § 199 St.-P.-O. zu einer Formalität herabgesunken, und darum können wir auch sagen, die Ausbildung des § 199, wie sie vorgeschlagen ist, wird ebenfalls nichts nützen.

Wir hatten früher in Bayern bei dem Schwurgerichte in ähnlicher Weise an den Angeklagten die Frage zu richten, ob er die Anklageschrift verstanden, sowie ob und was er an Vertheidigungsmaterial anzugeben bezw. zu beantragen habe.

Ich selbst habe in der Vorbereitungs-Praxis manchmal dem Schwurgerichts-Präsidenten bei diesem sogenannten Präsidialverhör als Secretär gedient. Das Formular hat auch da die größte Rolle gespielt.

Selbst aber, wenn dem nicht so wäre, wenn wirklich zu erwarten stünde, daß ein solches Verhör seinem theoretischen Zwecke entspräche, so möchte ich doch nicht unterlassen, auf die gewaltige Geschäftsüberlastung aufmerksam zu machen, welche den Richtern der Landgerichte dadurch erwachsen würde, daß sie mit jedem einzelnen Angeschuldigten eingehende

Verhöre vornehmen und die entsprechenden Maßregeln treffen müßten. Und wenn dies Alles noch nicht genügen sollte, um die Unzulänglichkeit einer solchen Maßregel darzuthun, dann kommt noch ein Punkt zu erwägen, den ich nachher besprechen werde, daß nämlich durch Cautelen vor der Hauptverhandlung allein der Entlastungsbeweis niemals vollständig gesichert werden kann.

Es war endlich noch davon die Rede, um noch einen wichtigen Punkt hervorzuheben, ob es nicht am Platze sei, die Revision wegen beschränkter Vertheidigung etwas auszudehnen; ich habe gestern schon darauf hingewiesen: Wollte man die Revision wegen beschränkter Vertheidigung auch in allen denjenigen Fällen zulassen, in welchen ein Beweisantrag des Angeklagten mit Unrecht zurückgewiesen worden ist, weil sich materielle Rücksichten in der That gefunden haben, welche seinen Antrag als relevant erscheinen lassen, so wäre das im eigentlichen Effect nichts mehr oder weniger als doch die Einführung der Berufung in diesen Fällen. Es würde das thatsächliche Material gewürdigt werden müssen und das Revisionsgericht so zum Berufungsgericht werden. Wollen wir aber überhaupt einmal das Obergericht mit dem thatsächlichen Material in Verbindung bringen, dann wollen wir es sogleich allgemein thun und nicht die Möglichkeit, seine Entscheidung zu provociren, mehr oder minder von Zufälligkeiten abhängig machen.

Nun hieß es: „Ja, die Berufung hat ihre schweren, schweren Bedenken. Das Hauptbedenken ist und bleibt die Unvereinbarkeit mit dem Prinzip der Mündlichkeit und Unmittelbarkeit der Beweisaufnahme und theilweise auch mit dem Prinzip der freien Beweiswürdigung." Ich habe bereits gestern Veranlassung genommen zu sagen: Mit dem Prinzip der Mündlichkeit ist es in unserem Strafprozesse doch nicht so weit her, als man nach dieser Behauptung annehmen möchte. Wir haben dieses Prinzip der Mündlichkeit und Unmittelbarkeit, welches gegen die Berufung ins Feld geführt wird, durchbrochen in der Berufung gegen das schöffengerichtliche Urtheil; und ich habe noch Wenige gehört, die sich für die Abschaffung dieser Berufung aussprachen, weil sie dieselbe als im Widerspruch mit dem Prinzip der Mündlichkeit und Unmittelbarkeit der Beweiserhebung stehend erachteten. Und dasjenige, was mit Rücksicht auf die Begabung der Schöffen und den Umstand, daß nur ein Amtsrichter mit ihnen urtheilt, für die Berufung gesagt worden ist, wird vielleicht dadurch aufgewogen, daß die vor die landgerichtlichen Strafkammern gehörigen Delicte bedeutend schwerer sind. Es dreht sich da um Zuchthausstrafen, welche die Entziehung eines Theiles der staatsbürgerlichen Rechte auf Lebenszeit zur Folge haben, so daß auch hier dasjenige an Cautelen am Platze sein dürfte, was für leichtere Delicte als angemessen erachtet wurde. Aber noch mehr; es giebt eine Reihe von Fällen, die den Herren aus § 75 des Gerichtsverfassungsgesetzes bekannt sind, in welchen ein Delict einfach auf Grund eines staatsanwaltlichen Antrages dem Schöffengericht zugewiesen werden kann. Wird diese Zuweisung vorgenommen, dann hat der Angeklagte die Möglichkeit, gegen das erstrichterliche Urtheil zu appelliren und auch der Staatsanwalt, den ich ja ebenso gut ins Auge fasse, als den Angeklagten. Wird aber dieser Antrag nicht gestellt oder beliebt das Landgericht, nicht zuzustimmen, dann wird der Fall von dem Landgericht abgeurtheilt und dann giebt es keine Berufungsinstanz.

Nun werden Sie vielleicht sagen: Schließlich urtheilt eben doch beide Male das Landgericht. Zugegeben, ich will nur darauf hinweisen, daß in Fällen einer und derselben Kategorie das Prinzip der Mündlichkeit bald durchbrochen werden darf, bald aber nicht, und das scheint mir denn doch eine Irregularität zu sein.

Noch weiter läßt sich entschieden mit dem Prinzip der Mündlichkeit nicht vereinigen die Wiederaufnahme des Verfahrens, die uns seiner Zeit bei Begründung der Strafprozeßordnung als die Panacee gepriesen worden ist. Worauf beruht sie? Auf schriftlicher Grundlage. Die Frage, ob zur wiederholten Verhandlung geschritten werden soll, wird entschieden wesentlich unter Rücksichtnahme auf den bisherigen Acteninhalt, und nun kommt dazu, daß anerkanntermaßen diese Grundlage in den Gründen der Urtheile und in den Constatirungen der Protokolle eine höchst mangelhafte ist. Es ist in Folge dessen die Möglichkeit eines Wiederaufnahmeverfahrens für überaus viele Fälle höchst illusorisch gemacht.

Nun mag mir entgegengehalten werden: Und trotzdem schon so viele Wiederaufnahmefälle! Da frage ich, wie viel hätten wir erst dann, wenn wir gründlichere Aufzeichnungen hätten, wenn die Anhaltspunkte in den Gründen des Urtheils, in den Constatirungen des Protocolls viel reichlicher wären?

Ich glaube ferner darauf hinweisen zu dürfen, daß die §§ 222 und 250 unserer Strafprozeßordnung, welche die Verlesung des Protocolls über die Aussage eines am Erscheinen verhinderten Zeugen gestatten, ebenfalls ein Durchbrechen des Prinzipes der Mündlichkeit des Verfahrens enthalten.

Aber was besonders zu Gunsten der Berufung und zum Nachtheil des Einwurfes, daß durch die Berufung das Prinzip der Mündlichkeit durchbrochen wird, spricht, ist der Umstand, daß es häufig im zweiten Verfahren garnicht darauf ankommt, neue Beweismittel zu erheben, daß häufig in der zweiten Instanz nur die Würdigung des bereits vorhandenen Beweismaterials, vielleicht nur das Ziehen von Schlüssen aus ganz bestimmten und bekannten, sowie unbestrittenen Thatsachen zu geschehen hat. Und meine Herren! In dieser Beziehung verweise ich, hier in Uebereinstimmung mit dem in den Materialien zur Strafprozeßordnung abgedruckten Berichte des Obergerichtes zu Wolfenbüttel vom 18. Januar 1871, auf eine Stelle des römischen Rechtes: facti interpretatio plerumque etiam prudentissimos fallit. Sie ist enthalten in l. 2. D. de juris et facti ignorantia (22, 6.) facti interpretatio fallit. Es dürfte eben gut sein, wenn aus denselben Thatsachen zweimal der sich ergebende Schluß gezogen wird. Stimmen dann beide Instanzen überein, dann dürfen wir wohl annehmen, daß das Richtige getroffen wurde. Ob das immer auch bei der ersten Instanz der Fall ist, möge billig dahin gestellt bleiben. Und wie das Ziehen von Schlüssen, so kann auch weiter oft nur die einzige Frage vorliegen: Genügen die Indicienbeweise, wie sie der ersten Instanz vorgelegen haben, für eine Verurtheilung? Auch da handelt es sich einfach um die Würdigung des nämlichen Indicienbeweises; in keiner Weise aber kommt auch in diesem Falle das Prinzip der Mündlichkeit und Unmittelbarkeit in die Gefahr, daß es durch Zulassung der Berufung durchbrochen werden könnte.

Es bleibt noch übrig zu sehen, wie es sich verhält mit dem gestern gehörten Satze: „Wir haben das Prinzip der Mündlichkeit und Unmittelbarkeit als reife Frucht des Jahres 1848 uns erworben und — wie gestern, wie ich glaube, nicht ohne eine persönliche Spitze gegen mich, hinzugefügt worden ist — die junge Generation will leichten Herzens wieder darauf verzichten!“

Meine Herren! Ich bin weit davon entfernt, diese oder andere von den Errungenschaften des Jahres 1848 gering zu schätzen. Und bei der Mahnung: „wir Jungen sollten das Erbe der Väter nicht vergeuden,“ kommt es mir gerad so vor, als gleiche sie dem Geschoß, das auf den eigenen Schützen zurückfliegt. Im Jahre 1848 wurde allerdings das Prinzip der Mündlichkeit und Unmittelbarkeit durchgeführt; aber sehen Sie sich sämmtliche Prozeßgesetze an, die auf der Bewegung des Jahres 1848 basiren, und Sie werden sagen müssen: in den sämmtlichen zu jener Zeit geschaffenen Prozeßgesetzen ist die Berufung — und das mit Recht — zugelassen. Wir haben sie ganz besonders auch in Bayern in dem Gesetz vom 10. November 1848 erhalten und daß diese Einrichtung keine schlechte war, sagt Niemand anders als das königlich bayerische Justizministerium. Als im Jahre 1870 der bayerischen Kammer ein Entwurf zu einem Gesetzbuche über das Strafverfahren in Bayern (Vrhdlg. der bay. Kammer der Abg., 1870/71, Beil. Bd. IV., Beil. A.) zuging, was stand in den Motiven? Die Strafgesetznovelle vom Jahre 1848 habe sich sehr gut bewährt;

zuzugeben sei, daß die Zulassung der Berufung gegen das Prinzip der Mündlichkeit und Unmittelbarkeit verstoße; trotzdem sei man durch die günstigen Erfahrungen in der zwanzigjährigen Praxis dahin gelangt, daß man sich nicht entschließen könne, die Berufung abzuschaffen.

Ich sage: Wir haben damals die Berufung in den sämmtlichen Gesetzgebungen erhalten mit Ausnahme von Braunschweig und dem Fürstenthum Waldeck. Und wenn wir, mit Rücksicht auf das in Braunschweig adoptirte Erforderniß der Einstimmigkeit zur Verurtheilung, von diesem Staate abstrahiren, verbleibt — das Fürstenthum Waldeck. In Preußen finden wir die Verordnung vom Jahre 1849 und das Gesetz vom Jahre 1852, in welchen die Berufung angenommen ist, in Preußen sahen wir sogar später noch die neue Prozeßordnung für die im Jahre 1866 annectirten Staaten vom 25. Juni 1867, in welcher die Berufung ebenfalls angenommen ist. Ich gebe zu, daß es später anders geworden, als das deutsche Volk mit Rücksicht auf die politische Entwickelung Veranlassung hatte, sich mehr mit seinem Innersten zu beschäftigen, sich mehr auf das Reich der Gedanken zurückzuziehen und die active Politik bei Seite zu lassen. In der Wissenschaft trat nun allmählich der Gedanke zu Tage: wir haben im Jahre 1848 doch recht inconsequent gehandelt. Damals stellten wir das Prinzip der Mündlichkeit und Unmittelbarkeit für unsere Prozeßgesetze auf, und doch haben wir die Berufung zugelassen. Es fanden sich mit der Zeit auch die Gesetzgeber, welche mit dieser Theorie übereinstimmten, und nun kam in einzelnen Staaten die Abschaffung der Berufung. Ich weiß nun nicht, ob unsere Gesetzgeber im Jahre 1848 bewußt oder unbewußt trotz jenes Gegensatzes die Berufung zugelassen haben; ich gehe am Ende doch nicht zu weit, wenn ich annehme, daß es ihnen vielleicht bewußt war, daß in derselben ein Schutz des Angeklagten zu suchen sei. Die Freunde der Berufung sind es also nicht, die mit der Tradition vom Jahre 1848 und den Errungenschaften desselben brechen; wir stellen uns vielmehr auf den Standpunkt von 1848 und diejenigen, welche für Abschaffung der Berufung sind, auf den entgegengesetzten Standpunkt und darum habe ich gesagt, das Geschoß trifft nicht uns, sondern fliegt auf die eigenen Schützen zurück. Damit glaube ich, in der Hauptsache den Vorwurf entkräftet zu haben, daß wir jüngere Generation leichten Muthes das schwer erkämpfte Gut vergeuden. Wir müssen uns aber, wenn auch mit schwerem Herzen, entschließen, einen kleinen Bruch mit dem Prinzip der Mündlichkeit und Unmittelbarkeit eintreten zu lassen. Deswegen müssen und werden wir aber auch dieses selbe Prinzip, wo es haltbar ist, festhalten.

Wie sieht es nun aus mit der Construction des Verfahrens? In dieser Beziehung hören wir im gegenwärtigen Stadium schwere Bedenken, wie mir jedoch scheinen will, etwas vorzeitig. Wir haben heute nur im Allgemeinen darüber zu sprechen, ob die Berufung wünschenswerth ist oder nicht. Wenn sie mich nun hierbei fragen: Wie ist sie einzuführen? so sage ich: Die bestmögliche Berufung ist einzuführen. Ueberlassen wir das getrost der Zukunft. Mag man sich nun dafür entscheiden, die gegenwärtigen Bestimmungen für die Berufung gegen die schöffengerichtlichen Urtheile zu adoptiren, mag man auf den einschlägigen Entwurf und Beschluß der Reichstagsjustizcommission (in erster Lesung) zurückgreifen oder sich an das eine oder andere frühere Landesrecht anschließen. Es ist in dieser Richtung nicht so schlimm bestellt; es ist insbesondere nicht so, wie gestern gesagt wurde, daß in der Reichstagsjustizcommission die Berufung daran gescheitert sei, daß man sich nicht darüber zu einigen gewußt habe, wie sie einzurichten sei. Sie ist gescheitert einzig und allein an dem Widerspruche der Regierungen. Daß dies der Fall, wird am besten bewiesen durch die Rede des Abgeordneten Miquel bei der zweiten Berathung im Plenum (12. Dezember 1876). Es läßt sich nicht wohl eine beredtere Vertheidigung der Berufung denken als dieses Votum des Vorsitzenden der Justizcommission gegen die Berufung. Er brachte alle möglichen Bedenken gegen die Abschaffung der Berufung vor und erklärte schließlich, daß er nur mit schwerem Herzen dem Entwurfe, welcher die Berufung ausschließt, zustimmen könne, weil die Regierungen sagen: „Entweder ohne Berufung oder garnicht." Es war also nicht die Ueberzeugung, daß sie nicht durchführbar sei, die ihn hierbei leitete und ihn, wie auch manchen Anderen veranlaßte, die Berufung fallen zu lassen. Auch das Bedenken hinsichtlich der Schwierigkeit einer Wiederholung der Beweiserhebung dürfte gewöhnlich schwieriger genommen werden als es wirklich wiegt. Wohl nicht mit Unrecht wurde darauf hingewiesen, daß es eine Reihe von Fällen giebt, in denen die Wiederholung des Beweises nicht erforderlich ist, weil die Thatsachen unbestritten bleiben, weil es sich bei denselben nur handelt um das Ziehen von Conclusionen aus feststehendem Material, insbesondere um Würdigung eines Indicienbeweises. Aber auch in denjenigen Fällen, in welchen neues Beweismaterial beizufügen ist, in Fällen, welche eine theilweise Reproduction nothwendig machen, ist es nicht so schlimm bestellt.

Wenn uns gesagt wurde, daß der Zeuge, wenn er in zweiter Instanz vernommen wird, nicht mehr so unbefangen deponire, wie in der ersten, so gebe ich das im Allgemeinen zu. Haben wir aber bessere Constatirungen, dann ist auch der Richter in der zweiten Instanz in der Lage, seine Aussagen zu prüfen und über die Glaubhaftigkeit des neu Vorgebrachten sich schlüssig zu machen.

Uebrigens deponiren viele Zeugen auch in der erstinstanziellen Verhandlung nicht zum ersten Male, wenn sie nämlich vorher schon einmal vernommen worden sind, und es kann ferner auch schon im gegenwärtigen Verfahren eine vollständige Wiederholung der Beweisaufnahme nothwendig werden, wenn nämlich das Revisionsgericht auch die dem Urtheil zu Grunde liegenden Feststellungen aufhebt.

Bei den Geschwornengerichten können wir freilich die einmal getroffene Entscheidung nicht wiederholt prüfen, aus dem einfachen Grunde, weil die Geschwornengerichte nicht sagen, warum sie so erkannt haben. Die Geschwornen sprechen ihr Verdict einfach aus, und wir können nicht prüfen, ob der Schluß, den sie gezogen haben, ein richtiger sei oder nicht, weil wir eine nähere Darlegung des geistigen Prozesses bei Entstehung dieses Schlusses nicht vor uns haben. Aber das kann uns doch nicht davon abhalten, eine wiederholte Prüfung der Urtheile da, wo es möglich ist, vorzunehmen!

Es wurde ferner darauf hingewiesen, daß, wenn ein zweites Verfahren möglich ist, der Richter der höheren Instanz schlechter informirt sei, als jener der ersten Instanz, insbesondere wenn in secunda nur eine theilweise Beweisreproduction stattfindet.

Auch das, glaube ich, ist nur theilweise richtig, aber weit nicht so schlimm, als man es gewöhnlich auffaßt. Wenn der Richter erster Instanz der ganz natürlich an ihn herantretenden Forderung, die mit der Berufung selbst gegeben ist, genügt, daß er seine Constatirungen und Ausführungen genau macht, dann gewinnt der Richter zweiter Instanz immerhin aus dem, was gesagt wurde, ein sehr werthvolles Material, um zu prüfen, was an und mit dem neuen Material sei.

Auch gebe ich mich aber nicht etwa der sanguinischen Hoffnung hin, daß das Berufungsgericht die Sache regelmäßig besser machen werde, als jenes erster Instanz; vielmehr gerade darin finde ich den Hauptvorzug der Berufung, daß sie den Richter erster Instanz zwingt, bei seinen Entscheidungen und insbesondere in der Darlegung des Schuldbeweises gründlicher und ausführlicher zu sein.

Wenn nun das der Fall ist, dann haben wir darin auch einen weiteren Anhaltspunkt dafür, daß es nicht so bedenklich wäre, wenn durch Zulassung der Berufung die Untersuchungshaft verlängert würde, weil der Angeklagte auf die Rechtskraft so lange warten muß, bis auch von der zweiten Instanz die Aburtheilung erfolgt ist.

Ich glaube, das wiederholen zu dürfen, was ich bereits gestern diesem Bedenken entgegnet habe: Besser eine Verlängerung der Untersuchungshaft nach der Aburtheilung in erster Instanz mit der Möglichkeit der Erlangung eines freisprechenden Urtheils in zweiter Instanz, als eine von dem Angeklagten nie und nimmer wegzubringende sofort beginnende Strafhaft, die ihm zeitlebens in seiner Strafliste recht schön vorgehalten wird.

Wenn es möglich ist, durch die Verlängerung der Untersuchungshaft eine Freisprechung oder auch nur eine mildere Graduirung des Delicts zu erlangen, dann, glaube ich, ist dieser Preis Niemandem zu theuer, und darum wollen wir diesen Preis in Gottes Namen zahlen. (Bravo.)

Es bleibt mir nur mehr übrig, den Kostenpunkt zu berühren, der ebenfalls als eine Schwierigkeit hingestellt wurde.

Ich glaube, daß, sowohl was die Kosten des Verfahrens im engeren Sinne anlangt, als die kostspieligere Beschaffung der Zeugen und der Sachverständigen, wir uns die Frage vorlegen müssen: Was ist bedenklicher, etwas größere Kosten für unsere Strafrechtspflege und etwas größere Belästigung unserer Mitbürger in ihrer Eigenschaft als Zeugen oder Sachverständige zu riskiren, oder unter Umständen Ehre, Freiheit und Vermögen unserer Mitbürger in Frage zu stellen? Ich glaube, daß man sich nicht wohl für die erstere Alternative entscheiden wird.

Und was am meisten wundern muß: Im Civilprozeß, da, wo blos das Vermögen der Staatsbürger in Frage steht, da schadet es gar nichts, daß das Prinzip der Mündlichkeit durch Zulassung der Berufung durchbrochen ist und in dem Appellationsverfahren Zeugen und Sachverständige vernommen werden, auch häufig an den Gerichtssitz reisen müssen und doch keine höheren Gebühren als im Strafprozesse erhalten. Mag auch zugegeben werden, daß zwischen den Sachen selbst ein gewisser Unterschied besteht; wenn wir uns der Durchführung der Mündlichkeit im Civilprozesse trotz Zulassung der Berufung rühmen, warum sollen wir uns der Berufung im Strafverfahren schämen?

Ich habe schon bemerkt, daß wenigstens in einer großen Anzahl von Fällen von der Einführung der Berufung zu erwarten steht, daß die hervorgetretenen Mängel beseitigt werden. Etwas dagegen, was keine „Garantie", was keine irgendwie geartete Reform des erstinstanziellen Verfahrens beseitigen kann, ist, daß wie auch in den Motiven zum dritten Buche der St.-P.-O anerkannt wird, erfahrungsgemäß der Angeklagte und sein Vertheidiger vielfach erst durch das Urtheil der ersten Instanz auf thatsächliche Umstände aufmerksam gemacht werden, die vielleicht vor der Verhandlung nicht besonders hervorgehoben wurden, für deren Entkräftung sie also auch nicht schon in der Hauptverhandlung durch Vorführung von Zeugen und Herbeischaffung anderweitigen Beweismaterials Sorge tragen konnten.

Diese Gründe erfährt er erst nachträglich und da kann ihm eine Remedur, wie sie die Wiederaufnahme des Verfahrens bietet, nicht helfen.

Und dies einzig und allein darum, weil die Wiederaufnahme durchschlagendes, entschieden maßgebendes neues Material voraussetzt, und die Gewährung dieses außerordentlichen Rechtsmittels nur erfolgt, wenn das Gericht sich von der durchschlagenden Qualität der neuen Beweismittel überzeugt hat. Hingegen genügen in der Berufungsinstanz, wo auch scheinbar nebensächliche Momente zur Geltung kommen können, solche nicht selten, um einer anderen Anschauung zum Durchbruche zu verhelfen.

Ich glaube endlich noch darauf hinweisen zu sollen, daß es immerhin der Zeit würdig zu sein scheint, die Berufung zu schaffen, der Zeit, welche gerade auf dem besten Wege ist, einen Entschädigungsanspruch für unschuldig Verurtheilte gesetzlich anzuerkennen.

Wenn wir die Möglichkeit besitzen, wie dies mit der Berufung der Fall ist, unter Umständen die Verurtheilung Unschuldiger hintanzuhalten, so dürfte es besser sein, sich dieses Mittels zu bedienen, als sich zu verlassen auf das zweifelhafte Ergebnis eines Gesuches um Wiederaufnahme des Strafverfahrens und dabei noch zu riskiren, daß der Staat nicht selten angehalten werden muß, Entschädigungen an unschuldig Verurtheilte zu bezahlen.

Mir scheint vor allem dieses Streben nach Nichtwiedereinführung der Berufung ein Ausfluß des Axioms zu sein: justitia non errat. Nun, meine Herrn! justitia errat doch manchmal, mögen auch die Richter mit aller Gründlichkeit und aller Gewissenhaftigkeit an ihre Aufgabe gehen.

Es ist darum gut, wenn wiederum bis zu einem gewissen Grade die Möglichkeit gegeben ist, sofort zu Tage tretende Irrthümer auf ordnungsmäßigem Wege zu beseitigen.

Demgemäß glaube ich Ihnen empfehlen zu sollen, auch Sie möchten aussprechen, daß die Einführung der Berufung dringend zu wünschen sei, wie dies bereits durch den Beschluß der dritten Abtheilung geschehen ist.

Ich habe schließlich noch in formeller Beziehung zu erwähnen, daß die dritte Abtheilung allerdings nicht mit großer Majorität diesen Antrag angenommen hat; aber als Referent — wenn auch zugleich Vertreter dieses Antrages — muß ich dies der Wahrheit gemäß constatiren. Die Stimmenzahl selbst konnte nicht mehr festgestellt werden, weil die Verhandlung zu lange gedauert hatte, und, sobald die Entscheidung über das Prinzip gefallen war, sich eine ziemliche Bewegung der Zuhörer bemächtigte, welche die Zählung absolut unmöglich machte.

Durch den Beschluß der dritten Abtheilung ist so empfohlen worden die Berufung und zwar zum Oberlandesgerichte, letzteres deshalb, weil es als nicht wünschenswerth erscheint, Berufungskammern am Landgerichte zu schaffen, welche die Entscheidungen von engeren Collegen zu prüfen haben sollen. Der Antrag hingegen, die Berufung zu Gunsten des Angeklagten allein zuzulassen, ist von Seite der Abtheilung abgelehnt worden und zwar mit Recht, weil es Aufgabe der Strafrechtspflege ist, allein das Recht zu declariren, dem Unschuldigen zur Freisprechung zu verhelfen und den Schuldigen der Strafe zu überliefern.

Es mag vielleicht von Seite der Gegner uns gesagt werden: Dann opfern Sie unter Umständen auch einen freigesprochenen Angeklagten! Recht gerne, wenn er vom Erstrichter mit Unrecht freigesprochen war; suum cuique, darum auch dem Schuldigen die Strafe!

Ich ersuche Sie deshalb, diesem Beschlusse durch recht zahlreiche Zustimmung auch Seitens des Plenums die Sanction zu verleihen. (Großer Beifall.)

Präs. Prof. Dr. **Gneist**: Ich sage dem Herrn Referenten unsern Dank.

Ich gebe das Präsidium dem Herrn Landgerichts-Präsidenten Neubig von Würzburg.

Landgerichts-Präsident **Neubig** (Würzburg): Ich übernehme das Präsidium und gebe das Wort dem Herrn Reichsanwalt Stenglein.

Reichsanwalt **Stenglein** (Leipzig): Es wird mir schwer werden auf die lange Ausführung in 10 Minuten zu antworten, um so mehr als die Rede des Herrn Harburger mehr Spitzen gegen meine Person selbst gehabt hat, als er vielleicht selbst weiß. Ich bitte um Nachsicht, wenn ich vielleicht mehr als 10 oder 11 Minuten gebrauche.

Es geht mit der Frage der Berufung ganz eigenthümlich. Wir hatten bis 1879 in Deutschland weit überwiegend das Institut der Berufung; in kleinen Gebieten von etwa 3 Millionen Seelen hatten wir sie nicht. Ich hatte nie gehört, daß man in diesen, wenn auch kleinen Gebieten, die Berufung gewünscht hat. Man war mit dem Zustande vollständig zufrieden. In den größeren Gebieten hatte man vor allem in Preußen die Berufung, allein ich glaube sagen zu dürfen, daß sowohl die ältere Prozeßordnung von 1849 und 1852, als die in den neuen Provinzen eingeführte von 1867 in Beziehung auf die Beweiserhebung sehr mangelhaft waren, indem sie eine solche nur auf Grund neuer Thatsachen oder Beweismittel zuließ. Mir hat sich bei denjenigen Sachen, in denen ich beim Reichsgericht noch zu plaidiren hatte, nur die Ueberzeugung aufgedrängt, daß diese Berufung ein herzlich schlechtes Institut war. Eine viel längere Erfahrung habe ich aus Baiern, und gerade aus Baiern hat der Herr Vorredner Beispiele angeführt, da wir zufällig ein und demselben engeren Vaterlande angehören. Ich habe geglaubt darin einige Erfahrung zu besitzen; denn ich bin an der practischen Justiz seit dem Jahre 1848 betheiligt und habe in allen Instanzen gearbeitet. Ich erkläre Ihnen geradezu, daß wir in zweiter Instanz nie im Zweifel waren, daß unsere bayerische Berufung ein herzlich schlechtes Institut war. Herr Vorredner hält mir entgegen, der Entwurf von 1870 habe die Berufung nicht beseitigt. Von dem kann ich sehr genau Zeugniß ablegen, denn ich habe ihn selbst gemacht. Ich hatte ihn gemacht, indem ich bestimmten Auftrag hatte, nicht etwa Reformen vorzuschlagen, sondern den stark fragmentarischen Zustand unserer Gesetzgebung zu reguliren, zu einem einheitlichen Ganzen zu gestalten, und mich vor Neuem sorgfältig zu hüten. Es war das Ende einer höchst arbeitsvollen und fruchttragenden Sitzung der bayerischen Kammern, als versucht wurde, den Entwurf durchzubringen. Dabei mußte jede neue Einrichtung vermieden werden. Thatsache ist, daß da, wo die Berufung nicht existirt hat, man sie nicht gewünscht hat, daß dagegen da, wo man sie gehabt hat, man sie höchst mangelhaft gefunden hat. Wir haben jetzt auch eine Berufung. Wir haben sie in Schöffensachen. Ich habe von keiner Seite behaupten hören, daß es ein vorzügliches Institut sei. Ich habe gestern darauf hingewiesen und habe vergeblich auf eine Antwort gewartet, weshalb in schwurgerichtlichen Sachen nie der Wunsch nach Berufung laut geworden ist. Ich habe gestern zu beweisen gesucht, daß dies nicht mit dem Mangel einer Motivirung des Wahrspruches zusammenhänge. Ich muß wiederholen, wenn wir die Urtheile auch noch so dickleibig machen und wenn wir im Protocoll jeden Buchstaben constatiren, so haben wir vom psychologischen Vorgang, durch den die feste moralische Ueberzeugung des Richters entsteht, doch kein Jota. Denn es ist nicht mit Buchstaben zu schreiben. Weil das nicht der Fall, haben wir keine Berufung gegen schwurgerichtliche Urtheile. In diesem Punkte steht aber der Rechtsgelehrte auf keinem andern Standpunkte als der Geschworene. Er kann auch nichts machen, als in seinem Innern eine feste moralische Ueberzeugung zu gewinnen. Die psychologischen Vorgänge ist er nicht im Stande zu motiviren. Deshalb ist es Täuschung, wenn man annimmt, daß die Berufung in dem mündlichen und unmittelbaren Verfahren überhaupt eine Prüfung sei. Nein, es ist ein zweites Urtheil. Die Berufung bewirkt, daß das erste Urtheil aus der Welt geschafft wird, daß das zweite richterliche Urtheil auf Grund einer neuen Verhandlung ergeht, wobei die Reproduction des Beweises durch Vorlesen an der Hand eines mangelhaften Protocolls bewirkt wird. Aber der Richter muß sich eine Ueberzeugung bilden, und dann erst kann er judiziren. Das ist nicht die Berufung im Sinne einer Prüfung, das ist die Berufung im Sinne einer zweiten Lesung. Nun sagt man, es ist ein ganz natürliches Recht des

Angeklagten, das Recht einer zweiten Verhandlung. Wenn er das hat, muß er es auch den Geschworenen gegenüber haben und wenn man es gegenüber Rechtsgelehrten construiren kann, dann muß es auch gegenüber Rechtsunkundigen möglich sein.

Ist das richtig, so komme ich zur weiteren Frage: Ist es denkbar und möglich, solche Garantieen zu construiren, daß das Berufungs-Urtheil ein besseres, ein richtigeres wird, als das erste? Das stelle ich ganz entschieden in Abrede, schon vor allem in subjektiver Richtung wegen der Qualität der Richter. Man hat uns allerdings gestern gesagt, die Strafkammern seien zusammengesetzt aus jungen Leuten, die kaum der Richterprüfung entronnen seien und uns alten abgestandenen Juristen, die keine weitere Zukunft haben und in dieser Zusammensetzung des Gerichts werde das Urtheil erster Instanz gemacht.

Nun, meine Herren, ich werde über diese Darstellung der Sache, die sich möglichst weit von der Wirklichkeit entfernt, nicht sprechen. Man kann sagen, es ist leicht aufstellen, viel schwerer aber ist die Widerlegung, weil man die einzelnen Kammern vernehmen müßte. — Das sind keine Beweise.

Ich frage: Wo sind unsere guten Richter? Sind das nur Civilisten, oder glaubt man bewirken zu können, daß in den Berufungssenaten alle guten Richter zusammengehäuft werden, die man jetzt in der ersten Instanz nicht finden will?

Ist das nicht der Fall, dann stehen die Richter der zweiten Instanz genau auf derselben Stufe.

Auch der Richter der ersten Instanz muß die logischen Mittel und die Hilfsmittel der Lebenserfahrung haben, um überhaupt beurtheilen zu können, ob der Angeklagte schuldig ist. Dazu gehört nicht zehnjähriges Alter mehr, und kein höherer Rang oder Gehalt.

Ich glaube behaupten zu können, daß unsere deutschen Richter hinreichend gereifte Männer sind auch in erster Instanz, um der Aufgabe ihres Amtes gerecht zu werden, und der Oberlandesgerichtsrath ist kein zuverlässigerer Richter als der Landgerichtsrath.

Also subjectiv ist nicht die mindeste Garantie geboten, daß die zweitinstanziellen Urtheile besser seien, als die erstinstanziellen.

Wird sie objectiv geboten?

Können wir irgend hoffen, daß in zweiter Instanz das Material besser und vollständiger beigebracht wird, daß dasselbe dort richtiger und besser beurtheilt wird? Ich stelle das in Abrede.

Keine Gesetzgebung der Welt hat eine vollständige Reproduction des ganzen Beweismaterials bewirken können. Das scheitert eines Theils an den Zeugen, dann aber auch daran, daß man es nicht zu Stande brachte, die Leute immer wieder vor das Forum zu stellen und sie zu einer frischen, unbefangenen Aussage zu bringen.

Wie weit man schon zurückgekommen ist und ich kann diesen Vorwurf dem Herrn Vorredner nicht ersparen — deshalb keine Feindschaft — von dem, was man früher erstrebt hat, das zeigte mir gestern der Herr Vorredner, der uns auf stenographische Berichte erster Instanz verwiesen hat, da würde man die Worte des Zeugen haben; aber wie will man die Art seiner Deposition, die Geberden, den Ausdruck u. s. w. des Zeugen reproduziren?

Das was sonst das Prinzip der Unmittelbarkeit war, soll sich in stenographischen Berichten wiedergeben? Oder will man die Geberdennoten des schriftlichen Verfahrens wieder einführen, will man protocolliren ob der Zeuge unbefangen war oder nicht? Wo bleibt das Fragerecht, gegenüber stenographischen Berichten?

Hat es gar keine Bedeutung, ob man die Kreuzverhöre zu Hülfe nehmen und so erforschen kann, ob der Zeuge die Wahrheit sagt oder nicht?

Der stenographische Bericht ist etwas todtes.

Allerdings läßt auch jetzt § 250 der Reichs-Strafprozeßordnung die Verlesung des Protocolles über eine Aussage zu, allein nur dann, wenn die äußerste Noth dazu zwingt, und so und so viel Verhandlungen sind bereits aufgehoben worden, weil über diese Noth hinaus etwas verlesen worden ist und das Reichsgericht ist hierin sehr consequent.

Das ist das Prinzip der Unmittelbarkeit, das möchte ich gewahrt wissen, das können Sie aber vor zwei Instanzen nun und nimmermehr, deshalb sage ich, die zweite Instanz ist schlechter als die erste. Wenn sie aber überhaupt möglich ist, warum nicht auch bei den Schwurgerichten!

Nun komme ich zu den Garantieen, welche die Justiz-Commission geglaubt hat stellen zu können.

Der Herr Vorredner hat bemerkt, daß er dieselben nicht für genügend finde, ich habe weitergehende aufgestellt.

Hauptsächlich Verstärkung der Vertheidigung nach allen Richtungen und Sicherung des Entlastungsbeweises. Man entgegnet mir: diese neuen Garantieen bleiben gerade so auf dem Papiere stehen, wie die früheren.

Es ist möglich, das beste Prinzip schlecht ausgeführt wird schlechte Resultate haben. Aber, m. H., wenn wir wirklich solche Richter haben, daß bei zwingenden Geboten einer besseren Erhebung des Entlastungsbeweises doch alle Reformen nur auf dem Papiere bleiben, weil unsere Richter sie nicht auszuführen wissen: wer garantirt mir denn, daß die Berufung nicht auch auf dem Papier bleibt?

Wenn ein Angeklagter so ungeschickt ist, nicht zu wissen, was er zu seiner Vertheidigung thun soll, warum soll er es in zweiter Instanz besser wissen und warum soll er in zweiter Instanz einen Entlastungsbeweis schaffen, den er in erster Instanz nicht fand? Und wenn der Vertheidiger sich nicht zu informiren weiß in erster Instanz, warum soll er es plötzlich besser in der zweiten Instanz vermögen?

Und wenn der zweite Richter drakonisch jeden Entlastungsbeweis abschneidet mit einem kurzmotivirten Beschluß — ist das vielleicht eine gute Instanz? Dann haben wir wohl eine Berufungsinstanz, aber eben so schlecht, wie nur je eine erste sein kann.

Ein gewissenhafter Richter wird gut in der ersten, gut in der zweiten Instanz sein, aber nicht mit Nothwendigkeit nur in der zweiten Instanz.

Man kann überhaupt all' das herbeiführen, was Garantieen richtiger Judicatur bieten und auch im Schwurgerichtsverfahren allein bieten. Ein gut informirtes Gericht mit Vorführung der sämmtlichen Entlastungsbeweise läßt auch eine richtige Entscheidung erwarten.

Man sagt: die Vertheidiger sind zu jung. Nun wir haben stets nur diese jungen Vertheidiger gehabt und sie waren nicht schlecht, nicht schlechter als ein Theil der Rechtsanwaltschaft, der sich vorzugsweise mit civilistischen Arbeiten beschäftigt und nur dann und wann in Criminalsachen arbeitet. Ich habe von Diesen Proben von Revisionen zu Gesicht bekommen, die mir zeigten, daß die Herren ihre Strafprozeßordnung noch gar nicht durchgelesen haben.

Die organische Fortführung unserer Prozeßordnung, so daß man nicht von einem Prinzip zum andern springt, einzig die organische Fortbildung unserer Prozeßordnung ist der Weg, zu einer befriedigenden Gestaltung unseres Strafprozesses zu gelangen. Ich sehe keinen Grund, anzunehmen, daß unsere Gesetzgebung es nicht sollte zu Stande bringen können, Garantieen einer befriedigenden Judicatur zu geben.

Deshalb kann ich nur meinen gestern gestellten Antrag wiederholen. (Verliest den Antrag.) (Bravo.)

Prof. Dr. **Rubo** (Berlin): Nach der aus tiefempfundener Ueberzeugung entsprungenen Rede des Herrn Reichsanwalt Stenglein erlauben Sie mir doch noch einige Worte.

Ich glaube bei Berührung der Frage wegen Berufung gegen die Urtheile der Schwurgerichte befindet er sich nicht auf dem Gebiete der Tagesordnung; sonst hätte er nicht die Frage wiederholt aufwerfen können, warum man denn nicht auch gegen die schwurgerichtlichen Urtheile eine Berufung verlange? Und aus einem guten Grunde hat er auf diese Frage keine Antwort erhalten! Die ständige Deputation hat nämlich nur die

Frage der Berufung gegen Urtheile der Landgerichte erster Instanz zum Gegenstand der Berathung angeordnet.

Ich lasse ganz dahin gestellt ob es nicht wünschenswerth sei, auch gegen Schwurgerichts-Urtheile die Berufung einzuführen. — Herr Reichsanwalt Stenglein muß es wissen, wie er es auch weiß, daß ein derartiges Verlangen in der Literatur schon oft gestellt worden ist, daß es von jeher Gegenstand der Erörterung war, auch daß man wegen Mangels der Berufung besondere Garantieen geschaffen hat, wozu früher die besondere Art der Beschlußfassung über die Eröffnung des Hauptverfahrens vor den Schwurgerichten gehörte; wie früher das Fünfrichter-Collegium, so haben heute die drei Richter des Schwurgerichtshofes bei Stimmeneinhelligkeit noch die Befugnis, das Verdict der Geschwornen aufzuheben, wenn Sie annehmen, daß die Geschworenen in einem wesentlichen Punkt sich zum Nachtheile des Angeklagten geirrt haben. Und das ist eine getrennte Würdigung, eine Art Berufung. (Bravo!)

Herr Reichsanwalt Stenglein hat sich, wie er ausdrücklich hervorhebt, auf „unsere" Erfahrungen berufen. Ja, wenn er gesagt hätte, auf „seine" Erfahrungen, dann hätte ich denselben diejenige Ehrerbietung entgegengetragen, die man den Ansichten einer Autorität schuldig ist. Aber da der Herr Stenglein von „unseren" Erfahrungen sprach, so kann ich nicht umhin, seinen Ausführungen ein Fragezeichen beizugesellen.

Man hat das Prinzip der Mündlichkeit und Unmittelbarkeit im Strafverfahren hier als den Stein bezeichnet, an dem die Berufung scheitern muß.

Bereits im Jahre 1836 erklärten die sächsischen Stände, daß sie lieber auf die Mündlichkeit und Unmittelbarkeit verzichten wollten, als die Berufung aufgeben, wofern überhaupt beide mit einander unvereinbar seien.

Diese Unvereinbarkeit besteht aber in keinerlei Weise. Man gehe nur frisch und freudig zur Einführung der Berufung auch bei mündlichem Strafverfahren über: und — es wird gehen!

M. H., ein schönes Vorbild hiefür bietet die Bearbeitung des deutschen Reichsstrafgesetzbuches.

Im Jahre 1868 ward dieselbe in Angriff genommen: lebhafter Streit bestand in der Wissenschaft darüber, ob ein einheitlich deutsches Strafgesetzbuch überhaupt möglich sei. Ein Hülfsarbeiter des Redactors, des Dr. Friedberg, unternahm darum in den Motiven den Nachweis, daß und warum die Frage zu bejahen sei. Dr. Friedberg strich aber diese Ausführungen mit dem Bemerken: „wir haben den Auftrag, ein gemeinsames Strafgesetzbuch herzustellen: nun muß es gehen!"

Herr Reichsanwalt Stenglein hat sich insbesondere darum gegen die Berufung erklärt, weil für den ersten Richter insbesondere auch das persönliche Auftreten der Zeugen und Angeklagten maßgebend sein müsse, um deren Glaubwürdigkeit abzumessen und weil diese Mittelbarkeit des Eindruckes dem Berufungsrichter zumeist fehle.

Dies führt uns auf die alten und — Gott sei Dank! — veralteten Geberden-Protokolle zurück.

Erinnern Sie sich aber jetzt nicht mehr der ganzen Verderblichkeit derselben? Sollen die Geberden-Protokolle wirklich darüber entscheiden, ob der Angeklagte zum Tode verurtheilt wird oder nicht?

Wir wollen nicht, daß dem unverschämten Zeugen, der die Frechheit hat, ein falsches Zeugniß zu geben und zu beschwören gegenüber dem etwa eingeschüchterten Angeklagten, die Keckheit seines Auftretens zu Gute kommt.

Wie man prüft ist eine Sache für sich. Aber mit dem Protokoll über das Benehmen des Angeklagten und Zeugen vor Gericht: Weg damit! Die Unverschämten sind taktfest, aber wer zum ersten Male auf das Gericht hinkommt, ist zumeist unsicher! Nichtsdestoweniger entnehmen leider viele Richter — das ist die sogenannte moralische Ueberzeugung! — aus dem unsicheren Benehmen der selbst zum ersten Mal erscheinenden Angeklagten deren Schuldbewußtsein.

M. H.! Ich habe einen Antrag gestellt, der gestern, wie der Herr Referent erwähnte, in der dritten Abtheilung nicht angenommen worden ist und den ich heute hier wiederhole: daß nämlich die Berufung in Strafsachen nur zu Gunsten des Angeklagten statthaft sei.

Die Berufung hat nichts Anderes zum Ziel, als eine erneuerte thatsächliche Prüfung: und wenn bei einer erneuerten thatsächlichen Prüfung es sich ergiebt, daß der erste Richter sich zum Nachtheile des Angeklagten geirrt habe, so muß der dadurch sich ergebende Zweifel an der Richtigkeit der ersten Verhandlung zu Gunsten des Angeklagten wirken. Denn nicht eine Fiction, sondern eine in sich tief begründete Wahrheit ist der Satz: in rebus criminalibus dubiis, sententia mitior: und dieser Satz gerade ist es auch, der eine Berufung zum Nachtheile des Angeklagten verbietet. Denn würde der Berufungsrichter härter als der erste Richter erkennen, so käme wegen des alsdann bestehenden Zweifels doch das erstrichterliche Urtheil, als das mildere, für den Angeklagten in Betracht.

Gern benutze ich hierbei die Gelegenheit, einem heut zu Tage nur zu oft und zu gern gebrauchten Wort entgegen zu treten: „daß man nämlich mit dem armen Angeklagten besonderes Mitleid habe; ihn immer zu schonen bestrebt sei."

Nichts davon. Die Vertheidiger wie die Gegner der Berufung haben nur das eine Ziel: Objective Wahrheit herbeizuführen, und wie die herbeizuführen sei, darüber sind sie Alle einig: nämlich in der bestmöglichsten Weise. Wir glauben, eine erneuerte Prüfung ist die bestmöglichste Weise.

Die Gegner glauben das nicht. Und ganz eigenthümlich; wie mir mitgetheilt wurde, sind sämmtliche Mitglieder der Landgerichte bei der gestrigen Abstimmung Gegner der Berufung. (Rufe: Nein!) Es ist mir so mitgetheilt worden; das ist wenigstens richtig. Soll ich daraus vielleicht ableiten, daß diese Herren die Controlle fürchten! Und so bitte ich Sie, nehmen Sie meinen Antrag an, der erzielen will: objectives Recht und Gleichheit für Alle, und zwar objectives Recht auch für den, der wirklich schuldig ist; aber auch objectives Recht für den, der nichtschuldig ist, der mit Unrecht verurtheilt wurde und in Folge dessen Freisprechung in zweiter Instanz.

M. H.! Wir alle erzielen dasselbe und repetitio bringt die wahre Hilfe. Nehmen Sie den Antrag an. Die Berufung zu Gunsten des Angeklagten ist das Maßgebende und entspricht dem wahren Bedürfnis; denn wir haben bis jetzt noch keine Klage gehört, daß die Berufung gewünscht wird seitens der Staatsanwaltschaft gegen angeblich ungerechte, freisprechende Urtheile. Wir haben alle aber Klagen gehört wegen des Fehlens einer Berufung bei ungerechten Urtheilen, dem Angeklagten nachtheiligen Entscheidungen. (Bravo.)

Professor Dr. **Gneist** (Berlin): Die Wiedereinführung der Berufung ist im Augenblick populär geworden, weil sie die nächstliegende bekannte Abhilfe gegen einzelne Mißgriffe der Strafrechtspflege darzubieten scheint. Allein der Verlauf dieser Bestrebungen in den Commissionen des Reichstages zeigt, daß man zwar eine allgemeine Resolution in dieser Richtung beschließen kann, daß man aber zu keinem Resultat gelangt, weil bei jedem Schritt der Ausführung die Vertreter der Berufung sich spalten und in jeder Station der Ausführung eine Anzahl der Freunde der Berufung sich abgesplittert, denen es mit der Ausführung der Sache in dieser Gestalt nicht mehr Ernst ist.

Obenan steht die Uneinigkeit darüber, ob die Berufung einseitig oder zweiseitig sein soll. Populär ist nur die einseitige Berufung, die auch Herr Professor Dr. Rubo durch sein Amendement in den Beschluß hineinzubringen sucht. Die Mehrheit der Anhänger meint in der That nur eine Berufung zu Gunsten des Angeklagten. Eine Berufung des Staatsanwalts zur Verschärfung des Urtheils erster Instanz ist so unpopulär, daß die Mehrheit der Anhänger damit aus dem Regen in die Traufe zu kommen glaubt, und auf die Berufung dann lieber verzichten würde. Will man aber die Berufung in dieser einseitigen Gestalt, so schwindet der rechtliche Boden des Instituts, welches man doch wieder einführen will, um eine bessere, der Wahrheit und dem Rechte entsprechendere Entscheidung herbeizuführen. Auch haben die verbündeten Regierungen, so viel bekannt, wiederholt und einmüthig erklärt, daß diese einseitige Gestalt der Berufung unter keinen Umständen Annahme finden werde.

In einer Majorität, die allenfalls auch für eine zweiseitige Berufung noch zusammenhält, entsteht dann eine neue Spaltung über die Frage, ob die Berufung an das Oberlandesgericht oder ob sie an eine andere Kammer des Landgerichts gehen soll. Im letzteren Falle fehlt es an der höheren Autorität, die doch für ein Gericht höherer Instanz vorhanden sein soll. Die Berufung an das Oberlandesgericht erschwert aber und vertheuert die Beweisaufnahme durch die weiten Entfernungen in einer geradezu unleidlichen Weise, wenn es mit der Wiederholung der Beweisaufnahme in zweiter Instanz überhaupt ernstlich gemeint ist.

Noch schlimmer gestaltet sich der Zwiespalt über die Besetzung des Gerichts in erster und zweiter Instanz. Soll die erste Instanz mit 5 Richtern, die zweite mit 7 Richtern besetzt werden, so wird die Ausführung durch das Ueberaufgebot von Kräften nahezu unpractisch. Besetzt man die erste Instanz mit 3 Richtern, die zweite mit 5 Richtern, so fällt man zurück in die unzuverlässigste Weise eines Schuldspruchs mit 2 gegen 1 Stimme. Um in einzelnen, verhältnißmäßig wenigen Fällen eine Abhilfe gegen mögliche Mißgriffe zu gewähren, verschlechtert man die ordentliche Besetzung des Gerichts in allen Fällen und gelangt zu zwei Formationen, die entschieden schlechter sind als die jetzige. Niemand wird bestreiten, daß ein Schuldspruch mit zwei gegen eine Stimme als Grundprinzip der Rechtsprechung unendlich viel weniger Garantieen bietet, als die jetzigen Schuldsprüche mit 4 gegen 1 Stimme und daß die 5 Richter in zweiter Instanz sehr viel weniger für eine gründliche Feststellung der Thatfrage leisten können, als die jetzigen 5 Richter erster Instanz. Kurz man setzt zwei unzuverlässige Formationen an die Stelle der relativ besten, welche gegenwärtig besteht.

Der Schwerpunkt der jetzt durchgeführten Strafprozeßreform liegt in dem Bestreben alle Garantieen für die Sicherheit des Schuldspruchs in einer Instanz zu concentriren, weil jede zweite Instanz in strafrechtlichen Thatfragen nur ein unzuverlässiges Stückwerk schaffen kann. Es hat einen schweren Kampf gekostet, diese richtige Gestaltung der Dinge durchzusetzen; denn durch die völlig unzureichende Gestaltung unserer kleinen Untergerichte ist der Deutsche seit Jahrhunderten an eine Häufung von Instanzen gewöhnt und die gemeine Meinung trennt sich unendlich schwer von einer lieb gewordenen Beschwerde-Instanz. Es bedurfte einer Wiederherstellung der ständigen Richtercollegien, einer Besetzung mit 5 Richtern, einer Verdoppelung der zum Schuldspruch nöthigen Stimmen, sowie energischer Reformen des Hauptverfahrens und des Vorverfahrens, um in der Gesetzgebung gegen unzählige Vorurtheile den richtigen Grundsatz zur Geltung zu bringen, daß eine gut besetzte Instanz den Vorzug verdient vor zwei unangemessen besetzten Richtercollegien mit einem lücken- und mangelhaften Verfahren.

Diese Richtung der Gesetzgebung, der unzweifelhaft die ganze Zukunft gehört, wird durch Wiedereinführung einer Berufung nur beirrt und verwirrt; denn jedes Fortschreiten auf dieser Bahn bleibt in unlösbarem Widerspruch mit der Natur einer unmittelbaren Beweisaufnahme, die sich durch eine Wiederholung an sich nicht verbessert, sondern in der Mehrzahl der Fälle verschlechtert.

Keine einzige practische Erfahrung redet bisher einer Berufung über die Schuldfrage das Wort. Die französische Appellation in Correctionalsachen ist nur ein Palliativ für die schlechte Besetzung des Gerichts 1. Instanz; sie ist statistisch von minimalem Erfolg und von geringem Nutzen. Der englische summarische Prozeß hat einen ziemlich weitgehenden appeal, der aber, der Natur der Sache entsprechend, sich längst auf Rechtsfragen beschränkt. Ich kenne keinen Collegen, der in der 30jährigen Praxis unserer preußischen Gerichte als Berufungsrichter in Strafsachen wirklich gesessen hat und der dieser Berufung das Wort redete. Sollte in unserer Versammlung ein solcher Richter sein, so würde er sich ein Verdienst erwerben, wenn er sich zur Geschäftsordnung meldete und erklärte, daß er für die Berufung gestimmt habe!

Länger als ein Jahrhundert hat unsere deutsche Gesetzgebung daran laborirt, einzelne Mißstände durch extemporirte Reformen heben zu wollen, die nur durch organische Reformen wirklich zu heben sind, in dem vorliegenden Falle nur durch eine Verbesserung des Vorverfahrens und durch eine Heranziehung der bürgerlichen Beisitzer in allen Instanzen. Der deutsche Reichstag hat daher auch bisher gewiß mit Recht sich gehütet, in das tief durchdachte, zusammenhängende Ganze durch stückweise Amendements einzugreifen, welche zu keinem Fortschritt führen, sondern nur zu einem Rückfall in ältere, viel schlimmere Gebrechen. Ich bitte deshalb, dem Antrage Stenglein zustimmen zu wollen. (Bravo.)

Rechtsanwalt **Munckel** (Berlin): Meine Herren! Ich bitte Sie, im Gegensatze zum Herrn Vorredner, von dem Gedanken auszugehen, daß wir hier nicht berufen sind, Gesetze zu machen, sondern uns über Prinzipienfragen auszusprechen.

Deshalb ist mir zunächst ganz gleichgiltig, was man bei Wiedereinführung der Berufung an finanziellen Folgen zu leiden haben würde, und ist mir zunächst auch ganz gleichgültig, was die verbündeten Regierungen zu unseren Beschlüssen für eine Stellung einnehmen; sie haben meiner Meinung nach überhaupt zu unseren Beschlüssen gar keine Stellung einzunehmen. (Bravo.)

Ich werde sie nicht darum bitten.

Uns liegt die Frage vor, ist es juristisches Bedürfnis ein im Volke empfundenes Rechtsbedürfnis, daß wir das Correctivmittel der Berufung in Strafsachen haben oder nicht.

Wenn wir mit Erörterung der Frage warten sollen, bis noch andere Fragen verhandelt werden, so frage ich: warum?

Es ist anerkannt, gut ist es mit den augenblicklichen strafrechtlichen Urtheilen nicht. Waren die Dreimänner-Collegien discreditirt? Welche Collegien es mehr sein werden, welche das besser fertig bekommen werden, das geht mich nicht an, das überlasse ich der Beurtheilung einer späteren Zeit. Aber wie sehr es noth thun muß, daß etwas geändert werde, geht hervor aus der Thatsache: kaum fordern wir eine Berufung, die angeblich unausführbar sein soll, so bekommen wir Gegenvorschläge für Verschönerung der ersten Instanz in großer Menge.

Wir haben vom Herrn Referenten drei Vorschläge entgegengenommen: Ausdehnung der Vertheidigung für die Voruntersuchung und die Beweiswürdigung und noch eine Belehrung des Angeklagten in Terminen.

Sie sehen, wieviel man uns bietet, wenn wir auf unser Verlangen verzichten.

Ich nehme die Gebote alle an, aber auf das Verlangen verzichte ich nicht.

Mag die frühere Berufung gut oder schlecht gewesen sein; verstand ich den Vorredner recht, so war sie damals ein unabweisbares Bedürfnis. Wie sich das zusammenreimt mit dem angeblich entgegengesetzten Zustand jetzt, habe ich nicht ganz erfahren. Mag die Berufung schlecht gewesen sein oder gut. Unsere Prozeßordnung war ja auch schlecht; wir haben sie verbessert aber nicht abgeschafft.

Nun, meine Herren! Alle diese Vorschläge sind Sperrmaßregeln und Quarantainemaßregeln. Wenn die Sperrmaßregeln nichts nützen und die Krankheit doch auftritt, so wird Niemand behaupten, daß man sie nun nicht curiren dürfte. (Bravo.)

Daß aber das eine Möglichkeit ist, daß eine solche zugelassene Berufung hie und da einen Fehler corrigirt, geben selbst die Gegner zu. Nun frage ich, was soll das Rechtsmittel schaden? Es würde gar nichts schlechter, aber sehr vieles besser machen.

Denn wenn die Berufung auch nur in seltenen Fällen das Urtheil 1. Instanz ändert, so hat sie eben gerade dann ihre Schuldigkeit gethan.

Alle andern vorgeschlagenen Mittel bieten uns nicht diese Garantie, wie die Berufung, alle andern bleiben auch in der Regel auf dem Papier stehen, die schöne Belehrung des Angeklagten — ich könnte Ihnen beinahe das Formular dazu machen.

Ich bin doch seit 25 Jahren in dieser Beschäftigung thätig, habe manchen Termin mitgemacht und mich überrascht so leicht Nichts — aber zuweilen haben mich doch die Gründe eines erstinstanzlichen Urtheils überrascht, da finde ich mitunter, daß Männer denken können, was man vorher nicht für möglich gehalten hätte und für solche Fälle brauche ich Correctur.

Ja, sagt man, man muß auch im zweiten Verfahren die Gründe würdigen, auf welchen das erste Urtheil basirt und diese Gründe lassen sich oft nicht im vollen Umfange schriftlich niederlegen. Das ist ganz richtig, bei manchem Urtheil habe ich aus der Begründung klar ersehen, da muß das Beste zurückbehalten sein. Ich weiß, daß für die tiefsten Gefühle des Menschenherzens die Sprache keine Worte hat, daß sie aber auch für logische Verstandesreproductionen keine hat, das habe ich noch nie gehört.

Ich will, daß der Richter auch urtheilt mit dem tiefsten Gefühl, daß er aber auch einigermaßen urtheilt mit logischem Verstande und daß das letztere das viel Nachhaltigere ist, das wird die Berufung herbeiführen, denn der zweite Richter wird von Neuem prüfen, auf das Geschehene Rücksicht nehmen und das gut machen, was in der ersten Instanz vielleicht verfehlt wurde.

Um den Herrn Vorredner auch darüber zu beruhigen, daß bei den Schwurgerichten die Berufung nicht eingeführt ist, so beschäftige ich mich lebhaft mit dem Gedanken, daß auch dort dieselbe eingeführt würde. Denn es giebt keine menschliche Vollkommenheit!

Bei den Schwurgerichten leitet das Richter-Collegium die Verhandlungen und die Richter zweiter Instanz urtheilen vielleicht anders als die der ersten. Also kann auch dort eine zweite Prüfung nicht schaden.

Aber die Berufung darf nur dem Angeklagten zustehen, denn wenn der Fall eintreten sollte, daß der Richter erster Instanz den Angeklagten freispricht und der Richter zweiter Instanz denselben verurtheilt, so bin ich eben so wenig überzeugt, daß der Angeklagte schuldig ist, sowie ich überzeugt wäre, daß er unschuldig ist, wenn ihn die zweite Instanz freispricht. Der Zweifel an der Schuld aber genügt zur Freisprechung.

Was nun den Kostenpunkt betrifft, so huldige ich dem Grundsatz, besser theuer und richtig, als Billigkeit in dem Sinne von Wohlfeilheit bei der Justiz und ohne Garantie für Richtigkeit!

Aber auch das Prinzip der Mündlichkeit und Unmittelbarkeit wird gewahrt bleiben, wenn wir in der zweiten Instanz ebenso mündlich verfahren, wie in der ersten.

(Glocke des Präsidenten.)

Ich bin gerade fertig. Ich bitte also, nehmen Sie den Antrag des Herrn Referenten an.

(Bravo!)

Landgerichts-Präsident **Becker** (Oldenburg): Meine Herren! Ich bin ein Feind der Berufung und halte sie für das schlechteste Institut im Strafverfahren.

Reichlich 10 Jahre bin ich zunächst in Oldenburg in der Strafrechtspflege als Richter bei der Berufung mit beschäftigt gewesen und habe sie hassen gelernt, wie alle Richter, welche längere Zeit mit ihr zu thun hatten, und zwar nicht aus dem vorhin angeführten Grunde, weil ich den Untergerichten angehört habe.

Es wurde in Oldenburg — was Herr Referent neben Württemberg, wo auch lange Jahre die Berufung abgeschafft war zu allgemeiner Zufriedenheit, vergessen hat — die Berufung 1857 abgeschafft, aber nicht auf Antrag der Landgerichte, sondern auf einstimmigen Antrag des Appellationsgerichts, das nur in zweiter Instanz erkannte.

Wir haben dann 25 Jahre lang die Berufung abgeschafft gehabt zu unser aller Befriedigung. Wir können nur bedauern, daß sie gegen schöffengerichtliche Urtheile wieder eingeführt worden ist.

Dabei muß ich allerdings erwähnen, daß eine Bürgschaft des besseren Urtheils beseitigt wurde, die wir hatten.

Es konnte bei uns nur durch einstimmiges Votum aller Richter der Angeklagte verurtheilt werden.

Es kommt nicht auf die eine Stimme an, sondern darauf, daß jeder Richter das Bewußtsein hat, du stehst mit deinem Namen für das Urtheil ein, du hast es mitgesprochen, du hattest für vollständige Erörterung zu sorgen. Das ist es, was wir jetzt vermissen, nicht blos eine auf Verneinung der Schuld, sondern auch eine auf Ergänzung gerichtete Stimme kommt nicht zu Raum, wenn die andern dagegen sind. Das ist auch — beiläufig gesagt — der Grund, warum wir bei der Reichstagscommission die Berufung gegen die Schöffengerichte zugelassen haben. Ein Urtheil mit 2 Stimmen gegen 1 kann unmöglich eine hinreichende Garantie geben und Einstimmigkeit konnten wir nicht durchsetzen. Es ist das aber nur ein äußerer Grund, die Mehrzahl von uns war der Berufung feind, nahm sie auch gegen Schöffengerichtsurtheile nur als Nothbehelf an. Aufgefallen ist mir die Berufung des Referenten auf den Satz der lex 2 Dig. de juris et facti ignorantia, welcher lautet: facti interpretatio etiam prudentissimos fallit. Das ist nicht beweisend, ich erlaube mir die Stelle ganz zu citiren: „In omni parte error in jure non eodem loco, quo facti ignorantia haberi debebit; cum jus finitum et possit esse, et debeat, facti interpretatio plerumque etiam prudentissimos fallit.“ Alle Urtheile werden der Täuschung und Unrichtigkeit unterworfen sein. Sie dürfen eine Einrichtung schaffen, wie Sie wollen, vollständige Garantie können Sie nie erhalten; aber mit diesem Satze die Berufung zu rechtfertigen, ist mir ganz neu.

Ich habe ihn bisher in dem Sinne verstanden: jus potest et debet esse finitum, wiederholtes Forschen kann also hier eine immer wachsende Gewähr der Richtigkeit geben, die größte die eines nur mit Rechtsfragen befaßten höchsten Gerichts, aber facti interpretatio prudentissimos fallit hieraus folgere ich: auch die wiederholte Prüfung, ohne nova, bleibt der Täuschung unterworfen, giebt keine Präsumtion größerer Richtigkeit.

Im Gegentheil bleibe ich bei der Ueberzeugung, ein jedes abändernde Urtheil, ohne daß ihm nova zu Grunde liegen, ist präsumtiv das schlechtere, warum? Weil ihm die Garantieen, die dem ersten Urtheil zu Gebote stehen, in zweiter Instanz nicht gegeben werden können, nicht die persönliche, am wenigsten durch ein Sitzungsprotocoll zu ersetzende Vernehmung aller Zeugen, nicht die möglichst frühe Vernehmung der Zeugen und Erinnerung des Angeklagten, nicht die mit Thatfragen mehr beschäftigten, zwar nicht so gelehrten, aber dem Leben näher stehenden jüngeren Richter erster Instanz.

Reichsgerichtsrath **Wielandt**: Meine Herren! Schon gestern habe ich die Ehre gehabt, von hier aus zu der Versammlung zu sprechen und bin eingetreten für den Antrag des Herrn Reichsanwalt Stenglein.

Andere Herren waren gegentheiliger Ansicht und haben sich dabei auf ihre Erfahrungen berufen. Nun kann ich Sie versichern, daß ich als Mitglied des ersten Strafsenats des Reichsgerichts schon die schwere Pflicht gehabt — es dies keine Uebertreibung — bei etwa fünftausend Urtheilen mitzuwirken. Der Herr Vorredner hat sich auf den Standpunkt gestellt, er habe nicht zu prüfen, was unser Antrag für ein Schicksal haben würde. Ich stelle mich auf einen anderen Standpunkt. Er sagte, der Juristentag sei da, um Prinzipienfragen zu erörtern; ich dagegen sage, der Juristentag ist da zu prüfen, ob etwas ein juristisches Bedürfnis ist oder nicht und dieses Bedürfnis müssen Sie von allen Seiten zu erörtern suchen.

Ich habe bereits gestern den Vertheidigern der Berufung nicht verhehlt, daß nach der einen oder anderen Seite etwas getadelt werden könnte, habe aber gleichzeitig hinzugefügt, meine Erfahrungen haben dahin geführt, daß ein dringendes Bedürfnis für Einführung der Berufung nicht zu erkennen sei. Die Gegner gehen davon aus, daß ein Bedürfnis sei für den Angeklagten, wie für das Staatsinteresse. Es ist das Bedürfnis aber weder auf der einen, noch auf der andern Seite vorhanden. Es sind mir Urtheile im Gedächtnis, die geradezu zu Ungunsten des Angeklagten in der Berufung entschieden worden sind.

M. H.! Der Herr Vorredner hat ja so gesprochen, als ob unsere Landgerichtsräthe so wenig logischen Verstand hätten, daß nothwendigerweise bei ihren Urtheilen eine zweite Prüfung eintreten müßte.

Wie denkt er sich nun, daß auf einmal in der zweiten Instanz die Herren zu ihrem logischen Verstand gelangen. Das ist mir nicht klar.

Es ist dieselbe Praxis vorhanden bei den Herren, die in der ersten und zweiten Instanz urtheilen, und man kann doch nicht unterscheiden zwischen Richtern erster und zweiter Qualität. Diese Bedenken werden Sie gewiß mit mir fühlen.

In erster Reihe muß ein Bedürfnis vorhanden sein; ich bestreite dieses Bedürfnis. Wir können jetzt nicht alle theoretischen Gründe akademisch erörtern, die dafür sprechen könnten, daß unter Umständen die Berufung wünschenswerth sei; wir müssen von dem Standpuncte der Gesetzgebung ausgehen und von dem, was im Leben möglicherweise zu erreichen ist.

Man weist uns auf den Unterschied hin bei den Schöffengerichten. Das kann ich den Gegnern zugeben. Das ist längst anerkannt.

Es liegt ein Widerspruch im ganzen System. Unten Berufung, mitten drin keine Berufung, dagegen Revision. Dazu kommt dann wieder das Schwurgericht, dessen Urtheil in der Hauptsache der Prüfung des Revisionsgerichts, selbst in der Rechtsfrage sich entzieht. Sie haben das Schwurgericht ganz einfach souverän hingestellt.

Man könnte die Berufung an sich eben so gut gegen Urtheile des Schwurgerichts einführen. Das ist nicht entscheidend, daß man zwei Urtheile vergleicht. Man könnte einfach sagen: Es soll durch ein neues Schwurgericht verhandelt werden, die neuen Geschworenen haben doch auch ihren gesunden Menschenverstand. Der Kostenpunkt ist dabei nicht das, was in das Gewicht fällt. Man hat die Berufung bei dem Schwurgericht nicht zugelassen aus den einfach natürlichen und practischen Gründen. Wenn Sie sagen, die Schöffengerichte haben die Berufung, so fallen hierunter doch zunächst nur die kleineren Sachen. Hier haben Sie ferner ein Laien-Prinzip und gegen dieses besteht ein vielleicht berechtigtes oder auch unberechtigtes Mißtrauen. Das Schöffengericht besteht aus einem Juristen und zwei Nichtjuristen und die Berufung gegen sein Urtheil geht an den Gerichtshof, der aus lauter Juristen besteht, das ist auch eine Inconsequenz.

Im Leben muß man zu erreichen suchen, was man erreichen kann.

Andere Beschlüsse sind in den Wind gesprochen. Der Juristentag ist nicht da, um akademische Fragen zu lösen, sondern um ein juristisches Bedürfnis auszusprechen.

Das ist einigermaßen noch zu berühren, was die Herren vom Standpunkt der Vertheidigung sprechen und in ihren Beschwerden vertreten.

Die Vertheidiger des Antrags für Berufung sind für die Nicht-Schuld so warm eingetreten, daß man meint, sie seien selbst angeklagt gewesen. Wer bürgt dafür, daß die Herren immer wissen, daß sie nicht auch von einem Angeklagten angelogen worden sind. In meiner Praxis habe ich auch die Erfahrung gemacht: es sind alle Angeklagten unschuldig.

Wenn wirklich ein Bedürfnis ist für die Einführung der Berufung, dann könnte sie doch meines Erachtens nicht blos dem Angeklagten eingeräumt, sondern müßte der Gleichheit wegen auch für die Anklage eingeführt werden.

Wenn Sie überhaupt für die Berufung sind, dann frage ich Sie weiter ganz einfach: wie läßt sich so etwas durchführen?

Nun kommen wir auf den Gesichtspunkt, der doch ganz wesentlich ist: was giebt Ihnen die Garantie, daß in Berufungssachen beim Oberlandesgerichte in der That ein besseres Urtheil zu Stande komme?

(Glocke des Präsidenten.)

Meine Herren! Ich muß hier schließen, ich empfehle Ihnen den Antrag des Herrn Reichsanwalts Stenglein zur Annahme.

Vorsitzender: Das Wort hat Herr Rechtsanwalt Horn.

(Vielfache Rufe nach Schluß.)

Reichsgerichts-Präsident **Drechsler**: Ich bitte über den Antrag auf Schluß der Debatte abzustimmen.

Vorsitzender: Das Wort ist schon ertheilt.

(Mehrfache Stimmen: Wir haben zuerst Schluß gerufen.)

So werde ich also über den Antrag auf Schluß der Debatte abstimmen lassen. Wer dafür ist, den ersuche ich, sitzen zu bleiben.

(Nur wenige Mitglieder erheben sich.)

Der Schlußantrag ist genehmigt.

Herr Referent erhält das Schlußwort.

(Verschiedene Rufe: Verzichten Sie darauf.)

Referent Dr. **Harburger**: Ich verzichte.

Vorsitzender: Es wird zuerst der Antrag des Herrn Reichsanwalts Stenglein zur Abstimmung zu bringen sein; dann der Antrag des Herrn Professor Dr. Rubo, womit der Antrag des Herrn Rechtsanwalts Munckel übereinstimmt.

Referent Dr. **Harburger**: Zur Geschäftsordnung.

Ich glaube vorschlagen zu dürfen und zu können als Vertreter der dritten Abtheilung, daß zunächst deren Beschluß vorgelegt werde, weil hierin bereits ein Factum liegt und hiefür sich die dritte Abtheilung die Zustimmung des Plenums erholen will.

Reichsanwalt **Stenglein**: Zur Geschäftsordnung.

In allen Fragen, in welchen Sie Unter-Anträge haben, hat sich als ein non plus ultra die Geschäftsordnung des Reichstags bewiesen. Soll die Frage, ob die Berufung eingeführt werden soll, zuerst zur Entscheidung kommen, wogegen ich gar nichts einzuwenden habe, so dürfte die Fragestellung dahin gehen, daß zuerst der Antrag Rubo-Munckel für den Fall der Annahme des Haupt-Antrags zur Abstimmung gelangt, und wenn diese eventuelle Frage entschieden ist, der Haupt-Antrag; fällt er, dann mein Antrag.

(Rufe: Sehr richtig!)

Dr. **Hellmann**: Zur Geschäftsordnung.

Was Herr Reichsanwalt Stenglein gesagt hat, mag im allgemeinen zutreffend sein; aber wir haben im vorliegenden Falle mit dem Factum zu rechnen, daß ein Abtheilungsbeschluß dem Plenum mitgetheilt wurde, und es soll die Stellungnahme des Plenums zur Abtheilung eruirt werden. Und das muß zuerst erhoben werden.

Prof. Dr. **Gneist**: Dagegen erlauben Sie mir, zu bemerken: Der Antrag ist ausdrücklich zur Beschlußnahme dem Plenum vorgelegt. Und nun ist das Plenum vollkommen frei; der Commissions-Antrag ist die Grundlage für die Discussion des Plenums. Dieses aber stimmt nach parlamentarischer Ordnung ab und nach dieser kommt der weitergehende Antrag zuerst daran.

Prof. Dr. **Rubo**: Ich kann dem Vorschlag des Herrn Präsidenten insofern beitreten, als der Antrag Stenglein zur Abstimmung gelangt; denn fällt derselbe, so möchte ich bitten, den Antrag der Abtheilung zur Abstimmung zu bringen und für den Fall, daß die Berufung angenommen wird, die weitere Frage: „ob nur zu Gunsten des Angeklagten".

Vorsitzender: Ich will zunächst den Antrag des Herrn Prof. Rubo zur Abstimmung bringen. Derselbe lautet dahin:

> „Die Einführung der Berufung an das Oberlandesgericht gegen die erstinstanzlichen Urtheile der landgerichtlichen Strafkammern, und zwar zu Gunsten des Angeklagten, ist dringend zu wünschen."

Diejenigen Herren, welche für den Antrag Rubo sind, bitte ich, sich zu erheben.

Es steht offenbar nur die Minorität; der Antrag ist somit abgelehnt.

Nun kommt der Antrag des Herrn Referenten Dr. Harburger zur Abstimmung. Derselbe lautet:

Der deutsche Juristentag wolle als seine Ueberzeugung aussprechen:

„Die Einführung der Berufung zum Oberlandesgerichte gegen die erstinstanzlichen Urtheile der landgerichtlichen Strafkammern, wenigstens hinsichtlich der Schuldfrage, ist dringend zu wünschen."

Diejenigen Herren, welche für den Antrag des Herrn Dr. Harburger sind, bitte ich, sich zu erheben.

(Geschieht.)

Das ist entschieden die Majorität.

(Rufe: Gegenprobe Gegenrufe: Das ist absolut nicht zweifelhaft. — Neuerliche Rufe: Gegenprobe.)

Reichsgerichts-Präsident **Drechsler**: Wenn das Bureau erklärt, eine Abstimmung sei zweifelhaft, so ist noch niemals namentlich abgestimmt worden. Es genügt vollständig, daß constatirt wird, der Juristentag sei über dieser Frage verschiedener Meinung.

(Gegenrufe: Nein! Nein! — Heftiges Durcheinander.)

Amtsrichter **Kronecker**: Ich beantrage Abzählung.

(Bravo.)

Vorsitzender: Diejenigen Herren, welche für den Antrag des Herrn Referenten Dr. Harburger sind, wollen sich hieher auf die rechte Seite, und diejenigen, welche dagegen stimmen, auf die linke Seite des Saales begeben.

(Geschieht. Es folgt Abzählung.)

Die Abzählung hat 85 Stimmen für den Antrag des Herrn Referenten Dr. Harburger und 58 dagegen ergeben.

(Vielfache Bravo-Rufe.)

Professor Dr. **Gneist** (welcher den Vorsitz übernimmt):

M. H.! Wir haben noch das wichtige Geschäft der Ernennung der ständigen Deputation zu erledigen. Es hat die statutengemäße Behandlung der Sache heute Morgen stattgefunden. Die gewählten 30 Vertrauensmänner, beziehungsweise die Herren Vizepräsidenten, sind zusammengetreten und haben mit Stimmzetteln folgende Liste construirt:

Geh. Justizrath v. Wilmowski, Berlin, Schriftführer.

Justizrath Makower, Berlin, Schatzmeister.

Justizrath Dr. Anschütz, Leipzig.

Landgerichtspräsident Bardeleben, Berlin.

Landgerichtspräsident Becker, Oldenburg.

Professor Dr. Brunner, Berlin.

Oberlandesgerichtspräsident Dr. Consbruch, Kassel.

Reichsgerichtspräsident Dr. Drechsler, Leipzig.
Professor Dr. Enneccerus, Marburg.
Hof- und Gerichtsadvocat Dr. Jaques, Wien.
Landgerichtspräsident Kleiner, Schweinfurt.
Oberstaatsanwalt v. Köstlin, Stuttgart.
Oberlandesgerichtspräsident Dr. Kühne, Celle.
Advocat Dr. Mörschell, Würzburg.
Reichsgerichtsrath Dr. Petersen, Leipzig.
Generalstaatsanwalt Dr. v. Schwarze, Dresden.
Reichsanwalt Stenglein, Leipzig.
Senatspräsident v. Stösser, Karlsruhe.
Oberlandesgerichtsrath Dr. Thomsen, Stettin.

Die geehrte Versammlung hat die Wahl zwischen Zettelabstimmung oder Acclamation.

(Rufe: Acclamation).

Wenn Niemand dem Modus der Acclamation widerspricht, so bitte ich die Herren, welche die Liste bestätigen wollen, sich zu erheben.

(Geschieht.)

Die Bestätigung ist erfolgt und ich glaube, in unser aller Namen Dank sagen zu dürfen für das wieder ertheilte und neu ertheilte Vertrauensvotum.

Sodann bleibt mir noch die angenehme Pflicht zu erfüllen übrig, der Danksagung nach Außen, vor allem der Danksagung gegen das huldreiche Interesse, welches Sr. Maj. König Ludwig von Bayern und die königl. bayerische Staatsregierung an unseren Verhandlungen genommen hat, insbesondere an den Staats- und Justizminister Dr. v. Fäustle, der durch seine Geschäfte genöthigt war, auf sein Ehrenpräsidium schon gestern zu verzichten. Sodann der herzliche Dank für das Localcomité. Es hat hier alles auf uns den Eindruck gemacht, als ob hier schon der 3. Juristentag wäre. Es ist alles mit Sicherheit und Präzision vor sich gegangen, daß es eine wahre Freude war. Wir wissen, was das für Mühe macht und was die Herren für mancherlei Sorgen in internis gehabt haben. Wir haben den Herren einzeln und insgesammt zu danken, sodann dem Herrn Bürgermeister, den Mitgliedern der Stadtverwaltung, für den liebenswürdigen Empfang seitens der Stadt Würzburg. Diesen Dank bitte ich die geehrten Herren, auch den Bürgern auszusprechen; denn wir sind im höchsten Maße erfreut und erwärmt durch die herzliche Theilnahme, die wir in den weitesten bürgerlichen Kreisen fanden. Wir gehen gerne in süddeutsche Städte, weil wir wissen, in den alten deutschen Culturländern herrscht nicht bloß Gastfreiheit, sondern auch ein gewisser idealer

Zug für Vereine der Wissenschaft und der Kunst. Und wir bitten gerade die städtischen Herren, in den weitesten Kreisen auszusprechen, wie dankbar und erfreut wir sind.

Geschäftliches ist nicht mehr mitzutheilen.

Herr Reichsgerichtspräsident Drechsler will noch das Wort nehmen, wahrscheinlich zur Geschäftsordnung.

Reichsgerichtspräsident **Drechsler**: Wir haben aufs Neue dem Herrn Staatsrath Gneist unsern wärmsten Dank auszusprechen, daß er wieder so freundlich war, unsere Verhandlungen zu leiten. Er hat schon so oft das lebendigste Interesse für den Juristentag gezeigt, daß ich glaube, nicht zu viel zu behaupten, wenn ich sage, daß der glückliche Fortbestand des Juristentages wesentlich seinem Namen zu verdanken ist.

M. H.! Ich fordere Sie auf, sich zum Zeichen Ihres Dankes von den Plätzen zu erheben.

(Geschieht unter Bravorufen.)

Präsident Professor Dr. **Gneist**: Meinen bescheidenen Zweifel an meinem Verdienst und meiner Würdigkeit habe ich mir erlaubt schon am Eingange auszusprechen. Aber dessen ungeachtet werde ich jederzeit anerkennen, daß die Ehrenstellen, die uns von den Berufsgenossen ertheilt werden, die wünschenswerthesten sind und ich werde dies Zeit meines Lebens in dankbarer Erinnerung behalten.

(Schluß der Plenarsitzung $1^1/_2$ Uhr.)

Nachtrag zu S. 250.

Der nachstehende Anfang der Rede des Herrn Reichsanwalt Stenglein ist vor seiner S. 250 vermerkten Besprechung einzuschalten, was irrthümlich beim Drucke übersehen war.

Reichsanwalt **Stenglein**: M. H.! Sie werden nicht erwarten, daß ich in dieser Frage viel Neues bringen werde; in einer Frage, die in der Literatur, in den legislatorischen Verhandlungen und auch im Juristentag schon so vielfach ventilirt wurde, daß man vermuthen kann, daß ein Jeder seine Ueberzeugung soweit begründet hat, daß auch eine Discussion ihn nicht darin erschüttern kann.

Es liegt mir als Referenten nur ob, die Gründe noch einmal zu recapituliren, und diejenigen hervorzuheben, welche mein Votum zu begründen geeignet sind, ein Votum, dessen Inhalt Sie aus dem gedruckten Exemplar ersehen. Ich habe mich bis jetzt nicht überzeugen können, daß die Berufung ein legislatorisches Bedürfniß ist. Wenn ich auf die früheren Verhandlungen des Juristentages hingewiesen habe, so geschieht es nicht, um damit sagen zu wollen, es würde der Juristentag, wenn er sich jetzt anders entscheiden sollte, eine Inconsequenz begehen. Die Versammlung ist so zusammengesetzt, daß ein solcher Vorwurf ungerechtfertigt wäre, wenn er auch ganz unvermittelt daſtände. Dazu kommt, daß wenn die Frage auf Grund einer langjährigen Praxis beantwortet wird, wohl anders entschieden werden kann, als wenn sie nur in der Theorie zu lösen ist. Wenn die Versammlung zur Entscheidung kommen sollte, daß die fünfjährige Praxis dahin geführt hat, daß das Fehlen der Berufung gegen erstinstanzielle Urtheile der Strafkammern von Nachtheil sei, so würde Niemand der Versammlung einen Vorwurf machen können. Allein ich konnte mich nicht überzeugen, daß dies der Fall sei. Wenn ich zu den Gründen übergehe, welche für und wider vorgebracht worden sind, so möchte ich einige ausscheiden, die ganz gewiß von Bedeutung sind, wenn es sich für die Gesetzgebung fragen sollte, ob die Berufung wieder einzuführen sei, welche aber für den Juristentag, der nur prinzipiell und ausschließlich vom juridischen Standpunkt zu entscheiden hat, meiner Meinung nach nicht schwer in die Waagschale fallen können.

Dies ist der Kostenpunkt und die Schwierigkeit der Organisation der Gerichte.

Daß ein Prozeß mit Berufung theurer sein wird, als der ohne Berufung, ist außer Zweifel. Will man die vollständige Reproduction des Beweises durchführen, so werden sogar sehr bedeutende Kosten entstehen. Was die Organisation betrifft, so hat man mit Rücksicht auf den Wegfall der Berufung in Strafsachen sehr große Oberlandesgerichtssprengel geschaffen. Es wäre ebenso bedenklich, die jetzigen Oberlandesgerichte mit ihren großen Bezirken zu Berufungsgerichten zu machen, als die Organisation wieder völlig umzugestalten und eine größere Anzahl von Appellationsgerichten mit kleineren Bezirken zu schaffen.

Doch sind dies keine juridischen Erwägungen und ich lege deshalb auf diese Rücksichten heute kein entscheidendes Gewicht.

Verzeichniß der Redner.

Die Zahlen bezeichnen die Seite des Bandes der Verhandlungen.

Druck von G. Jansen in Berlin.

Kolibri 360 GmbH
Ferdinand-Jühlke-Straße 7
99095 Erfurt, Deutschland
produktsicherheit@kolibri360.de